Die Kriegsgesetze

privatrechtlichen Inhalts
(Stand vom 1. Juni 1915).

2. Auflage.

Erläutert von

Dr. R. Wassermann und L. Erlanger
Rechtsanwälte in München.

1915
München, Berlin und Leipzig
J. Schweitzer Verlag (Arthur Sellier).

Vorwort zur 2. Auflage.

Die von mir mitbesorgte erste Auflage ist vergriffen und außerdem infolge des raschen Ganges der Gesetzgebung textlich teils veraltet, teils unvollständig geworden. Es war somit für den Verlag das Bedürfnis einer neuen Auflage gegeben. Die Grundsätze, die ihn hiebei leiteten, mußten selbstverständlich vollständig andere sein als die bei der ersten Auflage. Während damals ein Bedürfnis bestand, möglichst rasch einen zuverlässigen Text herauszubringen, um so mehr als die damals eben veröffentlichten Vollzugsbekanntmachungen des Bayerischen Justizministeriums, die in jener Ausgabe aufgenommen und ausschließlich zur Erläuterung herangezogen worden waren, eine treffliche Einführung in das Recht der Kriegsgesetzgebung boten, drängte heute die Fülle der Streitfragen und die Reichhaltigkeit der zu den Kriegsgesetzen ergangenen Rechtsprechung in Verbindung mit einem außerordentlich zahlreichen Schrifttum zu einer ausführlicheren Darstellung.

Die Literatur und Judikatur ist nunmehr möglichst erschöpfend berücksichtigt. Doch ließ es sich nicht vermeiden, daß im ersten Teil des Buches ihre Ergebnisse nur bis Anfang Februar herangezogen werden konnten. Der Text entspricht jedoch überall dem Stand vom 1. Mai. Die Verschiedenartigkeit der Materien und der Wunsch, das Buch wieder möglichst rasch auf den Markt zu bringen, machte eine Teilung der Arbeit erforderlich. Mein Sozius, Rechtsanwalt Ludwig Erlanger, hat in liebenswürdiger Weise die Mitarbeit übernommen. Er hat insbesondere die Abteilung A und B bearbeitet.

Im Nachtrag sind die nach Fertigstellung des Textes erschienenen Gesetze und Verordnungen wiedergegeben. Ein Nachtrag über die im gleichen Zeitraum erschienene Literatur verbot sich mit Rücksicht auf den Umfang des Buches.

München, im Mai 1915.

Dr. Rudolf Wassermann.

Inhaltsverzeichnis.

II. Überwachung ausländischer Unternehmungen.

1. Nachtrag.

2. Nachtrag.

Abkürzungen.

Bendix	= Bendix, Bürgerliches Kriegssonderrecht, Berlin 1914.
Denkschrift oder Denkschrift v. 28. XI. 1914	= Denkschrift über wirtschaftliche Maßnahmen aus Anlaß des Krieges vom 28. November 1914, vom Reichskanzler dem Reichstag vorgelegt (Reichstags-Drucksache Nr. 26 mit Nachtrag).
Denkschrift v. 8. III. 1915 oder Denkschrift Nachtrag	= Denkschrift über wirtschaftliche Maßnahmen aus Anlaß des Krieges vom 8. März 1915, vom Reichskanzler dem Reichstag vorgelegt (Reichstagsdrucksache Nr. 44).
DJZ.	= Deutsche Juristenzeitung.
JW.	= Juristische Wochenschrift.
LZ.	= Leipziger Zeitschrift für Deutsches Recht.
Sieskind	= Sieskind, Prozeßrechtlicher Schutz der Kriegszeit, 2. Aufl., Berlin 1914.
Sintenis	= Sintenis, Finanz- und wirtschaftspolitische Kriegsgesetze 1914, Mannheim 1914.
Sintenis, Nachtrag	= Nachtragsbändchen zu vorstehenden Buch.

Im übrigen sind die Abkürzungen des deutschen Juristentags angewendet.

A. Sonderbestimmungen für Kriegsteilnehmer.

1. Gesetz, betr. den Schutz der infolge des Krieges an der Wahrnehmung ihrer Rechte behinderten Personen.

Vom 4. August 1914.
(RGBl. S. 328 Nr. 4437).

Vorbemerkung.

Bei Ausbruch des Krieges gegen Frankreich wurde mittels Gesetz vom 21. Juli 1870 (BGBl. 1870 S. 493, auch abgedruckt bei Bendix, Bürgerliches Kriegssonderrecht, Berlin 1914, S. 143 ff.) für die Dauer des damaligen Kriegszustandes die Einstellung der Zivilprozesse angeordnet, in welchen „Militärpersonen" als Haupt- oder Nebenpartei beteiligt waren. Ferner wurden durch dieses Gesetz für das Konkursverfahren, die Subhastationsprozesse usw. Maßregeln zum Schutze der erwähnten Personen gegen die infolge ihrer Abwesenheit drohenden Nachteile getroffen. Die Zwangsvollstreckung wurde erheblichen Beschränkungen unterworfen und endlich das Ruhen der Verjährung zugunsten der genannten Personen angeordnet. Da die allgemeinen Bestimmungen des bürgerlichen Rechts und der Zivilprozeßordnung nicht geeignet erschienen, um denjenigen Personen, welche infolge ihrer Beteiligung an dem gegenwärtig ausgebrochenen Krieg an der Wahrnehmung ihrer Rechte behindert sind, vor Rechtsnachteilen, insbesondere vor prozessualen Nachteilen, welche aus ihrer Abwesenheit erwachsen können, zu schützen — es kommen eigentlich im wesentlichen nur die §§ 247 und 850 Abs. 1 Nr. 6 ZPO. in Betracht, — bestand ein Bedürfnis, auch für den gegenwärtigen Krieg ein Spezialgesetz zu erlassen. Da das Gesetz vom 21. Juli 1870 sich, soweit bekannt, in der Praxis bewährt hatte, wurde es im allgemeinen bei Aufstellung des Entwurfes zum Anhalt genommen, und nur insoweit der Änderung unterzogen, als dies mit Rücksicht auf die veränderte Rechtslage, wie sie sich aus den inzwischen ergangenen Gesetzen, insbesondere aus den Reichsjustizgesetzen und dem BGB. ergibt, geboten erschien. (Begr. S. 5 und 6.)

Wir, Wilhelm, von Gottes Gnaden Deutscher Kaiser, König von Preußen usw., verordnen im Namen des Reichs, nach erfolgter Zustimmung des Bundesrats, was folgt:

§ 1.

Für den gegenwärtigen Kriegszustand gelten die in den §§ 2 bis 10 enthaltenen Vorschriften.

1. **Zeitlicher Geltungsbereich.** Da der Kriegszustand vom Kaiser durch Verordnung vom 31. Juli 1914 Nr. 4417 (RGBl. S. 263) bzw. für das Gesamtgebiet des Königreichs Bayern durch K. Verordnung vom 31. Juli 1914 (BayGVBl. S. 327) erklärt wurde, während das vorliegende Gesetz erst am 4. August 1914 erlassen wurde, und nach § 12 mit seiner Verkündung in Kraft trat, setzt es den Kriegszustand als etwas schon Bestehendes voraus. Das Gesetz hat jedoch *keine rückwirkende Kraft*; Handlungen, die in der Zeit von Beginn des Krieges bis zu Erlaß des Gesetzes vorgenommen wurden und nach dem gegenwärtigen Gesetz während der Dauer des Kriegszustandes unzulässig sind, bleiben gültig. (Vgl. Begr. S. 7.)

Über den Zeitpunkt des Außerkrafttretens des Gesetzes vgl. § 11.

2. Einfluß des Gesetzes auf die materielle Rechtslage. Das Gesetz enthält in der Hauptsache nur prozeßrechtliche Bestimmungen; materiellen Inhalt haben lediglich § 7 Nr. 1, der den Kriegsteilnehmern in einem besonderen Fall einen Bereicherungsanspruch gewährt, und der § 8, der Bestimmungen über die Hemmungen der Verjährung sowie des Laufs der gesetzlichen Ausschlußfristen zugunsten der Kriegsteilnehmer und auch ihrer Gegner enthält. Abgesehen hievon wird durch das Gesetz die materielle Rechtslage der Kriegsteilnehmer nicht geändert. Daraus folgt insbesondere, daß auch während des Krieges ein Schadenersatzanspruch oder ein sonstiger Anspruch gegen einen Kriegsteilnehmer wegen Nichterfüllung oder nicht rechtzeitiger Erfüllung einer Verbindlichkeit entstehen kann und daß die Rechtsfolgen einer Mahnung, einer Kündigung, eines Rücktritts vom Vertrag, einer Wandlung, einer Anfechtung u. dgl. auch während des Krieges eintreten, soweit nicht durch das Vorliegen höherer Gewalt ein anderes Ergebnis bedingt wird. (Vgl. Güthe, PrJMBl. 1914 S. 743 = Gruchot Bd. 59 S. 28.) Allerdings ist — auch abgesehen vom Prozeß — die Geltendmachung von Rechten gegenüber Kriegsteilnehmern durch deren Abwesenheit und durch die damit bedingte Schwierigkeit, ihnen Willenserklärungen zugehen lassen zu können (vgl. Anhang 3 zu §§ 2, 3 S. 39), erschwert. (Vgl. Wertheimer, LZ. 1914 S. 1737.)

§ 2.

In bürgerlichen Rechtsstreitigkeiten, welche bei den ordentlichen Gerichten anhängig sind oder anhängig werden, wird das Verfahren unterbrochen:

1. wenn eine Partei vermöge ihres Dienstverhältnisses, Amtes oder Berufs zu den mobilen oder gegen den Feind verwendeten Teilen der Land- oder Seemacht oder zu der Besatzung einer ar-

mierten oder in der Armierung begriffenen Festung gehört;

2. wenn eine Partei dienstlich aus Anlaß der Kriegsführung des Reichs sich im Ausland aufhält;
3. wenn eine Partei als Kriegsgefangener oder Geisel sich in der Gewalt des Feindes befindet.

Die vorstehende Bestimmung findet auch Anwendung auf die bürgerlichen Rechtsstreitigkeiten, welche bei den auf Grund des Gewerbegerichtsgesetzes (Reichs-Gesetzbl. 1901 S. 353) zur Entscheidung gewerblicher Streitigkeiten berufenen Gerichten und den auf Grund des Gesetzes vom 6. Juli 1904 (Reichs-Gesetzbl. S. 266) errichteten Kaufmannsgerichten anhängig sind oder anhängig werden.

§ 3.

Eine Unterbrechung des Verfahrens tritt nicht ein:

1. wenn die im § 2 bezeichnete Partei einen persönlichen Sicherheitsarrest erwirkt hat, insoweit es sich um die Entscheidung handelt, ob der Arrest aufrechtzuerhalten oder aufzuheben sei;
2. wenn die Partei durch einen Prozeßbevollmächtigten vertreten ist oder einen anderen zur Wahrnehmung ihrer Rechte berufenen Vertreter hat.

In den unter Nr. 2 bezeichneten Fällen hat das Prozeßgericht auf Antrag des Vertreters die Aussetzung des Verfahrens anzuordnen. Betrifft der Rechtsstreit einen vermögensrechtlichen Anspruch, so kann das Prozeßgericht den Antrag ablehnen, wenn die Aussetzung nach den Umständen des Falles offenbar unbillig ist.[1])

§ 2 bestimmt den Kreis der Personen, denen der Schutz des Gesetzes zuteil wird. Er ist in dieser Richtung ergänzt durch § 9 und — für ein beschränktes Gebiet — durch § 5 Abs. 2. Im übrigen regeln die §§ 2 und 3 den bürgerlichen Rechtsstreit.

I. Anwendungsgebiet.

A. Personen.

Das Gesetz unterscheidet 3 Personengruppen, deren Angehörigen der Schutz des Gesetzes zuteil wird, ohne Rücksicht darauf, ob sie im einzelnen Fall tatsächlich an der Wahrnehmung ihrer Rechte behindert sind (kurz „Kriegsteilnehmer" genannt).

a) Angehörige der Land- und Seemacht.

1. Personen, die zu den **mobilen Teilen** der Land- und Seemacht gehören.

Der Begriff „mobile Teile" der Land- und Seemacht ist nirgends authentisch festgestellt, wenn auch ähnliche Ausdrücke vielfach in den Militärgesetzen vorkommen. (Vgl. Bendix, Bürgerliches Kriegssonderrecht S. 11.) Doch ist soviel sicher, daß durch den Mobilmachungsbefehl des Kaisers bzw. des Königs von Bayern vom 1. August 1914 zwar das ganze deutsche Heer und die Marine in die Kriegsformation übergeleitet wurden, daß aber dadurch nicht alle Teile der Land- und Seemacht „mobil" wurden. Denn „das in den Kriegszustand übergeführte Heer besteht aus dem Feld- und aus dem Besatzungsheer; das Feldheer besteht aus den Kommandobehörden, den Feldverwaltungsbehörden, den Feldtruppen, den Reservetruppen, den mobilen Landwehrtruppen, den mobilen Etappen- und den mobilen Eisenbahnformationen; das Besatzungsheer besteht aus

---

[1]) Satz 2 des Abs. 2 ist durch BVO. vom 14. Januar 1915 Nr. 4607 RGBl. 1915 S. 17 (abgedruckt unten S. 79) nachträglich eingefügt worden.

den stellvertretenden Kommandobehörden, den Verwaltungsbehörden, den immobilen Landwehr-, Ersatz- und Landsturmtruppen, sowie den immobilen Etappen- und Eisenbahnformationen."[1]) (L. Meyer, Grundzüge der deutschen Militärverwaltung, Berlin 1908, S. 115; vgl. ferner Laband, Staatsrecht des Deutschen Reiches 1901 Bd. 4, § 101 IV S. 92; Oettinger, JW. 1914 S. 1071; Juliusberg, DJZ. 1914 S. 1242; Bovensiepen, DRZ. 1914 S. 847; Sieskind, Recht 1914 S. 616; Haberstumpf, DRZ. 1914 S. 891.) Die Bildung der mobilen Truppenteile und die Überführung der immobilen Truppenteile in den mobilen Zustand vollzieht sich nach Maßgabe des — geheimen — Mobilmachungsplanes; äußere Merkmale sind insbesondere die Ausstattung mit Personal und Material (Ausrüstung) für die Verwendung des Truppenteils im Felde, die Feldverpflegung und die Feldlöhnung, Bereitschaft zum sofortigen Ausmarsch ins Feld. Da nur die Zugehörigkeit zu einem „mobilen" Teil der Land- und Seemacht ohne weiteres die Anwendbarkeit der Ziffer 1 des § 2 begründet, nicht aber die Zugehörigkeit zum aktiven Heer an sich (vgl. § 38 Nr. 2 des Reichsmilitärgesetzes), so ist in jedem einzelnen Fall festzustellen, ob der Truppenteil, dem die fragliche Person angehört, „mobil" oder „immobil" ist. In zweifelsfreier Weise kann dies nur durch Auskunft der Militärbehörde geschehen. (Begr. S. 7; Güthe, Gruchot Bd. 59 S. 31; Sieskind S. 17 ff.; Hahnemann, NachrDAV. 1914 S. 127; OLG. Stuttgart, 10. Nov. und 12. Dez. 1914 Recht 1914 S. 732 und 733; OLG. Kassel, 7. Dez. 1914 LZ. 1915 S. 64; OLG. Hamburg, 13. Okt. 1914 LZ. 1915 S. 64, und vom 7. Dez. 1914 Recht 1915 S. 36.)

2. **Personen, welche zu den gegen den Feind verwendeten Truppenteilen der Land- und Seemacht gehören:**

---

[1]) Vgl. auch Seydel-Graßmann-Piloty, Bay. Staatsrecht (1913) Bd. 2 S. 609, wonach dem Kaiser als Bundesfeldherrn nur über die mobilen, nicht über die Ersatztruppenteile des bayerischen Heeres der Oberbefehl zusteht.

In der Regel werden nur „mobile" Teile der Land- und Seemacht gegen den Feind verwendet.[1]) Insoweit ist die zweite Alternative der Ziffer 1 gegenstandslos (a. M. Bendix S. 21); es gibt aber auch Fälle, in denen Truppenteile, ohne daß sie sich in „mobilem" Zustand befinden, gegen den Feind verwendet werden, sei es, daß die Truppen einer Grenzgarnison im Bedarfsfalle ohne vorherige Überführung in den mobilen Zustand zum Angriff oder zur Abwehr gegen feindliche Truppen geführt werden (vgl. die Eroberung der Festung Lüttich, welche laut Bericht des Generalquartiermeisters vom 17. Aug. 1914 durch „nichtmobilisierte Regimenter" erfolgte), sei es, daß Truppenteile im Innern des Landes zur Abwehr drohender oder möglicher feindlicher Angriffe bestimmt und bereitgestellt sind. Hieher gehören insbesondere auch Truppenteile, die zur Bewachung der Kriegsgefangenen (so OLG. Dresden vom 30. Sept. 1914 in LZ. 1914 S. 1867 = Recht 1914 S. 732), zum Küstenschutz (OLG. Kiel vom 1 Dez. 1914 in LZ. 1915 S. 64; OLG. Hamburg vom 18. Jan. 1915 in LZ. 1915 S. 308), zum Schutze besonderer Anlagen wie Eisenbahnen, Bahnhöfe, Werkstätten, Luftschiff- und Flughallen (OLG. Dresden vom 3. Nov 1914 in DJZ. 1914 S. 1391 = Recht 1915 S. 12; Juliusberg, DJZ. 1914 S. 1242) verwendet werden. Eine nur zufällige, vorübergehende Verwendung, z. B. zur Abwehr eines unerwarteten Flugzeugangriffes im Innern des Landes, oder zum Aufgreifen entflohener Gefangener, dürfte nicht hierherzuzählen sein. A. M. Sieskind S. 19; Güthe, Gruchot Bd. 59 S. 32.

Dagegen dürften hierherzurechnen sein kleine Kommandos immobiler Truppenteile, die mit Transporten von Mannschaften, Pferden, Paketen, Liebesgaben usw. zu mobilen Truppenteilen ins Feld geschickt werden.

---

[1]) Der Ausdruck „verwendet" wurde statt des im Gesetze vom 21. Juli 1870 enthaltenen Ausdruckes „geführt" deshalb gewählt, um einer zu engen Auslegung vorzubeugen (Begr. S. 6).

3. Personen, die zur **Besatzung** einer armierten oder in der Armierung begriffenen Festung gehören.[1])

Der Beginn der Armierung, d. i. die Überführung der Festung aus dem Friedens- in den Kriegszustand, läßt sich durch Auskunft der Militärbehörde zuverlässig feststellen. (Begr. S. 6.)

4. Die **Zugehörigkeit** zu diesen Truppenteilen muß für jeden Einzelnen besonders festgestellt werden. Sie beginnt entweder mit Überführung des immobilen Truppenteiles in den mobilen Zustand (bzw. mit der Bestimmung des Truppenteiles zu der Verwendung gegen den Feind, oder der Armierung der Festung) oder mit der Versetzung der Militärperson von einem immobilen Truppenteil zu einem mobilen Truppenteil, oder endlich mit der unmittelbaren Einreihung in einen mobilen Truppenteil.

Die Zugehörigkeit zu einem derartigen Truppenteil endigt entweder mit der Demobilisierung des betreffenden Truppenteils (bzw. mit dem Aufhören der Verwendung gegen den Feind, oder der Rückgängigmachung der Armierung) oder mit der Entlassung aus dem Militärdienst (wegen Dienstuntauglichkeit usw.) oder mit der Versetzung von einem mobilen Truppenteil zu einem immobilen Truppenteil (vgl. § 99 Ziff. 3 der Wehrordnung).

Ob die Zugehörigkeit durch eine vorübergehende Abwesenheit aus dienstlichen oder anderen Gründen gelöst wird, kann nur nach Lage des Einzelfalles beurteilt werden. (Begr. S. 7.) Solange nicht ausdrücklich eine Versetzung in einen immobilen Truppenteil erfolgt ist, ist es regelmäßig unerheblich, wenn jemand sich vorübergehend aus persönlichen oder dienstlichen Gründen (Krankheit, Urlaub, Abkommandierung) tatsächlich nicht bei dem mobilen Truppenteil befindet. (BerlAnwVer., JW. 1914 S. 789; OLG. Kiel vom

[1]) Das Gesetz vom 21. Juli 1870 schützte nur die Besatzungstruppen einer „eingeschlossenen" Festung; um diese im einzelnen Fall oft schwierigen tatsächlichen Feststellungen zu vermeiden, erfolgte die aus dem Text ersichtliche Abänderung. Begr. S. 6.

1. Dez. 1914 in LZ. 1915 S. 64; OLG. Braunschweig vom 19. Jan. 1915 in LZ. 1915 S. 308; a. M. Bendix S. 19.)

5. Die Zugehörigkeit zu einem dieser Truppenteile muß in einem **Dienstverhältnis, Amt** oder **Beruf** begründet sein. Das Dienstverhältnis (bei den Berufssoldaten zugleich der Beruf) ist insbesondere gegeben, bei den Personen des Soldatenstandes, das sind nach der Anlage zum MilitärStGB.: Offiziere, Unteroffiziere, Gemeine, mit Einschluß der Obergefreiten und Gefreiten, die Mitglieder des Sanitätskorps, die Mitglieder des Veterinärkorps, des Maschinen-Ingenieurkorps und die Militärbeamten. Militärbeamte sind alle im Heer und in der Marine für das Bedürfnis des Heeres oder der Marine dauernd oder auf Zeit angestellten, nicht zum Soldatenstande gehörenden und unter dem Kriegsminister oder Chef der Admiralität als Verwaltungschef stehenden Beamten, welche einen Militärrang haben, wobei es keinen Unterschied macht, ob sie einen Diensteid geleistet haben oder nicht. (Vgl. Näheres auch bei Bendix S. 14 ff.; Sieskind S. 17 und 18; Güthe, Gruchot Bd. 59 S. 31.)

Die Zugehörigkeit zu einem mobilen oder diesem gleichgestellten Truppenteil kann aber auch auf einem „nichtmilitärischen" (privat- oder öffentlich-rechtlichen) Dienstverhältnis beruhen. Hierher gehören z. B. von der Militärverwaltung angestellte Zivilärzte, Krankenpfleger und Krankenpflegerinnen,[1]) Marketender, Fuhr-

---

[1]) „Insbesondere ist zu den Angehörigen der mobilen Heeresteile zu zählen das im Etappengebiet oder auf dem Kriegsschauplatz in der freiwilligen Krankenpflege zur Verwendung kommende Personal:

a) der deutschen Landesvereine vom Roten Kreuz und der mit ihnen verbundenen Vereine, sowie der Ritterorden — Johanniter-, Malteser-, St. Georgsritter,

b) derjenigen Vereine, Gesellschaften usw., die auf Grund des Gesetzes zum Schutze des Genfer Neutralitätszeichens vom 22. März 1902 (RGBl. S. 125) von dem zuständigen Kriegsministerium zur Unterstützung des Kriegssanitätsdienstes durch besondere Bescheinigung zugelassen sind.

Das äußere Zeichen der militärischen Verwendung innerhalb der „mobilen" Truppenteile ist in der für jeden Einzelnen — auch für den Ritter — von dem kaiserlichen Kommissar und Militärinspektor der freiparkknechte, Motorrad- und Kraftfahrer,[1]) Zivilangestellte der Offiziere und Beamten des großen Hauptquartiers und der höheren Stäbe, Zivilhandwerker (sog. Heerestroß).

Die Zugehörigkeit vermöge des Berufes wird für diejenigen Personen **nicht** anzunehmen sein, welche sich lediglich des Erwerbes halber freiwillig einem mobilen Truppenteil anschließen, ohne zu einer Dienstleistung berufen zu sein (Begr. S. 7, z. B. Privatkriegsberichterstatter, Photographen, Händler, nicht vom Truppenteil angenommene Marketender. (Vgl. Sieskind S. 21; Güthe, Gruchot Bd. 59 S. 31; a. M. Bendix S. 25). Dagegen sind hierherzurechnen Kriegsberichterstatter, Photographen, Künstler und Schriftsteller, die auf Grund **amtlicher** Aufforderung oder Auftrags sich bei einem mobilen Truppenteil befinden.

Kriegsteilnehmer kraft Amtes sind die im Hauptquartier, oder sonst im Felde beschäftigten Zivilbeamten des Reiches und der Bundesstaaten, sowie diplomatische Abgesandte der neutralen und befreundeten Staaten.

6. In allen diesen Gruppen kommen nur Personen in Betracht, die einem Truppenteil des **deutschen** Heeres oder der **deutschen** Marine angehören. Die anfänglich mancherseits vertretene Ansicht, daß auch Angehörige österreichisch-ungarischer Truppenteile den Schutz des § 1 Ziff. 1 genießen, findet im Gesetz keine Stütze; nachdem nunmehr durch Verordnung des Bundesrates vom 22. Okt. 1914 Nr. 4522 RGBl. S. 450[2]) die Ausdehnung des Gesetzes auf Kriegs-

---

willigen Krankenpflege ausgestellten weißen „Ausweiskarte" (für die Tätigkeit im Heimatsgebiete werden blaue Karten ausgestellt) zu finden; der Zeitpunkt der Aushändigung dieser weißen Karte ist daher für die Begründung des Verhältnisses aus § 2 entscheidend. Sieskind S. 20/21 Fußnote **.

[1]) Die Mitglieder des Kaiserl. und des Kgl. bayer. freiwilligen Automobilklubs werden, soweit sie nicht militärdienstpflichtig sind, auf Grund des bereits im Frieden abzuschließenden Dienstvertrages eingestellt. Ihre Zugehörigkeit zu einem mobilen oder diesem gleichgestellten Truppenteil beginnt für jeden Einzelnen mit der Zuteilung zu einem solchen Truppenteil kraft des Gestellungsbefehles (vgl. Sieskind S. 21 Fußnote ***) OLG. Nürnberg, vom 23. November 1914, Recht 1914 S. 733).

[2]) Siehe S. 77.

beteiligte Österreich-Ungarns ausdrücklich von vorheriger Gewährung der Gegenseitigkeit abhängig gemacht ist, können in dieser Richtung Zweifel nicht mehr bestehen; denn selbst wenn man ursprünglich das Gesetz in der angegebenen Richtung hätte ausdehnen wollen und können, so wäre auf jeden Fall auf Grund der erwähnten Bundesratsverordnung (lex posterior derogat legi priori) eine derartige Auslegung ausgeschlossen; wie hier: Sieskind S. 16/17; Sintenis S. 120 Anm. 7; Bendix S. 29; Güthe, PrJMBl. S. 744 = Gruchot S. 29/30; Kipp, DJZ. 1914 S. 1026; Hallbauer, Recht 1914 S. 579; BerlAnwVer., JW. 1914 S. 789; Männer, JW. 1915 S. 7; ferner KammerG. vom 22. Okt. 1914 und vom 26. Okt. 1914 DJZ. 1914 S. 1387/1388; KammerG. vom 21. Sept. 1914 Recht 1914 S. 646/647; OLG. München vom 20. Nov. 1914 Recht 1914 S. 730; OLG. Kolmar vom 16. Dez. 1914 DJZ. 1915 S. 215. A. M. Reichel, Recht 1914 S. 588/589, der zwar Neutrale ausschließt, Österreich-Ungarn aber hierher rechnet; ferner ebenso Miltner, LZ. 1914 S. 1646; Haberstumpf, DRZ. 1914 S. 741, der aber nunmehr BayZfR. 1915 S. 48 die gleiche Ansicht[1]) vertritt, wie oben im Text; sowie das LG. Berlin I vom 24. Aug. 1914 JW. 1914 S. 846.

b) Personen, die sich dienstlich aus Anlaß der Kriegsführung des Deutschen Reiches im Auslande aufhalten.

Der Grund für diese Bestimmung liegt in der Erschwerung des Verkehrs mit der Heimat während des Krieges. (Begr. S. 6.) Ausland ist hier nicht nur das Feindesland, sondern auch befreundete und neutrale Länder. (Mansfeld, BayZfR. 1914 S. 334.) Der Aufenthalt in einem derartigen Lande muß auf einen von einer amtlichen Stelle (Behörde) erteilten, mit der

[1]) Die dort weiter ausgesprochene Ansicht, daß Angehörige der unter deutschen Oberbefehl kämpfenden österreichisch-ungarischen Truppen unter § 2 Abs. 1 Ziff. 1 fallen, kann nicht gebilligt werden; diese Truppen werden durch diese Art der Verwendung noch nicht zu Teilen der deutschen Land- oder Seemacht. Und was wäre denn mit den unter österreichischem Oberbefehl kämpfenden deutschen Truppen?

Kriegführung des Deutschen Reiches in ursächlichem Zusammenhang stehenden Auftrag zurückzuführen sein. Hierher gehören insbesondere die Verwaltungs-, Eisenbahn-, Post- usw. Beamten, die in einem von dem deutschen Heere besetzten Lande tätig sind. (Bendix S. 29: Güthe, Gruchot Bd. 59 S. 32; Hallbauer, Recht 1914 S. 579.) Auf die Staatsangehörigkeit der in diese Gruppe fallenden Personen kommt es nicht an; unter Umständen können es auch Nichtdeutsche sein.

c) Personen, welche sich als Kriegsgefangene oder Geiseln in der Gewalt des Feindes befinden.

Kriegsgefangene sind diejenigen Personen, die während des Krieges im Interesse des Deutschen Reiches befugt wirksam geworden sind, oder von denen der Feind sich einer solchen Wirksamkeit versehen kann und die deshalb von dem kriegführenden Staat in Sicherungshaft gehalten werden, in erster Linie also die Angehörigen der bewaffneten Macht, ferner die Staatshäupter, die waffenfähigen Mitglieder des Herrscherhauses, Minister und Zivilbeamte, sonstige Angehörige der Truppenteile. (Siehe oben Ziff. I, A, a, 4: Goldschmidt, LZ. 1914 S. 1636 ff.) Spione gelten, wenn sie vom Feind aufgegriffen sind, im Sinne des Völkerrechtes nicht als Kriegsgefangene, dürften aber im Sinne der gegenwärtigen Bestimmungen den Kriegsgefangenen gleichzuachten sein, soferne man sie nicht unter § 1 Ziff. 2 des Gesetzes einreiht. Hierher gehören auch Heerespflichtige und überhaupt alle Deutschen, die dieser Eigenschaft wegen im feindlichen Staate zurückgehalten werden. (Kipp, DJZ. 1914 S. 1025; Bendix S. 29; Güthe, Gruchot Bd. 59 S. 33.)

Geiseln sind Personen, die zur Sicherheit für die Erfüllung völkerrechtlicher Verpflichtungen vom Feind festgehalten werden. (Sieskind S. 23; Goldschmidt, LZ. 1914 S. 1641; Waldecker, HirthsAnn. 1914 S. 668 Fußnote 35.) Als Kriegsgefangene und Geiseln können unter Umständen auch Nichtdeutsche, insbesondere Angehörige neutraler Staaten den Schutz des Gesetzes finden, wenn sie vom Feind auf Grund seiner Kriegführung gegen das Deutsche Reich gefangen gehalten werden. (Goldschmidt, LZ. 1914 S. 1641; Hallbauer, Recht 1914 S. 579; a. M. Neumeyer, DJZ. 1914 S. 1199); dagegen genießen Angehörige der gegen das Deutsche Reich kriegführenden Staaten den Schutz dieser Bestimmung nicht, insbesondere auch nicht Angehörige feindlicher Staaten, die sich in Deutschland aufhalten und die im Wege der Wiedervergeltung in Gefangenenlagern untergebracht wurden. (OLG. Nürnberg vom 20. Nov. 1914 Recht 1915 S. 13; a. M.: anscheinend Sieskind S. 23.)

Die Kriegsgefangenschaft erlischt mit gelungener Flucht (sog. Selbstranzionierung), Freilassung, Auswechslung, Einbürgerung im Nehmestaat und der nach Kriegsbeendigung tatsächlich erfolgten Entlassung.

d) Juristische Personen und Handelsgesellschaften.

Seinem Wortlaut nach trifft das Gesetz nur natürliche Personen, denn nur natürliche Personen können Kriegsteilnehmer im Sinne des § 2 Ziff. 1—3 sein. Überdies bestimmt der § 9 Abs. 1 noch ausdrücklich, daß die Bestimmungen des § 2 nur auf „natürliche" nichtprozeßfähige Personen Anwendung finden. Es wird deshalb von der überwiegenden Meinung auch die analoge Anwendung des Gesetzes auf juristische Personen selbst dann abgelehnt, wenn die sämtlichen gesetzlichen Vertreter Kriegsteilnehmer sind; um wirtschaftliche Schädigungen für juristische Personen zu vermeiden, werden als Notbehelfe die freie Anwendung der Vertagung von Amts wegen auf Grund des § 228 ZPO., die Bestellung neuer Vorstandsmitglieder durch das Registergericht auf Grund der §§ 29, 86, 48 BGB. — unter entsprechender Anwendung dieser für Vereine und Stiftungen des bürgerlichen Rechtes gegebenen Bestimmungen auf die handelsrechtlichen Gesellschaften, insbesondere die Aktiengesellschaften und die Gesellschaften m. b. H. — empfohlen. (So Sieskind S. 15; Sintenis S. 118 Anm. 2; Güthe, PrJMBl. 1914 S. 743 = Gruchot Bd. 59 S. 28/29; Hallbauer, Recht 1914 S. 586; Kipp, DJZ. S. 1025; BerlAnwVer.,

JW. 1914 S. 789; Asch, JW. 1914 S. 854 Fußnote 1; Harder, JW. 1914 S. 1046; Männer, JW. 1915 S. 6; Wertheimer, LZ. 1914 S. 1738; Mangold, LZ. 1914 S. 1744; Mansfeld, BayZfR. 1914 S. 334; Hahnemann, NachrDAV. 1914 S. 127; ferner KammerG. vom 17. Nov. 1914 JW. 1915 S. 54; KammerG. vom 26. Nov. 1914 DJZ. 1915 S. 111; OLG. Darmstadt vom 7. Jan. 1915 DJZ. 1915 S. 213; OLG. München vom 18. Nov. 1914 LZ. 1915 S. 74; OLG. Hamburg vom 5. Jan. 1915 LZ. 1915 S. 305; LG. Leipzig vom 12. Aug. 1914 LZ. 1914 S. 1613; auch OLG. Augsburg vom 24. Okt. 1914 Recht 1914 S. 704 [mangels eines bei der gegebenen Sachlage bestehenden Bedürfnisses, da die Geschäfte der Beklagten von einem Prokuristen weitergeleitet werden, welcher nach § 49 HGB. auch zur Führung des gegenwärtigen Rechtsstreites befugt und imstande ist]).

Diese Meinung kann nicht gebilligt werden. Eine juristische Person, deren sämtliche gesetzliche Vertreter Kriegsteilnehmer sind, ist in demselben Maße an der Wahrnehmung ihrer Rechte behindert, wie eine natürliche Person, die selbst Kriegsteilnehmer oder deren gesetzlicher Vertreter Kriegsteilnehmer ist.

Um schwere wirtschaftliche Schädigungen, insbesondere kleinerer und weniger kapitalkräftiger juristischer Personen zu vermeiden, erscheint deshalb die Anwendung des Gesetzes auf juristische Personen notwendig, was auch vielfach von den Vertretern der Gegenmeinung anerkannt wird, die deshalb eine Ergänzungsbestimmung als wünschenswert bezeichnen. (So Sieskind S. 15; Kipp, Recht und Wirtschaft 1914 S. 213; Magnus, Recht und Wirtschaft 1914 S. 225; Wertheimer, LZ. 1914 S. 1738; Mangold, LZ. 1914 S. 1744; Männer, JW. 1915 S. 6 ff.)

Daß der Gesetzgeber juristische Personen nicht unter das Gesetz stellen wollte, steht einer ausdehnenden Auslegung nicht im Wege. (Vgl. Staudinger Ziff. I der Einleitung zum Bd. I BGB.) Unbilligkeiten und eine allzugroße Erschwerung des Rechtsverkehres (so Harder, JW. 1914 S. 1046) können durch die Bundesratsverordnung vom 14. Jan. 1915 Nr. 4607 RGBl. S. 17 vermieden werden.[1])

Diesem Bedürfnis entsprechend hat auch die Praxis sich allmählich mehr für die ausdehnende Auslegung des Gesetzes entschieden. (So: RG. [VI] vom 10. Dez. 1914 LZ. 1915 S. 43; OLG. Dresden vom 26. Okt. 1914 LZ. 1915 S. 69 = SächsArchR. 1914 S. 521; OLG. Hamburg vom 5. Okt. 1914 DJZ. 1915 S. 114 = Recht 1914 S. 733 und vom 4. Nov. 1914 LZ. 1915 S. 70 = DJZ. 1915 S. 114 = Recht 1914 S. 734; OLG. Hamm vom 3. Dez. 1914 LZ. 1915 S. 70; OLG. Augsburg vom 5. Jan. 1915 LZ. 1915 S. 237; LG. Karlsruhe vom 16. Nov. 1914 Recht 1914 S. 614; ferner Lux, JW. 1914 S. 961/962.)

In Anwendung der für die juristischen Personen gewonnenen Grundsätze muß bei der offenen Handelsgesellschaft das Gesetz auf jeden Fall dann Anwendung finden, wenn der einzige oder sämtliche vertretungsberechtigte Gesellschafter Kriegsteilnehmer sind, oder — bei Gesamtvertretung — wenn die nicht behinderten Gesellschafter allein nicht vertretungsberechtigt sind. (So: Güthe, PrJMBl. 1914 S. 743 = Gruchot Bd. 59 S. 29; BerlAnwVer., JW. 1914 S. 789; Lux, JW. 1914 S. 962; Lewin, JW. 1915 S. 53; Byk, BankArch. Bd. 14 S. 20; Hackenberger, JurLitBl. 1914 S. 163; Hahnemann, NachrDAV. 1914 S. 127 und wohl auch Kipp, DJZ. 1914 S. 1026; ferner **KammerG.**[2]) vom 15. Sept. 1914 bei Güthe a. a. O. = OLG. Bd. 29 S. 306; vom 21. Sept. 1914 Recht 1914 S. 647; OLG. Braunschweig vom 9. Okt. 1914

---

[1]) Siehe S. 79. Die Bestimmungen dieser Verordnung scheinen auf jeden Fall besser geeignet zu sein, einen Ausgleich zwischen den Bedürfnissen der juristischen Personen und ihrer Gegner zu schaffen als die in ihrer Anwendbarkeit zweifelhaften von den Vertretern der Gegenmeinung vorgeschlagenen Notbehelfe. Vgl. Lux, JW. 1914 S. 961/62.

[2]) Welche Ansicht den Entscheidungen die Gerichte im Einzelfalle zu Grunde legen, ist nicht immer zweifelsfrei zu ersehen; da sie ja meistens nur aussprechen, ob das Gesetz im vorliegenden Fall Anwendung zu finden habe, äußern sie sich nicht darüber, ob es auch dann anzuwenden ist, wenn weniger weitgehende Voraussetzungen tatsächlich vorliegen, d. h., wenn weniger Gesellschafter als es in dem zu beurteilenden Einzelfall tatsächlich waren, Kriegsteilnehmer sind, und umgekehrt.

DJZ. S. 1306; OLG. Hamm vom 27. Nov. 1914 Recht 1914 S. 735; OLG. Stuttgart [AZ. 247/14] DRAZ. 1914 S. 173 und vom 30. Okt. 1914 Recht 1914 S. 732; OLG. Augsburg vom 5. Jan. 1915 LZ. 1915 S. 237 = BayZfR. 1915 S. 78 = Recht 1915 S. 37; OLG. Köln vom 18. Dez. 1914 DRAZ. 1915 S. 10; LG. Mainz vom 12. Dez. 1914 DRAZ. 1915 S. 10; [vgl. auch Düringer-Hachenburg Bd. IV 1 Anm. 7 Abs. 3 zu § 124 HGB. S. 451.])

Im Rechtsstreit der offenen Handelsgesellschaft sind nicht die Gesellschafter als Einzelpersonen Partei, sie sind es auch nicht als notwendige Streitgenossen, sondern Partei sind die Gesellschafter in ihrer Vereinigung. Die einzelnen Gesellschafter kommen nur als Vertreter der Gesellschaft in Betracht; die Gesellschaft ist parteifähig, aber nicht prozeßfähig und bedarf zur Vornahme einzelner Prozeßhandlungen der Vertretung durch die einzelnen vertretungsberechtigten Gesellschafter. (So: RG. vom 3. Mai 1912 LZ. 1912 S. 539 Nr. 5; Staub Anm. 5 zu § 124 HGB.; Skonietzki-Gelpcke Anm. 2 zu § 59 ZPO.; Förster-Kann Anm. 3 zu § 50 ZPO.) Die Frage der Anwendbarkeit dieses Gesetzes auf die offenen Handelsgesellschaften kann deshalb nicht unter dem Gesichtspunkt der Verhinderung der Partei, sondern nur unter dem des Mangels einer Parteivertretung betrachtet werden.

Zu eng ist es deshalb, das Gesetz auf offene Handelsgesellschaften überhaupt nicht anzuwenden — so: Sieskind S. 15; OLG. München vom 19. Okt. 1914 OLG. Bd. 30 S. 7 = Recht 1914 S. 705 und vom 18. Nov. 1914 LZ. 1915 S. 74; OLG. Cassel vom 30. Nov. 1914 LZ. 1915 S. 66/68 (weil die offene Handelsgesellschaft für den Prozeß als juristische Person zu behandeln sei) — oder nur dann, wenn sämtliche Gesellschafter Kriegsteilnehmer sind. (So: Sintenis Anm. 2 zu § 2 S. 117; OLG. Hamburg vom 19. Okt. 1914 DJZ. 1914 S. 1307 = LZ. 1915 S. 65 = Recht 1914 S. 732; OLG. Colmar vom 16. Nov. 1914 LZ. 1915 S. 69 = DJZ. 1915 S. 116.)

Zu weitgehend ist es andererseits, das Gesetz schon dann anzuwenden, wenn nur ein nicht-vertretungsberechtigter Gesellschafter einberufen ist. (So: Harder, JW. 1914 S. 1046 und S. 1135; Männer, JW. 1915 S. 4; KammerG. vom 21. Okt. 1914 OLG. Bd. 29 S. 306 und vom 12. Dez. 1915 LZ. 1915 S. 235; OLG. Hamm vom 19. Sept. 1914 DJZ. 1914 S. 1216 = Recht 1914 S. 735; OLG. Hamburg vom 9. Nov. 1914 LZ. 1915 S. 151 = DJZ. 1914 S. 1393; OLG. Dresden vom 6. Okt. 1914 DJZ. 1914 S. 1305 und vom 5. Nov. 1914 JW. 1914 S. 1045 = Recht 1914 S. 737; OLG. Karlsruhe vom 29. Okt. 1914 LZ. 1914 S. 1916 = Recht 1915 S. 13; OLG. Frankfurt vom 17. Dez. 1914 LZ. 1915 S. 151 = OLG. Bd. 30 S. 7 [weil jeder Gesellschafter Partei sei und die sämtlichen Gesellschafter notwendige Streitgenossen; auch könnten keine gemeinsamen, die Richtschnur für die Handlungen des Vertretungsberechtigten bildenden Gesellschafterbeschlüsse gefaßt werden.]) Aber auch die Einberufung eines vertretungsberechtigten Gesellschafters kann die Anwendung des Gesetzes nicht rechtfertigen, wenn die nichtbehinderten Gesellschafter noch allein zur Vertretung berechtigt sind. (A. M. OLG. Cassel vom 23. Nov. 1914 LZ. 1915 S. 65; OLG. Bamberg vom 16. Nov. 1914 LZ. 1915 S. 68; OLG. Hamburg vom 1. Okt. 1914 OLG. Bd. 30 S. 6; OLG. Darmstadt vom 7. Dez. 1914 DJZ. 1915 S. 113.) Auf Schwierigkeiten in der inneren Geschäftsführung, wie sie in den beiden letzterwähnten Fällen allerdings entstehen können (vgl. insbesondere § 115 Abs. 1 Satz 2 HGB.), kann eine derartig weitgehende Rücksicht nicht genommen werden, zumal das Gesetz auch in anderen Fällen Schwierigkeiten, die z. B. auch durch Einberufung von Angestellten entstehen können (vgl. den häufigen Fall, daß der Ehemann Prokurist im Geschäfte der Ehefrau ist) nicht berücksichtigt. Materielle Rechte der Kriegsteilnehmer zu wahren, ist das Gesetz grundsätzlich nicht bestimmt (vgl. Anm. 2 zu § 1); wenn Eideszuschiebungen oder Eidesleistungen erforderlich werden, muß allerdings möglicherweise Vertagung erfolgen.[1])

[1]) Werden neben der offenen HG. auch die Gesellschafter gleichzeitig für eine Gesellschaftsschuld in Anspruch genommen, so liegt nach der

Die gleichen Grundsätze wie für die offene Handelsgesellschaft gelten für die Kommanditgesellschaft: KammerG. vom 21. Sept. 1914 DJZ. 1914 S. 1213 = Recht 1914 S. 737; vom 19. Okt. 1914 KammerGBl. 1914 S. 141; vom 2. Okt. 1914 DJZ. 1914 S. 1389 = KammerGBl. 1914 S. 142; OLG. Colmar vom 16. Nov. 1914 DJZ. 1915 S. 116 = LZ. 1915 S. 69. (Es handelte sich hier immer um Fälle, in denen sämtliche bzw. der einzige persönlich haftende Gesellschafter Kriegsteilnehmer war.)

Bei der Gesellschaft des bürgerlichen Rechtes ist jeder Gesellschafter im Rechtsstreit selbständige Partei. Der Geschäftsführer ist nicht gesetzlicher Vertreter der Gesellschaft, er tritt für sich selbst als Partei, für die anderen Gesellschafter auf Grund der in der Befugnis zur Geschäftsführung und Vertretung liegenden Vollmacht auf. (Vgl. Düringer-Hachenburg Bd. 4 S. 121 Anm. 142 und dort Zitierte.) Die Kriegsteilnehmerschaft eines Gesellschafters kommt deshalb nur insoweit in Betracht, als allgemein die Kriegsteilnehmerschaft eines Streitgenossen auf den Rechtsstreit einwirkt. (OLG. Celle vom 10. Nov. 1914 LZ. 1915 S. 152; s. unten Anm. I D.) Auf den nichtrechtsfähigen Verein finden, soweit er Kläger ist, die eben für die bürgerlichrechtliche Gesellschaft erwähnten Grundsätze Anwendung, soweit er Beklagter ist (§ 50 Abs. 2, § 735 ZPO.), die für die juristische Person geltenden Grundsätze.

B. Gerichte.

Die §§ 2, 3, 4 und 9 des Gesetzes finden auf das Verfahren bei den ordentlichen Gerichten Anwendung. Die ordentlichen Gerichte sind nach § 13 GVG.

---

herrschenden Meinung notwendige Streitgenossenschaft vor; Unterbrechung oder Aussetzung zugunsten eines mitbeklagten Gesellschafters bewirkt dann auch Unterbrechung oder Aussetzung für die Gesellschaft und die übrigen mitbeklagten Gesellschafter: KammerG. v. 19. und 22. Okt. 1914, DJZ. 1914 S. 1304, 1387; OLG. Dresden v. 6. Okt. 1914, DJZ. 1914 S. 1305 = Recht 1914 S. 732; KammerG. v. 2. Okt. 1914, DJZ. 1914 S. 1388 = Recht 1914 S. 735 (betrifft KommG.); vgl. aber auch Gaupp-Stein Anm. II 3a zu § 62 ZPO.; Förster-Kann Anm. zu § 62 ZPO. S. 215; ferner DRAZ. 1915 S. 10 und OLG. München vom 9. Januar 1915 LZ. 1915 S. 235 (nur für die Gesellschaft, nicht dem andern Gesellschafter).

Amtsgerichte, Landgerichte, Oberlandesgerichte und das Reichsgericht; ferner nach §§ 8, 10 EG. GVG. und Art. 42 AG. ZPO. das bayerische Oberste Landesgericht. Zu den ordentlichen Gerichten gehören auch die Konsular- und Schutzgebietsgerichte. Begr. S. 7. (Vgl. aber Hellwig, System des deutsch. Ziv.-Prozeßrechtes Bd. 1 S. 65.) § 2 Abs. 2 bringt die Ausdehnung des Gesetzes auf das Verfahren vor den Gewerbegerichten und Kaufmannsgerichten; nach § 10 findet das Gesetz auch auf das Verfahren vor den Sondergerichten des § 14 GVG. Anwendung, soferne nicht durch Landesrecht etwas anderes bestimmt wird. Auf das Verfahren vor den Schiedsgerichten hingegen findet das Gesetz keine Anwendung (vgl. Güthe, PrJMBl. 1914 S. 744 = Gruchot Bd. 59 S. 33; Mansfeld, Bay.-ZfR. 1914 S. 333), da die prozessualen Normen über die Unterbrechung des Verfahrens auf die an die prozeßrechtlichen Vorschriften nicht gebundene Erledigung des Rechtsstreites vor dem Schiedsgerichte nicht passen (RG. Bd. 62 S. 24); überdies gewähren die Vorschriften des § 1041 Ziff. 3 und 4 ZPO. genügenden Schutz gegen Schädigungen des Kriegsteilnehmers. A. M. Sieskind S. 13; Hallbauer, Recht 1914 S. 587; soweit eine Mitwirkung der Gerichte im schiedsgerichtlichen Verfahren erforderlich ist (§§ 1029, 1031, 1041, 1044 ZPO.), insbesondere im Verfahren zur Erwirkung des Vollstreckungsurteils (§ 1042 ZPO.) findet das Gesetz allerdings Anwendung.

Als prozeßrechtliche Norm kann das Gesetz nur auf das Verfahren vor deutschen Gerichten Anwendung finden (Hellwig, System des deutsch. Ziv.-Prozeßrechtes Bd. 1 S. 25); Urteilen ausländischer Gerichte, die jedoch unter Verletzung der Vorschriften dieses Gesetzes ergangen sind, muß nach § 328 ZPO. Ziff. 4 die Anerkennung von den deutschen Gerichten versagt werden. (Neumeyer, DJZ. 1914 S. 1199.)

C. Bürgerliche Rechtsstreitigkeiten.

Unter den bürgerlichen Rechtsstreitigkeiten im Sinne dieser Bestimmung sind alle in der Zivilprozeßordnung geregelten Verfahren zur Erledigung streitiger Rechtsangelegenheiten zu verstehen, soweit nicht das Gesetz wie hinsichtlich der Zwangsvollstreckung in § 5, hinsichtlich des Aufgebots- und des Verteilungsverfahrens in § 7 eine besondere Regelung getroffen hat. Unerheblich ist es, ob Gegenstand des Rechtsstreites eine Geldforderung ist, oder nicht, ob es sich um vermögensrechtliche Angelegenheiten handelt oder nicht. Es gehören also hierher das ordentliche Verfahren (einschließlich der Rechtsmittelverfahren und der Berichtigungsverfahren nach § 319 ZPO. (vgl. OLG. Stuttgart vom 1. Dez. 1914 Recht 1915 S. 36), das Mahnverfahren, die Kostenfestsetzung und die Streitwertfestsetzung (OLG. Hamburg vom 13. Okt. 1914 DJZ. 1914 S. 1307 = Recht 1914 S. 734; OLG. München vom 22. Okt. 1914 OLG. Bd. 30 S. 6), das Verfahren auf Einwilligung in die Rückgabe einer Sicherheit (§ 109 ZPO.; vgl. KammerG. vom 15. Okt. 1914 Recht 1914 S. 743), das Eheverfahren, Entmündigungsverfahren. (Glaser, DJZ. 1914 S. 1077; Hallbauer, Recht 1914 S. 587.) Auch das Beweissicherungsverfahren (§§ 485 ff. ZPO.) fällt als ein zivilprozessuales Verfahren[1]) unter das Gesetz. (Sieskind S. 14; Bendix S. 69; Güthe, PrJMBl. 1914 S. 744; Gruchot Bd. 59 S. 34; Bovensiepen, DRZ. 1914 S. 777; vgl. auch Gaupp-Stein Vorb. I vor § 485 ZPO. Die von Glaser in DJZ. 1914 S. 1076 und Hallbauer im Recht 1914 S. 584 gegen die Anwendung des Gesetzes auf dieses letztere Verfahren vorgebrachten Bedenken (damnum irreparabile) sind nunmehr durch die Bundesratsverordnung vom 14. Jan. 1915 Nr. 4607 RGBl. 1915 S. 17[2]) gegenstandslos geworden.

Das gleiche gilt für das Verfahren auf Erlassung eines Arrestes oder einer einstweiligen Verfügung. Diese Verfahren bilden ein mit der Zustellung des Beschlusses endendes streitiges Erkenntnisverfahren. (Gaupp-Stein Vorbem. I, 1 vor § 916 ZPO.;

[1]) Die Beweissicherung nach §§ 164 ff. FGG. ist als ein Verfahren der freiwilligen Gerichtsbarkeit zulässig. Vgl. auch Josef im Recht 1914 S. 638 ff. [2]) S. unten S. 79 ff.

Sieskind S. 14; Sintenis Anm. 2 zu § 2 S. 117; Bendix S. 69; Güthe, PrJMBl. 1914 S. 744 = Gruchot Bd. 59 S. 33/34; Stein, JW. 1914 S. 805; Koch im Recht 1915 S. 41; Sauer, DJZ. 1915 S. 202; OLG. München vom 12. Aug. 1914 Recht 1914 S. 731; OLG. Posen vom 11. Nov. 1914 OLG. Bd. 30 S. 6; LG. Kiel vom 21. Sept. 1914 in DJZ. 1914 S. 1308 = Recht 1914 S. 732; LG. Allenstein vom 13. Okt. 1914 JW. 1914 S. 989; OLG. Hamburg 10. Dez. 1914 Recht 1915 S. 37 [Beschwerde-Instanz]; a. M. Harder, JW. 1914 S. 902 und Recht 1914 S. 707; OLG. Königsberg vom 5. Nov. 1914 DJZ. 1914 S. 1394 = Recht 1914 S. 736.) Auch hier können Unbilligkeiten (vgl. OLG. München vom 10. Nov. 1914 OLG. Bd. 30 S. 18 = LZ. 1915 S. 150 = Recht 1914 S. 736) durch Anwendung der Verordnung vom 14. Jan. 1915 vermieden werden.

Das Verfahren auf Erteilung einer vollstreckbaren Ausfertigung gehört noch zum Erkenntnisverfahren; es dient zwar zur Vorbereitung der Zwangsvollstreckung, gehört aber noch nicht zu dieser. (Gaupp-Stein Vorbem. VII 1 vor § 704 ZPO.; Güthe, Gruchot Bd. 59 S. 34; LG. Bautzen vom 11. Sept. 1914 im Recht 1914 S. 645 = SächsArchR. 1914 S. 439.) Ebenso gehört das Verfahren auf Rückgabe einer Sicherheit nach § 715 ZPO. zum Prozeß und nicht zur Vollstreckung. (OLG. München vom 4. Jan. 1915 LZ. 1915 S. 235.) Das Ordnungsstrafverfahren gegen einen Zeugen ist kein bürgerlicher Rechtsstreit und fällt deshalb nicht unter das Gesetz. (LG. Limburg vom 21. Aug. 1914 Recht 1914 S. 645; a. M. Güthe, Gruchot Bd. 59 S. 34.)

Bezüglich der Zwangsvollstreckung vgl. § 5.

Auf **das Verfahren der freiwilligen Gerichtsbarkeit** findet das Gesetz keine Anwendung; vgl. Josef, Recht 1914 S. 638 ff. (der aber gegen Unger, Zeitschr. f. Zivilpr. Bd. 39 S. 73 ff. auch in diesem Verfahren Aussetzung für zulässig hält und sie dem Ermessen des Gerichts anheimstellt).

D. Die §§ 2, 3, 4 und 9 des Gesetzes finden dann Anwendung, wenn in einem der vorerwähnten Verfahren ein Kriegsteilnehmer „**Partei**" ist, also nicht nur dann, wenn er Beklagter oder Antragsgegner, sondern auch, wenn er Kläger oder Antragsteller ist. (Sieskind S. 24; Bendix S. 69; Güthe, PrJMBl. 1914 S. 745 = Gruchot Bd. 59 S. 36; Stein, JW. 1914 S. 806; Hachenburg, LZ. 1914 S. 1593; Nissen, LZ. 1914 S. 1611; Hallbauer, Recht 1914 S. 579; a. M. Glaser, DJZ. 1914 S. 1077 = JW. 1914 S. 906 [der die Bestimmungen dann nicht anwenden will, wenn der Kriegsteilnehmer Kläger bzw. Antragsteller ist und die Anwendung der Bestimmungen seinem Interesse oder seinem mutmaßlichen Willen widersprechen.])

Auch der Testamentsvollstrecker, der Konkursverwalter[1]) und der Nachlaßverwalter sind in den von ihnen in dieser Eigenschaft geführten Rechtsstreitigkeiten Parteien im Sinne der ZPO. (Gaupp-Stein Vorm. I 3 vor § 50 ZPO.) Sind sie Kriegsteilnehmer, so findet das Gesetz Anwendung. (Sieskind S. 24; OLG. Hamburg vom 16. Sept. 1914 DJZ. 1914 S. 1306; Friedländer, JW. 1914 S. 1076 [bezgl. des Konkursverwalters].)

Ist der Kriegsteilnehmer nur Nebenintervenient, so ist er nicht Partei im Sinne der ZPO. und seine Kriegsteilnehmerschaft berührt daher den Rechtsstreit nicht, es sei denn, daß die Voraussetzungen des § 69 ZPO. bei ihm vorliegen. (So: Gaupp-Stein Anm. 1 zu § 239 ZPO.; Förster-Kann Anm. 1 zu § 239 ZPO.; Sieskind S. 24; Güthe, PrJMBl. 1914 S. 746 = Gruchot Bd. 59 S. 37; Hallbauer, Recht 1914 S. 585; Niemeyer, LZ. 1914 S. 1791; Harder, JW. 1914 S. 1135; KammerG. vom 9. Nov. 1914 DJZ. 1914 S. 1390; OLG. Darmstadt vom 6. Nov. 1914 DJZ. 1914 S. 1392 = Recht 1915 S. 13; a. M. Skonietzki-Gelpcke Anm. 1

---

[1]) Aussetzung (bzw. Unterbrechung) des Verfahrens hat auch dann zu erfolgen, wenn an Stelle des verhinderten Konkursverwalters ein neuer Verwalter vom Gericht ernannt ist; denn dieser hat selbständig und im eigenen Namen (nicht als Stellvertreter) die Befugnisse und Obliegenheiten der Konkursverwalter wahrzunehmen. Es muß deshalb eventuell ihm gegenüber die Aufnahme des Rechtsstreits gemäß §§ 246 Abs. 2 mit 239, 241—243 ZPO. betrieben werden (Jaeger, Anm. 6 zu § 78 KO. OLG. München vom 18. Dez. 1914 im Recht 1915 S. 14).

zu § 239; Bendix S. 70; OLG. Breslau vom 17. Sept. 1914 JW. 1914 S. 1044; OLG. Hamburg vom 19. Okt. 1914 DJZ. 1914 S. 1307 = LZ. 1914 S. 1687 = Recht 1914 S. 704; OLG. Hamm vom 25. Okt. 1914 Recht 1915 S. 13; OLG. Dresden vom 5. Jan. 1915 DJZ. 1915 S. 213 = LZ. 1915 S. 309.) Noch weniger kommt es natürlich in Betracht, wenn derjenige, dem der Rechtsstreit verkündet worden ist, bevor er dem Rechtsstreit beitrat, Kriegsteilnehmer wird. (Hallbauer, Recht 1914 S. 579; a. M. Bendix S. 70.)

Ist einer von mehreren Streitgenossen (§§ 61 ff. ZPO.) Kriegsteilnehmer, so hat dies für die übrigen Streitgenossen nur dann Bedeutung, wenn einer der Fälle des § 62 (notwendige Streitgenossenschaft) vorliegt. (Hellwig, System des deutsch. Ziv.-Prozeßrechtes S. 244 Ziff. IV 2; Sintenis Anm. 2 zu § 2 S. 117; Güthe, PrJMBl. 114 S. 745 = Gruchot Bd. 59 S. 37; Hallbauer, Recht 1914 S. 585; OLG. Hamburg vom 13. Okt. und 2. Nov. 1914, und vom 7. Dez. 1914 DJZ. 1915 S. 215 = Recht 1914 S. 734; OLG. Stuttgart vom 12. Nov. 1914 Recht 1914 S. 736); es genügt also insbesondere nicht, wenn die Streitgenossen als Gesamtschuldner verklagt sind; OLG. Hamburg vom 2. Nov. 1914 Recht 1914 S. 734; OLG. Stuttgart vom 1. Dez. 1914 Recht 1915 S. 36 = LZ. 1915 S. 310 (betr. Mitbürgen); OLG. Darmstadt vom 7. Jan. 1915 DJZ. 1915 S. 214 (Klage gegen Miterben nach § 2058 BGB.); Gaupp-Stein Vorb. III 4 vor § 59 ZPO.; a. M. Sieskind S. 24 (der auch bei notwendiger Streitgenossenschaft daraus, daß ein Kriegsteilnehmer Streitgenosse ist, Folgerungen für die übrigen Streitgenossen ablehnt); Bendix S. 70 (welcher einfache Streitgenossenschaft ebenso behandelt wie hier die notwendige).

Über Klagen gegen eine offene Handelsgesellschaft und deren Gesellschafter s. oben S. 15 Fußnote 1, über Räumungsklagen gegen Eheleute, wenn der Ehemann Kriegsteilnehmer ist, s. unten Anhang 1 S. 35 über den Fall, daß ein Zeuge Kriegsteilnehmer ist, s. unten Anhang 2 S. 37.

II. Der den Kriegsteilnehmern gewährte Schutz.

Das Gesetz bestimmt ausdrücklich nur die Voraussetzungen, unter denen sein Schutz — nämlich Unterbrechung oder Aussetzung des Verfahrens — eintritt; rechtliche Bedeutung und Wirkung der Unterbrechung und Aussetzung bestimmen sich nach den allgemeinen Vorschriften (Buch I Abschnitt 3 Teil V) der Zivilprozeßordnung. (Begründung S. 7.)

a) Nach § 2 Abs. 1 des Gesetzes wird grundsätzlich das Verfahren **unterbrochen.** Unterbrechung des Verfahrens ist der Stillstand, der ohne Rücksicht auf Wissen und Willen der Parteien und des Gerichtes von selbst (kraft Gesetzes) eintritt. Es bedarf daher keines Gerichtsbeschlusses, der die eingetretene Unterbrechung feststellt. Doch muß im Streitfalle ein solcher Beschluß als zulässig erachtet und gleich einem Aussetzungsbeschluß (§ 252 ZPO.) behandelt werden. Die Rechtsmittel sind deshalb: wenn die Unterbrechung als nicht eingetreten erklärt wird, die einfache Beschwerde (§ 567 ZPO.); Hellwig, System des deutsch. Ziv.-Prozeßrechtes Bd. 1 S. 602; Gaupp-Stein Note 1 und 2 zu § 252; Bendix, LZ. 1914 S. 1702; a. M. OLG. Stuttgart vom 10. Nov. 1914 Recht 1914 S. 732 (das einen derartigen Beschluß als bedeutungslos, eine Beschwerde hiegegen deshalb als unzulässig betrachtet; die Beschwerde sei erst gegen einen Gerichtsbeschluß zulässig der die Vornahme einer prozessualen Tätigkeit ablehnt). Die Tatsache der Unterbrechung ist vom Gerichte von Amts wegen d. h. ohne besonderen Antrag zu beachten; dies setzt aber voraus; daß das Gericht von den Tatsachen, die die Unterbrechung herbeiführen, Kenntnis hat. Im Versäumnisverfahren ist das Gericht nicht ohne weiteres befugt, Ermittlungen von Amts wegen anzustellen, ob die nicht erschienene Partei etwa Kriegsteilnehmer ist, noch darf es vom Gegner einen dahingehenden Beweis verlangen. Die maßgebenden Bestimmungen der ZPO. (§§ 239 ff., 330 ff. ZPO.), zu denen die vorliegende Bestimmung nur eine Ergänzung bildet, bieten für ein derartiges Vorgehen keine Stütze, insbesondere folgt dies nicht aus der Ziffer 1 des § 335 ZPO. („die vom Gericht wegen eines von Amts wegen zu berücksichtigenden Umstandes erforderliche Nachweisung"); denn dies ist auch in den Fällen der sogenannten „Prüfung von Amts wegen" hinsichtlich prozessualer Punkte nur im Falle des Zweifels erforderlich. (Gaupp-Stein Anm. III 4 vor § 128 ZPO.) Nur dann, wenn dem Gericht ein Unterbrechungsgrund bekannt ist (Gaupp-Stein § 249 IV), oder, wenn sich aus den Umständen des einzelnen Falles — z. B. aus der Standesbezeichnung in der Klage, aus der Zustellungsurkunde[1]) — für den Unterbrechungsgrund eine derartige Vermutung ergibt, daß dem Antragsteller der Nachweis des Gegenteils billigerweise zugemutet werden darf, kann und muß das Gericht die weiteren richterlichen Handlungen verweigern, bis klargestellt ist, daß der vermutete Unterbrechungsgrund nicht vorhanden ist. Die erstere Voraussetzung beruht auf dem Gedanken des § 291, wonach auch das Gegenteil von den Behauptungen, die ausdrücklich oder stillschweigend im Rechtsstreit aufgestellt werden, keines Beweises bedarf, wenn es beim Gericht offenkundig ist; die zweite Voraussetzung entspricht den Regeln, die sich aus der freien Beweiswürdigung ergeben (vgl. Stein § 282 IV 7). In diesen Fällen darf das Prozeßgericht auch auf Antrag des Klägers amtliche Auskünfte oder Gutachten einholen; man wird es aber auch für zulässig und zweckmäßig halten müssen, wenn das Gericht in diesen Fällen von Amts wegen derartige Auskünfte erholt, da hiedurch einerseits der antragstellenden Partei die ihr obliegende Beweisführung erleichtert, andererseits dem Gegner der ihm zugedachte Schutz in höherem Maße gesichert wird. Juliusberg, DJZ. 1914 S. 1243; Levis, Recht 1914 S. 548; Hahnemann, NachrDAV.

[1]) Durch allgemeine Verfügung des preuß. JustMin. vom 2. Sept. 1914 PrJMBl. 1914 S. 701 (abgedruckt bei Sieskind S. 186) und ebenso durch Verfügung des bayer. Verkehrs- und des bayer. Justizministeriums vom 21./22. August 1914, BayJMBl. 1914 S. 185 ist den Zustellungsbeamten besonders zur Pflicht gemacht, Mitteilungen über Kriegsteilnehmerschaft des Zustellungsempfängers auf Grund der Zustellungsurkunde zu vermerken.

1914 S. 127; Bovensiepen, DRZ. 1914 S. 778; KammerG. vom 26. Okt. 1914 DJZ. 1914 S. 1388; OLG. Braunschweig vom 27. Nov. 1914 LZ. 1915 S. 64; und vom 2. Dez. 1914 DJZ. 1915 S. 114; LG. Leipzig vom 12. Aug. 1914 LZ. 1914 S. 1613; a. M. Mansfeld, BayZfR. 1914 S. 333; Dietrich, DRZ. 1914 S. 735; Kurtzig, DJZ. 1914 S. 1269; Bendix, LZ. 1914 S. 1702 (welche in jedem Fall den Nachweis verlangen, daß der Abwesende nicht Kriegsteilnehmer ist); ferner Förder, JW. 1914 S. 814; Striemer, JW. 1914 S. 853; Hachenburg, LZ. 1914 S. 1594; Mangold, LZ. 1914 S. 1742 (die eine Ermittlung durch das Gericht von Amts wegen für unzulässig halten).

Eine praktisch nicht sehr bedeutsame Ausnahme[1]) bringt der § 3 Ziff. 1: Wenn der Kriegsteilnehmer einen persönlichen Sicherheitsarrest (§ 918 ZPO.) erwirkt hat, tritt eine Unterbrechung des Verfahrens nicht ein, insoweit es sich um die Entscheidung handelt, ob der Arrest aufrecht zu erhalten oder aufzugeben sei. Das Interesse des Schutzes der persönlichen Freiheit überwiegt hier das Interesse des Schutzes des Kriegsteilnehmers. (Begr. S. 8; Mansfeld, BayZfR. 1914 S. 334.)

b) Wann die Unterbrechung des Verfahrens **beginnt**, ergibt sich aus § 2 in Verbindung mit den §§ 1 und 12. In den bei Verkündung des Gesetzes anhängigen Rechtsstreitigkeiten beginnt die Unterbrechung, wenn eine Partei bereits zu einem mobilen Heeresteil usw. gehört, mit der Verkündung, wenn eine Partei erst später in ein solches Verhältnis tritt (vgl. oben S. 8), oder eine derartige Person erst später Partei wird, mit diesem Zeitpunkt. In keinem Falle sind die Wirkungen der Unterbrechung auf die Zeit vor der Verkündung des Gesetzes zurückzubeziehen, wenn die Kriegsteilnehmerschaft auch bereits früher begonnen haben sollte.

[1]) Glaser, DJZ. 1914 S. 1079 und JW. 1914 S. 986, will die Unterbrechung auch dann nicht eintreten lassen, wenn sie nicht dem mutmaßlichen Willen des Kriegsteilnehmers entspricht, oder, wenn sie dem Gegner einen nicht ersetzbaren Nachteil bringt (vgl. Bundesratsbekanntmachung v. 14. Jan. 1915 Nr. 4607 RGBl. S. 17).

Wird eine an dem Kriege beteiligte Person nach der Verkündung des Gesetzes verklagt, so tritt die Unterbrechung erst mit dem Zeitpunkt ein, in welchem der Rechtsstreit anhängig geworden ist. Die Erhebung der Klage, welche erst die Rechtshängigkeit begründet (§ 263 ZPO.), ist also zulässig und wirksam, was in den Worten des § 2 „oder anhängig werden" zum Ausdruck gebracht ist, auch aus dem Begriffe der Unterbrechung folgt. Zulässig ist demnach auch die Terminsbestimmung und Zustellung der Klage mit Terminsbestimmung und Ladung; ebenso ist die Zustellung des Zahlungsbefehles, durch die die Rechtshängigkeit begründet wird, zulässig. Dies wird nunmehr allgemein anerkannt. (Begr. S. 7 und 8; Bendix S. 66 und JW. 1914 S. 824; Güthe, PrJMBl. 1914 S. 746 = Gruchot Bd. 59 S. 37; BayJMinBek. vom 16. Aug. 1914 JMBl. S. 144; BerlAnwVer., JW. 1914 S. 789; Stein, JW. 1914 S. 804; Kaufmann, JW. 1914 S. 907; Löwenwarter, JW. 1914 S. 949; Lewin, JW. 1915 S. 53; Juliusberg, DJZ. 1914 S. 1243; Hachenburg, LZ. 1914 S. 1599; Nissen, LZ. 1914 S. 1611; Levis, Recht 1914 S. 546; Hallbauer, Recht 1914 S. 580; Mansfeld, BayZfR. 1914 S. 333; Byk, BankArch. Bd. 14 S. 20; OLG. München vom 28. Okt. 1914 in OLG. Bd. 30 S. 2 = LZ. 1914 S. 1916 = Recht 1914 S. 730 = BayZfR. 1914 S. 451; a. M. Sieskind S. 13/14; Kipp, DJZ. 1914 S. 1026 [Buchstabenjurisprudenz!]; Rosenberg, KammerGBl. 1914 S. 195 und wohl auch Reichel, DJZ. 1914 S. 1373, sowie Deumer, DJZ. 1914 S. 1376.)

Obwohl in den Fällen der Klagserhebung gegen einen Kriegsteilnehmer sofort nach der Rechtshängigkeit das Verfahren unterbrochen wird, kann die Klagserhebung doch praktische Bedeutung haben; denn wenn durch § 8 des Gesetzes auch die Gegner des Kriegsteilnehmers gegen Ablauf der Verjährung und der Ausschlußfristen geschützt sind, so knüpfen sich doch an den Eintritt der Rechtshängigkeit auch noch andere materiell- und auch prozeßrechtliche Folgen. Es sei nur verwiesen auf §§ 291, 292, 561, 818, 847, 864, 1300, 1613, 2023 BGB. und § 263 Abs. 2 Ziff. 2 ZPO.

Gaupp-Stein Anm. II zu § 267 ZPO.; Stein, JW. 1914 S. 805; Levis, Recht 1914 S. 547; Bendix, JW. 1914 S. 824; a. M. Reichel, DJZ. 1914 S. 1373 (der hier nur die prozeßrechtlichen und nicht materiellrechtlichen Folgen der Rechtshängigkeit eintreten lassen will).

Einen zweifelsfreien Weg der Klagserhebung gegen den Kriegsteilnehmer bietet nunmehr auch § 1 der Bundesratsverordnung vom 14. Jan. 1915 RGBl. 1915 S. 17, doch ist die Anwendbarkeit dieser Vorschrift auf Ausnahmefälle beschränkt.

Vgl. Näheres hierüber S. 79 ff.

Über die Zustellung an einen Kriegsteilnehmer s. Anhang 3 S. 39.

c) An Stelle der Unterbrechung kraft Gesetzes tritt nach § 3 Abs. 1 Ziff. 2 mit Abs. 2 die **Aussetzung des Verfahrens auf Antrag** dann, wenn die Partei durch einen Prozeßbevollmächtigten vertreten ist, oder einen anderen zur Wahrnehmung ihrer Rechte berufenen Vertreter hat.

1. Der Begriff des Prozeßbevollmächtigten[1]) ergibt sich aus der ZPO. §§ 81 und 82. Wichtig ist insbesondere, daß sich die Prozeßvollmacht auch auf die Vertretung gegenüber der Widerklage in den selbständigen Prozessen, die im Laufe der Zwangsvollstreckung entstehen (§§ 731, 767, 771, 785, 796, 836, 841, 856 und 878 ZPO.; Gaupp-Stein Note II 3 zu § 81 ZPO.; Holländer, JW. 1914 S. 970/71), sowie auf das Verfahren für eine Hauptintervention, einen Arrest und eine einstweilige Verfügung erstrecken.

2. Ob die Vertretungsmacht des anderen zur Wahrnehmung der Rechte des Kriegsteilnehmers berufenen Vertreters auf Gesetz beruht, oder auf rechtsgeschäftlicher Bestellung, ist gleichgültig; erforderlich aber ist auf jeden Fall, daß seine Vertretungsmacht die Befugnis betrifft, oder wenigstens mitumfaßt,

---

[1]) Wird ein Rechtsanwalt einberufen, der sich gemäß § 78 Abs. 3 ZPO. selbst vertreten hat, so tritt Unterbrechung ein, nicht nur Aussetzung. Friedländer, JW. 1914 S. 1076.

die Rechte des Kriegsteilnehmers gerade in dem in Frage stehenden Rechtsstreit wahrzunehmen.

Diese Voraussetzung trifft jedoch nicht zu, wenn eine unter elterlicher Gewalt oder unter Vormundschaft oder Pflegschaft stehende Person sich nach dem bürgerlichen Rechte durch Verträge in beschränktem Umfang verpflichten kann (z. B. §§ 112, 113 BGB.) und der Rechtsstreit eine solche Verpflichtung betrifft; denn in einem solchen Falle sind die Eltern oder der Vormund oder Pfleger zur Vertretung in dem betreffenden Rechtsstreit nicht berufen (§ 52 Abs. 1 ZPO.).

Abgesehen hiervon gehören hierher die Fälle der §§ 1409, 1630, 1684 ff., 1793, 1896 ff., 1909 ff., insbesondere 1911 BGB. (Bendix, LZ. 1914 S. 1701).

Zu beachten ist insbesondere auch, daß nach § 1685 mit § 1677 BGB. die elterliche Gewalt auf die Mutter übergeht, wenn der Vater an der Ausübung derselben tatsächlich behindert ist. Eine solche Behinderung wird meist anzunehmen sein, wenn der Vater Kriegsteilnehmer ist. (Vgl. aber auch Niemeyer, LZ. 1914 S. 1793). Ferner gehört hierher auch der vom Vorsitzenden des Prozeßgerichts gemäß § 1 der Bundesratsverordnung vom 14. Jan. 1915 Nr. 4607 RGBl. S. 17 (unten S. 80) für den Kriegsteilnehmer bestellte Vertreter. Fälle der Berufung kraft Parteiwillens sind insbesondere der Prokurist (§ 49 Abs. 1 HGB.), der Generalsubstitut eines Rechtsanwalts (§ 25 RAO.) und der Generalbevollmächtigte, soferne sich, was im einzelnen Fall zu prüfen ist, die Vollmacht auf die Führung des in Frage kommenden Rechtsstreites nach dem Willen des Vollmachtgebers erstreckt. Der Handlungsbevollmächtigte ist im allgemeinen nicht als Vertreter im Sinne der hier in Frage stehenden Bestimmung anzusehen (§ 54 Abs. 2 HGB.); ebenso sind Angestellte oder die Ehefrau des Kriegsteilnehmers, die in seiner Abwesenheit das Geschäft führen, nicht ohne weiteres als befugt anzusehen, den Kriegsteilnehmer in Rechtsstreitigkeiten zu vertreten. (Mayer, WürttZRV. 1914 S. 232.)

Wer sich darauf berufen will, daß der Kriegsteilnehmer einen zur Wahrnehmung seiner Rechte berufenen Vertreter habe, daß deshalb das Verfahren nicht unterbrochen sei, muß dies als Ausnahme von der Regel des § 2 beweisen; dies gilt auch im Falle des Versäumnisurteils. (Bendix, LZ. 1914 S. 1702; Mangold, LZ. 1914 S. 1743.)

3. Gehört nicht nur der Vertretene, sondern auch der Vertreter zu den Kriegsteilnehmern, so findet, soferne es sich um die gesetzliche Vertretung einer prozeßunfähigen Partei handelt, der § 9 des Gesetzes Anwendung; handelt es sich dagegen um einen gewählten Vertreter, so tritt weder Unterbrechung ein, noch kann Aussetzung beantragt werden, weil — wie die Begründung S. 8 ausführt — angenommen werden darf, daß in solchen Fällen durch Stellung eines Aussetzungsantrages oder Beschaffung eines anderweitigen Vertreters für die Interessen der Partei gesorgt werden wird. Außerdem kann aber auch dadurch die Unterbrechung des Verfahrens herbeigeführt werden, daß der Vertreter, insbesondere der Prozeßbevollmächtigte, rechtzeitig die Vertretung niederlegt, wobei allerdings die Vorschrift des § 87 Abs. 1 ZPO. zu beachten ist. (Nissen, LZ. 1914 S. 1611.) Nötigenfalls wird das Gericht von dem Recht zur Aussetzung nach § 247 ZPO. Gebrauch zu machen haben. (Mansfeld, BayZfR. 1914 S. 334.)

Die gleichen Grundsätze wie für den gewählten Vertreter im allgemeinen gelten auch für den prozeßbevollmächtigten Anwalt. Der § 244 Abs. 1 ZPO. findet keine Anwendung, weil der Anwalt durch seine Einberufung tatsächlich an der Fortführung der Vertretung gehindert ist, nicht aber hierzu unfähig im Rechtssinne wird. (Gaupp-Stein Anm. II a. E. zu § 244 ZPO.; Nissen, LZ. 1914 S. 1611; VerZivKamm. LG. Tübingen Recht 1914 S. 707; a. M. Hallbauer, Recht 1914 S. 585.)

4. Wenn der Prozeßbevollmächtigte oder Vertreter des Kriegsteilnehmers den Antrag auf Aussetzung des Verfahrens nicht stellt, so nimmt das Verfahren ohne Rücksicht auf die Kriegsteilnehmerschaft seinen Fortgang. Wird der Antrag gestellt, so muß das Gericht grundsätzlich dem Antrag stattgeben, ohne näher zu prüfen, ob der Vertreter einer Information noch bedarf, oder ob diese Information trotz der Kriegsteilnehmerschaft des Vertretenen ohne Schwierigkeiten möglich wäre.[1])

Der Aussetzungsantrag kann entweder in der mündlichen Verhandlung oder schriftlich zu Protokoll des Gerichtsschreibers angebracht werden, und unterliegt — auch im Anwaltsprozeß — nicht dem Anwaltszwang. (§ 248 mit § 78 Abs. 2 ZPO.) Mangold, LZ. 1914 S. 1744; VerZivKamm. LG. Tübingen im Recht 1914 S. 705.

Bestreitet der Gegner die Kriegsteilnehmerschaft, oder wird der Aussetzungsantrag nicht in der mündlichen Verhandlung gestellt, so trifft den Antragsteller die Beweislast.

Rechtsmittel: Siehe § 252 ZPO.

Auch das Gericht, das den Aussetzungsbeschluß erlassen hat, kann den Beschluß auf Antrag wieder aufheben, wenn sich herausstellt, daß die Annahme der Zugehörigkeit einer Partei zu den Kriegsteilnehmern irrtümlich war. Dies gilt auch dann, wenn der Gegner dem Aussetzungsantrag zugestimmt hat, denn diese Zustimmung ist einer Vereinbarung, daß das Verfahren bis zur Beendigung des Krieges ruhen soll, nicht gleichzustellen. (OLG. Nürnberg vom 26. Sept. 1914 Recht 1914 S. 733.)

5. Von dem Anspruch des Kriegsteilnehmers auf Aussetzung, der ihm vom Gesetz ursprünglich ohne Einschränkung gewährt worden war, hat der durch die Bundesratsverordnung vom 14. Jan. 1915 Nr. 4607

---

[1]) Sehr formalistisch ist es, wenn das OLG. Braunschweig vom 19. Oktober 1914, DJZ. 1914 S. 1306 in den Fällen, in denen ein Anspruch auf Aussetzung besteht, das doch minder weitgehende Recht auf Vertagung versagt.

RGBl. S. 17 zu § 3 Abs. 2 beigefügte Satz 2 eine Ausnahme vorgesehen, wenn der Rechtsstreit einen vermögensrechtlichen Anspruch betrifft und die Aussetzung nach den Umständen des Falles offenbar unbillig ist. Näheres über den Grund des Erlasses dieser Bestimmung und über die unter die Bestimmung fallenden Fälle siehe Vorbemerk. und Anm. 3 zu § 1 und Anm. zu § 2 der Bek., unten S. 79 ff.

Die Entscheidung darüber, ob dem Aussetzungsantrag stattzugeben ist, oder ob ein Ausnahmefall vorliegt, unterliegt dem Ermessen des Gerichtes.

Die Beweislast dafür, daß ausnahmsweise die Aussetzung nicht stattzufinden habe, obliegt dem Gegner des Kriegsteilnehmers. Für die Rechtsmittel ist wiederum § 252 ZPO. maßgebend.

Für die Aufnahme von vermögensrechtlichen Streitigkeiten, in denen das Verfahren auf Grund der vorliegenden Bestimmungen vor dem 14. Jan. 1915 ausgesetzt (oder unterbrochen) wurde, gibt der § 4 der Bundesratsverordnung vom 14. Jan. 1915 Nr. 4607 besondere Bestimmungen.

6. Zweifelhaft erscheint, ob auf das Recht, Aussetzung zu verlangen, im voraus verzichtet werden kann.

Der allgemein anerkannte Grundsatz, daß es keinen Konventionalprozeß gibt, spricht dagegen. Ebenso der Umstand, daß eine zum Zeitpunkt des Verzichtes nicht voraussehbare Änderung der Umstände (z. B. neue Behauptungen oder Beweise; anderweitige Verwendung des Kriegsteilnehmers) eine Bindung des Kriegsteilnehmers an seinen unter anderen Voraussetzungen gegebenen Verzichterklärungen nicht wünschenswert erscheinen lassen. (Vgl. Hellwig, System des deutsch. Ziv.-Prozeßrechtes S. 450; Gaupp-Stein Note V 7, 3. Absatz vor § 128 ZPO.; Reichel, Unklagbare Ansprüche in IheringsJ. Bd. 59 S. 438 ff. und S. 445 ff.) Die OLG. Augsburg vom 1. Dez. 1914 Recht 1914 S. 735 und München vom 10. Nov. 1914 OLG. Bd. 30 S. 8 = LZ. 1915 S. 150 = Recht 1914 S. 736 haben sich für die Zulässigkeit des Verzichtes — auch durch schlüssige Handlungen — ausgesprochen. Auf jeden Fall wird aber ein solcher Verzicht des Kriegsteilnehmers oder seines Prozeßbevollmächtigten von maßgebender Bedeutung für die Frage sein, ob die Aussetzung auf Grund des § 2 Abs. 2 Satz 2 abzulehnen ist.

d) Die Wirkungen der Unterbrechung und der Aussetzung.

1. Die **prozeßrechtlichen** Wirkungen:

Die Wirkungen der Aussetzung und der Unterbrechung des Verfahrens bestimmen sich nach den Vorschriften der ZPO. insbesondere des § 249 (Begr. S. 7). Es gilt deshalb auch hier der für die Fälle der Unterbrechung oder Aussetzung auf Grund der Bestimmungen der Zivilprozeßordnung allgemein anerkannte Grundsatz, daß Entscheidungen, die während der Unterbrechung oder der Aussetzung vom Gerichte erlassen werden, nicht absolut nichtig und wirkungslos sind, sondern der Kriegsteilnehmer muß sie anfechten mit den Mitteln, die gegen Entscheidungen dieser Art zugelassen sind, also z. B. Versäumnisurteile mit dem Einspruch, andere Urteile mit der Berufung oder Revision, landgerichtliche Berufungsurteile mit der Nichtigkeitsklage. (Nach § 579 Ziff. 4 ZPO.) Gaupp-Stein Note II 2 zu § 249 ZPO.; Seuffert Anm. 2 d zu § 249 ZPO.; Skonietzki-Gelpcke Note 13 zu § 249; Förster-Kann Note I c zu § 249 ZPO.; ferner Sieskind S. 25; Güthe, PrJMBl. 1914 S. 746 = Gruchot Bd. 59 S. 38; Stein, JW. 1914 S. 806 (besonders hinsichtlich Arrest und einstweiliger Verfügung); Mangold, LZ. 1914 S. 1742; Deumer, DJZ. 1914 S. 1376 und 1377; Bovensiepen, DRZ. 1915 S. 35; Bendix, DJZ. 1915 S. 199; a. M. Lilie, DJZ. 1914 S. 1384.

2. Die Einwirkungen auf das **materielle Recht**:

Der materielle Anspruch des Gläubigers wird durch die Bestimmungen der §§ 2 und 3 nicht berührt. Die Leistung des Kriegsteilnehmers ist nicht

Zahlung einer Nicht-Schuld, auch nicht eine unentgeltliche Zuwendung (insbesondere auch nicht im Sinne des § 30 Ziff. 2 KO.); der Gläubiger kann sich durch Aufrechnung befriedigen und durch Verwertung eines Faustpfandes (soweit er hierzu keines Vollstreckungstitels bedarf); er darf die vertraglichen und gesetzlichen Zurückbehaltungsrechte ausüben, und insbesondere darf auch der Vermieter, das nach § 561 BGB. ihm zustehende Selbsthilferecht gebrauchen. (Vgl. auch § 1 Anm. 2.)

Der Bürge für eine Verbindlichkeit eines Kriegsteilnehmers verliert durch die in den §§ 2 und 3 geschaffene Unmöglichkeit bzw. Behinderung der Rechtsverfolgung die Einrede der Vorausklage nicht; die Bestimmung des § 773 Ziff. 2 BGB. ist auf eine anderweitige Erschwerung der Rechtsverfolgung als die dort vorgesehene nicht auszudehnen. Die dort erwähnte Änderung des Aufenthaltsortes des Hauptschuldners, die mit der Einberufung des Hauptschuldners zum Kriegsdienst meistens verbunden sein wird, kommt in den Fällen nicht in Betracht, in denen der Hauptschuldner einen Wohnsitz oder eine gewerbliche Niederlassung hat. (Staudinger Note II b zu § 773 BGB.; Sieskind S. 25; Lesser, JW. 1914 S. 847; Bendix, JW. 1914 S. 1113; a. M. Harder, JW. 1914 S. 846; Reichel, DJZ. 1914 S. 1373.)

3. Die Bestimmungen der §§ 2 und 3 dienen, wie schon die Überschrift des Gesetzes ergibt, dem Schutze der Kriegsteilnehmer. Wer deshalb, obwohl er weiß, daß sein Gegner Kriegsteilnehmer ist, oder, wenn er dies aus Fahrlässigkeit nicht weiß, Handlungen vornimmt, die gegen das Gesetz verstoßen und den Kriegsteilnehmer schädigen, macht sich nach § 823 Abs. 2 BGB. (übrigens auch nach § 826 BGB.) **schadensersatzpflichtig.** Dies trifft insbesondere dann zu, wenn auf Grund eines gegen den Kriegsteilnehmer erwirkten Versäumnisurteiles schuldhafterweise vollstreckt wird. (BerlAnwVer., JW. 1914 S. 789; Striemer, JW. 1914 S. 853; Juliusberg,

DJZ. 1914 S. 1243; Deumer, DJZ. 1914 S. 1376; Hachenburg, LZ. 1914 S. 1594; Mangold, LZ. 1914 S. 1742; Bovensiepen, DRZ. 1915 S. 35.)

Anhang 1.

Kann der **Anspruch auf Räumung der Wohnung** gegen die Ehefrau eines Kriegsteilnehmers durchgesetzt werden?

a) Der Mietvertrag ist vom Ehemann und von der Ehefrau gemeinsam abgeschlossen (unterschrieben). Die Räumungsklage wird aber, sei es von Anfang an, sei es nach Unterbrechung oder Aussetzung in der Richtung gegen den Mann (notwendige Streitgenossenschaft im Sinne des § 62 ZPO. liegt nicht vor; Güthe, Pr.-JMBl. 1914 S. 744 = Gruchot Bd. 59 S. 34/35; Asch, JW. 1914 S. 854 Fußnote 2; OLG. Frankfurt vom 26. Nov. 1914 JW. 1915 S. 58 = LZ. 1915 S. 72 = OLG. Bd. 30 S. 4; a. M. Schwabe, Recht 1914 S. 708; Flatow, JW. 1915 S. 75) nur gegen die Ehefrau durchgeführt.

Der Räumungsanspruch entsteht — mag er auf ordentliche, oder wegen nichtrechtzeitiger Zahlung des Mietpreises auf außerordentliche Kündigung gestützt werden — erst, wenn die Kündigung den beiden Mietern gegenüber erklärt ist. (Staudinger Anm. II 2 e zu § 564; Niendorff, Mietrecht S. 347; Mittelstein, Die Miete nach dem Recht des BGB. S. 75; Flatow, JW. 1915 S. 75.) Ist dem Ehemann nicht gekündigt, oder kann im Bestreitungsfall nicht nachgewiesen werden, daß ihm die Kündigungserklärung zuging, so ist meist auch die Klage gegen die Ehefrau abzuweisen, da diese regelmäßig auch auf Grund des Rechtes ihres Ehemannes und der Gewährung des Mitbewohnungsrechtes durch diesen die Wohnung benützen darf. (Anders, wenn sich die Eheleute nach Abschluß des Mietvertrags getrennt haben oder geschieden wurden.) Kipp, Recht u. Wirtsch. 1914 S. 213; Schwabe, Recht 1914 S. 708. (Die auf § 1354 BGB. gestützte Konstruktion Güthes a. a. O. ist verfehlt. Vgl. hingegen Schwabe

a. a. O. und OLG. Frankfurt vom 26. Nov. 1914 a. a. O.) Ist dem Ehemann nachweisbar ordnungsmäßig gekündigt — inwieweit die in der Wohnung zurückgebliebene Ehefrau, sei es auf Grund der Schlüsselgewalt, sei es auf Grund stillschweigender oder ausdrücklicher Ermächtigung seitens des Mannes zur Entgegennahme der Kündigungserklärung, auch als Vertreterin des Mannes berechtigt ist, ist Tatfrage (vgl. Flatow, JW. 1915 S. 75/76) —, so kann gegen die Ehefrau Räumungsurteil ergehen. (OLG. Frankfurt vom 26. Nov. 1914 a. a. O.; a. M. Sieskind S. 25.) Die Vollstreckung des Urteils ist aber nicht möglich, da hierzu auch ein Titel gegen den Ehemann erforderlich wäre und zwar, soweit er die Benützung der Wohnung seiner Frau und seinen Kindern überlassen und soweit er ihm gehörige Gegenstände in die Wohnung eingebracht hat, ein Räumungstitel, soweit eingebrachtes Gut der Ehefrau in der Wohnung ist, auch ein Duldungstitel.[1]) (Asch, JW. 1914 S. 854; Gumbinner, DJZ. 1914 S. 1203; ähnlich LG. Berlin III vom 13. Nov. 1914 JW. 1914 S. 1095.

Liegt gegen den Ehemann ein Urteil bereits vor (vgl. auch die Bundesratsverordnung vom 14. Jan. 1915 Nr. 4607 RGBl. 1915 S. 17 unten S. 79), so ist die Vollstreckung zulässig. Wird die Räumungsklage nicht auf die obligatorische Rückgabeforderung, sondern auf den dinglichen (Eigentums-)Herausgabeanspruch gestützt, so ergeben sich die gleichen Schlußfolgerungen. (Seeger, JW. 1914 S. 991; AG. Hamburg vom 28. Sept. 1914 DJZ. 1914 S. 1308 = Recht 1914 S. 732; a. M. Wertheimer, JW. 1914 S. 948.)

b) Ist der Mietvertrag nur vom Ehemann abgeschlossen, so besteht gegen die Ehefrau ein obligatorischer

---

[1]) Dementsprechend hat das PrJM. durch allg. Verf. v. 26. Sept. 1914, JMBl. S. 717 — abgedruckt bei Sieskind S. 187 — die Gerichtsvollzieher angewiesen — unbeschadet der auf Erinnerung des Gläubigers ergehenden Entscheidung des Vollstreckungsgerichts — die Vollstreckung eines Versäumnisurteiles abzulehnen, falls sich das Urteil gegen die Ehefrau allein richtet. Vgl. aber auch Schiffer, DJZ. 1914 S. 1238 und Hachenburg, DJZ. 1914 S. 1270.

Herausgabeanspruch überhaupt nicht; aber auch der Herausgabeanspruch auf Grund Eigentums kann gegen sie nicht gerichtet werden, da sie nur Besitzdienerin für ihren Mann ist (§ 855 BGB.), deshalb für den Anspruch aus § 985 BGB. nicht passiv legitimiert ist. (Staudinger Note II 2 b zu § 985 BGB.; Asch, JW. 1914 S. 853; OLG. Frankfurt vom 26. Nov. 1914 a. a. O.; AG. Cuxhaven vom 1. Okt. 1914 LZ. 1915 S. 85; a. M. von Eicken, JW. 1914 S. 1116; AG. Wattenscheid vom 13. Nov. 1914 JW. 1914 S. 1117 [welche annehmen, daß die Ehefrau bei der tatsächlichen Behinderung des Mannes Habe und Gut verwaltet und deshalb Besitzerin sei].) Auf jeden Fall würden gegen die Vollstreckung eines derartigen Urteiles die gleichen Bedenken bestehen, wie oben unter a ausgeführt, wenn nicht auch ein Vollstreckungstitel gegen den Ehemann vorliegt. (Vgl. Flatow, JW. 1915 S. 75.)

c) Ist der Mietvertrag von der Ehefrau allein abgeschlossen, so steht einem Urteil gegen sie die Kriegsteilnehmerschaft des Ehemannes nicht entgegen. Die Wegnahme des in der Wohnung befindlichen „eingebrachten Gutes" der Ehefrau ist aber nur beim Vorliegen eines Duldungstitels gegen den Ehemann zulässig. (Vgl. auch § 885 Abs. 2, § 886 ZPO. [daß die aus dem Mietvertrag für die Ehefrau entstandenen Rechte eingebrachtes Gut sind, kommt allerdings nicht in Betracht; denn einmal sind diese Rechte bereits wieder erloschen, dann aber sind sie nicht Gegenstand der Zwangsvollstreckung]; a. M. Schwabe, Recht 1914 S. 708; Flatow, JW. 1915 S. 76.)

Leben aber die Eheleute in Gütertrennung, so ist die Vollstreckung gegen die Ehefrau ohne weiteres zulässig. Hahnemann, NachrDAV. 1914 S. 127; a. M. Francke, Recht 1915 S. 17/18 (verneint die Zulässigkeit des Urteils und der Vollstreckung in allen Fällen; seine Ausführungen sind nicht recht klar).

Anhang 2. Kriegsteilnehmer als Zeugen.

Daß die §§ 2 und 3 des Gesetzes dann keine Anwendung finden können, wenn ein Zeuge, sei es, daß dessen Vernehmung schon angeordnet ist, oder erst angeordnet werden soll, **Kriegsteilnehmer** ist, ist unbestritten. Auch die Zivilprozeßordnung bietet keine Grundlage, den Rechtsstreit in diesem Fall auszusetzen. (LG. Leipzig vom 27. Okt. 1914 JW. 1914 S. 1044.) Nun ist aber einerseits die Vernehmung derartiger Zeugen[1]) meist aus militärischen Gründen überhaupt nicht durchführbar, jedenfalls aber sehr erschwert.[2]) Andererseits ist es aber nicht angängig, die beweispflichtige Partei darunter leiden zu lassen, daß ihr Zeuge nicht vernommen werden kann. Stellt sich deshalb heraus, daß ein Zeuge, dessen Vernehmung angeordnet ist, Kriegsteilnehmer ist und einem Truppenteil angehört, bei dem eine Zeugenvernehmung nicht durchführbar ist, so ruht das Verfahren. (Vgl. Skonietzki-Gelpke Anm. 3 zu § 356 ZPO.) Stellt aber der Gegner des Beweisführers einen Antrag auf Fristbestimmung, nach § 356 ZPO. — die Voraussetzungen des § 356 liegen vor, da es unerheblich ist, ob das Hindernis durch Verschulden des Beweisführers oder ohne sein Verschulden entstanden ist, ebenso ob die Beseitigung desselben in seiner Macht liegt oder nicht — so wird das Gericht zunächst eine angemessene Frist von ungefähr 2—3 Monaten stellen. Kann auch nach Ablauf dieser Frist die Vernehmung noch nicht erfolgen, so ist die Frist nach § 224 ZPO. entweder durch Vereinbarung der Parteien oder auf Antrag einer Partei durch das Gericht zu verlängern; das Gesuch um Verlängerung der Frist kann ohne vorherige mündliche Verhandlung verbeschieden werden (§ 225 ZPO.). Ob

---

[1]) Soweit sich die Truppen im Feindesland befinden oder an Orten, wo die Gerichte nicht tätig sind, sind die Kriegs- oder Oberkriegsgerichtsräte für die Vernehmung im Weg der Rechtshilfe an Stelle des Amtsgerichts zuständig nach § 1 Ziff. 3 des Gesetzes v. 28. Mai 1901; RGBl. S. 185; vgl. unten S. 89; ferner Schlayer, DJZ. 1914 S. 1248, 1250.

[2]) Das BayJM. hat durch Verfügung v. 14. Sept. 1914 (JMBl. 1914 S. 201) angeordnet, daß im Interesse der mobilen Truppen Ersuchen an deren Gerichte um Vernehmung von Angehörigen der Truppen möglichst zu vermeiden sind und daß deshalb erwartet wird, daß die Justizbehörden solche Ersuchen nur stellen, wenn die Vernehmnng unbedingt geboten ist und auch nicht bis zum Ende des Krieges verschoben werden kann.

eine mit „Beendigung des gegenwärtigen Krieges beginnende Frist von 3 Monaten" nach § 356 ZPO. zulässig ist, und ob nicht vielmehr die Frist sofort mit der Fristbestimmung beginnen muß, erscheint zweifelhaft. Löwenwarter, JW. 1914 S. 1135; Schloß, JW. 1915 S. 63; a. M. Kracht, DRZ. 1914 S. 893 (der § 356 ZPO. für unanwendbar hält); Sieskind S. 24 (der den Beweisführer als beweisfällig betrachtet wissen will). (Vgl. auch LG. Thorn in JW. 1915 S. 111.)

Die nach Erlaß des Beweisbeschlusses infolge des Krieges eingetretene Erschwerung des Reiseverkehrs ist ein Grund, den Zeugen in Abweichung vom Beweisbeschluß nach § 356 ZPO., durch das Gericht des Aufenthaltsortes vernehmen zu lassen. (OLG. Stuttgart vom 30. Okt. 1914 Recht 1914 S. 744.)

Die drohende Einberufung eines Zeugen zum Militärdienst ist ein genügender Grund zur Anordnung der Beweissicherung. (OLG. München vom 2. Sept. 1914 Recht 1914 S. 744.)

Anhang 3. Zustellungen an Kriegsteilnehmer.[1])

Wenn man die Erhebung einer Klage für Kriegsteilnehmer für zulässig erachtet (vgl. oben Anm. II b), so gewinnt die Frage Bedeutung, wie Zustellungen an Kriegsteilnehmer zu erfolgen haben. Aber auch abgesehen hievon können Zustellungen an Kriegsteilnehmer erforderlich werden, wenn dem Kriegsteilnehmer als Schuldner oder Drittschuldner ein Pfändungsbeschluß zugestellt werden soll, oder, wenn wichtige außerprozessuale Erklärungen (§ 132 BGB. I) an ihn erfolgen sollen, z. B. Mahnung, Kündigung, Widerruf, Rücktritt, Anfechtung (insbesondere auch nach § 4 des AnfG.).

a) Soweit eine Zustellung an einen Bevollmächtigten erfolgen kann oder muß (§§ 173, 176, 178 ZPO.) ist die Tatsache, daß der Vollmachtgeber Kriegsteilnehmer ist, ohne Einfluß.

b) Nach § 172 ZPO. erfolgt die Zustellung für einen Unteroffizier oder einen Gemeinen des aktiven Heeres

---

[1]) Zum Ganzen vgl. Kaufmann, JW. 1914, S. 907 ff.

oder der aktiven Marine an den Chef der zunächst vorgesetzten Kommandobehörde (Chef der Kompagnie, Eskadron, Batterie usw.) und ist mit der Übergabe des zuzustellenden Schriftstückes an diesen vollzogen (Gaupp-Stein Anm. II zu § 172 ZPO.; Sauer, DJZ. 1915 S. 203). Daß diese Bestimmung auch für Angehörige mobiler Truppenteile, die sich im Felde befinden, Anwendung findet, ist unbestritten. (Kaufmann, JW. 1914 S. 908; LG. Leipzig vom 6. Nov. 1914 Recht 1914 S. 743); dem aktiven Heere gehören nach § 38 RMilG. an:

A. die Militärpersonen des Friedensstandes,

B. die aus dem Beurlaubtenstand zum Dienste einberufenen Offiziere, Ärzte, Militärbeamten und Mannschaften von dem Tage an, zu welchem sie einberufen sind bis zu dem Tage der Wiederentlassung; ferner alle in den Kriegszeiten zum Heeresdienst aufgebotenen oder freiwillig eingetretenen Offiziere, Ärzte, Militärbeamte und Mannschaften, welche zu keiner der vorgenannten Kategorien gehören, von dem Tage, zu welchem sie einberufen sind bzw. von dem Zeitpunkt des freiwilligen Eintritts an bis zum Ablauf des Tages der Entlassung,

C. die Zivilbeamten der Militärverwaltung vom Tage der Einstellung bis zum Tage ihrer Entlassung aus dem Dienste.

Die Bestimmung des § 172 gilt jedoch nicht für Offiziere und Militärbeamte im Offiziersrang.

c) Nach § 201 ZPO. können Zustellungen an Personen, welche zu einem im Auslande befindlichen oder zu einem mobilen Truppenteil oder zur Besetzung eines in Dienst gestellten Kriegsfahrzeuges gehören, mittels Ersuchen der vorgesetzten Kommandobehörde erfolgen. Diese Bestimmung findet sowohl auf Mannschaften und Unteroffiziere, sowie auf Offiziere und Militärbeamte Anwendung, nicht aber auf die Angehörigen immobiler Truppenteile, die sich im Inlande befinden. Das Ersuchen muß nicht an die zunächst vorgesetzte Kommando-Behörde ergehen, sondern kann auch an ein höheres Kommando z. B. das Korpskommando ergehen.

Vollzogen ist die Zustellung (da die Kommandobehörde nur vermittelt) erst mit der Aushändigung des Schriftstückes an den Adressaten selbst. Auf außerprozessuale Zustellungen findet diese Vorschrift keine Anwendung, da § 132 BGB. nur von Zustellungen durch Vermittlung des Gerichtsvollziehers und öffentlichen Zustellungen spricht. (Planck Anm 2 zu § 132 BGB.)

d) Ob an diejenigen Militärpersonen, welche unter § 172 ZPO. fallen, Zustellungen auch im Wege der Ersatzzustellungen nach §§ 181—196 bewirkt werden können, ist bestritten. Gaupp-Stein Anm. II zu § 172 ZPO.; Skonietzki-Gelpcke Anm. 5 zu § 172 ZPO.; Neumiller Anm. zu § 172 ZPO.; Striemer, JW. 1914 S. 853; Löwenwarter, JW. 1914 S. 749; Seeger, JW. 1914 S. 991; Kipp, Recht und Wirtschaft 1914 S. 213; Koch, Recht 1915 S. 42; ferner das LG. Leipzig vom 6. Nov. 1914 Recht 1914 S. 743; die allgem. Verfügung des Preuß. Just.-Min. vom 2. Sept. 1914 JMBl. 1914 S. 701 (abgedruckt bei Sieskind S. 135); das Sächs. Just.-Min. (SächsJMBl. 1914 S. 111) halten die Bestimmung des § 172 ZPO. für eine zwingende, jede andere Art der Zustellung ausschließende Vorschrift; a. M. Seuffert Anm. 3 zu § 172; Struckmann-Koch Anm. 3 zu § 172; Hellwig, System des deutsch. Ziv.-Prozeßrechtes S. 515; Frese, DJZ. 1914 S. 1298; Kaufmann, JW. 1914 S. 908; Schiedermair, BayZfR. 1914 S. 354; KammerG. in OLG. Bd. 6 S. 394 und wohl auch OLG. Königsberg vom 5. Nov. 1914 DJZ. 1914 S. 1394 = Recht 1914 S. 737 (denn nach dem Tatbestand des erstinstanziellen Urteils JW. 1914 S. 989 war an die Ehefrau des Kriegsteilnehmers zugestellt worden); BayJustMinBek. vom 16. Aug. 1914 Z. A II 1 letzter Absatz, BayJMBl. S. 144 (abgedruckt im Recht 1914 S. 532), welche eine Zustellung nach den allgemeinen Vorschriften für zulässig erachten. Der letzteren Ansicht dürfte der Vorzug zu geben sein, weil die Bestimmung des § 172 ZPO. lediglich eine Erleichterung der Zustellung neben den sonst im Gesetze zugelassenen Zustellungsmöglichkeiten bieten soll (vgl. Kaufmann a. a. O.).

An Offiziere und Militärbeamte mit Offiziersrang sind die Ersatzzustellungen unbestritten zulässig, da der § 172 ZPO. auf sie keine Anwendung findet.

Ob der ins Feld Ziehende seine Wohnung, in der die Zustellung gemäß § 180 ZPO. zu erfolgen hat, aufgibt, kann nur nach Lage des Falles entschieden werden. Wer seine Familie zurückläßt, wird regelmäßig seine Wohnung auch für seine Person nicht aufgeben wollen. Eine, wenn auch ohne sein Wissen erfolgte Wohnungsänderung durch die Zurückgebliebenen, wird auch für ihn eine Änderung und Neubegründung seiner Wohnung bedeuten. Wer sein Geschäft fortbetreiben läßt, während er im Felde steht, behält regelmäßig auch sein Geschäftslokal (§ 183 ZPO.) bei. (Vgl. Schiedermair, BayZfR. 1914 S. 354 ff.)

e) Öffentliche Zustellung an einen Kriegsteilnehmer ist nur dann zulässig, wenn der beantragende Teil nachweist, daß er weder den Aufenthaltsort noch den Truppenteil des Adressaten bei den zuständigen Stellen in Erfahrung bringen konnte, oder wenn nach Mitteilung der Post die Zustellung an den betreffenden Truppenteil unmöglich ist.

f) Endlich kann die Zustellung einer Klage für einen Kriegsteilnehmer an den nach § 1 der Verordnung vom 14. Jan. 1915 Nr. 4607 RGBl. S. 17 vom Prozeßgericht bestellten Vertreter erfolgen, denn — wie die Begründung in der Norddeutschen Allgem. Zeitg. vom 15. Jan. 1915 Nr. 15 S. 3 ausführt — kann die Bestellung eines Vertreters auf Grund dieser Verordnung auch vor Erhebung der Klage und zum Zwecke der Zustellung der Klage erfolgen.

Anhang 4.

Das Verhältnis des § 247 ZPO. zu §§ 2 und 3 des Kriegsteilnehmerschutzgesetzes.

Die Gültigkeit des § 247 ZPO. wird durch die §§ 2 und 3 des Kriegsteilnehmerschutzgesetzes nicht berührt. Er hat auch während des gegenwärtigen Kriegszustandes Bedeutung insbesondere für diejenigen Personen, auf welche sich das Kriegsteilnehmerschutzgesetz nicht bezieht. In Betracht kommen: Zivilpersonen, die sich an einem Ort aufhalten, welcher durch den Krieg vom Verkehr mit dem Prozeßgericht abgeschnitten ist (Begr. S. 5), Personen, welche sich des Erwerbes halber freiwillig (Anm. I A 5 zu §§ 2 und 3) bei den Truppen aufhalten, Personen, die ohne unter § 2 Ziff. 2 und 3 zu fallen im Auslande sich aufhalten und vom Verkehr mit dem Inlande abgeschnitten sind (Berl.-AnwVer., JW. 1914 S. 789; OLG. Hamburg vom 9. Okt. 1914 Recht 1914 S. 743), Militärpersonen, welche nicht zu einem unter § 1 Ziff. 1 fallenden Truppenteil gehören, aber durch ihren Dienst oder durch die weite Entfernung vom Prozeßgericht an der Wahrnehmung ihrer Interessen behindert sind. (OLG. Dresden vom 3. Nov. 1914 Recht 1914 S. 743; OLG. Hamburg vom 7. Dez. 1914 Recht 1915 S. 36.) Endlich dürften hierher zu zählen sein die Angehörigen fremder Heere, insbesondere der feindlichen und neutralen Staaten. (So: Haberstumpf, DRZ. 1914 S. 742; BayZfR. 1915 S. 48; BerlAnwVer., JW. 1914 S. 789; Reichel, Recht 1914 S. 589; a. M. KammerG. vom 22. Okt. 1914 und vom 26. Okt. 1914 DJZ. 1914 S. 1387/1388 = Recht 1914 S. 743/744.)

Auch die Aussetzung nach § 247 findet jedoch nur zugunsten der Partei statt, bei der die Behinderung vorliegt, nicht auch zugunsten des Nebenintervenienten oder eines Streitgenossen, soferne die Streitgenossenschaft keine notwendige ist. (KammerG. vom 9. Nov. 1914 DJZ. S. 1390; OLG. Darmstadt vom 16. Nov. 1914 S. 1392.) Die Aussetzung nach § 247 ZPO. ist nicht von einem Antrag abhängig, sondern kann auch von Amts wegen nach Ermessen des Gerichtes angeordnet werden. Das Gericht wird hierbei insbesondere darauf Rücksicht zu nehmen haben, ob nach der besonderen Sachlage des Einzelfalles die Partei ein berechtigtes Interesse an der Aussetzung hat, insbesondere ob nicht schon das Tatsachenmaterial dem Gericht vollkommen vorliegt, so daß eine weitere Information des Prozeßbevollmächtigten nicht mehr erforderlich erscheint.

Die Aussetzung auf Grund des § 247 ZPO. endigt nicht ohne weiteres mit der Beseitigung des Hindernisses, sondern erst durch einen die Aussetzung aufhebenden Beschluß. Der Beschluß kann (wie im Falle des § 150 ZPO.) von Amts wegen oder auf Antrag ohne mündliche Verhandlung erfolgen. (Gaupp-Stein Anm. II zu § 247 ZPO.; Seuffert Anm. 7 zu § 247, Anm. 4 Abs. 2 zu § 150 ZPO.)

§ 4.

Die Unterbrechung oder Aussetzung des Verfahrens hört auf:

1. mit der Beendigung des Kriegszustandes;
2. vor diesem Zeitpunkt mit der Aufnahme des Verfahrens durch die im § 2 bezeichnete Partei (Zivilprozeßordnung § 250).

Erfolgt die Aufnahme durch die Partei nicht bis zum Ablauf eines Monats seit der Beendigung des nach § 2 maßgebenden Verhältnisses, so kann die Partei zur Aufnahme und zugleich zur Verhandlung der Hauptsache geladen werden. Erscheint sie in dem Termine nicht und wird der Ablauf der für die Aufnahme festgesetzten Frist glaubhaft gemacht, so ist auf Antrag die Beendigung des nach § 2 maßgebenden Verhältnisses als zugestanden anzunehmen und zur Hauptsache zu verhandeln.

Die in diesem Paragraphen enthaltenen Bestimmungen über das Ende der Unterbrechung oder der Aussetzung werden nunmehr ergänzt durch den § 4 der Bundesratsbekanntmachung vom 14. Jan. 1915 Nr. 4607 RGBl. S. 17. Der § 4 des Gesetzes kennt drei Beendigungsgründe.

1. Die Beendigung des Kriegszustandes.

Der Zeitpunkt, in welchem der Kriegszustand als beendet anzusehen ist, wird nach § 11 des Gesetzes durch besondere Kaiserliche Verordnung festgesetzt. Im Amtsgerichtsprozeß ist dann von Amts wegen Termin anzuberaumen und sind die Parteien von Amts wegen zu laden (§ 497 ZPO.). Im Verfahren vor den Kollegialgerichten muß einer der Streitsteile einen Ladungsschriftsatz einreichen, auf Grund dessen vom Gericht Termin zu bestimmen ist, zu dem dann der den Prozeß Aufnehmende den Gegner zu laden hat. Bis dahin ruht das Verfahren.

2. Aufnahme des Verfahrens vor diesem Zeitpunkt durch den Kriegsteilnehmer.

Der Kriegsteilnehmer kann das Verfahren jederzeit freiwillig wieder aufnehmen. Die Aufnahme erfolgt gemäß § 250 ZPO. durch Zustellung eines Schriftsatzes, in welchem entweder ausdrücklich die Aufnahme erklärt ist, oder der eine andere Prozeßhandlung enthält, z. B. Ladung (bzw. Antrag auf Anberaumung eines Termins), aus der der Wille zur Fortsetzung des Verfahrens geschlossen werden kann. Mit der Einlegung eines Rechtsmittels kann die Aufnahmeerklärung nicht verbunden werden, sie muß jener vielmehr vorhergehen. (Gaupp-Stein Anm. 1 zu § 250; Hellwig, System des deutsch. Ziv.-Prozeßrechtes § 185 S. 601; a. M. Seuffert Anm. 2 zu § 250 ZPO.) Mit einer derartigen freiwilligen Aufnahme des Verfahrens verliert der Kriegsteilnehmer das Recht im Laufe des gleichen Verfahrens Unterbrechung oder Aussetzung des Verfahrens nach §§ 2 und 3 des Gesetzes zu beanspruchen; Aussetzung nach § 247 ZPO. wird jedoch dadurch nicht ausgeschlossen.

3. Aufnahme wegen Beendigung der Kriegsteilnehmerschaft.

Verzögert der Kriegsteilnehmer seit Beendigung des nach § 2 maßgebenden Verhältnisses die Aufnahme länger als einen Monat, so kann er zur Aufnahme gezwungen werden. Das Aufnahmeverfahren ist den im § 239 ZPO. für den Fall des Todes einer Partei erlassenen Vorschriften nachgebildet; nach den für diesen Fall geltenden Grundsätzen richtet sich daher auch das Verfahren, wenn eine Verhandlung zur Hauptsache nicht erforderlich ist und es sich nur darum handelt, durch die Aufnahme des Verfahrens eine Frist in Lauf zu setzen. Für das Versäumnisverfahren ist die Glaubhaftmachung vorgeschrieben, weil mit der Möglichkeit gerechnet werden muß, daß die zur Aufnahme geladenen Personen tatsächlich noch zu den in § 2 bezeichneten Personen gehören, aber nicht in der Lage sind, dies im Termin geltend zu machen. (Begr. S. 9.) Mittel der Glaubhaftmachung sind nach § 294 ZPO. alle Beweismittel mit Ausnahme der Eideszuschiebung; hauptsächlich werden amtliche Bescheinigungen in Betracht kommen, aber auch eidesstattliche Versicherungen können genügen.

a) Ist glaubhaft gemacht, daß der Nichterschienene seit mindestens einem Monat nicht mehr Kriegsteilnehmer ist, so kann gegen ihn unter den Voraussetzungen der §§ 330, 331 ZPO. Versäumnisurteil ergehen.

b) Ist in dem Rechtsstreit eine Widerklage erhoben worden, so bezieht sich die Aufnahme ohne weiteres auch auf sie. Eine Beschränkung der Aufnahme auf die Klage wäre nur dann zulässig, wenn das Gericht gemäß § 145 Abs. 2 ZPO. die Verhandlungen von Klage und Widerklage in getrennten Prozessen angeordnet hätte. Für diese Fälle darf aber angenommen werden, daß das Gericht unbilligen Härten für den Gegner durch Verbindung der Prozesse auf Grund des § 150 ZPO. vorbeugt. (Begr. S. 9.)

c) Mit dem Aufhören der Unterbrechung oder Aussetzung beginnen alle Fristen neu zu laufen. § 249 ZPO. (damit dieser Zeitpunkt in einer für den Gegner des Kriegsteilnehmers kenntlichen Weise festgestellt wird, ist das besondere Aufnahmeverfahren vorgesehen worden). (Begr. S. 9.)

§ 5.

Die Zwangsvollstreckung gegen die im § 2 bezeichneten Personen wegen privatrechtlicher und öffentlich-rechtlicher Geldforderungen unterliegt folgenden Beschränkungen:

1. Die Versteigerung und die anderweite Verwertung beweglicher körperlicher Sachen ist unzulässig. Die Vollstreckungsbehörde kann jedoch auf Antrag oder von Amts wegen anordnen, daß eine verbrauchbare Sache oder eine Sache, die der Gefahr einer beträchtlichen Wertsverringerung ausgesetzt ist oder deren Aufbewahrung unverhältnismäßige Kosten verursachen würde, versteigert und der Erlös hinterlegt oder zur Befriedigung des Gläubigers an diesen abgeführt werde.

   Die Ablieferung von gepfändetem Gelde an den Gläubiger wird hierdurch nicht ausgeschlossen.
2. Die Versteigerung von Gegenständen, welche der Zwangsvollstreckung in das unbewegliche Vermögen unterliegen, ist unzulässig.

Die vorstehenden Bestimmungen finden auch Anwendung auf Zwangsvollstreckungen in das Vermögen der Ehefrauen und Kinder der im § 2 bezeichneten Personen, insoweit die Zwangsvollstreckung die Vermögensrechte berührt, die dem Ehemann auf Grund des ehelichen Güterrechts oder die den Eltern auf Grund der elterlichen Gewalt zustehen.

I. Der § 5 behandelt die Beschränkungen der Zwangsvollstreckung, wenn der **Schuldner** Kriegsteilnehmer ist. Die Vorschriften über die Unterbrechung und Aussetzung des Verfahrens stehen an sich der Zwangsvollstreckung gegen die am Kriege beteiligten Personen auf Grund der vollstreckbaren Titel, welche bereits bei Verkündung des Gesetzes erworben sind, oder später erlangt werden, nicht entgegen. Die unbeschränkte Zulassung der Zwangsvollstreckung würde aber unter Umständen zu großen Härten gegen die genannten Personen führen, da ihnen durch die Abwesenheit von der Heimat die Geltendmachung von Einwendungen (§§ 732, 766, 767 ZPO.) und die Beschaffung der Mittel zur Befriedigung der begründeten Ansprüche erschwert wird. Andererseits verbietet die Rücksicht auf die Gläubiger die völlige Ausschließung der Zwangsvollstreckung. (Begr. S. 9/10.)

Soweit demnach die Zwangsvollstreckung gegen Kriegsteilnehmer zulässig ist, darf sie, wenn sie sich gegen eine dem aktiven Heere oder der aktiven Marine angehörenden Militärperson (s. hierüber Anh. 3 zu §§ 2 und 3) richtet, erst beginnen, nachdem von derselben die vorgesetzte Militärbehörde[1]) Anzeige erhalten hat (§ 752 ZPO.). Wird der Nachweis, daß die Anzeige erfolgt ist (§ 752 Abs. 2 ZPO.), vom Gläubiger bei Stellung des Vollstreckungsantrages nicht vorgelegt, so hat die Vollstreckungsbehörde — Vollstreckungsgericht oder Gerichtsvollzieher — entweder selbst die Anzeige zu bewirken oder dem Gläubiger die Beibringung des Anzeigenachweises aufzugeben. Die Vollstreckungsbehörden sind jedoch weder auf Grund der Zivilprozeßordnung noch auf Grund des KTG. berechtigt, vom Gläubiger den Nachweis zu verlangen, daß der Schuldner keine Militärperson sei, soferne sich nicht aus dem Vollstreckungsantrag oder aus den mit vorgelegten Urkunden besondere Anhaltspunkte hierfür ergeben. (Güthe, Gruchot Bd. 59 S. 45; LG. München vom 17. Sept. 1914 JW. 1914 S. 1044; a. M. Dittrich, DRZ. 1914 S. 735.) Unterbleibt die Anzeige, so ist deshalb die Vollstreckungshandlung nicht ungültig,

[1]) Verzeichnis der zuständigen Behörden im Zentralblatt f. d. Deutsche Reich 1880 Nr. 26; PrJMBl. 1880 S. 156; BayJMBl. 1880 S. 199; ferner bei Falkmann, Die Zwangsvollstreckung (2. Aufl.) S. 161.

da die Bestimmung des § 752 ZPO. ihrem Zwecke nach nur instruktioneller Natur sein kann. Die Militärbehörde hat keinerlei Recht die Vollstreckung zu verhindern. Es soll nur verhindert werden, daß das Ansehen der Militärperson durch öffentlich vollzogene Vollstreckungshandlungen herabgesetzt wird, bevor nicht der Vorgesetzte des Vollstreckungsschuldners versucht hat, diesen zur freiwilligen Erfüllung zu veranlassen; ist die Vollstreckung schon erfolgt, so kann die damit vielleicht verbundene Minderung des Ansehens der Militärperson nicht mehr beseitigt werden. So Falkmann, Die Zwangsvollstreckung (2. Aufl.) § 17 S. 162; a. M. Gaupp-Stein Anm. 2 zu § 752 ZPO.; Seuffert Anm. 2 zu § 752 ZPO. und die übrigen Kommentare; ferner Dittrich a. a. O. (die ihre Ansicht gar nicht oder nur durch Hinweis auf die §§ 750, 751 ZPO. begründen). Ein Verzicht des Schuldners auf die Befolgung der Vorschrift ist — nach dem oben angegebenen Zweck — für die Vollstreckungsorgane ohne rechtliche Bedeutung (§ 45 Abs. 1 Satz 2 RMilG. vom 2. Mai 1874).

II. Die Vorschriften des § 5 finden zugunsten der unter § 2 Ziff. 1—3 des Gesetzes fallenden Personen Anwendung, jedoch nur so lange, als dieses Verhältnis andauert. Ob die Zwangsvollstreckung gegen das eigene Vermögen des Kriegsteilnehmers gerichtet ist, oder gegen ein ihm materiell fremdes Vermögen, das der Kriegsteilnehmer als Partei kraft Amtes im eigenen Namen verwaltet und vertritt (Testamentsvollstrecker, Nachlaßverwalter usw.), ist gleichgültig. Weder der Wortlaut des Gesetzes noch die zur Ergänzung heranzuziehenden Bestimmungen der Zivilprozeßordnung (Gaupp-Stein Anm. II 4 vor § 704 ZPO.) bieten Anhaltspunkte für eine derartige Unterscheidung. Auch der (in Ziff. I angegebene) Zweck der Bestimmung trifft für beide Fälle in gleicher Weise zu, da die Partei kraft Amtes das ihr anvertraute fremde Vermögen mit der gleichen Sorgfalt verwalten soll, wie das eigene und die Verantwortung dafür meist sogar viel größer und gefährlicher ist. Byk, BankArch. Bd. 14 S. 20; a. M. Sieskind S. 33 (Analogie aus § 9 Abs. 1

des Gesetzes); Güthe, PrJMBl. 1914 S. 747 = Gruchot Bd. 59 S. 40.

Wenn auch dem Vater oder Ehemanne Rechtsbehelfe gegen die Zwangsvollstreckung in das Vermögen der Kinder (§ 1659 BGB., § 746 ZPO.), oder — wenn er einmal zur Duldung der Zwangsvollstreckung verurteilt ist, — der Ehefrau in der Regel nicht zustehen, so ist doch zu berücksichtigen, daß es ihm, wenn der Kriegsdienst ihn nicht von der Heimat fernhielte, häufig gelingen würde, die zur Befriedigung der Gläubiger erforderlichen Mittel zu beschaffen, oder die Zwangsversteigerung auf andere Weise abzuwenden. Es würde daher nicht nur für die zur mobilen Armee eingezogenen Personen, sondern in vielen Fällen auch für deren Familien eine schwere wirtschaftliche Schädigung bedeuten, wenn die Habe der Ehefrau und der Kinder während der Abwesenheit des Ernährers dem Zugriffe der Gläubiger schutzlos preisgegeben würde. Deshalb dehnt der Absatz 2 des § 5 den Vollstreckungsschutz auch auf das Vermögen der Ehefrau und der Kinder des Kriegsteilnehmers aus, unter Beschränkung auf diejenigen Vermögensteile jener Personen, an denen dem Kriegsteilnehmer Nutzungs- oder Verwaltungsrechte zustehen. Es ist daher die Zwangsvollstreckung in das Vorbehaltsgut der Frau (§§ 1366—1370, 1440, 1526 Abs. 1, 1549 BGB.) und in das freie Vermögen der Kinder (§§ 1650, 1651 BGB.) unbeschränkt zulässig. Dagegen ist das nicht freie Kindesvermögen (§ 1649 BGB.) und das eingebrachte Gut der Frau — solches gibt es bei dem gesetzlichen Güterrechte (§ 1363 BGB.), der Errungenschaftsgemeinschaft (§§ 1520 bis 1524 BGB.) und der Fahrnisgemeinschaft (§§ 1551 bis 1554 BGB.) — den gleichen Vollstreckungsbeschränkungen unterworfen wie das Vermögen des Kriegsteilnehmers selbst. Das gleiche gilt auch für das Gesamtgut bei der allgemeinen Gütergemeinschaft (§ 1438 BGB.), der fortgesetzten Gütergemeinschaft (§ 1485 BGB.), der Errungenschaftsgemeinschaft (§ 1519 BGB.) und der Fahrnisgemeinschaft (§ 1549 BGB.); da indessen das Gesamtgut gemeinschaftliches Vermögen beider Eheleute ist, also auch dem Manne gehört, so ergibt sich die Vollstreckungsbeschränkung schon aus § 5 Abs. 1.

Die Vergünstigungen des § 5 gelten auch für diejenigen Kriegsteilnehmer, die einen Prozeßbevollmächtigten oder sonstigen Vertreter (im Sinne des § 2 Ziff. 2 des Gesetzes) haben, nicht aber für prozeßunfähige Personen, deren gesetzliche Vertreter Kriegsteilnehmer sind (§ 9 Abs. 1 des Gesetzes).

III. Da der § 5 eine dem § 2 entsprechende Beschränkung auf das Verfahren bei bestimmten Behörden nicht enthält, gelten die hier festgesetzten Beschränkungen für jede Art der Zwangsvollstreckung, namentlich auch für das von den Verwaltungsbehörden innerhalb ihrer Zuständigkeit betriebene Zwangsvollstreckungsverfahren. An Stelle des Gerichtsvollziehers und des Vollstreckungsgerichtes treten alsdann die mit den gleichartigen Amtsverrichtungen betrauten Beamten und Behörden. (Begr. S. 11.) Unerheblich ist auch, ob der Vollstreckungstitel vor oder nach dem 4. Aug. 1914 erwirkt wurde.

Die Beschränkungen sind von Amts wegen zu beachten, ohne daß es eines Antrages bedarf; andererseits ergibt sich jedoch hieraus nicht eine Pflicht des Gerichtes zur eigenen Wahrheitsforschung, soferne nicht das der Vollstreckungsbehörde vorliegende Material zu Zweifeln Anlaß gibt. (Vgl. Gaupp-Stein Anm. III 4 vor § 128 ZPO.)

IV. Die Beschränkungen des § 5 gelten aber nur für die Zwangsvollstreckung wegen „Geldforderungen" (vgl. Note II c zur Zahlungsfristenverordnung unten S. 98. Die Zwangsvollstreckung zur Erwirkung der Herausgabe von Sachen oder zur Erwirkung einer Handlung oder Unterlassung (Buch 8 Abschn. 3 der Zivilprozeßordnung) ist daher an sich zulässig; das in § 882 Abs. 2 ZPO. vorgesehene Offenbarungseidsverfahren ist jedoch der Natur der Sache nach ausgeschlossen. Die in §§ 887—893 vorgesehenen prozeßrechtlichen Verfahren sind als bürgerliche Rechtsstreitigkeiten im Sinne des

§ 2 des Gesetzes anzusehen und verfallen daher der Unterbrechung bzw. der Aussetzung. Soweit die Verurteilung zur Abgabe einer Willenserklärung in Betracht kommt, sind nach den §§ 794 ff. besondere Vollstreckungshandlungen nicht erforderlich. Die dort vorgesehenen Rechtswirkungen treten auch gegen den Kriegsteilnehmer ein. So: Hallbauer, Recht 1914 S. 586; a. M. Sieskind S. 34; Güthe, PrJMBl. 1914 S. 747 = Gruchot Bd. 59 S. 40 (welche die Zwangsvollstreckung auf Grund der §§ 883—893 unbeschränkt zulassen); Mansfeld, BayZfR. 1914 S. 334 (der eine derartige Zwangsvollstreckung überhaupt nicht zulassen will, weil in allen Fällen ein „Verfahren" im Sinne der §§ 2—4 vorliege); Bendix S. 72. Bezüglich des Urteils auf Räumung einer Wohnung gegen den Kriegsteilnehmer und dessen Ehefrau s. oben Anh. 1 zu §§ 2 und 3 des Gesetzes.

Das Offenbarungseidsverfahren ist — auch wenn man es nicht als ein unter §§ 2—4 des Gesetzes fallendes Verfahren betrachtet, schon der Natur der Sache nach gegen Kriegsteilnehmer nicht zulässig. (Vgl. §§ 904, 905 ZPO.) (Hallbauer, Recht 1914 S. 586; Mansfeld, BayZfR. 1914 S. 335; Hahnemann, Nachr.-DAV. 1914 S. 128.)

V. Die Zwangsvollstreckung in das bewegliche Vermögen (ZPO. Buch VIII Abschn. II Titel 1).

a) Zwangsvollstreckung in körperliche Sachen (§§ 808 bis 827 ZPO.). Die Pfändung körperlicher Sachen unterliegt keinerlei besonderen Beschränkungen, die Versteigerung ist dagegen grundsätzlich ausgeschlossen. Denn erfahrungsmäßig wird bei diesen Versteigerungen ein dem wahren Werte entsprechender Erlös selten erzielt,[1]) dem Schuldner erwächst daher durch die Versteigerung unter Umständen ein erheblicher Schaden, den er bei Aussetzung der Versteigerung bis zu seiner Rückkehr möglicherweise noch abwenden kann. (Begr. S. 10.)

---

[1]) Vgl. nunmehr allerdings die Bundesratsbekanntmachung v. 8. Okt. 1914 Nr. 4507 RGBl. S. 427 über das Mindestgebot bei der Versteigerung gepfändeter Sachen unten S. 166.

Eine im Widerspruch mit dieser Bestimmung vorgenommene Versteigerung ist jedoch nicht ohne weiteres nichtig, sondern nur anfechtbar, da grundsätzlich Handlungen, die die Vollstreckungsorgane innerhalb ihrer Zuständigkeit in der vorgeschriebenen Form vornehmen, so lange als gültig zu betrachten sind, bis sie durch eine anderweitige Verfügung aufgehoben werden. Eine derartige Versteigerung ist deshalb auch als geeignet anzusehen, auf den Ersteher Eigentum zu übertragen. Vgl. Gaupp-Stein Anm. III zu § 814 und Anm. IV zu § 817 ZPO.; a. M. Sieskind S. 39 (der in analoger Anwendung des § 1243 Abs. 1 BGB. eine nicht rechtmäßige Veräußerung annimmt und nur den gutgläubigen Ersteher Eigentum erwerben läßt, vgl. dagegen Gaupp-Stein a. a. O.); Levis, Recht 1914 S. 551 (der den Eigentumserwerb des Erstehers im Interesse eines möglichst durchgreifenden Schutzes des Kriegsteilnehmers ausschließt); Güthe, Gruchot Bd. 59 S. 43.

Ein schuldhafter Verstoß gegen das Versteigerungsverbot macht jedoch nach § 823 Abs. 2 BGB. schadensersatzpflichtig (unter Umständen nach § 249 BGB. Rückübertragung des Eigentums). Der Gerichtsvollzieher haftet nach § 839 BGB.

Ausnahmen:

1. Die Versteigerung ist zulässig, wenn der Kriegsteilnehmer auf das Versteigerungsverbot verzichtet, was auf jeden Fall nach erfolgter Pfändung für zulässig erachtet werden muß und unter Umständen für den Kriegsteilnehmer sehr vorteilhaft sein kann, wenn die Versteigerung ein besonders günstiges Ergebnis erwarten läßt, z. B. Metalle, Wolle. (Lewis, Recht 1914 S. 551.)
2. Bei verbrauchbaren Sachen (§ 92 BGB.) und solchen Sachen, die durch ihre Beschaffenheit der Gefahr einer beträchtlichen Wertverringerung ausgesetzt sind, oder deren Aufbewahrung unverhältnismäßige Kosten verursacht, kann durch die Vollstreckungsbehörde auf Antrag oder von Amts wegen die Versteigerung angeordnet werden.

Die Vollstreckungsbehörde ist entweder das Vollstreckungsgericht oder — bei öffentlich-rechtlichen Forderungen — die an seine Stelle tretende Behörde. Die Behörde entscheidet ohne mündliche Verhandlung nach freiem Ermessen. Gegen die Entscheidung ist die sofortige Beschwerde zulässig. (Vgl. die Vorschriften des § 930 Abs. 3 ZPO.) Ob der Erlös zu hinterlegen ist, oder zur Befriedigung des Gläubigers an ihn abgeführt werden darf, unterliegt dem freien Ermessen der Vollstreckungsbehörde.

Die Hinterlegung wird dann anzuordnen sein, wenn etwaige Schadensersatzansprüche des Schuldners durch die Vermögenslage des Gläubigers gefährdet sind. (Vgl. Bendix S. 72.)

3. Gepfändetes Geld (das an sich zu den beweglichen körperlichen Sachen gehört) darf kraft besonderer Vorschriften an den Gläubiger abgeliefert werden. Zu beachten ist aber § 811 Ziff. 8 ZPO.

b) Die Zwangsvollstreckung in Forderungen (einschließlich Hypothekenforderungen) und andere Vermögensrechte, z. B. Anteilsrechte an einer Gesellschaft, Reallasten, Patentrechte, Urheberrechte (§§ 828 bis 863 ZPO.) ist auch gegen Kriegsteilnehmer ohne besondere Beschränkungen zulässig — von den allgemeinen Beschränkungen der Zivilprozeßordnung kommt insbesondere § 850 Ziff. 5[1]) und 6[2]) in Betracht —; Forderungen können nicht nur gepfändet, sondern auch zur Einziehung und an Zahlungs Statt überwiesen werden. Auch eine anderweitige Verwertung der Forderung ist zulässig, nach § 844 ZPO.; ebenso die Veräußerung eines gepfändeten Rechtes nach § 857 Abs. 5 ZPO. Bei dieser Art der Zwangsvollstreckung ist der Kriegs-

---

[1]) Der Feldwebelleutnant soll als Offizierstellvertreter nicht Offizier, sondern Unteroffizier, sein Gehalt daher, auch wenn er bei einem nicht mobilen Truppenteil ist, unpfändbar sein: so LG. Gießen v. 18. Nov. 1914 DJZ. 1915 S. 116; a. M. mit Recht DJZ. 1915 S. 195: Der Offizierstellvertreter ist Unteroffizier und bezieht Löhnung, der Feldwebelleutnant ist Subalternoffizier und erhält Gebührnisse; auf letzteren findet deshalb § 850 Ziff. 5 ZPO. keine Anwendung.

[2]) Diese Bestimmung gilt auch für Offiziere, ohne Rücksicht auf die Höhe des Gehaltes.

teilnehmer vor Schädigung dadurch geschützt, daß diese Maßnahmen dem Ermessen des Vollstreckungsgerichtes unterliegen. Bei Erwägung aller Umstände wird hiernach das Gericht, soweit Nutzungsrechte — z. B. Patent- und Gebrauchsmuster- — Gegenstand der Zwangsvollstreckung sind, es vielfach bei der Übertragung der Rechte zur Ausübung bewenden lassen. (Güthe, Gruchot Bd. 59 S. 44; Sieskind S. 36; Bendix S. 72; OLG. Dresden vom 17. Okt. 1914 LZ. 1914 S. 1867; LG. München vom 17. Okt. 1914 JW. 1914 S. 1044 = Recht 1914 S. 736; auch Hachenburg, LZ. 1914 S. 1595; a. M. Hahnemann, NachrDAV. 1914 S. 127/128; LG. Leipzig vom 5. Sept. 1914 S. 1935.

VI. **Die Vorschriften über die Zwangsvollstreckung in das unbewegliche Vermögen** [1]) gelten für Grundstücke, für Berechtigungen, für welche die sich auf Grundstücke beziehenden Vorschriften gelten (Erbbaurecht [§ 873 BGB.] und sonstige von der Landesgesetzgebung zugelassene Berechtigungen), die ins Schiffsregister eingetragenen Schiffe (§ 864 Abs. 1 ZPO.); ferner für diejenigen Gegenstände, auf welche sich bei Grundstücken und Berechtigungen die Hypothek, bei Schiffen das eingetragene Pfandrecht erstreckt (§ 865 ZPO., aber auch § 65 ZVG.).

Für alle diese Gegenstände, welche hiernach der Zwangsvollstreckung in das unbewegliche Vermögen unterliegen, ist nach § 5 Abs. 1 Ziff. 2 die Versteigerung unzulässig, da durch die Versteigerung dem Eigentümer häufig die Grundlage seiner wirtschaftlichen Existenz entzogen werden würde. (Begr. S. 10.) Hieraus ergibt sich:

a) Zulässig sind die dem Versteigerungsverfahren vorhergehenden Maßnahmen, nämlich der Antrag [2]) auf Anordnung der Zwangsversteigerung, der Anordnungsbeschluß mit der Wirkung der Beschlagnahme und die Eintragung des Zwangsversteigerungsvermerks ins

---

[1]) Vgl. nunmehr zum Ganzen auch Jäckel-Güthe, Komm. z. ZVG., 5. Aufl., 1915 S. 909 ff.

[2]) Über die Bedeutung des § 752 ZPO. s. oben Anm. I S. 48.

Grundbuch (§§ 15 bis 27 ZVG.), denn nur jene Vollstreckungshandlungen sollen ausgeschlossen werden, durch die der Schuldner das Eigentum am Grundstücke verliert, nicht aber die den Gläubiger nur sichernden Maßnahmen (vgl. oben Anm. V a). (Ebenso Sieskind S. 36; Sintenis S. 125 Anm. 8; Güthe, PrJMBl. 1914 S. 749 = Gruchot Bd. 59 S. 45.)

b) Unzulässig sind die zur Ausführung der Versteigerung dienenden Maßnahmen (Versteigerungsverfahren im engeren Sinn), also die Abhaltung der Versteigerungstermine (§§ 35—78 ZVG.) und die Erteilung des Zuschlags[1] (§§ 79—104 ZVG.). Wird der Vollstreckungsschuldner zwischen dem Schluß der Versteigerung und der Verkündung des Zuschlages (§ 87 ZVG.) Kriegsteilnehmer, oder wird in diesem Zeitpunkt bekannt, daß er Kriegsteilnehmer ist, so ist auf Grund des § 83 Nr. 6 ZVG. der Zuschlag zu versagen. Hat die Versteigerung entgegen der Vorschrift des § 5 Abs. 1 Ziff. 2 des Gesetzes stattgefunden, so ist der Zuschlagsbeschluß nicht unwirksam, sondern nur nach §§ 95 bis 100 ZVG. mit § 83 Nr. 6 ZVG. anfechtbar. Mit der Rechtskraft des Zuschlagsbeschlusses erlangt der Ersteher — ohne Rücksicht auf bösen oder guten Glauben — unanfechtbares Eigentum, das ihm insbesondere auch nicht nachträglich im Prozeßwege entzogen werden kann. (Sieskind S. 39; Güthe, PrJMBl. 1914 S. 749 = Gruchot Bd. 59 S. 46.)

Über Schadensersatzpflicht der Vollstreckungsgläubiger usw. s. oben Anm. V a. Verzicht des Schuldners auf das Versteigerungsverbot ist zulässig.

c) Das Verteilungsverfahren (§§ 105—145 ZVG.) fällt nicht unter den Begriff der Versteigerung und ist deshalb zulässig, auch wenn der Schuldner nach Verkündung des Zuschlages Kriegsteilnehmer wird, oder wenn in diesem Zeitpunkt seine Kriegsteilnehmerschaft bekannt wird. Sieskind S. 36/37; a. M. Güthe, PrJMBl. 1914 S. 749 = Gruchot Bd. 59 S. 45/46 (der aus den nach-

[1]) Vgl. hiezu auch Bundesratsverordnung vom 10. Dez. 1914 Nr. 4566 RGBl. S. 499 unten S. 172.

folgenden Gründen das Verteilungsverfahren für unzulässig hält). Andererseits stehen dem Schuldner auch in diesem Teil des Verfahrens wesentliche Rechte zu (vgl. z. B. §§ 115, 118, 125, 126, 128 Abs. 2 ZVG.) und er kann insbesondere durch Widerspruch gegen die angemeldeten Ansprüche seine Lage so verbessern, daß ihm die Möglichkeit, diese Rechte geltend zu machen, möglichst gewahrt werden muß. Da nun § 105 ZVG. keinerlei Bestimmung gibt, daß der Verteilungstermin sofort oder innerhalb einer bestimmten Frist anzuberaumen ist, bei der Terminsanberaumung aber auch sonst auf die Interessen der Beteiligten Rücksicht zu nehmen ist (vgl. Jäckel-Güthe Anm. 5 Abs. 2 zu § 105 ZVG.), so muß es für zulässig erachtet werden, daß ein Termin so lange nicht anberaumt wird, als der Schuldner an der Wahrnehmung seiner Rechte behindert ist, soferne nicht feststeht, daß im Einzelfalle die Interessen des Schuldners durch die Verteilung des Erlöses nicht verletzt werden können, oder daß sie durch einen Prozeßbevollmächtigten oder sonstigen Vertreter genügend geschützt werden. (Gegen die Nichtanberaumung des Termines können die übrigen Beteiligten Erinnerungen nach § 766 ZPO. und dann sofortige Beschwerde nach § 793 ZPO. erheben.)

d) Unbeschränkt zulässig ist die Eintragung einer Zwangshypothek (§§ 866, 867 ZPO.) und die Anordnung und Durchführung einer Zwangsverwaltung[1]) (§§ 146—161 ZVG.). (Güthe a. a. O.; Sintenis S. 125 Note 8.)

e) Die Zwangsversteigerung in besonderen Fällen (§§ 172—184 ZVG.) ist unbeschränkt zulässig, da diese Arten der Zwangsversteigerung nicht unter den Begriff der Zwangsvollstreckung fallen. (Güthe, Gruchot Bd. 59 S. 46; Bovensiepen, DRZ. 1914 S. 779.)

---

[1]) Ist eine Zwangsverwaltung durch eine einstweilige Verfügung angeordnet, so kann das Verfahren gegen einen Kriegsteilnehmer nicht durchgeführt werden, weil die Zustellung der einstweiligen Verfügung nach § 2 des Gesetzes unzulässig ist. Güthe, Gruchot Bd. 59 S. 46, LG. Allenstein v. 18. Okt. 1914 JW. S. 989; Stein JW. S. 805; a. M. OLG. Königsberg v. 5. Nov. 1914. DJZ. 1914 S. 1394 = Recht 1914 S. 731, das die Zustellung einer einstweiligen Verfügung als einen Teil der Zwangsvollstreckung betrachtet.

VII. Die Zulässigkeit der **Anfechtung wegen Gläubigerbenachteiligung** auf Grund des AnfG. wird durch das KTSchG. grundsätzlich nicht berührt; nur wird durch das Versteigerungsverbot der nach § 2 AnfG. erforderliche Nachweis, daß die Zwangsvollstreckung in das Vermögen des Kriegsteilnehmers zu einer vollständigen Befriedigung des Gläubigers nicht geführt hat und voraussichtlich auch nicht führen wird, tatsächlich sehr erschwert. (Vgl. auch Harder, JW. 1914 S. 818.)

VIII. Unterliegen Gegenstände, an denen dem Kriegsteilnehmer ein die Veräußerung hinderndes Recht zusteht, bei dritten Personen der Zwangsvollstreckung (§ 805 ZPO.), so bietet das Gesetz dem Kriegsteilnehmer dagegen, obwohl er infolge seiner Behinderung nicht in der Lage ist, **Widerspruchsklage** zu erheben, keinerlei Schutz. Hat er keinen Vertreter, so kann ihm vom Vormundschaftsgericht gemäß § 1911 BGB. ein Abwesenheitspfleger bestellt werden, oder das Vollstreckungs- und Prozeßgericht kann gemäß § 89 ZPO. einen Vertreter ohne Vertretungsmacht zulassen. (Sieskind S. 38; BerlAnwVer. 1914, JW. 1914 S. 889; Güthe, PrJMBl. S. 748 = Gruchot Bd. 59 S. 42.)

IX. **Weitere Beschränkungen der Zwangsvollstreckung**: S. § 7 dieses Gesetzes; § 5 der Bundesratsbekanntmachung betreffend die Anordnung einer Geschäftsaufsicht zur Abwendung des Konkurses vom 8. Aug. 1914 Nr. 4459 RGBl. Nr. 57 S. 363; ferner die Bundesratsbekanntmachung über das Mindestgebot bei Versteigerung gepfändeter Sachen vom 8. Okt. 1914 Nr. 4507 RGBl. Nr. 85 S. 427 und die Bundesratsverordnung über die Versagung des Zuschlages bei der Zwangsversteigerung vom 10. Dezember 1914 Nr. 4566 RGBl. S. 499. Siehe unten S. 66, 189, 166, 172.

§ 6.

Die Eröffnung des Konkursverfahrens über das Vermögen der im § 2 bezeichneten Personen ist nur auf deren Antrag zulässig.

Ist das Konkursverfahren über das Vermögen einer solchen Person eröffnet, so kann das Konkursgericht auf den Antrag des Gemeinschuldners die Aussetzung des Verfahrens anordnen.

Die Aussetzung hört auf:

1. mit der Beendigung des Kriegszustandes;
2. vor diesem Zeitpunkt mit einem die Fortsetzung des Verfahrens anordnenden Beschlusse des Gerichts. Der Beschluß erfolgt auf den Antrag des Gemeinschuldners oder nach Anhörung desselben auf den Antrag des Verwalters oder eines Konkursgläubigers. Die Fortsetzung des Verfahrens ist anzuordnen, wenn sie vom Gemeinschuldner oder nach Ablauf der im § 4 Abs. 2 festgesetzten Frist vom Verwalter oder von einem Konkursgläubiger beantragt wird.

Der die Aussetzung und der die Fortsetzung des Verfahrens anordnende Beschluß sowie der Grund der Anordnung sind öffentlich bekanntzumachen.

1. Das für das gegenwärtige Gesetz vorbildliche Bundesgesetz vom 21. Juli 1870 bestimmte in der Einleitung zum § 11 lediglich, daß die Einleitung und Fortsetzung des Konkursverfahrens (Falliment, Debitverfahren, konkursmäßige Einleitung usw.) durch den Kriegszustand nicht gehindert wird. Da jedoch der Konkurs in die Rechtslage des Schuldners bei weitem tiefer eingreift, als die Zwangsvollstreckung, hat das gegenwärtige Gesetz einen Schutz des Kriegsteilnehmers auch im Konkursverfahren für nötig erachtet. (Begr. S. 11.) Die vom Gesetz getroffene Regelung, insbesondere Abs. 1 des § 6 ist aber sowohl für den Kriegsteilnehmer wie für seine Gläubiger deshalb gefährlich, weil die in § 5 enthaltenen Beschränkungen die Einzelvollstreckung gegen den Kriegsteilnehmer nicht verhindern, so daß durch

den ungeordneten Einzelzugriff, bei dem ein Gläubiger dem anderen den Rang abzulaufen sucht, die Interessen des Kriegsteilnehmers und seiner Gläubiger mehr geschädigt werden können, wie dies bei der grundsätzlich gleichmäßigen Konkursbefriedigung geschehen würde. Vgl. hierzu Hachenburg, LZ. 1914 S. 1596; Jaeger, BankArch. Bd. 14 S. 32; aber auch Bendix S. 77 (der durch Bestellung eines Pflegers nach § 1911 Abs. 1 und 2 BGB. helfen will, wenn die Interessen des Kriegsteilnehmers dies erfordern).

II. Die Bestimmung findet nur auf die unter § 2 fallenden **Personen** Anwendung und zwar nur, so lange sie in einem derartigen Verhältnis sich befinden. (Sintenis S. 127 Anm. 2.) Bei offenen Handelsgesellschaften verleiht der § 210 KO. allen persönlich haftenden Gesellschaftern das Gemeinschuldnerantragsrecht; § 6 Abs. 1 ist deshalb schon dann anzuwenden, wenn nur e i n persönlich haftender Gesellschafter Kriegsteilnehmer ist, zumal durch die Konkurseröffnung die offene Handelsgesellschaft aufgelöst wird (§ 231 HGB.) und damit die bisherige Geschäftsführungs- und Vertretungsmacht der Gesellschafter endigt. (Jaeger Anm. 10 zu §§ 209 und 210 KO.); ebenso steht das Antragsrecht nach § 6 Abs. 2 des Gesetzes jedem persönlich haftenden Gesellschafter, wenn er Kriegsteilnehmer ist, allein zu. (Jaeger, BankArch. 14 S. 31; OLG. Bamberg vom 4. Nov. 1914 LZ. 1915 S. 173.)

Ist der g e s e t z l i c h e V e r t r e t e r eines prozeßunfähigen Gemeinschuldners Kriegsteilnehmer, so hat dies auf den Gang des Verfahrens keinen Einfluß (§ 9 Abs. 1 des Gesetzes). Die Begründung (S. 13) verneint für diesen Fall ein wesentliches Bedürfnis zur besonderen Vorsorge, da dem Gemeinschuldner in der Regel ein besonderer Vertreter vom Vormundschaftsgericht bestellt werden wird, wenn der gesetzliche Vertreter infolge seiner Beteiligung am Kriege zur Wahrnehmung der Interessen nicht imstande ist.

Ob der (prozeßfähige) Kriegsteilnehmer einen Prozeßbevollmächtigten oder sonstigen Vertreter im Sinne des § 2 Ziff. 2 hat, ist unerheblich.

III. Unzulässigkeit der Eröffnung des Konkursverfahrens. Nach Abs. 1 des § 6 darf über das Vermögen eines Kriegsteilnehmers das Konkursverfahren[1]) nur eröffnet werden, wenn der Schuldner selbst einen Eröffnungsantrag stellt; während sonst der künftige Gemeinschuldner **und** jeder künftige Konkursgläubiger die Konkurseröffnung beantragen kann (§ 103 Abs. 2 KO.), wurde hier das Antragsrecht dem Gemeinschuldner vorbehalten, wenngleich der hierin liegende Eingriff in die Rechte der Gläubiger, insbesondere auch die Beschränkung des Anfechtungsrechtes[2]) (§§ 31, 32, 33 KO.) unter Umständen erhebliche Nachteile für die Gläubiger zur Folge haben wird. (Begr. S. 12.)

Ist entgegen dieser Bestimmung auf Antrag eines Gläubigers vom Konkursgericht, das nach § 75 KO. in dieser Richtung von Amts wegen Ermittlungen anzustellen hat (Sintenis S. 127 Anm. 1), Konkurs eröffnet worden, so ist der Eröffnungsbeschluß nicht ohne weiteres unwirksam. Dem Schuldner steht aber die sofortige Beschwerde nach § 109 KO. zu. Ist er durch den Krieg an der Wahrung der Beschwerdefrist verhindert worden, so kann er das Rechtsmittel im Wege der Wiedereinsetzung in den vorherigen Stand nachholen. (§ 72 KO.; §§ 232 Abs. 1, 577 Abs. 2 ZPO.; Sintenis S. 127 Anm. 1; Hachenburg, LZ. 1914 S. 1596; Jaeger, BankArch. Bd. 14 S. 31.) Unzulässig sind auf Antrag eines Gläubigers auch einstweilige Anordnungen zur Sicherung der Masse auf Grund des § 106 KO.; denn diese Anordnungen setzen einen zwar noch nicht verbeschiedenen, aber auf jeden Fall zulässigen Antrag auf Eröffnung des Verfahrens voraus. Güthe, Gruchot Bd. 59 S. 48; auch Jaeger Anm. 1 zu § 106 KO.; a. M. OLG. Stuttgart vom 15. Okt. 1914 LZ. 1914 S. 1917 = Recht 1914 S. 649 (das dem Eröffnungsbeschluß vorausgehende Eröffnungsverfahren sei nicht unzulässig, sondern werde nur unterbrochen).

---

[1]) Die Anordnung der Nachlaßverwaltung ist zulässig, auch wenn der Erbe Kriegsteilnehmer ist, vgl. Josef im Recht 1914 S. 642.

[2]) Teilweise Abhilfe gewährt der § 4 des AnfG. Berlin. AnwVer. JW. 1914 S. 789.

IV. Aussetzung des schwebenden Konkursverfahrens. Schwebt bereits das Konkursverfahren über das Vermögen eines Kriegsteilnehmers, so kann es auf Antrag des Gemeinschuldners vom Konkursgericht nach Abs. 2 des § 6 ausgesetzt werden. Die Befugnis des Konkursgerichtes zur Aussetzung gilt für jedes anhängige Konkursverfahren, also sowohl für dasjenige, welches bereits vor der Verkündung des Gesetzes (also vor dem 4. Aug. 1914) wie auch für dasjenige, das vor Beginn der Kriegsteilnahme des Gemeinschuldners, schließlich auch für dasjenige, das nach diesem Zeitpunkt auf Antrag des Kriegsteilnehmers oder unter Verletzung des § 6 Abs. 1 auf Antrag eines Gläubigers eröffnet worden ist. (Begr. S. 12.)

Die Anordnung der Aussetzung steht im Ermessen des Konkursgerichtes. Der Aussetzungsbeschluß sowie der Grund der Anordnung sind öffentlich bekannt zu geben (§ 76 KO.). Eine besondere Zustellung an die Konkursgläubiger findet daneben nicht statt. (Jaeger Anm. 4 zu § 73 KO.) Die Aussetzung sowie die Ablehnung der Aussetzung unterliegen der sofortigen Beschwerde (§ 73 Abs. 3 KO.). (Jaeger, BankArch. Bd. 14 S. 31.)

V. Wirkung der Aussetzung des Konkursverfahrens.

Weder das Gesetz noch die Begründung äußern sich darüber, welche Folgen die Aussetzung hat; auch die Konkursordnung kennt weder den Begriff der Aussetzung noch der Unterbrechung oder des Ruhens des Verfahrens. (Jaeger Anm. 7 zu § 72 KO.) Von den nach § 72 KO. entsprechend anzuwendenden Vorschriften der Zivilprozeßordnung über die Aussetzung des Verfahrens eignet sich nur der § 249 ZPO. zur Übertragung, aber auch nur mit Einschränkungen.

Hiernach ergeben sich folgende Grundsätze:

a) Die Fristen des Konkursverfahrens, also insbesondere die Anfechtungsfristen der §§ 41, 42 KO., die Beschwerdefristen der §§ 73, 189 KO., die Ausschlußfristen der §§ 152 ff. KO., die Fristen für die Wiedereinsetzung nach § 165 KO. hören auf zu laufen und beginnen nach Beendigung der Aussetzung von neuem zu laufen (§ 249 Abs. 1 ZPO.). (Bendix S. 75; Jaeger, BankArch. Bd. 14 S. 31; a. M. Glaser, DJZ. 1914 S. 1078; Harder, JW. 1914 S. 990.)

b) Da das Konkursverfahren nicht aufgehoben, sondern nur seine Durchführung gehemmt wird (Konkurshängigkeit = Rechtshängigkeit), bleibt dem Gemeinschuldner Verwaltungsrecht und Verfügungsmacht über das Konkursvermögen entzogen (er könnte ja sonst durch einen Vertreter die Masse verschleudern), wie auch Einzelvollstreckungen in dieses Vermögen unzulässig bleiben.

c) Konkursverwalter und Gläubigerausschuß bleiben im Amte, haben aber ebenso wie das Konkursgericht ihre Tätigkeit zunächst einzustellen. Die Verwertung der Masse einschließlich der Außenstände ruht grundsätzlich, da ja die Aussetzung vornehmlich deshalb vorgesehen ist, um eine mögliche Verschleuderung zu verhindern. Die Abwicklung schwebender Rechtsgeschäfte des Gemeinschuldners, die Anerkennung von Aussonderungs- und Absonderungsrechten, die Anfechtung von Rechtshandlungen wegen Gläubigerbenachteiligung, die Prüfung und Feststellung von Konkursforderungen, insbesondere aber die Vornahme von Verteilungen hat zu unterbleiben. Eine ausnahmslose Durchführung dieser Grundsätze wird aber meist dem Gemeinschuldner nicht nur keinen Nutzen bringen, sondern ihn — wie auch die Konkursgläubiger — erheblich schädigen. Das Konkursgericht, in dessen Ermessen die ganze Aussetzung steht, muß daher auch zu angemessener Beschränkung seiner Anordnung ermächtigt sein und der Konkursverwalter ist bei Meidung seiner persönlichen Haftung (§ 82 KO.) für Unterlassungen verpflichtet, nötigenfalls derartige Ermächtigungen zu erwirken; in Betracht kommen hierbei insbesondere: Verkauf einzelner Massegegenstände, deren Verderb oder Entwertung zu befürchten ist; Einziehung beitreibbarer Außenstände, deren Verlust wegen schlechter Vermögenslage des Schuldners oder wegen drohender Verjährung (§ 8 des Ges. findet nur Anwendung, wenn der Konkursverwalter Kriegsteilnehmer ist) zu besorgen ist; Aufhebung von Verträgen, deren Fortbestand die Konkursmasse nutzlos stark belasten würde usw. So: Jaeger, BankArch. Bd. 14 S. 31; ferner Sieskind S. 43; a. M. Sintenis S. 128 Note 4 und Glaser, DJZ. 1914 S. 1078 (der Verwalter darf alle notwendigen, und alle dem mutmaßlichen Willen des Gemeinschuldners entsprechenden Maßnahmen selbständig durchführen) und ähnlich Harder, JW. 1914 S. 990 (nur was die Herbeiführung eines Zwangsvergleiches unnötig erschwert, darf der Konkursverwalter nicht tun), Levis, Recht 1914 S. 552 ff. (Verwaltungs- und notwendige Verwertungshandlungen und alle hiermit notwendig zusammenhängenden Tätigkeiten der verschiedenen Konkursorgane sind zulässig; unterbleiben müssen insbesondere Verteilungen); Bendix S. 75 (jede zur Fortführung des Konkurses dienende Handlung ist ausnahmslos[1]) verboten).

d) Auf Rechtsstreitigkeiten, die für oder gegen die Konkursmasse anhängig sind, ist die Aussetzung ohne Einfluß; da hier der Konkursverwalter Partei ist, kommt es nur auf seine Kriegsteilnehmerschaft an. (Sieskind S. 44/45; Lewis, Recht 1914 S. 555.)

e) Handlungen, die der Konkursverwalter unter Nichtbeachtung der Aussetzung des Verfahrens vornimmt, sind Dritten gegenüber gültig (§ 136 KO.), können aber zivilrechtliche und disziplinäre Folgen haben (§§ 82, 84 KO.).

VI. Die Aussetzung endigt:

a) mit Beendigung des Kriegszustandes (§ 11 des Ges.) ohne weiteres, d. h. ohne besonderen Beschluß des Konkursgerichtes;

b) vor diesem Zeitpunkt nur kraft eines die Beendigung der Aussetzung aussprechenden, nur auf Antrag vom Konkursgericht zu erlassenden Beschlusses. Stellt der Gemeinschuldner den Antrag, so muß der Beschluß stets erlassen werden. Stellt der Konkursverwalter oder ein Konkursgläubiger den Antrag, so muß der Beschluß

---

[1]) Die gleiche Ansicht scheint Hallbauer, Recht 1914 S. 582/583 zu vertreten.

erlassen werden, wenn die in § 4 Abs. 2 des Gesetzes festgesetzte Frist nachgewiesenermaßen (vgl. § 75 KO.) abgelaufen ist; anderenfalls liegt die Entscheidung über den Antrag im Ermessen des Gerichtes. (Begr. S. 12.) A. M. Mansfeld, BayZfR. 1914 S. 335 („zwar läßt der Wortlaut, nicht aber der Sinn der Bestimmung und ihr Zusammenhang mit § 4 dies zu").

Vor der Entscheidung hat das Konkursgericht auf jeden Fall den Gemeinschuldner-Kriegsteilnehmer zu hören, d. h. es muß ihm Gelegenheit zur mündlichen oder schriftlichen Äußerung geboten werden; macht dieser innerhalb angemessener Frist von der Gelegenheit keinen Gebrauch, so ist der Vorschrift trotzdem Genüge geleistet. Jaeger Anm. III zu § 73 KO.; Byk, BankArch. Bd. 14 S. 20; a. M. Sieskind S. 43 (der eine Äußerung des Gemeinschuldners für unbedingt notwendig erachtet).

Der Beschluß über die Fortsetzung des Verfahrens, sowie der Grund der Anordnung sind öffentlich bekannt zu machen (§ 6 Abs. 4 des Ges., § 76 KO.).

Gegen den die Fortsetzung anordnenden Beschluß, der sofort wirksam wird (Jaeger Anm. 11 zu § 73; a. M. Mansfeld, BayZfR. Bd. 14 S. 335, der den Beschluß erst mit seiner Rechtskraft wirksam werden läßt), steht dem Gemeinschuldner, gegen den sie ablehnenden Beschluß dem Antragsteller die sofortige Beschwerde zu (§ 73 Abs. 3 KO.).

Anhang.

Ist der Konkursverwalter in der Ausübung seines Amtes durch Kriegsteilnehmerschaft verhindert, so ist das Konkursgericht berechtigt, zum Zwecke seiner Vertretung neben ihm einen anderen Konkursverwalter zu bestellen. (Jaeger Anm. 6 zu § 78; vgl. auch OLG. München vom 18. Dez. 1914, oben Anm. I D Fußnote — s. oben S. 22 — zu §§ 2/3.)

Wird ein Gläubigerausschuß durch Einberufung der Mehrheit seiner Mitglieder beschlußunfähig, so kann — sei es auf Antrag, sei es von Amts wegen — von der Gläubigerversammlung durch Neuwahl oder Zuwahl Abhilfe geschaffen werden. Preuß. Just.-Min.-Verfügung vom 20. Aug. 1914 JMBl. 1914 S. 688[1]). Vgl. ferner die Allgem. Verfügung des Preuß. Just.-Min. vom 13. Aug. 1914[2]) über die Förderung von Abschlag- und Schlußverteilung im Konkursverfahren. Zur Abwendung des Konkursverfahrens während des Kriegszustandes dient die Bundesratsverordnung vom 8. Aug. 1914 Nr. 4459 RGBl. S. 363, unten S. 178.

§ 7.

Die Eröffnung und die Fortsetzung eines Konkurs-, Aufgebots- oder Verteilungsverfahrens sowie die Anordnung und die Fortsetzung einer Zwangsversteigerung oder Zwangsverwaltung von Gegenständen des unbeweglichen Vermögens wird, unbeschadet der Vorschriften in den §§ 5, 6, durch die Beteiligung der im § 2 bezeichneten Personen als Gläubiger oder anderweit Berechtigte nicht berührt. Es gelten jedoch hierbei folgende Bestimmungen:

1. Ist gegen diese Personen ein Versäumnis- oder ein Ausschlußurteil ergangen oder sind sie infolge ihrer Abwesenheit sonstwie als säumig behandelt oder mit ihren Rechten ausgeschlossen worden, so können sie binnen sechs Monaten nach Beendigung des Kriegszustandes oder des nach § 2 maßgebenden Verhältnisses, soweit es in dem Verfahren noch möglich ist, die versäumten Handlungen nachholen und ihre Ansprüche geltend machen oder, soweit dies nicht mehr möglich ist, von demjenigen, zu dessen Gunsten die Rechtsänderung eingetreten ist, die Heraus-

[1]) Abgedruckt bei Sieskind S. 133/134.
[2]) Abgedruckt bei Sieskind S. 133/134.

gabe des erlangten Vorteils nach den Vorschriften über die Herausgabe einer ungerechtfertigten Bereicherung verlangen.

Ist ein Recht von einer der im § 2 bezeichneten Personen angemeldet oder ist anzunehmen, daß ein solches ihr zusteht, so wird ihr dasselbe in der betreffenden Entscheidung oder Verfügung ausdrücklich vorbehalten.

2. Ergibt sich bei einer vorzunehmenden Verteilung, daß eine solche Person eine bei der Verteilung zu berücksichtigende Forderung angemeldet hat oder daß eine derartige Forderung ihr mutmaßlich zusteht, so muß bei der Verteilung so verfahren werden, als wenn die Forderung und das für sie in Anspruch genommene oder anscheinend begründete Vorrecht endgültig festgestellt wäre. Die auf die Forderung fallenden Beträge sind zu hinterlegen.

3. Ergibt sich bei der Zwangsversteigerung eines Gegenstandes des unbeweglichen Vermögens nach Beendigung der Versteigerung, daß eine der im § 2 bezeichneten Personen wegen einer Forderung, für welche die Zwangsversteigerung betrieben wird oder der Gegenstand der Zwangsversteigerung dinglich haftet oder die ein Recht auf Befriedigung aus dem Grundstück gewährt oder wegen einer Grundschuld oder einer Rentenschuld durch das Meistgebot nicht gedeckt wird, so kann der Zuschlag versagt und ein neuer Versteigerungstermin bestimmt werden, sofern die Umstände die Annahme begründen, daß ein

höheres, zur gänzlichen oder teilweisen Befriedigung genügendes Gebot erfolgen werde.

4. Die Bestimmungen unter Ziffer 1 bis 3 gelten nicht zugunsten derjenigen Personen, welche einen zur Wahrnehmung ihrer Rechte berufenen Vertreter haben.

I. Richtet sich ein Konkursverfahren oder ein Aufgebot- oder Verteilungsverfahren, eine Zwangsversteigerung oder eine Zwangsverwaltung nicht gegen einen Kriegsteilnehmer, so wird ein solches Verfahren dadurch grundsätzlich nicht berührt, daß **Kriegsteilnehmer als Gläubiger oder anderweitig Berechtigte** daran teilnehmen. Damit jedoch in diesen Fällen die Kriegsteilnehmer nicht die nach den gesetzlichen Vorschriften bei nichtrechtzeitiger Anmeldung und Verfolgung ihrer Rechte eintretenden Nachteile erleiden, schützt der § 7 die Interessen des Kriegsteilnehmers, soweit dies ohne gänzliche Hemmung des Verfahrens möglich ist.

Da die in Betracht kommenden gesetzlichen Vorschriften hinsichtlich der Voraussetzungen und Wirkungen überaus verschieden sind, hat sich das Gesetz (im Anschluß an das Bundesgesetz vom 21. Juli 1870) auf die Aufstellung allgemeiner Grundsätze beschränkt, deren Anwendung im einzelnen sich nach den für das Verfahren geltenden Vorschriften richtet. (Begr. S. 12.)

II. Die Bestimmungen dieses Paragraphen finden auf die in § 2 Abs. 1 des Gesetzes erwähnten **Personen** Anwendung; ferner auch auf diejenigen (prozeßunfähigen) Personen, welche durch eine in § 2 bezeichnete Person gesetzlich vertreten werden (§ 9 Abs. 1 des Ges.).

Dagegen finden die Bestimmungen nach Ziff. 4 des § 7 keine Anwendung, wenn der Kriegsteilnehmer einen zur Wahrnehmung seiner Rechte — sei es auf Grund Gesetzes, sei es auf Grund Vertrags — berufenen Vertreter hat (vgl. hierzu § 2 Abs. 1 Ziff. 2 und die Erläuterungen dazu).

III. Zu § 7 Ziffer 1:

Hierher gehört z. B. das Versäumnisurteil nach § 881 ZPO. in seiner Wirkung auf das Verteilungsverfahren (§ 882 ZPO.), das Ausschlußurteil in den Fällen der §§ 952, 987, 1017 ZPO.; die Behandlung als säumig nach § 877 ZPO.; nach § 152 KO.; die Ausschließung von Rechten nach §§ 37 Nr. 4, 66, 110 ZVG.; § 954 ZPO.

In diesen Fällen ist der Kriegsteilnehmer berechtigt, binnen 6 Monaten nach Beendigung des Kriegszustandes oder der Kriegsteilnehmerschaft die versäumten Handlungen nachzuholen und die Ansprüche geltend zu machen, soweit dies in dem Verfahren noch möglich ist, d. h. insbesondere, soweit dieses Verfahren noch nicht endgültig abgeschlossen ist.

Soweit dies nicht mehr möglich ist, gewährt das Gesetz dem Kriegsteilnehmer (subsidiär) einen Bereicherungsanspruch gegen den, zu dessen Gunsten die Rechtsänderung eingetreten ist. Nähere Bestimmungen darüber, gegen wen sich dieser Anspruch zu richten hat, hat das Gesetz nicht getroffen und konnte es nicht treffen, da diese Frage nur aus den Verhältnissen des Einzelfalles entschieden werden kann. (Begr. S. 12.)

Alle diese Fälle können nicht praktisch werden, wenn der Kriegsteilnehmer in dem Verfahren sein Recht angemeldet hat, oder, wenn anzunehmen ist, — es kann sich dies aus den Akten oder aus zufälligen Äußerungen anderer Beteiligten ergeben —, daß ihm ein solches zusteht; dann muß das Gericht dem Kriegsteilnehmer das Recht in der betreffenden Entscheidung oder Verfügung ausdrücklich vorbehalten.

IV. Zu § 7 Ziff. 2.

Verteilungen im Sinne dieser Bestimmung finden im Verteilungsverfahren der Zwangsvollstreckung in das bewegliche Vermögen (§§ 872 ff. ZPO.), im Verteilungsverfahren bei der Zwangsvollstreckung in das unbewegliche Vermögen (§ 105 ZVG.) statt. Hierbei müssen die vom Kriegsteilnehmer angemeldeten oder ihm mutmaßlich — auch hier können sich derartige

Vermutungen sowohl aus den Akten, wie aus gelegentlichen Äußerungen dritter Beteiligter ergeben — zustehenden Ansprüche so behandelt werden, wie wenn sie bereits endgültig festgestellt werden, jedoch mit der Maßgabe, daß die auf derart festgestellte Forderungen entfallenden Beträge nicht auszuzahlen, sondern zu hinterlegen sind. Beträge, welche auf wirklich endgültig festgestellte Forderungen des Kriegsteilnehmers entfallen, sind, wie auch sonst, auszuzahlen.

V. § 7 **Ziffer 3** findet Anwendung, wenn dem Kriegsteilnehmer zusteht:

1. die Forderung, für welche die Zwangsversteigerung betrieben wird, gleichviel, ob sie durch Hypothek oder sonst dinglich gesichert oder eine persönliche Forderung ist,
2. Forderungen, für welche der Gegenstand der Zwangsversteigerung dinglich haftet, also Hypothekenforderungen, Reallastforderungen, Schiffspfandrechte,
3. Forderungen, die ein Recht auf Befriedigung aus dem Grundstücke gewähren, d. h. die in § 10 Nr. 1 und 2 ZVG. bezeichneten Ansprüche (§ 10 Nr. 3 ZVG. kommt praktisch nicht in Frage),
4. Grundschulden,
5. Rentenschulden.

Das Zwangsversteigerungsverfahren ist in diesem Fall wie sonst bis zum Schlusse der Versteigerung (§ 73 ZVG.) durchzuführen.[1]) (Vgl. OLG. München vom 26. Okt. 1914 Recht 1914 S. 744.) Nach der hierauf folgenden Anhörung der anwesenden Beteiligten hat das Vollstreckungsgericht bzw. der Notar zu prüfen, ob der Anspruch des Kriegsteilnehmers durch den Zuschlag gedeckt wird. Ist dies der Fall, so ist der Zuschlag zu erteilen. Wird der Anspruch des Kriegsteil-

---

[1]) Die allgemeine wirtschaftliche Lage während des Kriegs kann auch einen Grund bilden, den Versteigerungstermin über die in § 36 Abs. 2 ZVG. vorgeschriebene Frist hinauszulegen oder den Termin zu vertagen (was aber nicht zur Einstellung des Verfahrens nach § 30 Abs. 2 ZVG. führt); vgl. PrJMBl. 1914 S. 661 (= Sieskind S. 128), BayJMBl. 1914 S. 164, LG. Saarbrücken v. 21. Nov. 1914, JW. 1915 S. 59 = DRAZ. 1915 S. 11; ferner RG. v. 27. Febr. 1914 bei Warneyer, ErgBd. 1914 S. 265.

nehmers durch das Meistgebot nicht gedeckt, erscheint aber dem Versteigerungsbeamten unter Berücksichtigung aller Umstände die Annahme begründet, daß in einem späteren Versteigerungstermin ein höheres Gebot erfolgen wird, durch das der Anspruch des Kriegsteilnehmers ganz oder teilweise gedeckt wird, so hat er den Zuschlag zu versagen. Gegen den Beschluß ist nach §§ 97, 100 mit 83 Ziff. 6 ZVG. die sofortige Beschwerde zulässig. Die rechtskräftige Versagung des Zuschlages wirkt wie einstweilige Einstellung (§ 86 ZVG.), hat also insbesondere das Erlöschen des Meistgebotes zur Folge. Der vom Versteigerungsbeamten von Amts wegen anzuberaumende neue Termin soll innerhalb der 6 Monatsfrist des § 36 Abs. 2 ZVG. liegen. (Nußbaum, JW. 1914 S. 1106.) In dem neuen Termin ist die neuerliche Anwendung des § 7 Nr. 3 des Gesetzes nicht ausgeschlossen. (Sieskind S. 49; Güthe, Gruchot Bd. 59 S. 48; Nußbaum a. a. O.)

Hält der Versteigerungsbeamte ein entsprechend höheres Gebot in einem späteren Termine nicht für wahrscheinlich, so hat er wie sonst den Zuschlag zu erteilen; gegen den Beschluß ist ebenfalls nach §§ 97, 100 mit 83 Ziff. 6 ZVG. die sofortige Beschwerde zulässig. (Sieskind S. 49; Sintenis S. 132 Anm. 13; Güthe, Gruchot Bd. 59 S. 48; Nußbaum, JW. 1915 S. 9; a. M. derselbe JW. 1914 S. 1107. Vgl. hierher auch die Bundesratsbekanntmachung vom 10. Dez. 1914 Nr. 4566 über die Versagung des Zuschlages bei der Zwangsversteigerung RGBl. 1914 S. 499 unten S. 172 und Bemerkungen dazu.)

§ 8.

Die Verjährung ist gehemmt zugunsten der im § 2 bezeichneten Personen und ihrer Gegner bis zur Beendigung des Kriegszustandes oder des nach § 2 maßgebenden Verhältnisses.

Das gleiche gilt von den gesetzlich für die Beschreitung des Rechtswegs vorgeschriebenen Ausschlußfristen sowie von den Fristen, auf welche die Vorschriften des § 203 des Bürgerlichen Gesetzbuchs ganz oder teilweise entsprechende Anwendung finden.

I. Die in § 8 angeordnete **Hemmung der Verjährung** wirkt zugunsten der unter § 2 fallenden Personen und deren Gegner (da auch für diese die Geltendmachung von Ansprüchen erschwert ist), ferner auch für diejenigen prozeßfähigen Personen, welche von einer unter § 2 fallenden Personen vertreten werden und deren Gegner (§ 9 Abs. 1). Die Bestimmung gilt auch dann, wenn der Kriegsteilnehmer einen zur Wahrung seiner Rechte berufenen Vertreter hat. (Kipp, DJZ. 1914 S. 1026.)

II. Die **Wirkung der Hemmung** der Verjährung bestimmt sich nach § 205 BGB.; der Zeitraum, während dessen die Verjährung gehemmt ist, wird in die Verjährungsfrist nicht eingerechnet. Gehemmt ist die Verjährung nur während des Bestehens des nach § 2 maßgebenden Verhältnisses. Die Hemmung beginnt daher mit der Verkündung des Gesetzes, wenn bereits in diesem Zeitpunkt das maßgebende Verhältnis begründet ist, anderenfalls erst mit dem Zeitpunkt, in welchem dieses Verhältnis eintritt. Ebenso hört die Hemmung mit der Beendigung des maßgebenden Verhältnisses, spätestens aber mit der Beendigung des Kriegszustandes (§ 11) auf. Von diesem Zeitpunkt ab läuft die vor der Hemmung begonnene Verjährung fort. (Begr. S. 13.) Solange das nach § 2 maßgebende Verhältnis besteht, beginnt auch keine neue Verjährung zu laufen, sondern erst mit Beendigung dieses Verhältnisses (RGRKomm. Anm. 1 zu § 202 BGB.).

Über Beginn und Ende der Kriegsteilnehmerschaft s. Anmerkungen zu §§ 2 und 3 des Gesetzes.

III. Den Verjährungsfristen sind in Abs. 2 **gleichgestellt:**[1])

a) Ausschlußfristen, für welche die Vorschrift des § 203 BGB. ganz oder teilweise entsprechend Anwendung

[1]) Ausführliche Darstellung auch bei Bendix S. 82 ff.

finden; derartige Fristen sind enthalten in den §§ 124 Abs. 2, 210, 212, 215 Abs. 2, 477 Abs. 2, 802, 1002 Abs. 2, 1339 Abs. 3, 1571 Abs. 4 (vgl. dazu RG. Bd. 57 S. 197), 1594 Abs. 3, 1599, 1944 Abs. 2, 1954 Abs. 2, 1997, 2082 Abs. 2, 2283 Abs. 2 BGB.; § 41 Abs. 1 Satz 2 KO.; § 12 Abs. 1 AnfG.; ferner §§ 39 OffiziersPensG., 42 MannschaftsverfG., 35 MilitärhinterblG.

b) Sonstige gesetzliche Fristen (Ausschlußfristen) für die Beschreitung des Rechtsweges, deren Nichteinhaltung den Rechtsverlust des Anspruches herbeiführt; hierher gehören z. B.:

§ 864 BGB.; §§ 269, 271 HGB.;[1]) § 150 Abs. 1 RBeamtG.; §§ 39, 40 Abs. 2 RRayonG.; § 23 Pr.-PensG.; § 30 PrEnteignG.; § 14 PrBaufluchtlinienG.; § 177 Abs. 3 BayBeamtG.; Art. 21 BayAG. BGB. (Zwangsenteignung).

IV. Nicht unter den Schutz des § 8 fallen alle anderen Fristen, auch wenn deren Ablauf den Berechtigten einen Rechtsverlust bringt (vgl. Begr. S. 13) insbesondere nicht: vertraglich vereinbarte Ausschlußfristen (besonders in Versicherungsverträgen[2]) § 12 Abs. 2 Vers.-VertrG.), richterliche Ausschlußfristen (z. B. § 249 AngestVersG.), gesetzliche Fristen, insbesondere auf dem Gebiete des Verwaltungsrechts.

V. Allgemeine nicht auf Kriegsteilnehmer beschränkte Gültigkeit behalten außerdem die Vorschriften des BGB. über Unterbrechung und Hemmung (vgl. insbesondere § 203 BGB.) der Verjährung, ferner die Bundesratsbekanntmachung vom 22. Dez. 1914 Nr. 4589 betreffend Verjährungsfristen RGBl. S. 453, unten S. 228. Über Fristen des Wechsel- und Scheckrechtes s. unten S. 244.

§ 9.

Die Bestimmungen dieses Gesetzes, mit Ausnahme der in den §§ 5, 6 enthaltenen Vorschriften finden

---

[1]) Bendix S. 83, a. M. Pinner, Bankarch. Bd. 14 S. 124.

[2]) Vgl. hiezu die von Bendix bei den Versicherungsgesellschaften veranstaltete Umfrage, Bendix, Bürgerliches Kriegssonderrecht, Anlage II S. 149.

entsprechende Anwendung auf diejenigen natürlichen Personen, welche durch eine im § 2 bezeichnete Person gesetzlich vertreten werden, sofern sie nicht prozeßfähig sind.

Soll eine solche Person verklagt oder soll der Rechtsstreit gegen sie fortgesetzt werden, so kann ihr der Vorsitzende des Prozeßgerichts, falls mit dem Verzuge Gefahr verbunden ist, auf Antrag einen besonderen Vertreter bestellen. Ist der Rechtsstreit bei der Bestellung des besonderen Vertreters bereits anhängig, so endet mit der Bestellung desselben die Unterbrechung des Verfahrens. Der besondere Vertreter ist zu dem Antrag auf Aussetzung des Verfahrens nicht befugt.

I. Der **Absatz** 1 des § 9 stellt natürliche Personen, soweit sie prozeßunfähig sind, und durch eine in § 2 bezeichnete Person gesetzlich (nicht kraft Vertrages) vertreten werden, den **Kriegsteilnehmern gleich**, d. h. z. B. die Unterbrechung bzw. Aussetzung des Verfahrens treten auch dann ein, wenn zwar nicht die prozeßunfähige Partei, aber ihre gesetzlichen Vertreter Kriegsteilnehmer sind.

Gesetzliche Vertreter im Sinne dieser Bestimmung sind insbesondere: Der Vater (§ 1630 BGB.), die Mutter (§§ 1684, 1685,[1]) 1686 BGB.), der Vormund (§§ 1793, 1897), der Pfleger (§ 1909).

Über § 52 ZPO. mit §§ 112, 113 BGB. vgl. oben Anm. II c 2 zu §§ 2 und 3.

Über juristische Personen und offene Handelsgesellschaften vgl. oben Anm. I A d zu §§ 2 und 3.

II. Auf die von Kriegsteilnehmern vertretenen prozeßunfähigen Personen finden Anwendung insbesondere die Vorschriften über bürgerliche Rechtsstreitigkeiten

[1]) Über § 1685 mit § 1677 BGB. vgl. oben Anm. II c 2 zu §§ 2 und 3

(§§ 2, 3 und 4 des Ges.), die Vorschriften über die Beteiligung als Gläubiger oder sonstige Berechtigte am Konkurs-, Aufgebots- und Verteilungsverfahren (§ 7), die Vorschriften über die Hemmung der Verjährungs- und Ausschlußfristen (§ 8). Keine Anwendung finden die Vorschriften über die Zwangsvollstreckung (§ 5) und über die Beteiligung im Konkursverfahren als Gemeinschuldner (§ 6). In ersterer Beziehung wurde die Bestimmung des Absatzes 2 des § 5 als genügender Schutz erachtet. (Bezgl. des Konkursverfahrens vgl. Anm. II zu § 6.)

III. Eine Ausnahmebestimmung enthält der Absatz 2, indem er in Anlehnung an den § 57 ZPO. die Bestellung eines Sondervertreters zuläßt. Voraussetzung ist, daß mit dem Verzug Gefahr verbunden ist, d. h., es muß der Aufschub bis zur Möglichkeit der Aufnahme des Rechtsstreites auf Grund des § 4 des Gesetzes außergewöhnliche Nachteile für den Kläger haben. Darüber, ob dies zutrifft, entscheidet das freie Ermessen des Vorsitzenden des Prozeßgerichts, d. h. desjenigen Gerichtes, bei welchem der Rechtsstreit anhängig gemacht werden soll oder bei dem er bereits anhängig ist.

Die Bestellung des Sondervertreters ist in allen Rechtsstreitigkeiten nicht nur in vermögensrechtlichen zulässig. Vgl. im übrigen nunmehr die ähnliche Bestimmung des § 1 der Bundesratsverordnung vom 14. Jan. 1915 Nr. 4607 RGBl. S. 17, unten S. 79.

§ 10.

Die Bestimmungen dieses Gesetzes über die Unterbrechung und die Aussetzung des Verfahrens finden, sofern nicht das Landesrecht etwas anderes bestimmt, auch auf die bürgerlichen Rechtsstreitigkeiten Anwendung, welche bei den im § 14 des Gerichtsverfassungsgesetzes zugelassenen besonderen Gerichten anhängig sind oder anhängig werden. Die Landesregierungen sind befugt, ergänzende und abweichende Anordnungen im Verordnungswege zu erlassen.

Vgl. über die in Betracht kommenden Gerichte Gaupp-Stein Vorbem. IV B vor § 1 ZPO.; Hellwig, System des deutsch. Ziv.-Prozeßrechtes § 24 Ziff. 2 c S. 64.

§ 11.

Der Zeitpunkt, mit welchem der Kriegszustand als beendet anzusehen ist, wird durch Kaiserliche Verordnung bestimmt.

Beendigung des Kriegszustands: „Die im Jahre 1870 und in Preußen bei früheren Gelegenheiten gemachten Erfahrungen haben gezeigt, daß mit dem Friedensschlusse das Bedürfnis nach besonderen Schutzmaßregeln für die Angehörigen des Heeres nicht unbedingt beseitigt wird. Andererseits wird es nicht unter allen Umständen geboten sein, die außerordentlichen Maßnahmen bis zur völligen Demobilmachung aufrecht zu erhalten. Sobald die Wiederherstellung des ordentlichen Zustandes möglich erscheint, wird im Interesse der Rechtssicherheit zu ihm zurückzukehren sein. Deshalb erscheint es zweckmäßig, die Bestimmungen dieses Zeitpunktes, entsprechend dem Vorgang vom Jahre 1870, Kaiserlicher Verordnung zu überlassen." (Begr. S. 14.)

§ 12.

Dieses Gesetz tritt mit der Verkündung in Kraft.

Das Gesetz ist in Nummer 53 des Reichsgesetzblattes, das am 4. August 1914 in Berlin ausgegeben wurde, enthalten und daher an diesem Tage in Kraft getreten.

2. Bek. über die Ausdehnung des Gesetzes, betr. den Schutz der infolge des Krieges an der Wahrnehmung ihrer Rechte behinderten Personen, vom 4. August 1914 (RGBl. S. 328) auf Kriegsbeteiligte Österreich-Ungarns.

Vom 22. Oktober 1914.

(RGBl. S. 450 Nr. 4522).

Der Bundesrat hat auf Grund des § 3 des Gesetzes über die Ermächtigung des Bundesrats zu wirtschaftlichen Maßnahmen usw. vom 4. August 1914 (Reichs-Gesetzbl. S. 327) folgende Verordnung erlassen:

§ 1.

Im Sinne des Gesetzes, betreffend den Schutz der infolge des Krieges an Wahrnehmung ihrer Rechte behinderten Personen, vom 4. August 1914 (Reichs-Gesetzbl. S. 328) stehen die deutsche und die österreichisch-ungarische Land- und Seemacht, die deutschen und die österreichisch-ungarischen Festungen sowie die Kriegsführung des Reichs und die Kriegsführung Österreichs-Ungarns einander gleich.

§ 2.

Diese Verordnung tritt mit dem Tage in Kraft, an dem der Reichskanzler im Reichs-Gesetzblatt bekannt macht, daß durch die Gesetzgebung Österreich-Ungarns die Gegenseitigkeit verbürgt ist.[1])

---

[1]) S. nächste Seite.

3. Bek. über die Gegenseitigkeit im Verhältnis zu Österreich-Ungarn hinsichtlich der Kriegsbeteiligten.

Vom 4. Februar 1915.

(RGBl. S. 70 Nr. 4634).

Auf Grund des § 2 der Verordnung des Bundesrats über die Ausdehnung des Gesetzes, betreffend den Schutz der infolge des Krieges an Wahrnehmung ihrer Rechte behinderten Personen, vom 4. August 1914 (Reichs-Gesetzbl. S. 328) auf Kriegsbeteiligte Österreich-Ungarns vom 22. Oktober 1914 (Reichs-Gesetzbl. S. 450) wird hiedurch bekannt gemacht, daß durch gesetzliche Verordnungen der Regierungen Österreich-Ungarns die Gegenseitigkeit im Sinne jener Vorschrift verbürgt ist.

Der § 2 der Verordnung macht das Inkrafttreten der Gegenseitigkeitsbestimmung ausdrücklich von einer Bekanntmachung des Reichskanzlers im Reichsgesetzblatt abhängig. Die Frage, ob die Gegenseitigkeit verbürgt ist, unterliegt daher (anders wie im Falle des § 328 Ziff. 5 ZPO.) nicht der Beurteilung des Gerichtes. Ebensowenig genügte eine ausdrückliche Bestimmung der Gesetzgebung Österreichs oder Ungarns, wie z. B. die Verordnung des österreichischen Gesamtministeriums vom 27. Nov. 1914 Österr. RGBl. Nr. 328, wonach die Gegenseitigkeit gewährt wird, solange nicht der Reichskanzler daraufhin eine entsprechende Bekanntmachung im Reichsanzeiger erlassen hatte. (Haberstumpf, BayZfR. 1915 S. 48; a. M. Recht 1914 S. 728 und 1915 S. 13 Fußnote; zweifelnd DRAZ. 1915 S. 10 und Recht 1915 S. 35 [da die österreichischen und ungarischen Gerichte tatsächlich Gegenseitigkeit gewähren, sollten zum gerechten Ausgleich die deutschen Gerichte ebenso verfahren].) Auf Grund der Bek. des Reichskanzlers vom 4. Februar 1915 ist die Bundesratsbek. vom 22. Okt.

1914 am 11. Febr. 1915 — an diesem Tag ist das die Reichskanzlerbekanntmachung enthaltende RGBl. in Berlin ausgegeben worden — in Kraft getreten. Dieser Zeitpunkt ist insbesondere auch für den Beginn der Hemmung der Verjährung (§ 8 KTSchG.) und für die Frage der Gültigkeit der vor diesem Zeitpunkt vorgenommenen prozessualen Handlungen von Bedeutung.

Zu beachten ist, daß durch die vorstehenden Verordnungen ausschließlich das KTSchG. auf österreichisch-ungarische Kriegsteilnehmer anwendbar erklärt ist, daß aber für alle anderen Kriegssondergesetze Österreicher und Ungarn sonstigen Ausländern und das österreichisch-ungarische Gebiet sonstigem Ausland (vgl. die sog. Ausländermoratorien unten S. 283 und 2. Nachtrag) an sich gleichstehen.

4. Bek. über die Vertretung des Kriegsteilnehmers in bürgerlichen Rechtsstreitigkeiten.

Vom 14. Januar 1915.

(RGBl. S. 17 Nr. 4607).

Vorbemerkung. Über Anlaß und Zweck dieser Bundesratsbekanntmachung bemerkt die amtliche Begründung (Nordd. Allgem. Ztg. vom 15. Jan. 1915 Nr. 15 S. 3): „Die Vorschriften der §§ 2 und 3 des Gesetzes betreffend den Schutz der infolge des Krieges an der Wahrnehmung ihrer Rechte behinderten Personen vom 4. Aug. 1914, sind in einer Reihe von Fällen aus Böswilligkeit dazu mißbraucht worden, um die Erfüllung bestehender Zahlungsfristen ohne Grund zu verweigern. Unter Berufung auf das Gesetz haben Kriegsteilnehmer, die in günstigen wirtschaftlichen Verhältnissen leben, die Zahlung unbestrittener laufender Verbindlichkeiten, insbesondere der Mietschulden mit Erfolg abgelehnt. Ehefrauen, die das Geschäft ihres zur Fahne einberufenen Mannes in dem bisherigem Umfang mit gutem Erfolg weiterführen, oder das Einkommen des Mannes unverkürzt fortbeziehen, sind namens ihres Mannes gegen dessen Schuldner gerichtlich vorgegangen, haben sich aber, wenn sie ihrerseits von Vermietern oder Geschäftsgläubigern in Anspruch genommen wurden, der Zahlung der Schulden entzogen. Besonders schwer sind die Mißstände empfunden worden, wenn der Kriegsteilnehmer, wie es mehrfach vorgekommen ist, in seinem Heimatsorte verwendet wurde, oder wenn der benachteiligte Gläubiger selbst zu den Kriegsteilnehmern gehörte. In der Öffentlichkeit sind hierüber in steigendem Maße lebhafte Klagen geführt; auch aus den Kreisen des Reichstages ist allgemein eine Einschränkung des Gesetzes vom 4. August 1914 als notwendig bezeichnet worden. Diese Unzuträglichkeiten sucht die vorliegende Bundesratsbekanntmachung zu beseitigen.

Der Bundesrat hat auf Grund des § 3 des Gesetzes über die Ermächtigung des Bundesrats zu wirtschaftlichen Maßnahmen usw. vom 4. August 1914 (Reichs-Gesetzbl. S. 327) folgende Verordnung erlassen:

§ 1.

Einem Kriegsteilnehmer (§ 2 des Gesetzes vom 4. August 1914, Reichs-Gesetzbl. S. 328), der ohne Vertreter ist, kann der Vorsitzende des Prozeßgerichts auf Antrag des Gegners einen geeigneten Vertreter bestellen, der die Rechte und Verpflichtungen des Kriegsteilnehmers im Rechtsstreit wahrzunehmen hat. Die Bestellung ist nur zulässig, wenn sie zur Verhütung offenbarer Unbilligkeiten erforderlich erscheint. Vor der Bestellung soll der Vorsitzende, soweit tunlich, Verwandte des Kriegsteilnehmers oder andere Personen hören, die mit dessen Verhältnissen vertraut sind.

Die Bestellung des Vertreters soll dem Kriegsteilnehmer unverzüglich mitgeteilt werden. Der

Kriegsteilnehmer kann dem Vertreter die Vertretungsbefugnis entziehen, soweit er einen anderen Vertreter bestellt.

I. Die Vorschrift des § 1 lehnt sich an die Vorschriften der §§ 57 und 58 ZPO. und § 7 Abs. 2 KTSchG. an. Sie ist nur dann anwendbar, wenn der Kriegsteilnehmer keinen Vertreter im Sinne des § 3 Abs. 1 Ziff. 2 hat, dem die Befugnis zusteht, den Kriegsteilnehmer gerade in dem bestimmten Prozeß, für den das Bedürfnis hervortritt, zu vertreten. (Vgl. hierzu Anm. II c 1 und 2 zu § 2 und 3 KTSchG.)

II. Die Bestellung eines Vertreters ist nur zulässig für *bürgerliche Rechtsstreitigkeiten* im Sinne des § 2 KTSchG. (Vgl. Anm. I C zu §§ 2 und 3.)

Hier kann die Bestellung des Vertreters auch schon vor Erhebung der Klage und zum Zwecke der Zustellung der Klageschrift erfolgen (Begründung a. a. O.), ferner auch insbesondere zum Zwecke der Erwirkung und der Zustellung eines Arrestes oder einer einstweiligen Verfügung.

Zulässig ist sie auch in Rechtsstreitigkeiten, welche auf Grund des § 2 KTSchG. unterbrochen worden sind. (Vgl. § 4 dieser Bekanntmachung.) Nicht zulässig ist die Bestellung eines Vertreters für die Zwangsvollstreckung[1]) (§ 5), für das Konkursverfahren (§ 6) und für die in § 7 KTSchG. erwähnten Verfahren.

III. Die Bestellung des Vertreters ist an das Erfordernis geknüpft, daß sie zur *Verhütung offenbarer Unbilligkeiten* erforderlich erscheint, d. h. daß die Nichtbefriedigung der vom Kläger geltend gemachten Ansprüche gegen Treu und Glauben in gröblicher Weise verstößt und daß sich dies einer unbefangenen Betrachtung der tatsächlichen Verhältnisse sofort aufdrängen muß. (Vgl. auch die Vorbemerkung, ferner Bendix S. 80 ff.; Männer, JW. 1915 S. 6.)

---

[1]) Dadurch wird der Zweck der Bekanntmachung in vielen Fällen vereitelt werden; bei der derzeitigen Fassung dieser Bestimmungen wäre ja auch die Bestellung eines Vertreters bedeutungslos.

Bei Würdigung der Umstände des Falles werden die Interessen des Kriegsteilnehmers im Vordergrund zu stehen haben. Ist damit die Erhebung der Klage während der Kriegszeit billigerweise nicht vereinbart, so wird regelmäßig selbst ein erheblicher Nachteil des Gegners für sich allein keinen Grund für die Bestellung eines Vertreters abgeben dürfen. (Begr. a. a. O.)

Die tatsächlichen Voraussetzungen, die das Bedürfnis nach Abhilfe begründen sollen, sind vom Antragsteller in geeigneter Weise klarzulegen. Eine förmliche Glaubhaftmachung kann nicht verlangt werden; es wird unter Umständen genügen, wenn die Beweismittel, die im Rechtsstreit benützt werden sollen, angegeben werden.[1]) Ob die Darlegungen die Bestellung des Vertreters rechtfertigen, entscheidet der Vorsitzende nach freier Überzeugung. Seinem Ermessen ist es im allgemeinen auch überlassen, ob er sich mit dem Vorbringen des Antragstellers begnügen will, ob er vom Antragsteller weitere Aufklärung verlangen will, oder ob er zur Bildung seiner Überzeugung weitere Vorprüfungen z. B. Heranziehung von Akten, Einholung polizeilicher Auskünfte und dergleichen für nötig hält. Doch sollen Verwandte des Kriegsteilnehmers oder andere Personen, die mit seinen Verhältnissen betraut sind, z. B. Angestellte, sein Anwalt, vor der Bestellung soweit tunlich stets gehört werden. Eine Verpflichtung dieser Personen, zu erscheinen, oder Erklärungen abzugeben, besteht jedoch nicht.

IV. Die Bestellung ist sowohl dem Antragsteller wie dem Kriegsteilnehmer zuzustellen (§ 1 Abs. 1 der Bekanntmachung; § 329 ZPO.). Gegen die Ablehnung des Antrages ist nach § 567 ZPO. Beschwerde zulässig, nicht aber gegen die Bestellung.

Der Kriegsteilnehmer kann aber dem vom Gericht bestellten Vertreter dadurch die Vertretungsbefugnis entziehen, daß er gleichzeitig einen anderen Vertreter bestellt. Mit dem Eintritt dieses vom Kriegsteilnehmer

---

[1]) Der bestellte Vertreter kann ja nach Klagserhebung sofort Aussetzung beantragen und unter Vorbringung seiner Gegengründe eine Nachprüfung der Behauptungen des Klägers herbeiführen, s. Anm. VI.

bestellten Vertreters in den Rechtsstreit, der in entsprechender Anwendung des § 241 ZPO. durch Anzeige an den Gegner zu erfolgen hat, erlischt dann die Vertretungsmacht des vom Gericht aufgestellten Vertreters.

V. Über die Auswahl des Vertreters enthält die Bekanntmachung keine Vorschriften, doch wird — wie die Begründung bemerkt — die oben erwähnte Vernehmung der Auskunftspersonen Anhaltspunkte hierfür ergeben. Eine Verpflichtung zur Übernahme des Amtes besteht nicht.

VI. Die als Vertreter bestellte Person nimmt für den Prozeß die Stellung eines gesetzlichen Vertreters ein, dessen Vertretungsmacht dem Umfang einer Prozeßvollmacht entspricht; soweit der Vertreter selbst nicht in der Lage ist als Prozeßbevollmächtigter im Prozeß aufzutreten ist er berechtigt einen Prozeßbevollmächtigten zu bestellen. Der Vertreter ist, wie jeder andere Vertreter eines Kriegsteilnehmers berechtigt, nach § 3 Abs. 2 Satz 1 die Aussetzung des Verfahrens zu beantragen. Wird dieser Antrag gestellt, so ist ihm, da die Aussetzung „als leitender Grundsatz nach wie vor bestehen bleibt, regelmäßig stattzugeben, es sei denn, daß das Gericht unter Würdigung aller Umstände — selbstverständlich ohne hierbei an die Vorprüfung durch den Vorsitzenden gebunden zu sein — dieses Ergebnis für offenbar unbillig erachtet“ (Begr. a. a. O.) und deshalb den Antrag auf Grund des § 2 Abs. 2 Satz 2 KTSchG. zurückweist.

Rechtsmittel: § 252 ZPO.

§ 2.

Der § 3 Abs. 2 des Gesetzes, betreffend den Schutz der infolge des Krieges an Wahrnehmung ihrer Rechte behinderten Personen, vom 4. August 1914 (Reichs-Gesetzbl. S. 328) erhält folgenden Satz 2:

„Betrifft der Rechtsstreit einen vermögensrechtlichen Anspruch, so kann das Prozeßgericht den Antrag ablehnen, wenn die Aussetzung nach den Umständen des Falles offenbar unbillig ist."

Die Bestimmung wurde bereits im Text des § 3 KTSchG. eingefügt. Vgl. hierzu Anm. II c 5 zu §§ 2 und 3.

Über den Begriff „offenbar unbillig" s. Anm. III zu § 1 dieser Bekanntmachung.

Die Bestimmung findet nur auf „vermögensrechtliche" Streitigkeiten Anwendung.

Dieser Begriff ist einerseits weiter, als der in § 1 der Bundesratsbekanntmachung vom 7. Aug. 1914 über die gerichtliche Bewilligung von Zahlungsfristen Nr. 4456 verwendete Begriff des eine Geldforderung zum Gegenstand habenden Rechtsstreits und umfaßt daher auch Rechtsstreitigkeiten, die auf Lieferung oder Herausgabe von Waren, auf Anfechtung oder Wandlung, auf Unterlassung (insbesondere auch auf dem Gebiete des unlauteren Wettbewerbes), auf Abgabe von Willenserklärungen (insbesondere auf dem Gebiete des Grundbuchrechts) gerichtet sind. Andererseits ist er enger, als der in § 2 KTSchG. gebrauchte Begriff der bürgerlichen Rechtsstreitigkeiten und umfaßt daher insbesondere nicht Ehesachen, Feststellung der Rechtsverhältnisse zwischen Eltern und Kindern und Entmündigungssachen (§§ 606—687 ZPO.), wohl aber Unterhaltsansprüche auf familienrechtlicher Grundlage, Ansprüche aus dem ehelichen Güterrecht.

Über die Klage gegen den unehelichen Vater vgl. Gaupp-Stein Anm. II zu § 1 mit Fußnote 13, aber auch Anm. I und Fußnote 26 zu § 3 ZPO.

§ 3.

Soweit durch die Bestellung eines Vertreters (§ 1) besondere Kosten entstehen, hat der Gegner des Kriegsteilnehmers sie auch im Falle des Obsiegens zu tragen.

Der Kriegsteilnehmer soll durch die Bestellung des Vertreters, die eine Folge seiner Abwesenheit ist, keinen Nachteil erleiden. Deshalb ist bestimmt, daß die besonderen Kosten, die infolge Bestellung des Vertreters entstehen, von dem Gegner (Antragsteller) als veranlassenden Teil auch im Falle des Obsiegens zu tragen sind. Gegen den Kriegsteilnehmer steht dem Vertreter ein Anspruch auf Gebühren und Ersatz der entstandenen Kosten nur dann zu, wenn dieser die Bestellung und die Annahme der Bestellung durch den Vertreter, die als eine Geschäftsführung ohne Auftrag zu betrachten ist, genehmigt hat. Die Genehmigung wird insbesondere darin zu erblicken sein, wenn der Kriegsteilnehmer ohne von dem ihm nach § 1 Satz 2 Abs. 2 der Bekanntmachung zustehenden Recht Gebrauch zu machen, die weitere Tätigkeit des bestellten Vertreters duldet. (Vgl. auch Seuffert Anm. 5 zu § 57; a. M. Förster-Kann Anm. 3 zu § 57 ZPO.) Über die Verpflichtung zur Tragung dieser Kosten, die als Prozeßkosten zu behandeln sind, wird im Urteil Entscheidung getroffen. Welcher Betrag von den Gesamtkosten des Rechtsstreites „besondere" durch die Bestellung des Vertreters entstandene Kosten und inwieweit diese notwendig und deshalb erstattungsfähig sind, wird nach den allgemeinen Vorschriften der §§ 91 ff. ZPO. im Kostenfestsetzungsverfahren festgestellt.

Besondere Gerichtskosten werden für die Verhandlung und Entscheidung über die Bestellung des Vertreters nach § 47 GKG. nicht erhoben. Wird als Vertreter ein Anwalt bestellt, so wird seine Tätigkeit durch die ihm allgemein für die prozeßführende Tätigkeit zustehende Gebühr mitabgegolten (§ 23 RAGebO.). Besondere Kosten für die Bestellung des Vertreters werden deshalb in der Hauptsache nur dann entstehen, wenn der Kriegsteilnehmer auf Grund des § 1 Abs. 2 Satz 2 einen anderen Vertreter bestellt. Außerdem kann aber wohl der Kriegsteilnehmer, soweit die Vertretung durch Anwälte nicht geboten ist, im Falle des Unterliegens die durch die Bestellung eines Anwalts als Vertreter entstandenen Kosten ersetzt verlangen, wenn er nachweist, daß er, wäre er durch seine Kriegsteilnahme nicht verhindert gewesen, seine Rechte im Prozesse persönlich wahrgenommen hätte.

§ 4.

Diese Verordnung tritt mit dem Tage der Verkündung in Kraft.

In den zur Zeit des Inkrafttretens der Verordnung anhängigen vermögensrechtlichen Streitigkeiten, in denen das Verfahren auf Grund des Gesetzes vom 4. August 1914 (Reichs-Gesetzbl. S. 328) unterbrochen oder ausgesetzt ist, kann der Gegner den Kriegsteilnehmer zu Händen des Vertreters zur Aufnahme des Verfahrens und zugleich zur Verhandlung der Hauptsache laden. Der Kriegsteilnehmer ist zur Aufnahme des Verfahrens nur verpflichtet, wenn die weitere Unterbrechung oder Aussetzung nach den Umständen des Falles offenbar unbillig ist; die tatsächlichen Behauptungen, die zur Begründung dieser Verpflichtung dienen, sind in dem die Ladung enthaltenden Schriftsatz mitzuteilen. Erscheint in dem Termine für den Kriegsteilnehmer niemand und ist nach den als zugestanden anzunehmenden tatsächlichen Behauptungen die Verpflichtung zur Aufnahme begründet, so gilt das Verfahren als aufgenommen und ist zur Hauptsache zu verhandeln.

Aus der Natur der Bundesratsbekanntmachung als Prozeßgesetz ergibt sich, daß ihre Bestimmungen auch auf die zur Zeit ihres Inkrafttretens — 14. Jan. 1915 — anhängigen Rechtsstreitigkeiten Anwendung finden. (Vgl. Gaupp-Stein Anm. I zu Art. 1 EG. vom 17. Mai 1898 Bd. 2 S. 1002.)

Soweit deshalb ein Rechtsstreit auf Grund des KTSchG. zur Zeit des Inkrafttretens der Bundesratsbekanntmachung unterbrochen war, könnte die Bestellung eines Vertreters für den Kriegsteilnehmer und die Aufnahme des Rechtsstreites schon auf Grund des § 1 erfolgen. Um dies jedoch zweifelsfrei festzustellen und um gleichzeitig in den Fällen, in denen das Verfahren auf Grund des KTSchG. in der Fassung vom 4. Aug. 1914 ausgesetzt werden mußte, die Möglichkeit zu schaffen, das Verfahren wieder in Gang zu bringen, ist in Abs. 2 des § 4 eine besondere **Übergangsvorschrift** geschaffen. (Vgl. Begr. a. a. O.) Nach dieser Bestimmung gestaltet sich das Aufnahmeverfahren folgendermaßen:

a) Ist das Verfahren auf Grund des § 2 KTSchG. unterbrochen worden, so muß der Gegner zunächst einen Antrag nach § 1 der Bundesratsbekanntmachung stellen; ist auf Grund dieses Antrages vom Vorsitzenden ein Vertreter für den Kriegsteilnehmer bestellt worden, so kann er den Kriegsteilnehmer zu Händen des Vertreters zur Aufnahme des Verfahrens und zugleich zur Verhandlung über die Hauptsache laden.

b) Ist das Verfahren auf Grund des § 3 Abs. 2 KT.-SchG. (in der Fassung vom 4. Aug. 1914) ausgesetzt worden, so bedarf es der Bestellung eines besonderen Vertreters nicht, vielmehr kann der Kriegsteilnehmer zu Händen derjenigen Person, die ihn bis Aussetzung im Rechtsstreit vertreten hatte, geladen werden.

c) Ist der bisherige Vertreter des Kriegsteilnehmers während der Zeit der Aussetzung weggefallen, sei es, daß seine Vertretungsmacht erloschen ist, sei es, daß er gestorben ist oder sonst zur Fortführung der Vertretung unfähig wurde, so ist wie unter a zu verfahren.

In allen Fällen müssen im Ladungsschriftsatz diejenigen Tatsachen enthalten sein, aus denen sich nach Ansicht der ladenden Partei ergibt, daß die weitere Unterbrechung oder Aussetzung nach den Umständen des Falles offenbar unbillig ist. Erscheint im Termin der Vertreter des Kriegsteilnehmers und erkennt die Verpflichtung zur Fortführung des Verfahrens ausdrücklich oder stillschweigend an, so kann sofort zur

Hauptsache verhandelt werden. Bestreitet er die Verpflichtung zur Fortführung des Verfahrens, so ist zunächst hierüber zu verhandeln, und der Gegner des Kriegsteilnehmers hat, soweit notwendig, die Tatsachen zu beweisen, welche er zur Begründung seines Antrages oder nachträglich zur Ergänzung desselben vorgebracht hat.

Über diesen Streit ist sodann durch Beschluß zu entscheiden, gegen den die Rechtsmittel des § 252 ZPO. zulässig sind.

Erscheint der Vertreter des Kriegsteilnehmers im Termin nicht und beantragt der Gegner Versäumnisurteil, so hat das Gericht zunächst zu prüfen, ob die von der ladenden Partei vorgebrachten tatsächlichen Behauptungen, welche als richtig zu unterstellen sind, die weitere Unterbrechung und Aussetzung des Verfahrens als offenbar unbillig erscheinen lassen.

Bejaht das Gericht diese Frage, so hat es, soferne die allgemeinen Voraussetzungen der Zivilprozeßordnung gegeben sind, Versäumnisurteil gegen den Kriegsteilnehmer ergehen zu lassen. Verneint das Gericht die Frage, so ist der Antrag auf Erlassung eines Versäumnisurteils in Anwendung des § 335 Ziff. 2 ZPO. durch Beschluß zurückzuweisen.

5. Bek. über die freiwillige Gerichtsbarkeit von Heer und Marine.

Vom 14. Januar 1915.

(RGBl. S. 18 Nr. 4608).

Der Bundesrat hat auf Grund des § 3 des Gesetzes über die Ermächtigung des Bundesrats zu wirtschaftlichen Maßnahmen usw. vom 4. August 1914 (Reichs-Gesetzbl. S. 327) folgende Verordnung erlassen:

§ 1.

Die §§ 1 bis 4, 6, 7 des Gesetzes, betreffend die freiwillige Gerichtsbarkeit und andere Rechtsangelegenheiten in Heer und Marine, vom 28. Mai 1901 (Reichs-Gesetzbl. S. 185) finden auf die Kaiserliche Marine entsprechende Anwendung.

Die Vorschriften des § 184 des Gesetzes über die Angelegenheiten der freiwilligen Gerichtsbarkeit vom 17. Mai 1898 (Reichs-Gesetzbl. S. 771) und des § 5 des Gesetzes, betreffend die freiwillige Gerichtsbarkeit und andere Rechtsangelegenheiten in Heer und Marine, vom 28. Mai 1901 (Reichs-Gesetzbl. S. 185) bleiben unberührt.

Der § 1 des erwähnten Gesetzes vom 28. Mai 1901 überträgt den Kriegsgerichts- und Oberkriegsgerichtsräten für die „im Felde" (d. i. nach § 5 EG. MilStGO. bei mobilen Heeresteilen oder bei der nicht mobilen Besatzung eines vom Feinde bedrohten festen Platzes) befindlichen Militär- und sonstigen auf Grund irgendeines Dienst- oder Vertragsverhältnisses bei dem kriegsführenden Heere sich aufhaltenden Personen (wie sie näher in § 1 Nr. 1, 6, 7, 8 MilStGO. aufgeführt sind), die gerichtliche Beurkundung von Rechtsgeschäften aller Art, die öffentliche Beglaubigung von Unterschriften und Handzeichen (§ 167 FGG.), sowie die Entgegennahme von eidesstattlichen Versicherungen und die Aufnahme von Urkunden über Tatsachen (außerdem die Erledigung von Ersuchen um Rechtshilfe). §§ 2 und 3 jenes Gesetzes regeln das Verfahren. § 4 bestimmt, daß Beschwerden im Aufsichtsweg zu erledigen sind. §§ 6 und 7 betreffen die Sicherung des privaten und amt-

[1]) Alle Feldjustizbeamten, Kriegsgerichts- und Oberkriegsgerichtsräte sind in gleicher Weise für alle unter das Gesetz fallenden Personen zuständig, ohne Rücksicht auf deren Zugehörigkeit zu einem bestimmten Befehlsverband. Verstöße gegen eine etwa angeordnete Geschäftsverteilung bleiben daher auf die Rechtsgültigkeit des Aktes ohne Einfluß. Schlayer, DJZ. 1914 S. 1246.

lichen Nachlasses. (Vgl. hierzu Schlayer, DJZ. 1914 S. 1245 ff.)

Nach § 5 des Gesetzes vom 28. Mai 1901 finden nur die §§ 1—4 auf die Kaiserliche Marine Anwendung, aber nur „solange das Schiff sich außerhalb eines inländischen Hafens befindet".

Auf Grund des § 1 der Bekanntmachung vom 14. Jan. 1915 finden nunmehr auch die §§ 6 und 7 des erwähnten Gesetzes auf die Marine Anwendung und weiterhin alle Bestimmungen des Gesetzes auch auf „alle Schiffe", solange sie sich im Kriegszustand befinden (§ 6 Ziff. 2 EG. MilStGO.).

§ 2.

Der § 44 des Reichsmilitärgesetzes findet auf die Kaiserliche Marine auch außer den Fällen des Artikel 44 des Einführungsgesetzes zum Bürgerlichen Gesetzbuch vom 18. August 1896 (Reichs-Gesetzbl. S. 604) entsprechende Anwendung.

Für die Personen, die sich an Bord eines Schiffes oder Fahrzeugs der Kaiserlichen Marine befinden, beginnt die Befugnis, privilegierte militärische letztwillige Verfügungen zu errichten mit der Einschiffung; die Frist, mit deren Ablauf die Verfügungen ihre Gültigkeit verlieren, beginnt mit der Ausschiffung.

Nach Art. 44 EG. BGB. können die privilegierten militärischen letztwilligen Verfügungen des § 44 RMilG. nur von der Besatzung von Schiffen, die sich außerhalb eines inländischen Hafens befinden, und von Kriegsgefangenen und Geiseln errichtet werden. Die Beschränkung beseitigt der § 2. (Näheres über Militär- und Marinetestament vgl. Lewis, DJZ. 1914 S. 1064 ff.)

§ 3.

Für die öffentliche Beglaubigung der Unterschrift einer der im § 1 Nr. 1, 6, 7, 8 der Militärstrafgerichtsordnung vom 1. Dezember 1898 bezeichneten Personen sind im Felde außer den Kriegsgerichtsräten und den Oberkriegsgerichtsräten (§ 1 des Gesetzes, betreffend die freiwillige Gerichtsbarkeit und andere Rechtsangelegenheiten in Heer und Marine) auch die militärischen Disziplinarvorgesetzten oder die vorgesetzten Beamten sowie die Gerichtsoffiziere zuständig.

Die Bestimmung dehnt für einen Teil der freiwilligen Gerichtsbarkeit, nämlich für öffentliche Beglaubigungen von Unterschriften im Feld die Zuständigkeit (vgl. Anm. zu § 1) auf die im allgemeinen für jeden Kriegsteilnehmer ohne Schwierigkeit erreichbaren militärischen Disziplinarvorgesetzten, vor allem auf die Kompagnie-, Eskadron- und Batterieführer, sowie die Chefärzte der größeren Lazarette aus; daneben erklärt sie aus praktischen Gründen die Gerichtsoffiziere für zuständig.

§ 4.

Für die öffentliche Beglaubigung einer Unterschrift gemäß § 3 dieser Verordnung gelten die Vorschriften des § 183 des Gesetzes über die Angelegenheiten der freiwilligen Gerichtsbarkeit entsprechend; die Gültigkeit der im Felde erfolgten öffentlichen Beglaubigung einer Unterschrift wird nicht berührt, wenn der Beglaubigungsvermerk den Vorschriften des § 183 Abs. 2 des Gesetzes nicht entspricht.

Die Beglaubigung darf demnach nur erfolgen, wenn die Unterschrift in Gegenwart der beglaubigenden Person vollzogen oder anerkannt wird. Die Beglaubigung geschieht — nach § 183 Abs. 2 FGG. — durch einen unter die Unterschrift zu setzenden Vermerk. Der Vermerk muß die Bezeichnung desjenigen, welcher die Unterschrift vollzogen oder anerkannt hat, enthalten und den Ort und den Tag der Ausstellung angeben sowie mit Unterschrift und Siegel oder Stempel versehen sein.

Da diese Formvorschriften voraussichtlich häufig aus Rechtsunkenntnis nicht beachtet werden dürften oder auch nicht beachtet werden können (es ist kein Siegel oder Stempel da, der Ort der Ausstellung darf aus militärischen Gründen nicht angegeben werden), bestimmt der Satz 2 des § 4, daß derartige Formverletzungen die Rechtsgültigkeit der Beglaubigung nicht berühren.

§ 5.

Für die öffentliche Beglaubigung einer Unterschrift im Felde dürfen Stempelabgaben nicht erhoben werden.

Die Bestimmung bringt eine Verbilligung und weitere Erleichterung des Verfahrens.

§ 6.

Diese Verordnung tritt mit dem Tage ihrer Verkündung in Kraft. Den Zeitpunkt des Außerkrafttretens bestimmt der Reichskanzler.

Ist eine Urkunde nach dem 1. August 1914 von einem Beamten oder einem Offizier aufgenommen worden, der nach den Vorschriften dieser Verordnung hierzu befugt gewesen wäre, so gilt sie als von einem zuständigen Beamten oder Offizier im Felde aufgenommen.

Der § 2 dieser Verordnung gilt für alle nach dem 1. August 1914 errichteten letztwilligen Verfügungen, bei deren Errichtung seine Voraussetzungen vorlagen.

Der § 4 dieser Verordnung gilt für alle nach dem 1. August 1914 im Felde erfolgten öffentlichen Beglaubigungen von Unterschriften.

Dieser Paragraph ordnet die rückwirkende Kraft der ganzen Bekanntmachung an.

B. Allgemeine Bestimmungen auf dem Gebiete des bürgerlichen, des Zivilprozeß- und des Konkursrechtes.

---

6. Bek. über die gerichtliche Bewilligung von Zahlungsfristen.

Vom 7. August 1914.

(RGBl. S. 359 ff. Nr. 4456).

Vorbemerkung.

Für Deutschland ist kein Moratorium erlassen worden, weder ein allgemeines noch ein auf gewisse Verbindlichkeiten, z. B. Wechselschulden, Mietzinsschulden, beschränktes. Der Schuldner ist demnach nicht befugt, ohne weiteres die Erfüllung einer fälligen Verbindlichkeit mit Rücksicht auf den Kriegszustand zu verweigern. Dagegen ist durch die Verordnung des Bundesrates vom 7. August 1914 (RGBl. 1914 S. 359) betreffend die gerichtliche Bewilligung von Zahlungsfristen die Möglichkeit eines gerichtlichen Zahlungsaufschubes geschaffen worden. (BayJMBl. 1914 S. 149; vgl. auch Denkschrift über wirtschaftliche Maßnahmen aus Anlaß des Krieges vom 23. November 1914 — Reichstags-Druckf. 13. Leg.-Per., II. Session 1914 Nr. 26 S. 13.)

Der Bundesrat hat auf Grund des § 3 des Gesetzes über die Ermächtigung des Bundesrats zu wirtschaftlichen Maßnahmen und über die Verlängerung der Fristen des Wechsel- und Scheckrechts im Falle kriegerischer Ereignisse vom 4. August 1914 (Reichs-Gesetzbl. S. 327) folgende Verordnung erlassen:

§ 1.

In bürgerlichen Rechtsstreitigkeiten, die bei den ordentlichen Gerichten anhängig sind oder anhängig werden, kann das Prozeßgericht auf Antrag des Beklagten eine mit der Verkündung des Urteils beginnende Zahlungsfrist von längstens drei Monaten in dem Urteile bestimmen. Die Bestimmung ist zulässig, wenn die Lage des Beklagten sie rechtfertigt und die Zahlungsfrist dem Kläger nicht einen unverhältnismäßigen Nachteil bringt. Sie kann für den Gesamtbetrag oder einen Teilbetrag der Forderung erfolgen und von der Leistung einer nach freiem Ermessen des Gerichts zu bestimmenden Sicherheit abhängig gemacht werden.

Der Antrag ist nur zulässig, wenn Gegenstand des Rechtsstreits eine vor dem 31. Juli 1914 entstandene Geldforderung ist. Die tatsächlichen Behauptungen, die den Antrag begründen, sind glaubhaft zu machen.

Der Zinsenlauf wird durch die Bestimmung der Zahlungsfrist nicht berührt.

I. Anwendungsgebiet.

A. Personen.

Die Bekanntmachung enthält keinerlei Beschränkungen bezüglich der Personen, auf die sie Anwendung findet. Als prozeßrechtliche Norm (vgl. nachfolgende Anmerkung VI) kann sie deshalb von jedem, der vor einem deutschen Gericht als Beklagter erscheint, geltend gemacht werden, insbesondere also ebensogut von juristischen wie von natürlichen Personen, von Kriegsteilnehmern (a. M. Holländer in JW. 1914 S. 972), wie von Nichtkriegsteilnehmern. Grundsätzlich kommt es auch auf die Staatsangehörigkeit und auf den Wohnsitz des Beklagten nicht an. Deshalb kann auch Angehörigen fremder und sogar feindlicher Staaten eine Zahlungsfrist bewilligt werden. Wiedervergeltung zu üben (so Hirsch in JW. 1914 S. 1003), ist Sache des Bundesrates (§ 3 des ErmG. vom 4. August 1914, § 24 EG. ZPO.), nicht der Gerichte. (Vgl. RG. vom 26. Okt. 1914 in DJZ. 1914 S. 1386 = LZ. 1915 S. 43; Gaupp-Stein Vorb. VII 2 vor § 1 ZPO.; Harder in JW. 1914 S. 1135, aber auch Horrwitz DJZ. 1914 S. 1334 ff.) Doch sind Staatsangehörigkeit und Wohnsitz insoferne von Bedeutung, als die wirtschaftliche Notlage des Beklagten mit der infolge des Krieges **in Deutschland** entstandenen allgemeinen Verschlechterung der Wirtschaftslage in ursächlichem Zusammenhang stehen muß; auch wird der dem Kläger erwachsene Nachteil eher als „unverhältnismäßig" anzusehen sein, wenn eine Vergünstigung für den Angehörigen eines fremden oder gar feindlichen Staates oder für eine im Ausland lebende Person geschaffen werden soll. Allzustrenge Anwendung insbesondere gegen Angehörige befreundeter und neutraler Staaten kann allerdings angesichts der in verschiedenen Ländern bestehenden Bestimmungen über Wiedervergeltung auch die Interessen inländischer Deutscher im Auslande schädigen. Im allgemeinen wie hier: Güthe, PrJMBl. 1914 S. 751 = Gruchot Bd. 59 S. 50; Sieskind S. 73 Fußnote; Harder in JW. 1914 S. 901 und S. 1135; Hirsch in JW. 1914 S. 1003; Neumeyer in DJZ. 1914 S. 1198; Unger im Recht 1914 S. 682; Reichel im Recht 1914 S. 590; Hachenburg, LZ. 1914 S. 1602; Hahnemann, NachrDAV. 1914 S. 129 Ziff. 8; Jaritz, JW. 1915 S. 61; OLG. Hamburg vom 21. Nov. 1914 in JW. 1915 S. 55/56; a. M. Holländer in JW. 1914 S. 971 (nur für Österreicher, Ungarn und ständig in

Deutschland wohnende Fremde); Levis im Recht 1914 S. 593 (nicht für im Ausland Wohnende); OLG. Dresden vom 22. Okt. 1914 in JW. 1914 S. 1044 = DJZ. 1914 S. 1391 = Recht 1914 S. 705 (738) (Angehörige fremder Staaten nicht; das Urteil erging laut DRAZ. 1914 S. 211 gegen einen russischen Staatsangehörigen).

Fristgewährung für ein Nachlaßvermögen vgl. OLG. Nürnberg vom 29. Okt. 1914 im Recht 1914 S. 739.

B. Sachliche Voraussetzungen.

a) Zahlungsfristen können nur von **ordentlichen Gerichten** bewilligt werden. Dies sind nach § 12 GVG. Amtsgerichte, Landgerichte, Oberlandesgerichte und das Reichsgericht, ferner nach §§ 8, 10 EG. GVG. und Art. 42 BayAG. ZPO. das Bayer. Oberste Landesgericht. Es scheiden demnach aus die in § 14 GVG. erwähnten Sondergerichte, insbesondere Gewerbegerichte (RG. vom 29. Juli 1890/29. Sept. 1901), ferner die Kaufmannsgerichte (RG. vom 6. Juli 1904); Innungs- und Innungsschiedsgerichte (§§ 81 b Ziff. 4, 91, 92 b GewO.); das Landgericht als Berufungsinstanz für die Urteile der Gewerbegerichte (§ 55 GewGG.) und der Kaufmannsgerichte (§ 16 KaufmGG.) ist ordentliches Gericht, weil eben in der zweiten Instanz die Schranke für die Ausübung der Gerichtsbarkeit durch die ordentlichen Gerichte wegfällt. (Gaupp-Stein 10. Aufl. Vorbem. IV vor § 1 ZPO.) Schiedsgerichte (§§ 1025 ff. ZPO.) können keine Zahlungsfrist bewilligen, denn ihre negative Seite besteht gerade in der Ausschaltung der ordentlichen Gerichte. Ebenso: Sieskind S. 74 Note 2; Güthe, PrJMBl. S. 753 = Gruchot Bd. 59 S. 54 (vgl. aber nachfolgende Anmerkung b I); Unger im Recht 1914 S. 719.

b) Die Bewilligung der Zahlungsfrist kann in **allen bürgerlichen Rechtsstreitigkeiten** erfolgen, die zur Zeit des Inkrafttretens der Bekanntmachung noch anhängig waren, oder nachher anhängig wurden und werden. Voraussetzung ist nur, daß das Verfahren mit einem Urteil abschließt und auf Zahlung einer Geldsumme gerichtet ist. Diese Einschränkung ergibt sich schon aus dem Wortlaut der Bestimmung. Im übrigen kommt es auf die Art des Verfahrens nicht an. Die Fristbewilligung kann daher sowohl im ordentlichen Verfahren (einschließlich des Läuterungsverfahrens §§ 462, 477 ZPO.) wie auch im Urkunden- und Wechselprozeß (§§ 952 ff. ZPO.), im Nichtigkeits- und im Restitutionsverfahren (§§ 578 ff. ZPO.), endlich auch im Mahnverfahren, wenn dieses durch Widerspruch ins ordentliche Verfahren übergeleitet ist, erfolgen. Dagegen kann im Vollstreckungsbefehl eine Fristgewährung nicht erfolgen (vgl. Güthe, PrJMBl. 1914 S. 763 = Gruchot Bd. 59 S. 54; Sieskind a. a. O. S. 74 Note 1), es sei denn, daß der Gläubiger sich damit einverstanden erklärt (was einer Beschränkung des Gesuches des Gläubigers gleichzuerachten ist); so Burkhardt, LZ. 1915 S. 27; a. M. Unger im Recht 1914 S. 720/21 (der auch Fristgewährung im Vollstreckungsbefehl unbeschränkt zuläßt). Das **Kostenfestsetzungsverfahren** (§ 102 ZPO.) scheidet aus; ebenso das **Arrestverfahren**, da sein Gegenstand nie Zahlung einer Geldforderung ist, sondern nur Sicherung. Im Verfahren auf Erlaß einer **einstweiligen Verfügung** ist, soweit ein Urteil ergeht (§§ 936, 937 Abs. 2, 922 Abs. 1, 925 Abs. 1 ZPO.) und soweit Zahlung einer Geldforderung in Frage steht, Fristgewährung grundsätzlich nicht ausgeschlossen. A. M. Güthe, PrJMBl. S. 764 = Gruchot Bd. 59 S. 54 (dagegen Gaupp-Stein Vorbem. I 1 vor § 916 ZPO. und Stein, JW. 1914 S. 805); ferner Unger im Recht 1914 S. 720 (vgl. dagegen z. B. den Anspruch auf Kostenvorschuß im Ehescheidungsprozeß).

Unzulässig ist die Fristbewilligung für öffentlich-rechtliche Forderungen, soweit diese nicht im Wege des bürgerlichen Rechtsstreites geltend gemacht werden können. (Anders in § 5 KTSchG. vom 4. Aug. 1914.) Es scheiden deshalb aus insbesondere Steuern, Gebührenforderungen der Gerichte und anderer Behörden.[1]) (Güthe, PrJMBl. 1914 S. 762 = Gruchot Bd. 59

[1]) Durch allgemeine Verfügung v. 5. Aug. 1914 hat aber der preuß. Justizminister (JMBl. 1914 S. 660) angeordnet, daß bei der Einziehung

S. 52; Sieskind S. 78; Sintenis a. a. O. Anm. 1 zu § 1; BayJMBl. S. 683.)

Über **Kostenerstattungsansprüche** vgl. nachfolgende Anm. I B d 4.

c) Gegenstand des Rechtsstreites muß eine **Geldforderung** sein, das heißt das Ziel des Rechtsstreites muß ein auf die Zahlung einer bestimmten Geldsumme lautendes Urteil sein. Unerheblich ist, ob die Geldsumme in deutscher oder fremder Währung ausgedrückt ist (vgl. § 244 BGB.) — so Sieskind S. 77 Note 13; Levis im Recht 1914 S. 591; a. M. Harder in JW. 1914 S. 901; Unger im Recht 1914 S. 684 —; ferner ob die Zahlung an den Kläger oder an einen Dritten z. B. an eine Hinterlegungsstelle zu erfolgen hat. Gleichgültig ist endlich auch der Rechtsgrund der Forderung. Es gehören deshalb auch dingliche, familien- und erbrechtliche Ansprüche auf Geldleistung hierher und auch Geldforderungen, die aus anders gearteten Forderungen z. B. aus Lieferungs- oder Warenforderungen entstanden sind. Demnach gehören hierher insbesondere auch Hypothekenforderungen, Grundschulden, Rentenschulden,[1]) Reallasten, die auf Zahlung einer Geldsumme gerichtet sind, Wechselforderungen, Schadensersatzforderungen wegen Nichtlieferung von Waren. Näheres vgl. nachfolgende Anm. d 3. Grundsätzlich ist die Fristgewährung auch für (familienrechtliche) Unterhaltsansprüche nicht ausgeschlossen. (LG. Hamburg vom 30. Okt. 1914, Recht 1914 S. 741; Bendix, JW. 1914 S. 1001; näheres vgl. Unger, Recht 1914 S. 686/687.) Weiter kann die Frist aber auch bewilligt werden:

1. Im Rechtsstreit, der auf **Duldung** der **Zwangsvollstreckung** (§§ 737, 739, 743, 745, 748 ZPO.) wegen einer Geldforderung gerichtet ist; denn rechtlich wird

---

von Kosten und anderen dem Staate gebührenden Geldbeträgen Personen gegenüber, die infolge des gegenwärtigen Kriegszustandes in bedrängte Lage gekommen sind, mit Schonung vorzugehen ist und daß etwaigen Stundungsgesuchen im Bedarfsfalle zu entsprechen ist. (Abgedruckt bei Sieskind a. a. O. S. 127).

[1]) Vgl. hiezu nun noch die Bundesrats-Bek. v. 22. Dez. 1914 RGBl. S. 543 Nr. 4590, unten S. 148.

in diesen Fällen der Duldungsbeklagte verurteilt, aus dem seiner Verwaltung unterliegenden Gegenstand der Haftung den Kläger zu bezahlen. (Vgl. RG. Bd. 50 S. 53; RG. in JW. 1909 S. 321 Nr. 23; Gaupp-Stein 10. Aufl. Anm. III 2 zu § 592; a. M. Staudinger 7./8. Aufl. Anm. 7a zu § 1411; Planck 3. Aufl. Anm. 9 zu § 1411 BGB.; Planck 4. Aufl. Vorbem. III in Bd. 2 S. 33; ferner Erlanger im Recht 1915 S. 67.)

2. Im Rechtsstreit über die **Zulässigkeit der Zwangsvollstreckung** aus einem ausländischen Urteil (§ 722 ZPO.), aus einem Schiedsgerichtsurteil (§ 1042 ZPO.) und über die Erteilung der Vollstreckungsklausel für oder gegen den Rechtsnachfolger (§ 731 ZPO.). Denn wenn auch in diesen Fällen der materielle Anspruch nur mittelbarer Prozeßgegenstand ist, so ist doch das wirtschaftliche Ziel die Beitreibung einer Geldsumme. (Vgl. RG. in JW. 1903 S. 178 Nr. 17.) Auch werden in diesen Verfahren sonstige Einwendungen sogar gegen den materiellen Anspruch zugelassen. (Vgl. Gaupp-Stein 10. Aufl. Note 1 zu § 723; Unger im Recht 1914 S. 682, 684/685; a. M. Harder, JW. 1914 S. 902.)

3. In Rechtsstreitigkeiten, deren Gegenstand eine **Anfechtung** wegen **Gläubigerbenachteiligung** bildet (§ 37 KO., § 7 AnfG.), wenn die anfechtbare Zuwendung in einer Geldsumme bestand, oder wenn die Rückgewähr des veräußerten Gegenstandes in Natur ausgeschlossen ist. (Vgl. hierzu Jaeger 3./4. Aufl. Anm. 13, 16 und 24 zu § 37 KO.; Jaeger Anm. 4, 16 ff., 30 zu § 7 AnfG.; Unger, Recht 1914 S. 682.)

Unerheblich ist, ob für das den Gegenstand des Rechtsstreites bildende Rechtsverhältnis ausländisches Recht maßgebend ist. (Unger, Recht 1914 S. 682; Erlanger, JW. 1915 S. 71.) **Dagegen** scheiden aus Rechtsstreitigkeiten, in welchen Ansprüche auf Lieferung oder Herausgabe bestimmter Sachen (auch bestimmter Geldstücke oder Sorten), auf Abgabe von Willenserklärungen, auf sonstige Handlungen und Unterlassungen gerichtet sind; endlich selbstverständlich alle Streitigkeiten nicht vermögensrechtlicher Natur. (Vgl. Anm. zu § 2 Bundesratsbekanntmachung vom 14. Jan. 1915 Nr. 4607, oben S. 84.)

d) Die Geldforderung muß vor dem 31. Juli 1914 entstanden sein:

1. Vor dem 31. Juli[1]) ist eine Geldforderung dann entstanden, wenn der den Rechtsgrund der Forderung bildende historische Vorgang vor diesem Zeitpunkt liegt; wenn also das Schuldverhältnis, aus dem die Forderung entstanden ist, vor dem 31. Juli 1914 begründet wurde. Wenn jemand vor diesem Zeitpunkt eine Verpflichtung übernommen hat, konnte er nicht mit der durch den Krieg verursachten Umwälzung der wirtschaftlichen Verhältnisse und dem Einfluß dieser Umwälzung auf seine eigenen Vermögens- und Einkommensverhältnisse rechnen. Ihm soll daher durch die Verordnung im Bedarfsfalle Zeit und Möglichkeit gegeben werden, sich den neuen Verhältnissen anzupassen.[2])

Unerheblich ist deshalb, ob die Forderung vor oder nach dem 31. Juli 1914 **fällig** geworden ist und ob eine **aufschiebende Bedingung** nach diesem Zeitpunkt eingetreten ist. (Sieskind S. 78; Sintenis S. 71 Anm. 3; Bendix S. 41; Güthe, PrJMBl. 1914

---

[1]) Maßgebend ist der Beginn des 31. Juli 1914 (a. M. Unger, Recht 1914 S. 685) und zwar nach mitteleuropäischer Zeit. (So Harder, JW. 1914 S. 601.

[2]) Der in der Bundesratsbekanntmachung gebrauchte Ausdruck „vor dem 31. Juli 1914 entstandene Geldforderung" ist ungenau; denn das Wort Forderung wird regelmäßig als mehr oder minder gleichbedeutend mit „Einzelanspruch" gebraucht. Vgl. z. B. Art. 170 EG. BGB.; auch Staudinger, Vorbem. I 3 zu § 241; Planck, Bd. 1 Vorbem. VII S. 52. Dieser Einzelanspruch entsteht aber in vielen Fällen nicht schon mit dem die Bindung des Schuldners herbeiführenden Ereignisse (Vertragsabschluß), sondern erst durch Hinzutretung weiterer Umstände; so entsteht der Anspruch auf Werklohn regelmäßig erst mit völliger Fertigstellung des Werkes (RG. in JW. 1911 S. 770 Nr. 86); die Ansprüche auf die einzelnen Mietzinsraten (OLG. München, BayZfR. 1909 S. 173) Versicherungsprämien, Kapitalzinsraten, auf Dienstlohn, entstehen jeweils neu als Entgelt für die vom Bezugsberechtigten für die einzelnen Ver-

S. 753 = Gruchot Bd. 59 S. 52; BayJMBek. vom 16. Aug. 1914 JMBl. S. 150; BerlAnwVer., JW. 1914 S. 794; Goldmann, JW. 1914 S. 811; Kaufmann, JW. 1914 S. 812; Asch, JW. 1914 S. 854; Kipp, DJZ. 1914 S. 1028; Freiesleben, JW. 1914 S. 1155; Hachenburg, LZ. 1914 S. 1601; Levis, Recht 1914 S. 591; Unger, Recht 1914 S. 685; Bovensiepen, DRZ. 1914 S. 782; Hahn, Gesetz und Recht S. 559; Hallbauer, SächsArchfRechtspfl. 1914 S. 338; a. M. nur Kahn, JW. 1914 S. 809 [der sie aber a. gl. O. S. 862 aufgegeben hat], sowie Glaser, Einfluß des Krieges auf Privatrechtsverhältnisse S. 14.)

Weiterhin wird eine Forderung auch dann als vor dem 31. Juli entstanden zu gelten haben, wenn der Schuldner vor diesem Zeitpunkt gebunden war, mag auch die Begründung des Schuldverhältnisses, sei es durch Annahme eines widerruflichen Vertrages, sei es durch Erteilung einer vom Gläubiger vorbehaltenen Genehmigung begründet worden sein. (So: Sieskind, Güthe, Freiesleben, Levis, Unger a. a. O.)

2. Die Fristbewilligung ist demnach im **einzelnen zulässig** bei Kaufpreisforderungen, Miet- und Pachtzinsraten,[1] Kapitalzinsen,[1] Dienstlöhnen, Versicherungsprämien, Leibrenten (RG. Bd. 67 S. 211), auch soweit diese nach dem 31. Juli 1914 fällig geworden sind, soferne nur die maßgebenden Verträge vor diesem

---

tragsperioden zu gewährende Leistung (vgl. Kahn, JW. 1914 S. 808/809; ferner Jaeger, Anm. 18 und 19 zu § 3, Anm. 6 und 7 zu § 55 KO.). Immerhin ist dies nicht die allein mögliche Bedeutung des Wortes „Forderung“, das vielmehr ebenso wie die Ausdrücke „Ansprüche“, „Schuld“, „Schuldverhältnis“ doppelsinnig ist. (Planck, 4. Aufl., Vorbem. I 2c vor § 241 BGB.). Es ist auch möglich, mit „Forderung“ das ganze Schuldverhältnis von der Seite des Gläubigers aus betrachtet, zu bezeichnen. (Vgl. Crome, System Deutsch. Bürg. R. Bd. 2 § 188 S. 2). Der Wortlaut der Bekanntmachung steht deshalb der im Text gegebenen, durch den Zweck der Bestimmung gebotenen ausdehnenden Auslegung nicht entgegen. Vgl. Goldmann, JW. 1914 S. 811; Kahn a. gl. O. S. 861.

[1]) Vgl. nunmehr auch die Bundesrats-Bek. v. 15. Dez. 1914, Einigungsämter betr., RGBl. S. 511 Nr. 4572 unten S. 151.

Zeitpunkt abgeschlossen wurden. **Unerheblich** ist, ob der Schuldner das Entstehen der eingeklagten Forderung durch Auflösung (Kündigung) nach dem 31. Juli 1914 verhindern konnte, da der Wortlaut des Gesetzes für eine derartige Einschränkung keine Stütze bietet. (Sieskind S. 78; Güthe, PrJMBl. 1914 S. 753 = Gruchot Bd. 59 S. 53/54; auch Mietzinsforderungen aus einem nach Ablauf der ursprünglichen Vertragsdauer mangels Kündigung auf Grund Vertrages oder auf Grund des § 568 BGB. stillschweigend nach dem 31. Juli 1914 fortgesetzten Mietverhältnisses sind vor dem 31. Juli 1914 entstanden, da durch die stillschweigende Fortsetzung des Mietverhältnisses kein neuer Vertrag begründet wird. (Niendorff, Mietrecht S. 344; Staudinger Anm. II zu § 568 BGB.; Spiller, DJZ. 1915 S. 100; a. M. Mittelstein, DJZ. 1915 S. 195 für den Fall des § 568 BGB.; ferner RG. vom 24. Nov. 1914 JW. 1915 S. 193 für den Fall der Verlängerung des Mietverhältnisses auf Grund einer Klausel in dem alten Mietvertrag.)

Ausgleichungs- und Rückgriffsansprüche von Mitschuldnern und Bürgen (§§ 426 Abs. 2, 774, 2058 BGB.) entstehen als bedingte schon mit der Begründung des Gesamtschuldverhältnisses bzw. mit dem Abschluß des Bürgschaftsvertrages; Fristgewährung ist deshalb auch dann zulässig, wenn die Befriedigung des Gläubigers durch den Mitschuldner bzw. den Bürgen erst nach dem 31. Juli 1914 erfolgt.

Ansprüche aus **Wechseln** gegen den Akzeptanten, sowie die Rückgriffsansprüche gegen Indossanten, Aussteller oder Wechselbürgen sind — ohne Rücksicht auf den Tag der Fälligkeit des Wechsels — dann als betagte bzw. durch Nichteinlösung und Protest bedingte, vor dem 31. Juli 1914 entstanden, wenn die Zahlungs- bzw. Regreßpflicht begründende Tatsache der Akzeptierung, Indossierung, Ausstellung oder Wechselverbürgung vor diesem Zeitpunkt stattfand. Anderenfalls ist eine Fristgewährung nicht zulässig, auch wenn die dem Wechsel zugrunde liegende Forderung vor diesem Zeitpunkt entstanden ist. (Bendix S. 41; Unger, Recht 1914 S. 687; LG. Berlin II vom 23. Okt. 1914 KammerGBl. 1914 S. 126; a. M. Güthe, Gruchot Bd. 59 S. 53,) es sei denn, daß der Schuldner die Wechselverpflichtung auf Grund einer vor diesem Zeitpunkt getroffenen Vereinbarung übernehmen mußte. Dies trifft meist bei Prolongationswechseln zu. (Levis, Recht 1914 S. 593.) Nach dem 31. Juli 1914 abgeschlossene Schuldanerkenntnisse und Vergleiche begründen neue selbständige Forderungen und schließen deshalb Fristgewährung aus. (Unger, Recht 1914 S. 687; Erlanger, JW. 1915 S. 71; vgl. OLG. München vom 2. Okt. 1914 LZ. 1914 S. 1918 = Recht 1914 S. 738; a. M. LG. München vom 8. Dez. 1914 JW. 1915 S. 55.)

Für Forderungen auf Grund unerlaubter Handlungen oder gesetzlicher Haftung kann die Frist dann gewährt werden, wenn das schadenstiftende Ereignis vor dem 31. Juli 1914 eingetreten ist.

3. **Verwandelt** sich eine vor dem 31. Juli 1914 entstandene Nicht-Geldforderung (z. B. Anspruch auf Lieferung von Waren) vor oder nach diesem Zeitpunkt durch Verzug (§§ 283, 286 Abs. 2, 326 BGB.) oder Unmöglichkeit der Erfüllung (§§ 280, 281, 323, 325 BGB.) in eine Geldforderung, so kann auch für die Bezahlung dieser Geldforderung Frist gewährt werden; denn einerseits ist die Ersatzverbindlichkeit schon gesetzlich bedingt in der ursprünglichen, vor dem 31. Juli 1914 entstandenen Forderung enthalten, also keine neue Forderung (vgl. Planck 4. Aufl. Vorbem. I 2 c vor § 241 BGB.), andererseits verlangt die Bekanntmachung nur, daß zur Zeit des Rechtsstreites — genauer zur Zeit der Urteilsfällung — eine Geldforderung vorliegt. Sintenis Anm. 1 S. 71; Güthe, PrJMBl. 1914 S. 753 = Gruchot Bd. 59 S. 52/53; Erl. d. Pr. Hand.-Min. vom 11. Juli 1914 PrJMBl. 1914 S. 677 (abge-

druckt bei Sieskind S. 129); BayJMBek. vom 16. Aug. 1914 BayJMBl. 1914 S. 149; Reichstagsdenkschr. vom 23. Nov. 1914 S. 15; Striemer, JW. 1914 S. 852; Kipp, DJZ. 1914 S. 1027; Levis, Recht 1914 S. 591; Bovensiepen, DRZ. 1914 S. 782; a. M. Sieskind S. 77; Kahn, JW. 1914 S. 808; Kaufmann, JW. 1914 S. 812; Hachenburg, LZ. 1914 S. 1601; Unger, Recht 1914 S. 686; Hallbauer, SächsArchfR. 1914 S. 385.

4. Da der Entstehungsgrund für die Hauptforderung zugleich die Grundlage für die Entstehung von **Nebenforderungen** wie Zinsen, Verzugsschäden bildet, so ist für diese Nebenforderungen die Fristgewährung immer dann zulässig, wenn sie für die Hauptforderung zulässig ist. (Sieskind S. 78; Güthe, PrJMBl. 1914 S. 753 = Gruchot Bd. 59 S. 53.)

Der Anspruch auf Ersatz der Prozeßkosten hat seine Grundlage lediglich im Prozeßverhältnis und entsteht mit dem Prozeß als bedingter, bedingt durch die Zuerkennung im Urteil. (RG. Bd. 52 S. 332; ähnlich Hellwig, System des deutsch. Ziv.-Prozeßrechts S. 750; Gaupp-Stein Vorbem. II 4 vor § 91 ZPO.) Eine Fristgewährung ist deshalb nur für die Kosten der nach dem 31. Juli 1914 vorgenommenen gebührenpflichtigen Handlungen möglich, insoweit aber ohne Rücksicht auf den Gegenstand des Rechtsstreits. Sieskind S. 77; ähnlich Unger, Recht 1914 S. 687 (der diejenigen Kosten ausnimmt, die weder durch Anerkenntnis noch durch Klagsrücknahme vermieden werden könnten); a. M. Güthe, PrJMBl. 1914 S. 755 = Gruchot Bd. 59 S. 58; Bendix, JW. 1914 S. 964; Harder, JW. 1914 S. 1046; Bovensiepen, DRZ. 1914 S. 784; Pfeiffer, DRAZ. 1915 S. 32 (welche eine Nebenforderung als vorliegend annehmen, aber auf jeden Fall besonderen Ausspruch über Fristgewährung verlangen).

e) Die Bestimmung der Zahlungsfrist ist nur dann zulässig, wenn **die Lage des Beklagten** sie rechtfertigt und die Zahlungsfrist dem Kläger nicht einen unverhältnismäßigen Nachteil bringt. Ob eine Zahlungsfrist zu gewähren ist, hat das Gericht nach freiem Ermessen zu beurteilen. Gleichwohl macht diese Befugnis zur Fristgewährung dem Richter die Bewilligung zur Pflicht, wenn die Voraussetzungen hiefür gegeben sind. (Unger, Recht 1914 S. 683 und 721.) Die BayVollzBek. vom 14. Aug. 1914 BayJMBl. 1914 S. 154 bemerkt hierzu: „Der Richter muß hiebei bestrebt sein, die Interessen der Gläubiger und der Schuldner in billiger Weise gegeneinander abzugleichen. Der Zahlungsaufschub soll nur dort eintreten, wo er nötig ist und wo auch die Rücksicht auf den Gläubiger ihn gestattet. Handelt es sich um kleine Leute, denen z. B. weil ein Angehöriger im Felde ist, die Bezahlung des Mietzinses oder die Entrichtung einer Abzahlungsrate schwer fällt, so wird der Richter in der Regel unbedenklich die Rücksicht auf den Schuldner in den Vordergrund stellen dürfen. Bei Lohnforderungen wird die Rücksicht auf den Gläubiger die Bewilligung von Zahlungsfristen wohl fast ausnahmslos verbieten. Der Richter muß auch bedenken, daß der Gläubiger, namentlich ein Kaufmann, seinerseits wiederum Verpflichtungen hat, denen er gerecht werden muß und denen er nicht gerecht werden kann, wenn ihm seine Schuldner in nicht gerechtfertigter Weise die fälligen Verbindlichkeiten nicht erfüllen. Der gerichtliche Zahlungsaufschub kommt in seiner Wirkung einem individuellen Moratorium gleich. Dabei ist es sehr leicht möglich, daß das Gericht dem Schuldner dem einen Gläubiger gegenüber den Zahlungsaufschub bewilligt, einem anderen Gläubiger gegenüber aber versagt."

Gegenüber dem insbesondere in der ersten Zeit von den Gerichten den Schuldnern gegenüber erwiesenen allzu großem Entgegenkommen wurde mit Recht darauf hingewiesen, daß nicht immer der Schuldner der schwächere Teil ist und daß deshalb insbesondere gegenüber böswilligen Schuldnern Vorsicht bei Gewährung der Zahlungsfrist am Platze ist. Erl. d. Pr. Hand.-M. vom 11. Aug. 1914 PrJMBl. 1914 S. 677 (abgedruckt bei Sieskind S. 129); Juliusberg, DJZ.

1914 S. 1244; Jörrissen, DRZ. S. 747; Bovensiepen, DRZ. 1914 S. 783.

1. Daß die schlechte wirtschaftliche Lage des Beklagten ausschließlich und unmittelbar durch den Krieg verursacht ist, ist nicht Voraussetzung für die Anwendung der Bestimmung; es muß jedoch — entsprechend dem Anlaß und dem Zweck der Verordnung, vgl. oben Anm. II d 1 — verlangt werden, daß der Krieg wenigstens mittelbar eine der Ursachen für seine ungünstigen Vermögensverhältnisse ist, sei es, daß sich diese durch den Krieg erst verschlechtert haben, oder daß ihm die Möglichkeit der Besserung dadurch vereitelt wurde. Güthe, PrJMBl. 1914 S. 754/755 = Gruchot Bd. 59 S. 56; BerlAnwVer., JW. 1914 S. 794; Striemer, JW. 1914 S. 852; Holländer, JW. 1914 S. 971; Unger, Recht 1914 S. 689; Bovensiepen, DRZ. 1914 S. 783; OLG. München vom 28. Sept. und 21. Okt. 1914 LZ. 1914 S. 1917 = Recht 1914 S. 738 = OLG. Bd. 30 S. 10; OLG. Nürnberg vom 11. Nov. 1914 Recht 1914 S. 739; LG. Berlin I vom 26. Aug. 1914 KGBl. S. 115; a. M. Sieskind S. 76; Hirsch, JW. 1914 S. 947; Langenbach, JW. 1914 S. 1070; OLG. Hamburg vom 9. Okt. 1914 DJZ. 1914 S. 1307 = LZ. 1914 S. 1917 = Recht 1914 S. 705 (welche annehmen, daß es sich um eine Maßnahme handelt, um allgemein während des Krieges wirtschaftlich schwächeren Schuldnern zu helfen). Daß die Lage des Schuldners die Gewährung einer Zahlungsfrist rechtfertigt, setzt voraus, daß es dem Schuldner einerseits (auch unter Inanspruchnahme von Kredit) nicht möglich ist, ohne Gefährdung seiner Existenz die eingeklagte Forderung sofort zu bezahlen (OLG. Nürnberg vom 1. Okt. 1914 Recht 1914 S. 739), daß aber andererseits begründete Aussicht besteht, daß er[1]) nach Ablauf der Frist seinen Verpflichtungen nachkommen kann; eine Fristbewilligung, die nur nutzlos die Befriedigung des Gläubigers hinausschiebt, ist unzulässig. (Sieskind S. 77; Hirsch,

---

[1]) Einem Gesamtschuldner darf nicht mit der Begründung Frist gewährt werden, daß der andere Gesamtschuldner zahlen könne (OLG. Nürnberg vom 14. Okt. 1914, Recht 1914 S. 739).

JW. 1914 S. 1004; Freiesleben, DJZ. 1914 S. 1156; Unger, Recht 1914 S. 688; Hahnemann, NachrDAV. 1914 S. 128; LG. Berlin I vom 26. Juli 1914 KammerGBl. 1914 S. 127; Beispiele s. OLG. Königsberg vom 1. Dez. 1914 Recht S. 741 und bei Unger a. a. O.)

Über den vom Schuldner zu führenden Nachweis s. unten Anm. II c!

Daß über das Vermögen des Schuldners auf Grund der Bundesratsbekanntmachung vom 8. Aug. 1914 Nr. 4459 RGBl. S. 363 (s. unten S. 178) Geschäftsaufsicht angeordnet ist, macht die Gewährung einer Zahlungsfrist weder unzulässig noch unnötig: die Geschäftsaufsicht kann auf Antrag des Schuldners wie auch auf Grund des § 10 jener Bekanntmachung jederzeit wieder aufgehoben werden (s. unten Anm. II zu § 10 S. 215) und wegen der unter § 9 Ziff. 2—4 jener Bekanntmachung (§ 9 Ziff. 1 kommt hier nicht in Betracht) fallenden Forderungen ist auch während der Geschäftsaufsicht Zwangsvollstreckung zulässig.[1]) (Sieskind S. 80, 99; Güthe, PrJMBl. 1914 S. 756 = Gruchot Bd. 59 S. 59; Kipp, DJZ. 1914 S. 1032; OLG. Braunschweig vom 25. Sept. 1914 DJZ. 1914 S. 1216.)

2. Die Fristbewilligung ist unzulässig, wenn sie dem **Gläubiger einen unverhältnismäßigen Nachteil** bringt, wenn also der dem Gläubiger durch das Ausbleiben der Leistung drohende Schaden den dem Schuldner bei Nichtbewilligung des Aufschubes erwachsenden Nachteil überwiegt: OLG. Augsburg vom 20. Okt. 1914 Recht 1914 S. 706. Schaden kann dem Gläubiger entweder dadurch entstehen, daß die Beitreibbarkeit seiner Forderung durch das Verhalten des Schuldners oder durch die Konkurrenz anderer Gläubiger gefährdet wird, oder dadurch, daß durch das längere Ausbleiben der Zahlung die Befriedigung seiner notwendigen Bedürf-

---

[1]) Wenn man der Fristbewilligung die materielle Bedeutung einer Stundung beilegt (s. hierüber unten Anm. VI S. 119), erhöht sich ihre Bedeutung für den unter Geschäftsaufsicht stehenden Schuldner; vgl. Sieskind S. 80; Kipp a. a. O.

nisse oder der ungestörte Fortbetrieb seines Geschäftes in Frage gestellt wird. (Unger, Recht 1914 S. 690.)

Über die Beweislast s. unten Anm. II c Abs. 3.

II. Das Verfahren.

a) Zuständigkeit.

Die Fristbewilligung erfolgt im Falle des § 1 durch das Prozeßgericht d. h. durch dasjenige Gericht, bei welchem der Rechtsstreit durch Erhebung der Klage anhängig geworden ist.

In der Berufungsinstanz — und zwar auch dann, wenn der Rechtsstreit nach der Revision zur neuerlichen Verhandlung zurückverwiesen ist — kann die Fristbewilligung ohne Einschränkung dann erfolgen, wenn die Klage in erster Instanz abgewiesen worden ist. Soweit der Klage in erster Instanz stattgegeben wurde, kann eine Fristbewilligung nur dann erfolgen, wenn der Beklagte Berufung eingelegt oder sich der Berufung angeschlossen hat (im Hinblick auf das Verbot der reformatio in peius des § 536 ZPO. Güthe, PrJMBl. 1914 S. 754 = Gruchot Bd. 59 S. 55.) In der Revisionsinstanz kann die Bewilligung einer Zahlungsfrist nicht erfolgen, da es sich um eine nach freiem Ermessen des Gerichtes zu treffende Entscheidung handelt, die eine dem Revisionsgericht nicht obliegende Würdigung der Tatsachen bedingt. (Levis, Recht 1914 S. 594; vgl. auch Gaupp-Stein Anm. III 3 zu § 187 ZPO.; RG., JW. 1914 S. 478 Nr. 21; a. M. Unger, Recht 1914 S. 721.)

Über Rechtsmittel vgl. im übrigen unten Anm. IV.

Ist gegen ein vorläufig vollstreckbares Urteil Einspruch oder Berufung eingelegt, so kann, solange der Rechtsstreit nicht für Urteilsfällung reif ist, nur Einstellung der Zwangsvollstreckung nach § 3 der Verordnung durch das Vollstreckungsgericht erfolgen, nicht aber kann das Prozeßgericht vor Erlaß des Urteils etwa durch Beschluß eine Frist gewähren. KammerG. vom 17. Sept. 1914 DJZ. 1914 S. 1208 = Recht 1914 S. 739; das Prozeßgericht kann dann nur noch infoweit Frist gewähren, als etwa der Beklagte zu mehr verurteilt wird, wie durch das vorläufig vollstreckbare Urteil. A. M. Levis, Recht 1914 S. 592 (das Prozeßgericht sei nicht gehindert, ohne Rücksicht auf die Entscheidung des Vollstreckungsgerichtes über die Fristgewährung zu befinden).

b) Die Fristbewilligung findet nur auf **Antrag** des Beklagten bzw. Widerbeklagten (nicht von Amts wegen) statt. Im Amtsgerichtsverfahren hat aber das Gericht den Beklagten nach § 502 ZPO. über sein Antragsrecht zu belehren. Der Antrag kann nur in der mündlichen Verhandlung gestellt werden (vgl. § 721 mit §§ 714, 716 ZPO.) und unterliegt, soweit in dem betreffenden Verfahren die Vertretung durch Anwalt geboten ist, dem Anwaltszwang, und der Bestimmung des § 297 ZPO. (vorbereitender Schriftsatz). Schriftlicher Antrag allein genügt nicht; Sieskind S. 75; Güthe, PrJMBl. 1914 S. 65 = Gruchot Bd. 59 S. 57; Berl.-AnwVer., JW. 1914 S. 793; Juliusberg, DJZ. 1914 S. 1244; Graßhoff, DJZ. 1914 S. 1376; Levis, Recht 1914 S. 595; Unger, Recht 1914 S. 717/718; Bovensiepen, DRZ. 1914 S. 787; OLG. Stuttgart vom 8. Okt. 1914 Recht 1914 S. 648; a. M. VereinZR. Tübingen Recht 1914 S. 706.

Nicht nötig ist, daß der Beklagte die eingeklagte Geldforderung anerkennt. Er kann vielmehr den Klagsanspruch in erster Linie bestreiten und Klagsabweisung beantragen und in zweiter Linie d. h. für den Fall seiner Verurteilung um Bewilligung einer Zahlungsfrist bitten. Güthe, PrJMBl. 1914 S. 754 = Gruchot Bd. 59 S. 56; Unger, Recht 1914 S. 720; Bovensiepen, DRZ. 1914 S. 784; freiwillige Stundung der Forderung durch den Gläubiger schließt die Fristgewährung nicht aus, jedoch wird das Gericht in diesen Fällen besonders sorgfältig zu prüfen haben, ob die Lage des Schuldners eine nochmalige Fristgewährung rechtfertigt. Sieskind S. 75; Güthe, PrJMBl. 1914 S. 756 = Gruchot Bd. 59 S. 59; Voß, Recht 1914 S. 746; Striemer, JW. 1914 S. 852; a. M. Levis, Recht 1914 S. 593; Bovensiepen, DRZ. 1914

S. 785 (der Richter muß die freiwillig gewährte Frist anrechnen, kann aber diese bis auf 3 Monate verlängern).

Über Verzicht auf das Recht, Fristgewährung zu verlangen, vgl. unten Anm. VI c 1.

c) Zur **Begründung** des Antrages muß der Kläger diejenigen Tatsachen vorbringen und — wenn sie vom Gegner bestritten werden — glaubhaft machen, aus welchen sich seine wirtschaftliche Notlage ergeben soll. Der allgemeine Hinweis auf den Krieg und auf die hierdurch hervorgerufene allgemeine Verschlechterung der Wirtschaftslage genügt nicht, vielmehr muß der Schuldner darlegen, inwieferne der Krieg gerade seine Einkommens- und Vermögensverhältnisse nachteilig beeinflußt hat. Sieskind S. 79; Güthe, PrJMBl. 1914 S. 756 = Gruchot Bd. 59 S. 57; Freiesleben, DJZ. 1914 S. 1155; Hachenburg, LZ. 1914 S. 1601; OLG. München in MittAGA. 1914 S. 73; OLG. Jena vom 30. Sept. 1914 DRAZ. 1914 S. 153.

Zur Glaubhaftmachung dienen alle nach § 294 ZPO. zulässigen Beweismittel. In Betracht kommen beeidigte oder unbeeidigte Aussagen von Zeugen, die zum Termin mitgebracht wurden, schriftliche Bescheinigungen, eidesstattliche Versicherungen Dritter und auch des Beklagten selbst, Auszüge aus dem kaufmännischen Büchern, Zwischenbilanzen usw., vgl. BayJM.-Bek. vom 14. Aug. 1914 BayJMBl. 1914 S. 150 Häufig wird sich die Glaubhaftmachung erübrigen, weil die tatsächliche Lage dem Gerichte offenkundig ist. Asch, JW. 1914 S. 855; Unger, Recht 1914 S. 718; vgl. auch Gaupp-Stein Note I 2 zu § 291 ZPO. Dem Kläger steht es in allen Fällen frei, mit den nach § 294 ZPO. zulässigen Mitteln Gegenbeweis anzubieten.

Daß die Fristbewilligung für den Gläubiger einen unverhältnismäßigen Nachteil bringt, muß von diesem behauptet und gegebenenfalls glaubhaft gemacht werden. Dem Schuldner wird man, obwohl der Wortlaut des Gesetzes dafür spricht, die Beweislast für die Negative nicht aufbürden können, will man nicht die ganze Bestimmung praktisch wertlos machen. Denn, ist der Beweis einer Negative an sich sehr schwer, so ist der hier in Frage kommende Beweis dem Schuldner wohl fast nie möglich, da er eine genaue Kenntnis der Vermögensverhältnisse des Gläubigers voraussetzt, wie sie der Schuldner in den seltensten Fällen haben dürfte. Sieskind S. 79; Striemer, JW. 1914 S. 852; Freiesleben, DJZ. 1914 S. 1156; Unger, Recht 1914 S. 718/719; Bovensiepen, DRZ. 1914 S. 783; Hahnemann, NachrDAV. 1914 S. 128; a. M. Sintenis S. 72 Anm. 6; Güthe, PrJMBl. 1914 S. 755 = Gruchot Bd. 59 S. 57; BerlAnwVer., JW. 1914 S. 794. Im amtsgerichtlichen Verfahren ist es Pflicht des Richters (§ 502 ZPO.), den Gläubiger auf diesen Rechtsbehelf hinzuweisen.

d) Die Fristbestimmung.

Die Bestimmung der Frist, wie auch die Ablehnung des Antrages auf Fristbewilligung erfolgen im Urteil und zwar in der Urteilsformel (Tenor); Hahnemann, NachrDAV. 1914 S. 129; Unger, Recht 1914 S. 720; liegt bereits ein vorläufig vollstreckbares (Versäumnis- oder erstinstanzielles) Urteil vor, so ist dieses gegebenenfalls mit der Maßgabe der Zahlungsfrist aufrecht zu erhalten.[1]) Ein selbständiges Teilurteil (so Levis, Recht 1914 S. 595) oder ein Nachtragsbeschluß über die Fristbestimmung ist unzulässig. KammerG. vom 12. Nov. 1914 DJZ. 1914 S. 1389. Ebenso ist eine nachträgliche Abänderung — Verlängerung oder Abkürzung — der im Urteil bestimmten Frist durch das gleiche Gericht unzulässig; § 318 ZPO. Gaupp-Stein Anm. II a. E. zu § 721 ZPO.; Güthe, Gruchot Bd. 59 S. 55; a. M. Hachenburg, LZ. 1914 S. 1601. Ist die Entscheidung über den Antrag auf Fristgewährung im Urteilstenor übergangen, so hat ein Ergänzungsurteil nach § 321 ZPO. zu ergehen. (Vgl. § 721 mit § 716 ZPO.) Güthe, PrJMBl. 1914 S. 754 = Gruchot Bd. 59 S. 56; Unger, Recht 1914 S. 720; a. M. Sieskind S. 75 (weil es sich nicht um einen Anspruch,

[1]) In der Zwischenzeit erfolgte Vollstreckungshandlungen werden hiedurch nicht berührt. S. unten Anm. VI.

sondern um ein Verteidigungsmittel handelt); daneben kann die Beseitigung dieses Mangels durch Berufung und Revision erreicht werden (vgl. Gaupp-Stein Anm. II 3 zu § 321 ZPO.; RG. Bd. 75 S. 293; a. M. Güthe a. a. O.). Die Begründung der Entscheidung über die Fristbewilligung darf sich nicht auf die bloße Wiedergabe der Worte der Verordnung beschränken, sondern muß — wenn auch in aller Kürze — erkennen lassen, daß und wie die Verhältnisse der Parteien gegeneinander abgewogen wurden. OLG. Nürnberg vom 11. Nov. 1914 Recht 1914 S. 739.

Ist der Antrag im Tatbestand übergangen, so findet § 320 ZPO. Anwendung. Vgl. im übrigen über Rechtsmittel unten Anm. IV.

III. Der Inhalt der Fristbestimmung.

Die Höchstdauer der Frist beträgt 3 Monate von der Verkündung des Urteils an. Dies gilt auch für Forderungen, die in diesem Zeitpunkt noch nicht fällig sind (§§ 257, 258, 259 ZPO.); denn der Zeitpunkt der Fälligkeit kommt grundsätzlich für die Fristbestimmung nicht in Betracht, sondern nur die Frage, welche Zeit der Schuldner braucht, um sich die erforderlichen Geldmittel zu beschaffen und welche Zeit der Gläubiger die Befriedigung ohne übermäßigen Schaden entbehren kann. Ist die Forderung erst längere Zeit nach der Urteilsverkündung fällig, so kann das Gericht auch oft noch gar nicht übersehen, wie sich bis dahin die Verhältnisse des Schuldners und des Gläubigers gestalten. In diesen Fällen ist deshalb die Einstellung der Zwangsvollstreckung nach § 3 dieser Bekanntmachung der gegebene Rechtsbehelf. Vgl. Unger, Recht 1914 S. 691; a. M. Sieskind S. 75; Güthe, PrJMBl. 1914 S. 755 = Gruchot Bd. 59 S. 57; Kipp, DJZ. 1914 S. 1028; Freiesleben, DJZ. 1914 S. 1156.

Das Gericht kann dem Schuldner sowohl für die ganze Forderung wie auch für Teile derselben — auch für Zinsen und sonstige Nebenforderungen (wegen der Prozeßkosten s. oben Anm. I B d 4) Frist gewähren; er kann die Frist auch für einzelne Teile verschieden abstufen (Ratenzahlungen) und kann hierbei wieder die Fristgewährung für die späteren Raten von der Bedingung rechtzeitiger Bezahlung der vorhergehenden abhängig machen (Verfall- oder kassatorische Klausel[1])). Sieskind S. 77; Güthe, PrJMBl. 1914 S. 755 = Gruchot Bd. 59 S. 57/58; Bendix, JW. 1914 S. 965; Unger, Recht 1914 S. 692; Hahnemann, NachrDAB. 1914 S. 129 (unbestritten!). Bei Bemessung der einzelnen Fristen soll das Gericht — unter weitgehendster Ausübung des Fragerechts — auf die Einkommensverhältnisse und auf die sonstigen Verpflichtungen des Schuldners, aber auch auf die Bedürfnisse (Verbindlichkeiten) des Gläubigers Rücksicht nehmen. (Vgl. Unger a. a. O.) Erfolgt die Fristgewährung im Einspruchsverfahren oder in der Berufungsinstanz, so ist die Höchstdauer der Frist von der Verkündung des erstmals die Verurteilung des Beklagten (nach dem 31. Juli 1914) aussprechenden Urteils (Versäumnisurteil, Urteil erster, event. auch zweiter Instanz) an zu berechnen (§ 1 Abs. 1 Satz 1 der Bek.). Sieskind S. 76; Güthe, PrJMBl. 1914 S. 754 = Gruchot Bd. 59 S. 55; Hachenburg, LZ. 1914 S. 1600; OLG. Königsberg vom 1. Dez. 1914 Recht 1914 S. 741; a. M. Freiesleben, DJZ. 1914 S. 1156/1157.

Die Fristbestimmung kann (was in der Praxis allerdings sehr selten geschieht, vgl. Juliusberg, DJZ. 1914 S. 1244) von der Leistung einer nach freiem Ermessen des Gerichtes zu bestimmenden Sicherheit abhängig gemacht werden. Dies empfiehlt sich insbesondere dann, wenn durch die Fristbewilligung die Sicherheit der Forderung gefährdet wird. Das Gericht ist hierbei nicht an die in § 108 ZPO. oder in §§ 232 ff.

---

[1]) Die Urteilsformel kann in diesem Fall lauten (vgl. auch Bendix, JW. 1914 S. 964 ff.):

I. Der Beklagte ist schuldig, an Kläger 500 Mk. nebst 4% Zinsen hieraus ab 15. Jan. 1915 zu bezahlen.

II. Zur Bezahlung dieses Betrages werden dem Beklagten Fristen in der Weise gewährt, daß er am 15. Febr. 1915 200 Mk., am 15. März 1915 200 Mk. und den Rest mit Zinsen am 15. April 1915 zu zahlen hat. Zahlt der Beklagte eine Rate nicht pünktlich, so ist der ganze Rest sofort zur Zahlung fällig.

BGB. zugelassenen Arten der Sicherheitsleistung gebunden; es kann z. B. auch Verpfändung nicht gesicherter, persönlicher Forderungen, Hingabe von Wechseln, Sicherungsübereignungen zulassen. Sieskind S. 77; Güthe, PrJMBl. 1914 S. 755 = Gruchot Bd. 59 S. 59; Hahnemann, NachrDAB. 1914 S. 128 und eingehend Unger, Recht 1914 S. 692 ff. Wird die gerichtliche Hinterlegung von Wertpapieren oder anderen beweglichen Sachen z. B. Gold- und Silbersachen angeordnet, so empfiehlt es sich, die Urteilsformel der Fassung des § 713 Abs. 1 ZPO. anzupassen; in anderen Fällen ist es zweckmäßig, die Verhandlung kurz zu vertagen, durch Zwischenverfügung dem Schuldner die Leistung der gewählten Sicherheit aufzugeben und die Entscheidung über den Antrag von der Erfüllung jener Anordnung abhängig zu machen, da sonst der Nachweis der Sicherheitsleistung bei der Zwangsvollstreckung auf große Schwierigkeiten stößt. Vgl. hierzu Unger a. a. O., auch Güthe a. a. O. Die Einwilligung zur Rückgabe der Sicherheit (§ 109 ZPO.) kann der Schuldner erst nach Zahlung der Forderung beanspruchen. (Sieskind S. 77.)

Über die Erteilung der vollstreckbaren Ausfertigung vgl. unten Anm. VI.

IV. Rechtsmittel.

Ist gegen den Beklagten Versäumnisurteil ergangen, so kann er Einspruch auch lediglich zu dem Zweck einlegen, um eine bisher noch nicht begehrte Frist zu erlangen. Denn der Einspruch ist überhaupt ohne Rücksicht darauf zulässig, ob der Einspruchseinlegende eine Abänderung des Urteils erzielen will. Gaupp-Stein Anm. I zu § 338 ZPO.; Sieskind S. 76; Güthe, PrJMBl. 1914 S. 754 = Gruchot Bd. 59 S. 55; Kracht, JW. 1914 S. 1047; DRAZ. 1914 S. 154; AG. Köln vom 1. Okt. 1914 JW. 1914 S. 947 = Recht 1914 S. 738; a. M. AG. Neisse vom 2. Sept. 1914 JW. 1914 S. 846 = Recht 1914 S. 737.

Ist der Antrag auf Bewilligung einer Zahlungsfrist vom erstinstanziellen Gericht abgelehnt worden, oder ist die Frist nicht in dem erbetenen Umfang oder nur unter Bedingungen gewährt worden, so steht dem Beklagten, auch wenn auf Grund seines Anerkenntnisses in der Hauptsache Anerkenntnis-Urteil erging, oder er sonst die Entscheidung über die Hauptsache nicht anfechten will, das Rechtsmittel der Berufung zu; Beschwerde ist nicht zulässig; selbst wenn die Fristbewilligung fälschlicherweise durch besonderen Beschluß erfolgte. Ebenso kann der Kläger das Urteil, das trotz seines Widerspruches eine Frist bewilligte, (nur) mit Berufung anfechten. Sieskind S. 76; Sintenis S. 72; Bendix S. 87; Güthe, PrJMBl. 1914 S. 754 und 756 = Gruchot Bd. 59 S. 55 und S. 59; Kaufmann, JW. 1914 S. 813; Hachenburg, LZ. 1914 S. 1602; Freiesleben, DJZ. 1914 S. 1157; Bovensiepen, DRZ. 1914 S. 787; Unger, Recht 1914 S. 721; OLG. Hamburg vom 19. Sept. 1914 DJZ. 1914 S. 1307 = Recht 1914 S. 646 = OLG. Bd. 29 S. 307; dass. 10. Okt. 1914 DJZ. 1914 S. 1392; dass. 24. Okt. 1914 LZ. 1915 S. 74 = OLG. Bd. 30 S. 10 Fußnote; dass. 21. Nov. 1914 JW. 1915 S. 55/56; KammerG. vom 7. Nov. 1914 OLG. Bd. 29 S. 308; dass. 12. Nov. 1914 DJZ. 1914 S. 1389 = Recht 1914 S. 738; OLG. Darmstadt vom 23. Okt. 1914 OLG. Bd. 30 S. 10 Fußnote; LG. Berlin I vom 19. Nov. 1914 Recht 1914 S. 739; a. M. Hallbauer, SächsRpflArch. 1914 S. 339 (der eine auf die Entscheidung über die Frist beschränkte Berufung nicht für zulässig hält). Der Schuldner kann aber im Wege der Berufung auch dann Fristbewilligung verlangen (wahlweise mit der Einstellung der Zwangs-

Zu S. 115.

Auf Grund der Art. I Ziff. 2, Art. V bzw. Nr. 1 der Bekanntmachungen vom 20. Mai 1915 Nr. 4740 und 4741 (RGBl. S. 288, 290, abgedruckt unten im Ergänzungsheft S. 3) ist der Zahl. Frist. VO. nunmehr folgender

§ 3

eingefügt:

„Wird ein Anerkenntnisurteil nur wegen der Zahlungsfrist angefochten, so erfolgt die Anfechtung durch **sofortige Beschwerde.**"

Anm.: Erläuterungen s. im Ergänzungsheft.

Auch die Revision ist grundsätzlich zulässig, und zwar:

a) wenn die Frist aus Rechtsgründen verweigert wurde, z. B. weil die unteren Instanzen die Forderung irrtümlich als nach dem 31. Juli 1914 entstanden betrachteten, oder weil sie Gewährung einer Frist an einen Nichtdeutschen grundsätzlich für unzulässig hielten. Daß die Gewährung der Frist im Ermessen des Gerichtes liegt, steht dem nicht entgegen; denn dessen ungeachtet ist das Gericht bei Bejahung der Voraussetzungen zur Anwendung des Gesetzes verpflichtet. Unger, Recht 1914 S. 721; a. M. Güthe, PrJMBl. 1914 S. 754 = Gruchot Bd. 59 S. 55; W. H. in DRAZ. 1914 S. 229;

b) wenn die Frist in rechtlich unzulässiger Weise (zu lange) gewährt wurde, z. B. für eine nach dem 31. Juli 1914 entstandene Forderung oder für eine Nichtgeldforderung: ebenso Güthe a. a. O.

Soweit für den Kostenerstattungsanspruch eine Fristgewährung zulässig ist (s. oben Anm. I B d 4) ist ein gesondertes Rechtsmittel wegen Versagung oder Bewilligung der Frist ohne Rechtsmittel in der Hauptsache nicht zulässig. Unger, Recht 1914 S. 721/722. Im Falle des § 99 Abs. 3 ZPO. ist aber auch wegen der Frist allein Beschwerde und Fristbestimmung bzw. Abänderung in der Beschwerdeinstanz als zulässig zu erachten. Freiesleben, DJZ. 1914 S. 1157.

V. Kostenpflicht und Gebühren.

Die Entscheidung über den Antrag auf Fristbewilligung ist, wenn sie gleichzeitig mit der Entscheidung über die Hauptsache erfolgt, auf die Verteilung der Kosten regelmäßig ohne Einfluß. Der Beklagte hat deshalb auch dann sämtliche Kosten zu tragen, wenn er die Hauptsache anerkennt und die von ihm erbetene Frist im Widerspruch mit dem Antrag des Klägers bewilligt worden ist. Denn trotz der Fristbewilligung ist in diesem Fall der Klagantrag als in vollem Umfang berechtigt anerkannt, wenn auch unter richterlicher

Abänderung hinsichtlich des ursprünglichen Zahlungstermins. Sieskind S. 75; Güthe, Gruchot Bd. 59 S. 58; Freiesleben, DJZ. 1914 S. 1160; Hahnemann, Nachr.-DAV. 1914 S. 129; a. M. Bendix, JW. 1914 S. 966; Levis, Recht 1914 S. 595 (welche § 92 ZPO. anwenden wollen). Soweit ein Rechtsmittel nur zwecks Bewilligung, Verlängerung, Abkürzung und Bedingung der Zahlungsfrist eingelegt wird, finden auf die Entscheidung hierüber die §§ 91 und 97 ZPO. Anwendung: Wird die Frist auf Antrag des Schuldners erst mit der Rechtsmittelinstanz unter Widerspruch des Gläubigers gewährt, verlängert, oder eine Bedingung in Wegfall gebracht, so treffen diesen die Kosten des Rechtsmittels. Wird die Fristbewilligung auf Grund des Rechtsmittels des Gläubigers aufgehoben, verkürzt, oder einer Bedingung unterworfen, so treffen die Kosten des Rechtsmittels (ganz oder teilweise) den Schuldner. Die Kosten eines erfolglos gebliebenen Rechtsmittels treffen denjenigen, der sich dessen bedient hat.

Ist der Einspruch oder ein Rechtsmittel nur wegen der Zahlungsfrist eingelegt worden, so ist gleichwohl Gegenstand des Rechtsstreites die Forderung, wegen der Zahlungsfrist verlangt wird. Unger, Recht 1914 S. 727; a. M. Eckstein, JW. 1914 S. 966. Bezieht sich der Rechtsstreit nur auf die Dauer und die Bedingung der Frist, so ist das Interesse an der Änderung der Frist oder Sicherheitsleistung schätzungsweise zugrunde zu legen.

Für die Entscheidung über die Zahlungsfrist kommen, wenn diese mit der Entscheidung über die Hauptsache verbunden ist, besondere Gerichtskosten nicht in Ansatz. Im übrigen finden auf das Verfahren die allgemeinen Vorschriften des Gerichtskostengesetzes (ohne eine Ermäßigung, insbesondere ohne die des § 4 dieser Bekanntmachung) Anwendung. BayJMBek. vom 16. Aug. 1914 JMBl. S. 154; Haberstumpf, DRZ. 1914 S. 742; a. M. Eckstein, JW. 1914 S. 967 (unklar).

Ebenso steht dem Anwalt für die Verhandlung über den Antrag auf Fristgewährung, wenn diese mit der Verhandlung über die Hauptsache verbunden ist, keine besondere Gebühr zu. Erkennt deshalb der Beklagte die Klagsforderung an, bittet aber um Bewilligung einer Zahlungsfrist unter Widerspruch des Gläubigers, so steht dem Anwalt lediglich $^5/_{10}$ Gebühr, berechnet nach dem Streitwert der Forderung, zu (§ 16 Abs. 1 RAGO.), dagegen keine besondere Gebühr für die Verhandlung über den Fristgewährungsantrag; denn die Verhandlung über die Frist betrifft nur die (zeitliche) Einschränkung der Vollstreckung und ist daher nach § 29 Abs. 2 Ziff. 4 RAGO. nicht besonders zu bewerten.

Dies entspricht auch dem Zweck des Gesetzes, den Schuldner möglichst wenig zu belasten. Kaufmann, NachrDAV. 1914 S. 125; Hahnemann a. gl. O. S. 129; OLG. Hamburg vom 23. Okt. 1914 DJZ. 1914 S. 1392 = Recht 1914 S. 738; OLG. Köln vom 5. Okt. 1914 Recht 1914 S. 647; OLG. Karlsruhe vom 10. Nov. 1914 LZ. 1915 S. 84; OLG. Nürnberg vom 16. Nov. 1914 Recht 1914 S. 739; OLG. München vom 26. Nov. 1914 JW. 1915 S. 56/57; OLG. Darmstadt vom 10. Dez. 1914 DJZ. 1915 S. 113; a. M. W. H. DRAZ. 1914 S. 193, 211; a. gl. O. 1915 S. 8/9 (es liegt kein unumwundenes Anerkenntnis vor, sondern ein materieller Einwand auf Grund des § 1 dieser Bekanntmachung, deshalb $^{10}/_{10}$ Verhandlungsgebühr); Bendix, JW. 1914 S. 966; KammerG. vom 21. Dez. 1914 LZ. 1915 S. 238 ($^5/_{10}$ Gebühr für die Verhandlung über die Hauptsache und außerdem $^{10}/_{10}$ Gebühr für die Verhandlung über den nach § 3 ZPO. zu schätzenden Antrag auf Bewilligung der Zahlungsfrist); Hellmann, DRZ. 1914 S. 890 (auf jeden Fall keine Zusatzgebühr). Dementsprechend gebühren dem Anwalt in Wechselsachen, wenn nur über den Fristgewährungsantrag strittig verhandelt, der eingeklagte Anspruch aber im übrigen anerkannt wird, nur $^6/_{10}$ Prozeßgebühr und $^3/_{10}$ Verhandlungsgebühr. OLG. Colmar vom 8. Dez. 1914 DJZ. 1915 S. 114; LG. Berlin III vom 3. Nov. 1914 DRAZ. 1914 S. 211 = JW. 1915 S. 57. Um dem Schuldner die Stellung eines Antrages auf Fristbewilligung zu ermöglichen, kann dem Beklagten, soferne der Antrag nicht aussichtslos erscheint, das Armenrecht bewilligt werden, und insoweit eine Vertretung durch Anwälte geboten ist, ein Anwalt und im übrigen, soferne die arme Partei nicht im Bezirke des Prozeßgerichtes wohnt, ein Vertreter nach § 116 ZPO. beigegeben werden. Unger, Recht 1914 S. 718.

VI. Rechtliche Natur und Wirkungen der Fristgewährungen.

a) Die Bewilligung einer Zahlungsfrist hat **keine materiell-rechtliche** Bedeutung, sondern nur die prozessuale Wirkung einer zeitlichen Beschränkung der Zwangsvollstreckung. Dies ergibt einmal das Vorbild des § 1 der gegenwärtigen Bekanntmachung, nämlich der § 721 ZPO. (vgl. Reichstagsdenkschrift vom 23. Nov. 1914 S. 14); weiterhin bezeichnet der § 14 Abs. 1 mit Abs. 2 Ziff. 4 EG. ZPO. die Befugnis des Richters, eine Zahlungsfrist zu gewähren, ausdrücklich als eine prozeßrechtliche Vorschrift. Weiter spricht dafür der Umstand, daß die zu bewilligende Frist nicht von dem Zeitpunkt der Fälligkeit der Forderung ab, sondern erst von dem Zeitpunkt der Urteilsverkündung, also von dem Zeitpunkt ab, in dem die Forderung im Weg der Zwangsvollstreckung durchgesetzt werden kann, zu laufen beginnt.[1]) Striemer, JW. 1914 S. 849; Ortweiler, JW. 1915 S. 61; Erlanger, JW. 1915 S. 70; Juliusberg, DJZ. 1914 S. 1242; Unger, Recht 1914 S. 677 und 678; Fierl, BayZfR. 1914 S. 442; OLG. Hamburg vom 23. Okt. 1914 DJZ. 1914 S. 1392 = Recht 1914 S. 738; OLG. Köln vom 5. Okt. 1914 Recht 1914 S. 647; OLG. München vom 26. Nov. 1914 JW. 1915 S. 56; OLG. Darmstadt vom 10. Dez. 1914 DJZ. 1915 S. 113; OLG. Nürnberg vom 16. Nov. 1914 Recht 1914

---

[1]) Dem Umstand, daß nach Abs. 3 des § 1 der Bundesratsbekanntmachung durch die Fristbewilligung der Zinsenlauf nicht berührt wird, kann allerdings für die Beantwortung dieser Frage nicht so sehr viel Gewicht beigelegt werden, da man diese Bestimmung ebensowohl als eine Ausnahmebestimmung zugunsten des Gläubigers ansehen kann, wie auch als die Hervorhebung einer besonders wichtigen Folge der Fristbestimmung (Erlanger, JW. 1915 S. 70).

S. 739/740; a. M. Sieskind S. 79; Sintenis Anm. 2 S. 71; Bendix S. 39; JW. 1914 S. 965; Güthe, Pr.-JMBl. 1914 S. 752 = Gruchot Bd. 59 S. 50; Kipp, DJZ. 1914 S. 1029; Hachenburg, LZ. 1914 S. 1601; Pinner, Recht 1914 S. 745/746; Bovensiepen, DRZ. 1914 S. 785; W. H. in DRAZ. 1914 S. 193 (welche die Fristbewilligung rechtlich einer vom Prozeßgericht an Stelle des Gläubigers ausgesprochenen Stundung gleichstellen).

b) Prozessuale Wirkungen:

Während der Dauer der Frist sind alle Vollstreckungsmaßregeln sowohl in das bewegliche wie in das unbewegliche Vermögen des Schuldners unzulässig und können gegebenenfalls im Wege der Erinnerung nach § 766 ZPO. zur Aufhebung gebracht werden. Ist die Zahlungsfrist von einer Sicherheitsleistung abhängig gemacht, so wird die Vollstreckung erst nach Leistung der Sicherheit durch den Schuldner unzulässig; Vollstreckungshandlungen, die vor der Sicherheitsleistung erfolgt sind, können — gleichfalls im Wege der Erinnerung — unter entsprechender Anwendung zu §§ 775, 776 Ziff. 3 Abs. 1 ZPO. aufgehoben werden. Unger, Recht 1914 S. 681.

Dagegen ist

1. ein Urteil, das auf Grund Anerkenntnisses des Beklagten in der Hauptsache ergangen ist, trotz kontradiktorischer Entscheidung über die Frist ein Anerkenntnisurteil im Sinne des § 307 ZPO. und daher nach § 708 Ziff. 1 ZPO. auch ohne Antrag und ohne Sicherheit für vorläufig vollstreckbar zu erklären; denn die Grundlage für das Urteil über die Hauptsache bildet das Anerkenntnis des Beklagten, welches vom Gericht ohne Prüfung der Richtigkeit auf Grund des Antrages des Beklagten der Entscheidung zugrunde zu legen ist. Bendix, JW. 1914 S. 965; a. M. W. H. DRAZ. 1914 S. 211; DRAZ. 1915 S. 8/9.
2. Die Erteilung einer vollstreckbaren Ausfertigung ist schon vor Ablauf der Frist zulässig,

da diese Maßnahme kein Teil der Zwangsvollstreckung ist, sondern nur zu ihrer Vorbereitung dient. (Gaupp-Stein Vorbem. VII 1 vor § 704 ZPO.) Sind für die Bezahlung der Klagssumme Raten unter kassatorischer Klausel bewilligt, so kann die vollstreckbare Ausfertigung sofort für die ganze Summe erteilt werden, und es bleibt dem Schuldner überlassen, falls vorzeitig wegen der ganzen Summe vollstreckt wird, im Wege des § 769 ZPO. die pünktliche Zahlung der bisher verfallenen Raten nachzuweisen. Gaupp-Stein Anm. II 3 zu § 726 ZPO.; Harder, JW. 1914 S. 1046; Mendel, JW. 1914 S. 1072; Dittrich, BayZfR. 1914 S. 322; a. M. Bendix, JW. 1914 S. 964 und 1915 S. 69.

3. Vollstreckungshandlungen, die vor Bewilligung der Zahlungsfrist vorgenommen wurden, also insbesondere, wenn die Zahlungsfrist erst im Einspruchsverfahren oder in der Berufungsinstanz bewilligt worden ist, bleiben trotz der Fristbewilligung gültig und können auf Grund der Fristbewilligung aufgehoben werden; denn die Fristbewilligung hat keine rückwirkende Kraft.[1]) Unger, Recht 1914 S. 680/681; Erlanger, JW. 1915 S. 71.

4. Die Fristbewilligung hindert den Gläubiger nicht, die Eröffnung des Konkurses (§§ 103, 105 KO.) zu beantragen; denn der Konkursantrag ist nicht von der Möglichkeit der Einzelzwangsvollstreckung abhängig.

   Im Konkursverfahren ist die Forderung trotz der Fristbewilligung als „fällig" zu behandeln. Unger a. a. O.

5. Vor Ablauf der Zahlungsfrist kann das Urteil auch nicht als Grundlage für eine Anfechtung wegen Gläubigerbenachteiligung dienen (a. M. Harder, JW. 1914 S. 818). Solange der Gläubiger

---

[1]) Wenn man hingegen der Fristsetzung die Bedeutung einer materiell-rechtlichen Stundung beimißt, könnte der Schuldner nach §§ 767 mit 775 Nr. 1 und 776 ZPO. die Aufhebung der zunächst trotz der Stundung auf Grund der §§ 775 Ziff. 4, 776 ZPO. bestehen bleibenden Vollstreckungsmaßregeln herbeiführen.

nicht das Recht hat, in das Vermögen des Schuldners selbst zu vollstrecken, kann ihm auch nicht die Befugnis zustehen, aus dem Vermögen des Schuldners ausgeschiedene Gegenstände einem dritten Erwerber gegenüber zu seiner Befriedigung zu beanspruchen. Unger a. a. O. Der Anfechtungsgegner kann deshalb gegen die Zulässigkeit der Zwangsvollstreckung aus dem gegen den Hauptschuldner gerichteten Titel die gleichen Einwendungen erheben wie der Hauptschuldner (vgl. Jaeger Anm. 16 zu § 2 AnfG.; RG. in LZ. 1909 S. 555). Um die Anfechtungsfrist nicht zu versäumen, kann jedoch der Anfechtungsgläubiger nach § 4 AnfG. dem Anfechtungsschuldner eine Anfechtungsankündigung zustellen lassen. Ebenso ist die Geltendmachung der Anfechtung im Wege der Einrede für zulässig zu erachten und das Gericht wird die nach § 5 Abs. 2 AnfG. zu bestimmende Frist so zu bemessen haben, daß sie nach Ablauf der dem Hauptschuldner gewährten Zahlungsfrist endet. (Erlanger, JW. 1914 S. 71.)

c) Betrachtet man die Zahlungsfrist als eine rein prozeßrechtliche Maßnahme, so ergibt sich bezüglich ihrer **Wirkung außerhalb der Zwangsvollstreckung** folgendes:

1. Die Fristbestimmung ist als eine im allgemeinen Interesse angeordnete zeitliche Pfändungsbeschränkung, vergleichbar den sachlichen Pfändungsbeschränkungen der §§ 811 und 850 ZPO. zu betrachten, daher kann der Schuldner im voraus auf die Geltendmachung dieses Rechtsbehelfes *nicht verzichten* (vgl. RG. 72 S. 181). Allerdings kann der Schuldner das Recht, Frist zu verlangen, dadurch verlieren, daß er (nach dem 31. Juli 1914) mit dem Gläubiger einen Vergleich, z. B. Stundungsvergleich oder ein Schuldanerkenntnis abschließt. Da diese Verträge neue, von dem früheren Schuldgrund abgelöste Forderungen des Gläubigers begründen, deren Entstehungstatbestand nach dem 31. Juli 1914 liegt, so kann der Schuldner gegen-

über diesen Forderungen keine Fristbestimmung beanspruchen. Vgl. oben Anm. I B d Ziff. 2 am Ende.

2. Als prozeßrechtliche Vorschrift muß die Bundesratsbekanntmachung auch dann angewandt werden, wenn für das den Gegenstand des Rechtsstreites bildende Rechtsverhältnis ausländisches Recht maßgebend ist; denn für das Prozeßrecht ist stets die lex fori maßgebend. (Vgl. Hellwig, „System des deutsch. Ziv.-Prozeßrechtes" § 11 Ziff. 2.)

3. Die Folgen des Verzuges werden durch die Fristbestimmung weder für die Vergangenheit noch für die Zukunft beseitigt; der Schuldner muß nicht nur Verzugszinsen zahlen, sondern ist dem Gläubiger auch zum Ersatz des durch den Verzug entstandenen Schadens verpflichtet. Rücktrittsrechte, Kündigungsrechte, Räumungsansprüche, vorzeitige Fälligkeit des Kapitals, Vertragsstrafen, kann dieser ohne Rücksicht auf die Fristbestimmung geltend machen, solange nicht vom Gericht auf Grund der Bundesratsbekanntmachung vom 18. August 1914 Nr. 4472 eine besondere Anordnung des Gerichtes erging.[1])

4. Der Gläubiger ist berechtigt, sich durch Aufrechnung und aus Pfandrechten zu befriedigen, soweit dies ohne Vollstreckungstitel möglich ist.

5. Da die Zahlungsfrist nur prozessuale Bedeutung hat, kann der vom Gläubiger belangte Bürge nicht auf Grund der §§ 767 und 768 BGB. geltend machen, daß die Hauptforderung noch nicht fällig sei. A. M. Sieskind a. a. O. S. 80 Anm. 17. Die Einrede der Vorausklage wird hiegegen dem Bürgen in der Regel zustehen (a. M. Flierl, BayZfR. 1914 S. 442), soweit diese Einrede nicht auf Grund der Ziff. 2 oder 4 des § 773 BGB. ausgeschlossen ist. Die Tatsache der Fristbewilligung allein genügt aber nicht, um auf Grund der Ziff. 2 oder 4 des § 773 BGB. die Einrede der Vorausklage in Wegfall zu bringen; denn eine Erschwerung der Rechtsverfolgung gegen den Haupt-

[1]) A. M. die oben Anm. VI a als Vertreter der materiell-rechtlichen Bedeutung der Fristgewährung Angeführten.

schuldner, die durch andere Umstände als durch Veränderung des Wohnsitzes, der gewerblichen Niederlassung oder des Wohnortes des Hauptschuldners veranlaßt ist, hat den Verlust der Einrede der Vorausklage nicht zur Folge (vgl. Staudinger Anm. 1 b zu § 773). Ebenso kann aus der Tatsache, daß der Hauptschuldner um Fristbewilligung nachgesucht hat und daß diese vom Gericht ihm auch bewilligt wurde, nicht geschlossen werden, daß die Zwangsvollstreckung in das Vermögen des Schuldners voraussichtlich nicht zur Befriedigung des Gläubigers führen wird (Ortweiler, JW. 1915 S. 61; Erlanger, JW. 1915 S. 71).

§ 2.

Der Schuldner ist befugt, unter Anerkennung der Forderung des Gläubigers diesen vor das Amtsgericht, vor dem der Gläubiger seinen allgemeinen Gerichtsstand hat, zur Verhandlung über die Bestimmung einer Zahlungsfrist zu laden. In dem auf Antrag des Gläubigers zu erlassenden Anerkenntnisurteil ist zugleich über die Bestimmung einer Zahlungsfrist zu erkennen. Die Vorschriften des § 1 sind entsprechend anzuwenden.

I. Um dem Schuldner Gelegenheit zu geben, sich schon bevor er von seinem Gläubiger gerichtlich belangt wird, Gewißheit zu verschaffen, ob ihm das Gericht eine Zahlungsfrist bewilligen wird, hat der Bundesrat in § 2 ein **Initiativverfahren** geschaffen, von dem aber in der Praxis äußerst wenig Gebrauch gemacht wird. Vgl. Haberstumpf, DRZ. 1914 S. 742; Bovensiepen a. a. O. S. 785.

II. Die persönlichen und sachlichen Voraussetzungen für die Anwendbarkeit dieser Bestimmung sind die gleichen wie bei § 1 (§ 2 Satz 3 der Bekanntmachung); es kann deshalb auf die Erläuterungen des § 1 verwiesen werden. Besonders ist nur zu bemerken:

Auch das Verfahren nach § 2 ist nur für Forderungen, welche vor die ordentlichen Gerichte gehören, zulässig; für Forderungen, welche vor die Sondergerichte oder vor ein Schiedsgericht gehören, ist es deshalb nicht zulässig. Sieskind S. 80; Levis, Recht 1914 S. 597/598; PrJMBl. 1914 S. 756 = Gruchot Bd. 59 S. 60.

Hat der Gläubiger für die in Frage stehende Forderung schon einen Vollstreckungstitel (vollstreckbares Urteil oder Urkunde nach § 794 ZPO.), so ist das Verfahren nach § 2 unzulässig, da es an einem Rechtsschutzbedürfnis fehlt; denn der Beklagte kann in diesem Fall nach § 3 der Bekanntmachung Einstellung der Zwangsvollstreckung beantragen. Auch wäre in diesem Fall das Verfahren nach § 2 vollkommen zwecklos, da durch die hier ergehende Entscheidung die Zwangsvollstreckung auf Grund des anderen im Besitze des Gläubigers befindlichen Titels nicht behindert würde. Haberstumpf, DRZ. 1914 S. 742; Levin, JW. 1915 S. 53; Unger, Recht 1914 S. 723; a. M. Sieskind S. 80; Bauchwitz, JW. 1914 S. 1112.

III. Das Verfahren.

Wenn auch grundsätzlich das Verfahren als ein Rechtsstreit im Sinne der Zivilprozeßordnung zu betrachten ist, wobei der Schuldner selbstverständlich die Rolle des Beklagten einnimmt, so können doch andererseits mit Rücksicht darauf, daß der Schuldner der betreibende Teil ist, die Vorschriften der Zivilprozeßordnung nicht ohne weiteres auf dieses Verfahren für anwendbar erklärt werden.

a) Zuständigkeit:

Örtlich zuständig ist das Gericht, bei dem der Gläubiger[1]) nach §§ 12—17 ZPO. seinen allgemeinen Gerichtsstand hat. Im Hinblick auf §§ 40 Abs. 2 und 38 ZPO. muß jedoch auch die Vereinbarung eines anderen Gerichtsstandes für zulässig erklärt werden.

[1]) Über die sich hieraus ergebenden Unzuträglichkeiten vgl. Wertheimer, LZ. 1914 S. 1736. Da die Bestimmung aber im Interesse des Gläubigers geschaffen wird, dürfte der § 36 Nr. 3 ZPO. nicht anwendbar sein. Güthe, Gruchot Bd. 59 S. 60. A. M. Bendix S. 90.

Güthe, PrJMBl. 1914 S. 756 = Gruchot Bd. 59 S. 60; BerlAnwVer., JW. 1914 S. 794. Hat der Gläubiger im Inland keinen allgemeinen Gerichtsstand, so kann er, wenn er im Ausland wohnt, auf Grund der Bundesratsbekanntmachungen vom 7. Aug. 1914, 22. Okt. 1914, 21. Jan. 1915 (s. unten S. 280 ff.) vermögensrechtliche Ansprüche vor inländischen Gerichten nicht geltend machen, also auch nicht ein Anerkenntnisurteil auf Grund des § 2 erwirken. Das gleiche wird für Gläubiger anzunehmen sein, die überhaupt keinen Wohnsitz haben und in Deutschland weder Aufenthaltsort noch letzten Wohnsitz haben. Levis, Recht 1914 S. 595/6; a. M. Harder, JW. 1914 S. 900. Sachlich ist das Amtsgericht ohne Rücksicht auf die Höhe des Streitwertes zuständig.

b) Der Antrag:

Der Antrag muß die vorbehaltlose Anerkennung der Forderung samt den Nebenforderungen enthalten, sonst ist er mangels der gesetzlichen Voraussetzungen abzuweisen. Außerdem muß er ersehen lassen, daß der Schuldner eine Fristbewilligung beantragen will; daß auch die Gründe für die Fristbewilligung im Antrag niedergelegt sind, ist nicht notwendig, jedoch zweckmäßig. Sieskind S. 80; Unger, Recht 1914 S. 723; BayJMBek. vom 16. Aug. 1914 JMBl. S. 150. Daß der Schuldner den Gläubiger zu laden hat, ist im Hinblick auf §§ 496, 497 ZPO. eine ungenaue Ausdrucksweise; denn Terminsbestimmung und Ladung erfolgen hiernach von Amts wegen. Levis, Recht 1914 S. 393. Mit der Ladung tritt die Wirkung der Rechtshängigkeit ein: solange das Verfahren nicht erledigt ist, kann gegen die Klage des Gläubigers der Einwand der Rechtshängigkeit erhoben werden (§ 263 Abs. 2 Nr. 1 ZPO.; Levis, Recht 1914 S. 597; Unger, Recht 1914 S. 723), wie auch umgekehrt die Rechtshängigkeit infolge Klage des Gläubigers dieses Verfahren ausschließt. Levis a. a. O.; a. M. Unger a. a. O. Dagegen dürfte der Lauf der Prozeßzinsen (§ 291 BGB.) erst vom Antrag des Gläubigers ab beginnen. Freiesleben, DJZ.

1914 S. 1159. Die Unterbrechung der Verjährung tritt dagegen nach § 208 BGB. schon mit dem Antrag des Schuldners ein.

c) Die mündliche Verhandlung:

Erscheint der Gläubiger in der mündlichen Verhandlung nicht, so ist das Verfahren erledigt, und die Rechtshängigkeit erloschen. Ein Versäumnisurteil ist weder für die Hauptsache noch für die Frist allein zulässig, letzteres schon deshalb nicht, weil über Hauptsache und Frist — wie auch im Fall des § 1 — immer gleichzeitig entschieden werden muß. Sintenis S. 81; Güthe, PrJMBl. 1914 S. 756 = Gruchot Bd. 59 S. 60; Kipp, DJZ. 1914 S. 1029; Recht und Wirtschaft 1914 S. 213; BerlAnwVer., JW. 1914 S. 794; Bovensiepen, DRZ. 1914 S. 785; BayJMBek. vom 16. Aug. 1914 BayJMBl. 1914 S. 152; Erl. d. Preuß. Hand.-M. vom 11. Aug. 1914 PrJMBl. 1914 S. 678; a. M. Kaufmann, JW. 1914 S. 813; Bauchwitz, JW. 1914 S. 1112; Freiesleben, DJZ. 1914 S. 1158; Hachenburg, LZ. 1914 S. 1600; Wertheimer, LZ. 1914 S. 1740; Levis, Recht 1914 S. 596; Unger, Recht 1914 S. 723. Das gleiche hat zu gelten, wenn der Gläubiger zwar erscheint, aber keinen Antrag stellt. Die Wiederholung des Antrages durch den Schuldner ist zulässig. Güthe a. a. O.; a. M. Sieskind a. a. O.

Erscheint der Schuldner nicht, so ist gegen ihn — soferne er rechtzeitig (§ 499 ZPO.) geladen ist — Versäumnisurteil zulässig; es ist nicht einzusehen, warum er nicht auch die Folgen seiner Einleitung des Rechtsstreites tragen soll, zumal er dadurch auch den Gläubiger an der Geltendmachung seiner Forderung im Wege der Klage hindert. A. M. Güthe a. a. O. (ohne Begründung); Sieskind a. a. O.; BayJMBl. a. a. O. Erscheinen beide Teile, so ist auch der Abschluß eines Vergleiches — z. B. mit längeren Zahlungsfristen — zulässig (§ 794 Abs. 1 Ziff. 1, auch Ziff. 2 mit § 510c ZPO.). Eckstein, JW. 1914 S. 968.

d) In dem auf Antrag des Gläubigers zu erlassenden Anerkenntnisurteil ist gleichzeitig über die Frist zu entscheiden, auch wenn diese abgelehnt wird. Sieskind S. 81; Güthe, Gruchot Bd. 59 S. 61; BerlAnw.-Ver., JW. 1914 S. 794; a. M. Hallbauer, SächsRpflA. 1914 S. 395. Das Urteil ist nach § 708 Ziff. 1 ZPO. für vorläufig vollstreckbar zu erklären; Rechtsmittel s. Anm. IV zu § 1.

Die Kosten des Verfahrens treffen, auch wenn die Frist unter Widerspruch des Gläubigers bewilligt wird, sämtlich den Schuldner (vgl. Anm. V zu § 1). Sieskind S. 81; Freiesleben, DJZ. 1914 S. 1160; Unger, Recht 1914 S. 723; a. M. Bendix, JW. 1914 S. 966.

Für die Gerichtsgebühren gilt der § 4 der Bekanntmachung. Dem Anwalt steht auch bei kontradiktorischer Verhandlung über die Frist nur $^{10}/_{10}$ Prozeßgebühr und $^{5}/_{10}$ Verhandlungsgebühr zu. Hahnemann, Nachr.-DAV. 1914 S. 129; LG. Dresden vom 14. Okt. 1914 JW. 1915 S. 57/58; a. M. Eckstein, JW. 1914 S. 966 bis 970. Vgl. im übrigen Anm. V zu § 1.

§ 3.

Das Vollstreckungsgericht kann die Vollstreckung in das Vermögen des Schuldners auf dessen Antrag für die Dauer von längstens drei Monaten einstellen. Die Frist beginnt mit der Bekanntmachung des Beschlusses an den Schuldner. Die Vorschriften des § 1 Abs. 1 Satz 2, 3, Abs. 2 sind entsprechend anzuwenden.

Ist eine Zahlungsfrist bereits nach §§ 1, 2 bestimmt worden, so findet § 3 Abs. 1 keine Anwendung.

I. Der § 3 gewährt dem Schuldner die Möglichkeit, eine Frist zur Befriedigung des Gläubigers zu erlangen im Wege der **Einstellung der Zwangsvollstreckung.** Diese Maßregel ist während der ganzen Dauer der Zwangsvollstreckung, aber auch schon bevor irgendeine Vollstreckungshandlung vorgenommen ist, zulässig. Dies ergibt sich aus dem Zweck der Bestimmung, dem Schuldner die Möglichkeit zu geben, die drohende Zwangsvollstreckung abzuwenden. Es ergibt sich auch aus entsprechender Anwendung des vom Reichsgericht Bd. 32 S. 395 für die Fälle der §§ 707 und 719 ZPO. ausgesprochenen Grundsatzes, wonach die Anordnung einer Einstellung der Zwangsvollstreckung für zulässig erachtet wurde, sobald die Möglichkeit der Zwangsvollstreckung durch das Vorliegen eines Vollstreckungstitels gegeben ist. Vgl. Gaupp-Stein Anm. I 3 zu § 707 ZPO.; Güthe, PrJMBl. 1914 S. 757 = Gruchot Bd. 59 S. 62; Bay.-JMBek. vom 14. Aug. 1914 BayJMBl. 1914 S. 152; Harder, JW. 1914 S. 1045; Levin, JW. 1915 S. 53; Bovensiepen, DRZ. 1914 S. 786; Levis, Recht 1914 S. 600; Unger, Recht 1914 S. 724; OLG. Posen vom 11. Nov. 1914 DJZ. 1914 S. 1393; OLG. München vom 11. Nov. 1914 Recht 1914 S. 740 = LZ. 1915 S. 74; LG. Kiel vom 9. Okt. 1914 DJZ. 1914 S. 1394; LG. Öls (A. Z. II T 102/14) DRAZ. 1914 S. 153; LG. Berlin I vom 26. Aug. 1914 KammerGBl. 1914 S. 115; auch Hirsch, JW. 1914 S. 962; Sieskind S. 82; Holländer, JW. 1914 S. 972.

II. Die Zwangsvollstreckung kann entweder allgemein eingestellt werden [1]) oder es kann sich die Einstellung auf eine besondere Art der Vollstreckung (z. B. Mobiliar- und Immobiliar-Zwangsvollstreckung) oder es kann endlich die Fortsetzung einer einzelnen bestimmten Zwangsvollstreckungshandlung eingestellt werden. Levis, Recht 1914 S. 598/599; Unger, Recht 1914 S. 724; Harder, JW. 1914 S. 1045/1046; OLG. München vom 20. Nov. 1914 Recht 1914 S. 740 = LZ. 1915 S. 74; [2])

---

[1]) Wenn das Oberlandesgericht Breslau v. 3. Okt. 1910 DJZ. 1914 S. 1306 (auch Sieskind S. 82, Güthe, Gruchot Bd. 59 S. 65) ausgesprochen hat, daß das Vollstreckungsgericht nicht eine Zahlungsfrist bewilligen dürfe, so ist das zwar richtig, sachlich dürfte eine derartige Anordnung aber als eine allgemeine Einstellung der Zwangsvollstreckung gültig sein.

[2]) Die gleiche Ansicht dürfte wohl auch den oben in Anm. I angeführten Entscheidungen zugrunde liegen, welche die Einstellung der Zwangsvollstreckung vor deren Beginn zulassen.

a. M. Sieskind S. 82/83; Güthe, PrJMBl. 1914 S. 757 = Gruchot Bd. 59 S. 62. Das Gericht wird aber in jedem einzelnen Fall zu prüfen haben, ob die Lage des Schuldners und die Rücksicht auf den Gläubiger eine allgemeine Einstellung der Zwangsvollstreckung rechtfertigt, oder ob es nicht unter Umständen zweckmäßig erscheint, dem Gläubiger die Möglichkeit zu lassen, Vollstreckungsobjekte zu finden, deren Verwertung dem Schuldner keine allzu großen Nachteile bringt und ob endlich nicht durch die allgemeine Einstellung begonnene Vollstreckungshandlungen zwecklos miteingestellt werden (vgl. unten Anm. VII).

III. Zuständigkeit.

Zuständig für die Einstellung der Zwangsvollstreckung ist nur das Vollstreckungsgericht, niemals das Prozeßgericht. Auch wenn der Rechtsstreit in der Berufungsinstanz schwebt, kann die Einstellung nur durch das Vollstreckungsgericht erfolgen; das Berufungsgericht kann erst nach Durchführung des Verfahrens im Urteil eine Frist gewähren; KammerG. vom 17. Sept. 1914 DJZ. 1914 S. 1208 = Recht 1914 S. 739; als Vollstreckungsgericht ist dasjenige Amtsgericht anzusehen, in dessen Bezirk das Vollstreckungsverfahren stattfinden soll (§ 764 ZPO.).

Soweit die Einstellung einzelner Vollstreckungshandlungen in Betracht kommt, ist örtlich für die Einstellung das auf Grund der Bestimmungen der ZPO. zuständige Amtsgericht leicht festzustellen (vgl. §§ 828 Abs. 2, 858 Abs. 3, 899 ZPO.). Soweit jedoch die allgemeine Einstellung der Zwangsvollstreckung in Frage steht, bietet die Bestimmung in der Zivilprozeßordnung kein Vorbild, weil in all den Fällen, in denen nach der Zivilprozeßordnung eine allgemeine Einstellung zulässig ist, das Prozeßgericht zuständig ist. Im Hinblick auf § 828 Abs. 2 ZPO. dürfte das Amtsgericht des allgemeinen Gerichtsstandes des Schuldners in diesem Fall für zuständig anzusehen sein. Levis, Recht 1914 S. 598/599; Unger, Recht 1914 S. 726; Harder, JW. 1914 S. 1045.

IV. Das Gericht kann auf Grund des § 3 nur die Einstellung der Zwangsvollstreckung anordnen, nicht aber Vollstreckungshandlungen aufheben; deshalb ist nach Beendigung (Gaupp-Stein Anm. VII 3 vor § 706 ZPO.) der Zwangsvollstreckung für die Anwendung dieser Bestimmung kein Raum mehr. Sieskind S. 82; Güthe, PrJMBl. 1914 S. 758 = Gruchot Bd. 59 S. 65; Hirsch, JW. 1914 S. 1136; Unger, Recht 1914 S. 724.

Die Einstellung ist zulässig bei allen Arten der Zwangsvollstreckung, sowohl bei der Pfändung beweglicher Sachen, insbesondere auch bei der Pfändung von Forderungen und sonstigen Rechten, ferner auch bei der Zwangsvollstreckung in das unbewegliche Vermögen, sowie im Offenbarungseidsverfahren.[1]) Sieskind S. 82; Güthe, PrJMBl. 1914 S. 757 = Gruchot Bd. 59 S. 62; Hirsch, JW. 1914 S. 1004; Unger, Recht 1914 S. 724; OLG. Köln vom 10. Okt. 1914 Recht 1914 S. 649; KammerG. vom 30. Okt. 1914 bei Güthe a. a. O.; LG. Traunstein vom 28. Dez. 1914 Recht 1915 S. 38.

V. Unerheblich ist auf Grund welchen **Vollstreckungstitels** die Zwangsvollstreckung erfolgen soll, soferne es sich nur um die Vollstreckung einer vor dem 31. Juli 1914 entstandenen Geldforderung im Sinne des § 1 der Bekanntmachung handelt.[2]) (Vgl. Anm. I B c d zu § 1.)

In Betracht kommen demnach insbesondere vorläufig vollstreckbare und rechtskräftige Urteile, gerichtliche Vergleiche und sonstige vollstreckbare Urkunden im Sinne des § 794 ZPO.

---

[1]) Praktisch wird allerdings in diesem Stadium der Zwangsvollstreckung die Einstellung sich nicht empfehlen, weil sie nur dem Schuldner die Verschleppung von Vollstreckungsobjekten ermöglicht und deshalb in der Regel der dem Gläubiger entstandene Schaden größer sein wird, als der dem Schuldner erwachsende berechtigte Vorteil. (So auch die oben Angegebenen).

[2]) Deshalb scheidet das Vollstreckungsverfahren der Verwaltungsbehörden aus, sowie auch die Vollstreckung auf Grund von Urteilen der Sondergerichte. Güthe, PrJMBl. 1914 S. 757 = Gruchot Bd. 59 S. 61/62; a. M. Sieskind S. 82; Freiesleben, DJZ. 1914 S. 1159; Levis, Recht 1914 S. 598.

Auszuscheiden haben jedoch die nach dem 31. Juli 1914 abgeschlossenen Vergleiche, da durch Abschluß des Vergleiches eine neue, von der strittigen und verglichenen Forderung unabhängige Forderung entsteht, auch der Schuldner bei Abschluß des Vergleiches nach dem 31. Juli 1914 mit der durch den Krieg geschaffenen Lage rechnen kann und muß. Unger, Recht 1914 S. 723; a. M. OLG. Dresden vom 17. Okt. 1914 LZ. 1914 S. 1815; LG. München vom 13. Dez. 1914 JW. 1915 S. 55 (welche ohne nähere Begründung die Zwangsvollstreckung aus einem nach dem 31. Juli 1914 abgeschlossenen Vergleich für zulässig erklärt haben).

VI. Für das **Verfahren** gelten die Vorschriften, welche die Zivilprozeßordnung für das Verfahren mit fakultativer mündlicher Verhandlung enthält. (Vgl. Gaupp-Stein Anm. V zu § 128 ZPO.) Der Antrag kann schriftlich oder mündlich zu Protokoll des Gerichtsschreibers erklärt werden; die mündliche Verhandlung ist zulässig (§ 764 Abs. 3 ZPO.) und wird auch häufig am besten geeignet sein, dem Richter eine gerechte Abwägung der Interessen des Schuldners und des Gläubigers zu ermöglichen. Auf jeden Fall wird das Gericht stets den Gläubiger vor der Verbescheidung des Antrages hören, wenn dies auch nicht ausdrücklich vorgeschrieben ist. Sieskind S. 83; Güthe, PrJMBl. 1914 S. 758 = Gruchot Bd. 59 S. 65; Holländer, JW. 1914 S. 971; Hirsch, JW. 1914 S. 1005; Unger, Recht 1914 S. 689; LG. Berlin I vom 28. Sept. 1914 DJZ. 1914 S. 1307 (die Nichtanhörung des Gläubigers kann einen Mangel des Verfahrens bilden, der zur Zurückverweisung der Sache an das Amtsgericht führen kann). Die Entscheidung über den Antrag erfolgt durch Beschluß. Wird der Antrag abgelehnt, so ist der Beschluß nur dem Schuldner, wird dem Antrag ganz oder teilweise stattgegeben, so ist er den beiden Teilen von Amts wegen zuzustellen. Die Begründung des Beschlusses darf sich nicht auf die bloße Wiedergabe der Worte der Bundesratsbekanntmachung beschränken, sondern muß — wenn auch in aller Kürze — erkennen lassen, daß und wie die tatsächlichen Verhältnisse der

Parteien gegeneinander abgewogen wurden. OLG. Nürnberg vom 11. Nov. 1914 Recht 1914 S. 739.

Eine einstweilige Einstellung auf Grund des § 766 Abs. 1 ZPO. und des § 732 Abs. 2 ZPO. (als Zwischenverfügung) hat das OLG. München vom 7. Nov. 1914 Recht 1914 S. 740 = LZ. 1915 S. 75 für unzulässig erklärt. A. M. Güthe, Gruchot Bd. 59 S. 65; Holländer, JW. 1914 S. 971; Bovensiepen, DRZ. 1914 S. 786; PrJMVerf. vom 28. Dez. 1914, JMBl. S. 836; BayJMBek. vom 27. Febr. 1915 JMBl. S. 41 (welche eine entsprechende Anwendung jener Vorschriften für zulässig erachten).

VII. Wirkung der Einstellung.

Der Einstellungsbeschluß ist sofort vollziehbar (§ 752 ZPO.). Die Durchführung der Entscheidung bleibt dem Antragsteller überlassen. (§ 775 Nr. 1 und 2 ZPO.; vgl. Gaupp-Stein Anm. III zu § 775, auch OLG. München vom 20. Nov. 1914 Recht 1914 S. 740 = LZ. 1915 S. 75. Erfolgt die Einstellung vor Beginn der Zwangsvollstreckung allgemein, so hat der Beschluß die gleiche Wirkung wie eine Fristgewährung im Urteil (vgl. Anm. 6 zu § 1).[1]) Nach Beginn der Zwangsvollstreckung darf auf Grund des Einstellungsbeschlusses die Zwangsvollstreckung nicht weiter fortgesetzt werden. Vollstreckungshandlungen, die vor der Einstellung vorgenommen wurden, werden jedoch nicht berührt. Dies ist insbesondere von Bedeutung bei der Pfändung von Forderungen; erfolgt hier die Einstellung nach Erlaß des Pfändungsbeschlusses, so hat dies nur zur Folge, daß der Gläubiger vom Drittschuldner die gepfändete Forderung nicht mehr beitreiben kann; andererseits darf jedoch auch der Schuldner vom Drittschuldner nicht Zahlung an sich verlangen (§§ 1281, 1285 BGB.) und wenn gleichzeitig die Überweisung der Forderung zur Einziehung erfolgt ist, so kann der Schuldner überhaupt keine Zahlung mehr vom Dritt-

[1]) Daß die Einstellung der Zwangsvollstreckung nur prozessuale Bedeutung hat und den materiell-rechtlichen Bestand der Forderung unberührt läßt, ist unbestritten.

schuldner verlangen. Die Einstellung der Zwangsvollstreckung kommt deshalb nur dem Drittschuldner zugute.[1]) Ähnlich sind die Verhältnisse, wenn eine Einstellung einer angeordneten Zwangsverwaltung oder einer Zwangsversteigerung nach dem Zuschlag erfolgt. Unger, Recht 1914 S. 724/725. Gegen Vollstreckungshandlungen, die im Widerspruch mit dem Einstellungsbeschluß vorgenommen wurden, kann der Schuldner im Wege der Erinnerung nach § 766 ZPO. vorgehen; das Gericht muß dann derartige Vollstreckungshandlungen aufheben, ohne zu prüfen, ob die Lage des Schuldners die Aufhebung der in Frage stehenden Vollstreckungshandlungen erfordert. OLG. München vom 20. Nov. 1914 Recht 1914 S. 740 = LZ. 1915 S. 75; Unger, Recht 1914 S. 726.

VIII. Rechtsmittel: Gegen den Beschluß, durch den der Antrag auf Einstellung der Zwangsvollstreckung ganz oder teilweise abgelehnt worden ist, steht dem Schuldner, gegen den Beschluß, durch den dem Antrag ganz oder teilweise stattgegeben wurde, dem Gläubiger das Recht der sofortigen Beschwerde nach § 793 ZPO. zu. Sintenis S. 73 Anm. 2; Sieskind S. 83; Güthe, PrJMBl. 1914 S. 758 = Gruchot Bd. 59 S. 65; Levis, Recht 1914 S. 600; Unger, Recht 1914 S. 726; Hachenburg, LZ. 1914 S. 1602; OLG. Hamburg vom 19. Sept. 1914 Recht 1914 S. 646; OLG. Augsburg vom 29. Dez. 1914 Recht 1915 S. 37; OLG. München vom 23. Jan. 1915 (BeschwR. Nr. 22/1915); LG. Karlsruhe vom 24. Dez. 1914 Recht 1915 S. 37; LG. Traunstein vom 28. Dez. 1914 Recht 1915 S. 37/38; a. M. Bovensiepen, DRZ. 1914 S. 873 (zuerst Erinn. nach § 766 ZPO.), aber auch a. gl. O. S. 787. Das Beschwerdegericht kann auch eine vom Erstgericht auf Grund der Bestimmungen der ZPO. angeordnete Einstellung, die es für unzulässig hält, auf Grund der vorliegenden Bestimmungen aufrecht erhalten. OLG. Augsburg vom 22. Okt. 1914 Recht 1914 S. 706. Im Zwangsversteigerungsverfahren kann

[1]) Dies scheint das OLG. München v. 20. Nov. 1914 a. a. O. übersehen zu haben.

jedoch das Beschwerdegericht eine Einstellung auf Grund einer Beschwerde gegen den Zuschlagsbeschluß nicht anordnen, wenn der Antrag nicht schon vor dem Zuschlag gestellt war (§ 100 ZVG.). OLG. Marienwerder vom 13. Okt. 1914 Recht 1914 S. 706.

Eine wiederholte Einstellung der Zwangsvollstreckung durch das Vollstreckungsgericht ist unzulässig. Dagegen kann nach rechtskräftiger Ablehnung des Antrages auf Grund eines neuen Antrages mit neuer Begründung die Einstellung angeordnet werden. Unger, Recht 1914 S. 726; a. M. Güthe, PrJMBl. 1914 S. 758 = Gruchot Bd. 59 S. 64 (der wiederholte Einstellung bzw. Verlängerung der Frist bis zu insgesamt 3 Monaten zuläßt).

IX. Nach **§ 3 Abs.** 2 ist eine Einstellung der Zwangsvollstreckung durch das Prozeßgericht unzulässig, wenn vom Prozeßgericht bereits auf Grund der §§ 1 oder 2 eine Frist bestimmt worden war; unzulässig ist in diesem Fall auch die Verlängerung der Frist durch das Vollstreckungsgericht. Unerheblich ist, ob der Antrag auf Fristbestimmung beim Prozeßgericht versehentlich oder absichtlich nicht gestellt wurde, oder ob er überhaupt nicht gestellt werden konnte (weil das Urteil vor dem 7. August 1914 erging), oder endlich vom Prozeßgericht abgelehnt wurde. Auch in diesem Fall muß die Einstellung mangels entgegenstehender Vorschrift und, da ein Bedürfnis hierzu gegeben sein kann, zulässig sein; allerdings wird das Vollstreckungsgericht hier wohl nur dann die Einstellung anordnen, wenn neue Tatsachen oder neue Gründe für den Antrag vorgebracht werden. Güthe, PrJMBl. 1914 S. 758 = Gruchot Bd. 59 S. 64; BerlAnwVer., JW. 1914 S. 794; Juliusberg, DJZ. 1914 S. 1244; Unger, Recht 1914 S. 724; Bovensiepen, DRZ. 1914 S. 786; W. H. DRAZ. 1915 S. 75; OLG. Hamburg DJZ. 1914 S. 1307; OLG. München vom 23. Jan. 1915 (BeschwR. Nr. 22/1915); OLG. Königsberg v. 19. Jan. 1915 LZ. 1915 S. 311; OLG. Hamburg 7. Jan. 1915 LZ. 1915 S. 310 = Recht 1915 S. 61; a. M. Sieskind S. 83; Levis, Recht 1914 S. 599: Striemer, JW.

1914 S. 851; Freiesleben, DJZ. 1914 S. 1159; OLG. Augsburg vom 29. Dez. 1914 Recht 1915 S. 37.

§ 4.

Wird ein Rechtsstreit durch einen vor Gericht abgeschlossenen oder dem Gerichte mitgeteilten Vergleich erledigt, so werden die Gerichtsgebühren nur zur Hälfte erhoben; übersteigt der Streitgegenstand nicht einhundert Mark, so werden Gerichtsgebühren nicht erhoben.

Das gleiche gilt, wenn ein Anerkenntnisurteil nach § 2 ergeht.

Die Vorschrift des § 4 geht — abgesehen von dem Abs. 2 — über den sonst in der Bundesratsbekanntmachung gesteckten Rahmen hinaus und bildet für die Dauer des Kriegszustandes eine **Ergänzung des Gerichtskostengesetzes.** Die dort angeordnete Ermäßigung der Gerichtsgebühren greift nicht nur in Rechtsstreitigkeiten Platz, in denen eine Frist gewährt wurde, und auch nicht nur in Rechtsstreitigkeiten, welche vor dem 31. Juli 1914 entstandene Forderungen betreffen, sondern in allen während der Geltungsdauer des § 4 anhängigen Rechtsstreitigkeiten, soferne nur die Erledigung des Rechtsstreites auf Grund eines Vergleiches nach dem 7. August 1914 erfolgt ist. Sieskind S. 84; Güthe, PrJMBl. 1914 S. 759 = Gruchot Bd. 59 S. 66; BayJMBek. vom 16. Aug. 1914 Bay. JMBl. 1914 S. 155; SächsJMBl. 1914 S. 105; Altschul, JW. 1914 S. 1047; Langenbach, JW. 1914 S. 1070; Unger, Recht 1914 S. 728; Bovensiepen, DRZ. 1914 S. 787; VerZivKamm. Tübingen Recht 1914 S. 707; a. M. Eckstein, JW. 1914 S. 968.

Die Gebührenermäßigung bezieht sich *auf alle Gebühren*, nicht nur auf die nach dem 7. August 1914 fällig gewordenen. Jedoch wird nicht die Gesamtsumme der Gebühren halbiert, sondern jede einzelne Gebühr. Güthe a. a. O.; BayJMBl. 1914 a. a. O. Wird im Nachverfahren über den Betrag ein Vergleich abgeschlossen, so ermäßigen sich auch die Kosten des Vorverfahrens über den Grund des Anspruchs; findet die Erledigung in einer höheren Instanz statt, so werden die Gebühren sämtlicher Instanzen ermäßigt. Sieskind S. 84; Güthe a. a. O.; RG. vom 26. Nov. 1914 LZ. 1915 S. 43; OLG. Karlsruhe BadRpr. 1914 S. 220; nicht erforderlich ist auch, daß die Erledigung des Rechtsstreites durch einen formellen gerichtlichen Vergleich erfolgt; es genügt auch, wenn ein außergerichtlicher Vergleich abgeschlossen wird und darnach dem Gericht hiervon Mitteilung gemacht wird, mag auch der Rechtsstreit sich durch Klagsrücknahme, durch Zurücknahme des Rechtsmittels, oder durch Nichterscheinen der Parteien erledigen. Güthe a. a. O.; Unger, Recht 1914 S. 728; OLG. Augsburg vom 18. Nov. 1914 Recht 1914 S. 742 = LZ. 1915 S. 75; LG. München II vom 14. Nov. 1914 Recht 1914 S. 649.

Die Ermäßigung der Gebührensätze bewirkt gemäß § 80 GKG. gleichzeitig eine Ermäßigung der Pauschsätze. Güthe a. a. O.; BayJMBl. 1914 a. a. O.; Langenbach a. a. O.; Reger, JW. 1914 S. 1048; a. M. RG. vom 5. Okt. 1914 LZ. 1915 S. 43; OLG. Hamburg vom 16. Dez. 1914 DJZ. 1915 S. 215; Eckstein, JW. 1914 S. 669; Unger, Recht 1914 S. 728; für andere Kosten als die Gerichtsgebühren, insbesondere für die Anwaltskosten hat die Kostenermäßigung keine Wirkung.

§ 5.

Diese Verordnung tritt mit dem Tage der Verkündung in Kraft.

7. Die Bekanntmachung über die Folgen der nichtrechtzeitigen Zahlung einer Geldforderung vom 18. August 1914.

(RGBl. S. 377 Nr. 4472).

Vorbemerkung.

„Über die Wirkung der gerichtlichen Bewilligung einer Zahlungsfrist enthält die Bekanntmachung vom 7. August nur die Vorschrift, daß dadurch der Zinsenlauf nicht berührt wird. Insbesondere sind also Verzugszinsen zu entrichten; es erschien im Interesse des Gläubigers geboten, und auch dem Schuldner gegenüber nicht unbillig, diese allgemeine Folge der nicht rechtzeitigen Zahlung einer Geldforderung unberührt zu lassen. Der Verzug kann aber nach Gesetz oder Vertrag auch andere Nachteile für den Schuldner haben, so die Verpflichtung zur Rückzahlung eines Kapitals wegen Nichtzahlung der Zinsen, die Verpflichtung zur Räumung der Wohnung wegen Verzugs mit der Mietzinszahlung, ferner die Verwirkung einer Vertragsstrafe oder den Eintritt eines Rücktrittsrechtes für den Gläubiger, eine Folge, die besonders bei Abzahlungsgeschäften Bedeutung hat. Darüber, inwieweit durch die gerichtliche Bewilligung einer Zahlungsfrist solche Folgen berührt werden, enthält die Bekanntmachung vom 7. August keine Vorschrift. Man wird davon auszugehen haben, daß durch die Bewilligung der Frist die gleiche Rechtslage geschaffen wird, wie sie im Falle einer vom Gläubiger gewährten Stundung entsteht. Doch wird es nicht immer außer Zweifel sein, welchen Einfluß die Fristbewilligung in bezug auf die erwähnten Folgen hat, besonders, wenn sie zur Zeit des Urteils bereits eingetreten waren. Außerdem kann es vorkommen, daß ein gerichtliches Verfahren über die rückständige Geldzahlung nicht anhängig wird, sondern lediglich der Rechtsnachteil, der infolge der nicht rechtzeitigen Zahlung eingetreten ist, den Gegenstand der Klage bildet, z. B. wenn der Vermieter nicht auf Zahlung der Miete, sondern lediglich wegen Zahlungsverzugs auf Räumung klagt. Um für alle diese Fälle Vorsorge zu treffen, hat der Bundesrat die nachstehende Verordnung erlassen." (Reichstagsdenkschrift S. 15/16.)

Der Bundesrat hat auf Grund des § 3 des Gesetzes über die Ermächtigung des Bundesrats zu wirtschaftlichen Maßnahmen usw. vom 4. August 1914 (Reichs-Gesetzbl. S. 327) folgende Verordnung erlassen:

§ 1.

In bürgerlichen Rechtsstreitigkeiten, die bei den ordentlichen Gerichten anhängig sind oder anhängig werden, kann das Prozeßgericht — unbeschadet der Befugnis, gemäß der Bekanntmachung vom 7. August 1914 (Reichs-Gesetzbl. S. 359) Zahlungsfristen zu bewilligen — auf Antrag des Schuldners im Urteil anordnen, daß die besonderen Rechtsfolgen, die wegen der Nichtzahlung oder der nicht rechtzeitigen Zahlung einer vor dem 31. Juli 1914 entstandenen Geldforderung nach Gesetz oder Vertrag eingetreten sind oder eintreten (Verpflichtung zur Räumung wegen Nichtzahlung des Mietzinses, Fälligkeit des Kapitals wegen Nichtzahlung von Zinsen usw.), als nicht eingetreten gelten; das Gericht kann auch anordnen, daß die Folgen nur unter einer Bedingung, insbesondere erst nach dem fruchtlosen Ablauf einer auf höchstens drei Monate zu bemessenden Frist, eintreten.

Die Anordnungen sind unzulässig, wenn die Rechtsfolgen am 31. Juli 1914 bereits eingetreten waren.

Die Vorschriften des § 1 Abs. 1 Satz 2, 3, Abs. 2 Satz 2 sowie die Vorschriften des § 2 der Bekanntmachung vom 7. August 1914 (Reichs-Gesetzbl. S. 359) gelten entsprechend.

I. Die **persönlichen und sachlichen Voraussetzungen** für die nach dieser Bekanntmachung zulässigen Maßnahmen sind die gleichen wie bei der Bundesratsbekanntmachung vom 7. August 1914 Nr. 4456 (vgl. oben S. 94 ff.).

Es kann deshalb insbesondere wegen der Begriffe: „Bürgerliche Rechtsstreitigkeiten", „Ordentliches Gericht", „Prozeßgericht", „Vor dem 31. Juli 1914 entstandene Geldforderung" auf die Erläuterung zur vorgenannten Bekanntmachung verwiesen werden.

Nach Abs. 2 des § 1 sind auch die hier in Frage stehenden Maßnahmen nur zulässig, wenn die Lage des Beklagten sie rechtfertigt, und wenn sie dem Kläger nicht einen unverhältnismäßigen Nachteil bringen. Die Maßnahmen können ferner sowohl für den Gesamtbetrag wie für einen Teilbetrag der Forderung erfolgen und können von der Leistung einer nach freiem Ermessen des Gerichtes zu bestimmenden Sicherheit abhängig gemacht werden. Auf die Erläuterungen zu diesen Begriffen in der Verordnung vom 7. August 1914 wird verwiesen.

Auch für das Verfahren gelten die gleichen Bestimmungen, wie sie in Anm. II zu § 1 der Bundesratsbekanntmachung vom 7. August 1914 oben ausgeführt sind. Besonders zu bemerken ist: Gegenstand des Rechtsstreites kann entweder die Geldforderung sein, aus deren nichtrechtzeitiger Zahlung sich die besonderen Rechtsfolgen ergeben haben, oder der aus einer solchen Rechtsfolge sich ergebende Anspruch oder eine Verbindung des Anspruches und der Geldforderung. Sieskind S. 85; Güthe, PrJMBl. 1914 S. 759 = Gruchot Bd. 59 S. 67; auch BayJMBek. vom 22. Aug. 1914 JMBl. 1914 S. 181 (die aber nur von dem Rechtsstreit über den Eintritt der Rechtsfolge spricht).

II. Die **besonderen Rechtsfolgen**, welche auf Grund dieser Bekanntmachung in Wegfall gebracht werden können, können entweder auf Gesetz oder auf Vertrag beruhen. Als besondere Rechtsfolgen können nur diejenigen Rechtsfolgen bezeichnet werden, die einem bestimmten einzelnen Rechtsverhältnis auf Grund vertraglicher Vereinbarung eigen sind, oder die nur bei bestimmten Arten von Rechtsverhältnissen kraft Gesetzes eintreten. Es gehören deshalb hierher: die Fälle der §§ 455 BGB. (Eigentumsvorbehalt), 544 BGB. (außerordentliche Kündigung bei der Miete[1])), §§ 1 und 4 Abs. 2 AbzG., 219 HGB., § 21 GmbHG., §§ 38 und 39 VersVG. (Heine, Mitt. öff. Feuerversf.-Anst. 1914 S. 516; a. M. Kaufmann, JW. 1914 S. 812); ferner die Fälligkeit eines Kapitals, insbesondere eines Hypothekenkapitals,[2]) oder die Erhöhung des Zinsfußes wegen nicht rechtzeitiger Zahlung des Kapitals oder der Zinsen, die Verwirkung einer Vertragsstrafe wegen nicht rechtzeitiger Zahlung einer Geldschuld. Dagegen gehören **nicht** hierher die allgemeinen, bei allen Schuldverhältnissen eintretenden **Folgen des Verzuges**, weder Verzugszinsen und Schadensersatz nach §§ 284, 286 und 288 BGB., noch auch Schadensersatz und Rücktritt vom Vertrag auf Grund des § 326 BGB. Sieskind S. 86 und JW. 1914 S. 903; Kaufmann, JW. 1914 S. 812; Striemer, JW. 1914 S. 850; Freiesleben, DJZ. 1914 S. 1157; Juliusberg, DJZ. 1914 S. 1244; Hahnemann, NachrDAV. 1914 S. 129; OLG. Köln vom 10. Okt. 1914 Recht 1914 S. 649; a. M. Sintenis S. 75 Anm. 3 (der § 326 hierherrechnet); Güthe, PrJMBl. 1914 S. 760 = Gruchot Bd. 59 S. 69; Kipp, DJZ. 1914 S. 1030; Hachenburg, LZ. 1914 S. 1602 (die alle Verzugsfolgen hierherrechnen; der Gegensatz zu den besonderen Rechtsfolgen

---

[1]) Über die Anwendung der Bestimmung auf Mietverträge vgl. insbes. Asch, JW. 1914 S. 854; vgl. ferner nunmehr Bundesrats-Bek. v. 15. Dez. 1914, Einigungsämter betr. (RGBl. S. 511 Nr. 4572 unten S. 151).

[2]) Über die Anwendung der Bestimmungen im Hypothekenrecht vgl. insbes. Nußbaum, JW. 1914 S. 1106 ff., Bauchwitz, JW. 1914 S. 1111 ff. und nunmehr auch Bundesratsbek. v. 22. Dez. 1914, Zahlungsfristen bei Hypotheken und Grundschulden betr. (RGBl. S. 543 Nr. 4590, unten S. 148) sowie die in der vorigen Fußnote erwähnte Bundesrats-Bek. betr. Einigungsämter.

bestehe darin, daß der Gläubiger infolge der Nichtzahlung der Geldforderung das Recht auf zwangsweise Durchführung seiner Forderung erlangt); während die Geldforderung, an deren nicht rechtzeitige Zahlung der Eintritt der Rechtsfolge geknüpft ist, vor dem 31. Juli 1914 entstanden sein muß (weil nur dann der Schuldner bei Übernahme der Verpflichtung, die durch den Krieg geschaffene Verschlechterung seiner Lage nicht berücksichtigen konnte), darf die Rechtsfolge selbst, deren Beseitigung angestrebt wird, erst nach dem 31. Juli 1914 entstanden sein (denn nur dann kann die durch den Krieg geschaffene Notlage die Ursache der nicht rechtzeitigen Zahlung gewesen sein). Wird also z. B. auf Zahlung eines Hypothekenkapitals geklagt, weil die am 1. Juli 1914 fällig gewesenen Zinsen nicht bezahlt worden sind, so kann eine Anordnung, daß die Fälligkeit des Hypothekenkapitals als nicht eingetreten zu gelten habe, nicht erfolgen (wohl aber kann eine Zahlungsfrist auf Grund der Bundesratsbekanntmachung vom 7. August 1914 Nr. 4456 bestimmt werden).

Bedarf es zur Herbeiführung der Rechtsfolge außer der nicht rechtzeitigen Zahlung der Geldforderung noch einer weiteren Tatsache, z. B. einer Kündigung, so ist die Rechtsfolge auch dann erst nach dem 31. Juli 1914 eingetreten, wenn nur diese Tatsache erst nach dem 31. Juli erfolgte. Sieskind S. 87; Güthe, PrJMBl. 1914 S. 760; a. M. Asch, JW. 1914 S. 854 (die zu beseitigende Rechtsfolge sei das Recht zur Kündigung, sei also schon vor dem 30. Juli 1914 eingetreten).

Nicht beseitigt werden kann die Rechtsfolge dann, wenn sie aus einem anderen Grunde als wegen nicht rechtzeitiger Zahlung der Geldforderung eingetreten ist, z. B., wenn der Räumungsanspruch auf Grund ordentlicher Kündigung entstanden ist, wenn die Hypothekenforderung vereinbarungsgemäß fällig geworden ist, weil die Grundstücke in Zwangsversteigerung geraten oder veräußert werden. Sieskind S. 86; Güthe, PrJMBl. 1914 S. 760 = Gruchot Bd. 59 S. 70; Kaufmann, JW. 1914 S. 812.

III. **Die vom Gericht zu treffende Anordnung** besteht darin, daß entweder die bevorstehende Rechtsfolge nicht eintritt, oder, daß die bereits eingetretene Rechtsfolge als nicht eingetreten zu gelten hat. Sieskind S. 87. Das Gericht kann aber auch — nach freiem Ermessen unter Berücksichtigung der Lage des Gläubigers und des Schuldners — die Rechtsfolge nur teilweise beseitigen, z. B. anordnen, daß die Hälfte des Kapitals fällig ist, oder es kann auch anordnen, daß die Rechtsfolge erst eintritt, wenn eine bestimmte, auf höchstens 3 Monate von der Verkündung des Urteils ab zu bemessende Zahlungsfrist nicht eingehalten wird, wobei das Gericht auch Teilzahlungen anordnen kann, mit der Bedingung, daß die Nichteinhaltung der Ratenzahlungen den Eintritt der Rechtsnachfolge nach sich zieht. Endlich kann das Gericht den Nichteintritt der Rechtsfolge von der Leistung einer nach freiem Ermessen zu bestimmenden Sicherheit (vgl. Anm. III zu § 1 der Bundesratsbekanntmachung vom 7. August 1914) abhängig machen. Aus diesen im Gesetz ausdrücklich zugelassenen Möglichkeiten ergibt sich, daß das Gericht auch die weniger weitgehende Befugnis haben muß, den Eintritt der Rechtsfolge nur bestimmte Zeit hinauszuschieben, z. B., daß die Wohnung erst einen Monat nach erfolgter außerordentlicher Kündigung zu räumen ist (ohne daß hierbei dem Schuldner noch die Möglichkeit gelassen wird, durch rechtzeitige Zahlung den Räumungsanspruch des Gläubigers vollständig zu beseitigen).

Über die Fassung des Urteilstenors vgl. Güthe, PrJMBl. 1914 S. 761 = Gruchot Bd. 59 S. 71 ff.; Kaufmann, JW. 1914 S. 813; Hahnemann, NachrDAB. 1914 S. 129/130. Wenn die Durchführung der besonderen Rechtsfolge Gegenstand des Rechtsstreites ist (z. B. der Räumungsanspruch), so kann das Urteil auch auf Klagsabweisung lauten, wenn nämlich die Rechtsfolge unbedingt aufgehoben wird. Freiesleben, DJZ. 1914 S. 1158.

Rechtsmittel: vgl. Anm. IV zu § 1 der Bundesratsbekanntmachung vom 7. August 1914.

Für die Vollstreckung eines Urteils, in dem die Rechtsfolge bedingt beseitigt ist, gilt das in Anm. VI b 2 zu § 1 der Bundesratsbekanntmachung vom 7. Aug. 1914 Angeführte; vgl. Güthe, PrJMBl. 1914 S. 762 = Gruchot Bd. 59 S. 72.

Über Kosten: s. Anm. zu § 2.

Die **Wirkung der Anordnung**, durch die die Rechtsfolge als nicht eingetreten, oder nur bedingungsweise eingetreten gilt, beschränkt sich grundsätzlich auf die Parteien. Soweit jedoch die Rechtsfolge mehreren Gesamtschuldnern gegenüber nur einheitlich eintreten kann (vgl. § 356 und bezüglich der Kündigung Oertmann Note 1 zu § 426 BGB.), hat die Anordnung notwendig auch auf die Rechte und Pflichten dritter Personen Einfluß. Zugunsten des Hauptschuldners angeordnete Außerkraftsetzung der Kündigung des Kapitals wirkt auch zugunsten des Bürgen (§ 767 BGB.). Kaufmann, JW. 1914 S. 813; die neben der besonderen Rechtsfolge eintretenden Verzugsfolgen (Schadensersatz) werden weder für die Vergangenheit noch für die Zukunft beseitigt. Striemer, JW. 1914 S. 850; a. M. Sieskind, JW. 1914 S. 903.

IV. Nach Abs. 3 des § 1 ist auch das in § 2 der Bundesratsbekanntmachung vom 7. August 1914 Nr. 4456 vorgesehene **Initiativverfahren** hier anwendbar. Es kann im allgemeinen auf die Erläuterungen zu dem erwähnten § 2 verwiesen werden. Besonders ist nur noch zu bemerken: auch wenn Antrag und Ladung des Schuldners zunächst nur zur Bestimmung einer Zahlungsfrist erfolgt ist, so kann doch der Schuldner im Termin seinen Antrag erweitern und Beseitigung einer Rechtsfolge verlangen. Güthe, PrJMBl. 1914 S. 762 = Gruchot Bd. 59 S. 64.

Der Antrag des Schuldners muß hier das Anerkenntnis einer besonderen Rechtsfolge (z. B. Räumungsanspruch) und das Anerkenntnis des Bestehens der nichtbezahlten Forderung, soweit sie neben den besonderen Rechtsfolgen bestehen bleibt, enthalten. Der Antrag ist schon zulässig, ehe die Rechtsfolge eingetreten ist, soferne deren Eintritt nahe bevorsteht. Sieskind S. 88; Kaufmann, JW. 1914 S. 813.

Das im § 2 der Bekanntmachung vom 7. August 1914 vorgesehene Anerkenntnisurteil kann hier allerdings, wenn das Gericht den Nichteintritt der Rechtsfolge anordnet, zu einem klagsabweisenden Urteil werden. Sieskind S. 88; Freiesleben, DJZ. 1914 S. 1159.

Über die Möglichkeit eines Versäumnisurteils vgl. Anm. III c zu § 2 der Bekanntmachung vom 7. August 1914.

§ 2.

Die Kosten des Prozesses können der obsiegenden Partei ganz oder teilweise auferlegt werden, wenn sie auf Grund einer gemäß § 1 getroffenen Anordnung obsiegt.

Wenn das Gericht dem Antrag des Beklagten stattgibt, kann es vorkommen, daß der Kläger, obwohl er nur einen ihm nach den allgemeinen Bestimmungen des bürgerlichen Rechtes zustehenden Anspruch geltend macht, mit seiner Klage ganz oder teilweise abgewiesen wird. Nach den Bestimmungen der Zivilprozeßordnung über die Verteilung der Kosten des Rechtsstreites (§§ 91 ff. ZPO.) müßte er demnach die Kosten ganz oder teilweise tragen. Dies würde eine unbillige Belastung des Gläubigers zugunsten des Schuldners sein. Deshalb gestattet der § 2 eine abweichende Verteilung der Kosten. Es können insbesondere, auch wenn die Klage abgewiesen wird (vgl. Anm. IV zu § 1), die Kosten des Rechtsstreites dem Beklagten auferlegt werden. In allen Fällen, in denen ohne das Eingreifen des Richters dem Antrag des Klägers entsprochen worden wäre, wird es der Billigkeit entsprechen, alle Kosten dem Beklagten aufzuerlegen, soferne nicht dem Kläger rigoroses Vorgehen zur Last fällt. Sieskind S. 88; Bendix S. 88; Freiesleben, DJZ. 1914 S. 1160; Hahnemann, NachrDAV. 1914 S. 130.

Für die Höhe der Kosten sind die allgemeinen Vorschriften des GKG. maßgebend. BayJMBek. vom 22. August 1914 S. 183.

Auf Vergleiche findet der § 4 der Bundesratsbekanntmachung vom 7. August 1914 Nr. 4456 Anwendung.

§ 3.

Hat der Gläubiger für seine Forderung einen vollstreckbaren Titel, so kann der Schuldner den Antrag, die Rechtsfolgen der Nichtzahlung oder der nicht rechtzeitigen Zahlung zu beseitigen (§ 1), durch Einwendung gegen die Zulässigkeit der Vollstreckungsklausel (§ 732 der Zivilprozeßordnung) geltend machen. Diese Bestimmung findet keine Anwendung, wenn bereits eine Anordnung nach § 1 getroffen worden ist.

I. Entsprechend dem § 3 der Bundesratsbekanntmachung vom 7. August 1914 Nr. 4456 gibt auch hier der § 3 der Bekanntmachung vom 18. August 1914 die Möglichkeit, auch noch in der **Vollstreckungsinstanz** die Beseitigung der besonderen Rechtsfolgen zu erlangen. Für die Anordnung ist dasjenige Gericht zuständig, von dessen Gerichtsschreiber die Vollstreckungsklausel erteilt ist, also nach § 824 Abs. 2 ZPO. das Gericht erster Instanz und wenn der Rechtsstreit bei einem höheren Gericht anhängig ist, dieses Gericht, so daß auch die Zuständigkeit des Landgerichts, Oberlandesgerichts und des Reichsgerichts gegeben sein kann. Handelt es sich um vollstreckbare Urkunden nach § 794 Abs. 1 Ziff. 5 ZPO., so bestimmt sich die Zuständigkeit nach § 797 Abs. 3 ZPO. Güthe, PrJMBl. 1914 S. 763 = Gruchot Bd. 59 S. 75.

Die Anordnung ist erst zulässig, wenn die Vollstreckungsklausel schon erteilt ist. Sieskind S. 89; Güthe a. a. O.; Bauchwitz, JW. 1914 S. 1111.

Der Vollstreckungstitel muß sich auf die Rechtsfolgen der Nichtzahlung einer Geldforderung erstrecken. Hat der Gläubiger nur den Titel für die nicht befriedigte Forderung, so kann die Beseitigung der Vollstreckungsklausel nicht das geeignete Mittel sein, um die Beseitigung von Rechtsfolgen herbeizuführen, die noch gar nicht in vollstreckbarer Form festgestellt worden sind. Kipp, DJZ. 1914 S. 1031; a. M. Sieskind S. 89; Güthe, PrJMBl. 1914 S. 759 = Gruchot Bd. 59 S. 75.

Die sachlichen Voraussetzungen sind die gleichen wie in § 1; ebenso können inhaltlich die gleichen Anordnungen getroffen werden, wie im Falle des § 1. Für das Verfahren ist § 732 ZPO. maßgebend. Die Kostenverteilung richtet sich nach den allgemeinen Grundsätzen, nicht nach § 2 der Bekanntmachung. Güthe a. a. O.

Gerichtsgebühren: § 38 Ziff. 3 GKG.
Anwaltsgebühren: § 24 RAGO.
Rechtsmittel: §§ 793 und 795 ZPO.

II. In Satz 2 des § 3 wird bestimmt, daß die Anordnung im Wege der Einwendung gegen die Zwangsvollstreckung nicht getroffen werden kann, wenn schon das Prozeßgericht (nach § 1) oder das Amtsgericht (nach § 2) eine derartige Anordnung getroffen hat. Unzulässig ist deshalb auch in diesem Fall eine Erweiterung der vom Prozeßgericht oder vom Amtsgericht getroffenen Anordnung. Im übrigen sind die in Anm. VIII zu § 3 der Bundesratsbekanntmachung vom 7. August 1914 oben S. 35 angegebenen Grundsätze auch hier maßgebend.

§ 4.

Diese Verordnung tritt mit dem Tage der Verkündung in Kraft.

---

8. Bekanntmachung betreffend die Bewilligung von Zahlungsfristen bei Hypotheken- u. Grundschulden.

Vom 22. Dezember 1914.

(RGBl. 1914 S. 543 Nr. 4590).

Der Bundesrat hat auf Grund des § 3 des Gesetzes über die Ermächtigung des Bundesrats zu wirtschaftlichen Maßnahmen usw. vom 4. August 1914 (Reichs-Gesetzbl. S. 327) folgende Verordnung erlassen:

§ 1.

Die Zahlungsfrist gemäß §§ 1, 2 der Verordnung vom 7. August 1914 (Reichs-Gesetzbl. S. 359) kann bis zu sechs Monaten bestimmt werden, wenn der Rechtsstreit die Zahlung des Kapitals einer Hypothek oder einer Grundschuld oder der Ablösungssumme einer Rentenschuld betrifft.

§ 2.

Die Einstellung der Zwangsvollstreckung (§ 3 der Verordnung vom 7. August 1914) wegen der in § 1 bezeichneten Ansprüche kann für die Dauer von längstens 6 Monaten erfolgen.

War vor dem Inkrafttreten dieser Verordnung vom Prozeßgericht oder vom Amtsgericht eine Zahlungsfrist bestimmt, so kann die Vollstreckung auf die Dauer von längstens 6 Monaten eingestellt werden; war die Vollstreckung vor dem Inkrafttreten dieser Verordnung eingestellt, so kann sie nochmals auf die Dauer von längstens 6 Monaten eingestellt werden.

§ 3.

Diese Verordnung tritt mit dem Tage der Verkündigung in Kraft.

I. Die Bekanntmachung bildet eine **Ergänzung der Bundesratsbekanntmachung vom 7. August 1914 Nr. 4456** und wurde insbesondere deshalb notwendig, weil die Rückzahlung der meist erheblichen Hypothekenkapitalien usw. oder die Neuregelung der Hypothekenverhältnisse während der Kriegszeit besondere Schwierigkeiten macht und meist nur unter Übernahme drückender Verbindlichkeiten möglich ist, zumal die Grundstückseigentümer häufig unter Miet- und Pachtausfällen zu leiden haben. Vgl. Nußbaum, JW. 1914 S. 1110 und JW. 1915 S. 10; Unger, Recht 1915 S. 55.

II. **Anwendungsgebiet:** Die Bekanntmachung findet nur Anwendung zugunsten der dinglichen Ansprüche (dinglicher Vollstreckungstitel), nicht auch zugunsten der der Hypothek- oder Grundschuld zugrundeliegenden persönlichen (obligatorischen) Forderung.[1] Ob die Zahlung auf Grund der ursprünglich vereinbarten Fälligkeit oder auf Grund ordentlicher oder außerordentlicher Kündigung (in letzterem Falle findet auch die Bundesratsbekanntmachung vom 18. August 1914 Nr. 4472, oben S. 138 Anwendung) verlangt wird, ist gleichgültig. Nicht anwendbar sind die Bestimmungen auf Zinsansprüche, Kosten und sonstige Nebenansprüche. Die als Zuschlag zu den Zinsen zum Zwecke allmählicher Tilgung des Hypothekkapitals zu entrichtenden Beträge (sog. Annuitäten) wären richtiger dem Zweck der Bundesratsverordnung entsprechend aus-

[1]) Unbefriedigend ist dies allerdings dann, wenn man sich der vielfach vertretenen, vom RG. Bd. 76 S. 119/120 jedoch mit Recht abgelehnten Ansicht anschließt, daß der die Zwangsversteigerung betreibende Gläubiger, wenn er lediglich einen persönlichen Schuldtitel besitzt, aber nachweisen kann, daß die vollstreckbare Forderung mit einer Hypothekenforderung identisch ist, deren Rang in Anspruch nehmen und sowohl sie als auch die nachstehenden Hypotheken von der Aufnahme in das geringste Gebot ausschließen kann.

geschlossen worden; denn sie stehen wirtschaftlich (nicht einmalige größere Leistung, sondern wiederkehrende kleinere Beträge) den Zinsen gleich (vgl. auch § 197 BGB., § 10 Ziff. 4 ZVG.); da sie aber rechtlich „Zahlung des Kapitals einer Hypothek" darstellen, muß ihnen mangels gesetzlicher Ausnahmebestimmung grundsätzlich der Schutz der Verordnung zugebilligt werden. (Unger, Recht 1915 S. 54.) Tatsächlich wird allerdings das Gericht, in dessen Ermessen ja die Fristbestimmung steht, für Annuitäten eine drei Monate übersteigende Frist nur selten gewähren. Würden durch eine längere Frist Annuitäten ihren Rang nach § 10 Ziff. 4 ZVG. verlieren, so ist die Gewährung einer derartigen Frist unzulässig, da sie dem Hypothekgläubiger einen unverhältnismäßigen Nachteil bringen würde.

III. Inhalt, Verfahren und Wirkung der Anordnung. Auch auf Grund vorliegender Bekanntmachung ist grundsätzlich nur einmalige Fristgewährung zulässig (vgl. Anm. zu § 3 der Bundesratsbekanntmachung vom 7. August 1914, oben S. 135; Nußbaum, JW. 1915 S. 10); eine Ausnahme läßt der § 2 Abs. 2 für diejenigen Fälle zu, in denen vor dem Inkrafttreten der Verordnung (d. h. durch ein spätestens am 22. Dez. 1914 verkündetes Urteil oder einen spätestens an diesem Tage erlassenen, wenn auch später zugestellten Beschluß) auf Grund der Bundesratsbekanntmachung vom 7. August 1914 eine Zahlungsfrist bestimmt, oder die Zwangsvollstreckung eingestellt war: hier kann das Vollstreckungsgericht (nicht auch das Prozeßgericht auf Grund eines etwa noch zulässigen Rechtsmittels und auch nicht das Amtsgericht nach § 2 jener Bekanntmachung) nochmals bis zu sechs Monaten die Vollstreckung einstellen, so daß sich eine Höchstfrist von neun Monaten ergeben kann. Die neue Frist braucht sich nicht unmittelbar an die frühere anschließen. Vollstreckungshandlungen, die nach Ablauf der ersten Frist und vor neuerlicher Einstellung erfolgten, bleiben unberührt. Unger, Recht 1915 S. 54/55.

Im übrigen sind die Voraussetzungen des Verfahrens, sowie die Wirkungen der Fristbestimmung und der Einstellung der Zwangsvollstreckung die gleichen wie bei der Bundesratsbekanntmachung vom 7. August 1914 Nr. 4456, oben S. 93 ff. Die Bundesratsbekanntmachung vom 15. Dezember 1914 Nr. 4572, betreffend Einigungsämter findet auf Hypothekkapitalien nur beschränkte Anwendung (s. unten Anm. III a S. 163).

9. Einigungsämter in Miet- und Hypotheken-angelegenheiten.

a) Bekanntmachung, betreffend Einigungsämter.

Vom 15. Dezember 1914.[1])

(RGBl. 1914 S. 511 Nr. 4572).

Der Bundesrat hat auf Grund des § 3 des Gesetzes über die Ermächtigung des Bundesrats zu wirtschaftlichen Maßnahmen usw. vom 4. August 1914 (Reichs-Gesetzbl. S. 327) folgende Verordnung erlassen:

§ 1.

Ist im Bezirk einer Gemeindebehörde eine kommunale oder gemeinnützige Anstalt (Einigungsamt) mit der Aufgabe betraut worden, zwischen Mietern und Vermietern oder zwischen Hypothekenschuldnern und Hypothekengläubigern zum Zwecke eines billigen Ausgleichs der Interessen zu vermitteln, so kann die Landeszentralbehörde anordnen, daß die Vorschriften der §§ 2 und 3 Geltung haben sollen.

---

[1]) Erläuterungen siehe unten S. 162 und BayGemZ. 25, 146.

§ 2.

Mieter, Vermieter, Hypothekenschuldner, Hypothekengläubiger sind verpflichtet, auf Erfordern des Einigungsamts vor diesem zu erscheinen. Die Gemeindebehörde kann sie hierzu durch eine einmalige Ordnungsstrafe bis zu einhundert Mark anhalten.

Mieter und Hypothekenschuldner sind verpflichtet, über die für die Vermittelung erheblichen, von dem Einigungsamte bestimmt zu bezeichnenden Tatsachen Auskunft zu erteilen. Die Vorschrift im Abs. 1 Satz 2 findet entsprechende Anwendung.

Gegen die Festsetzung der Ordnungsstrafe (Abs. 1, 2) findet Beschwerde statt. Sie ist binnen zwei Wochen bei der Gemeindeaufsichtsbehörde zu erheben; diese entscheidet endgültig.

§ 3.

Die Gemeindebehörde ist befugt, von den im § 2 Abs. 1 bezeichneten Personen eine Versicherung an Eides Statt über die Richtigkeit und Vollständigkeit ihrer Auskunft entgegen zu nehmen.

§ 4.

Handelt es sich in einem Verfahren, in dem die §§ 1, 2 oder 3 der Bekanntmachung des Bundesrats vom 7. August 1914 (Reichs-Gesetzbl. S. 359) oder die §§ 1 oder 3 der Bekanntmachung des Bundesrats vom 18. August 1914 (Reichs-Gesetzbl. S. 377) Anwendung finden, um die Verpflichtung zur Zahlung des Mietzinses oder des Zinses für ein hypothekarisch sichergestelltes Darlehen oder die besonderen Rechtsfolgen, die wegen der Nichtzahlung oder der nicht rechtzeitigen Zahlung nach Gesetz oder Vertrag eingetreten sind, oder eintreten, so hat das Gericht, sofern die Landeszentralbehörde von der ihr nach § 1 zustehenden Befugnis Gebrauch gemacht hat, das Einigungsamt vor der Entscheidung gutachtlich zu hören.

Der Gerichtsschreiber hat die Klage, die Ladung oder den Antrag in Abschrift dem Einigungsamt unverzüglich mitzuteilen. Das Einigungsamt ist verpflichtet, sein Gutachten mit tunlichster Beschleunigung dem Gerichte mitzuteilen.

§ 5.

Wer die gemäß § 2 Abs. 2 von ihm erforderte Auskunft wissentlich falsch erteilt, wird mit Geldstrafe bis zu 1000 Mark bestraft.

§ 6.

Die Landeszentralbehörden erlassen die Bestimmungen zur Ausführung dieser Verordnung.

§ 7.

Die aus Anlaß dieser Verordnung vorzunehmenden gerichtlichen Handlungen und das Verfahren vor dem Einigungsamt einschließlich aller hierfür erforderlichen Urkunden sind stempel- und gebührenfrei.

§ 8.

Diese Verordnung tritt mit dem Tage der Verkündung in Kraft.

b) Ausführungsbestimmungen der Landeszentralbehörden.

Preußen:

Gemäß § 6 der als Anlage 1 abgedruckten Bundesratsbekanntmachung, betreffend Einigungsämter, vom 15. Dezember 1914 ist von uns die als Anlage 2 abgedruckte Ausführungsverordnung vom heutigen Tage erlassen worden.

Wir ersuchen, die nachgeordneten Behörden entsprechend zu verständigen sowie für die schleunige Veröffentlichung der Bekanntmachung und der Ausführungsverordnung im Regierungsamtsblatt und in den Kreisblättern Sorge zu tragen.

Berlin, den 17. Dezember 1914.

Der Justizminister. Beseler.

Der Minister des Innern. v. Loebell.

Der Minister für Landwirtschaft, Domänen und Forsten.
Frhr. v. Schorlemer.

Der Minister für Handel und Gewerbe.
J. A.: v. Meyeren.

An die Herren Regierungspräsidenten.

Ausführungsverordnung.

Auf Grund des § 6 der Bundesratsbekanntmachung, betreffend Einigungsämter, vom 15. Dezember 1914 (Reichs-Gesetzbl. S. 511) verordnen wir zu deren Ausführung das Folgende:

§ 1.

Der Minister des Innern trifft die Anordnung nach § 1 der Bekanntmachung. Der Antrag ist von den Vorständen (Vorstehern) der Ortsgemeinden, in deren Bezirk Einigungsämter bestehen, zu stellen. Der Antrag muß enthalten:

1. eine Darlegung über die Verfassung des Einigungsamts sowie über etwaige Verfahrensvorschriften,
2. die Bezeichnung des Vorsitzenden oder seines Vertreters (§ 2 dieser Verordnung),
3. die Mitteilung von den für die finanzielle Förderung der Einigungstätigkeit in Aussicht genommenen Maßnahmen.

§ 2.

Den Vorsitz bei den Verhandlungen des Einigungsamts hat ein für das Richteramt oder den höheren Verwaltungsdienst befähigtes Mitglied zu führen, das vom Gemeindevorstand (Gemeindevorsteher) ernannt oder bestätigt wird.

Dieses Mitglied oder sein in gleicher Weise vorgebildeter und bestellter Vertreter bildet die Gemeindebehörde im Sinne der §§ 2 und 3 der Bekanntmachung.

§ 3.

Die Pflicht zum Erscheinen (§ 2 der Bekanntmachung) ist in der Regel eine persönliche.

Aus Gesetzen oder Generalvollmachten sich ergebende Vertretungsbefugnisse sind anzuerkennen.

§ 4.

Von der Verhängung einer Ordnungsstrafe (§ 2 Abs. 1 und 2 der Bekanntmachung) ist, wenn die Zuwiderhandlung durch die persönlichen oder wirtschaftlichen Verhältnisse des Verpflichteten entschuldigt wird, sowie in der Regel dann abzusehen, wenn sie erstmalig erfolgt.

Die Höhe der Ordnungsstrafe ist nach der wirtschaftlichen Lage des Betroffenen unter den Gesichtspunkten der Wirksamkeit und des Grades des Verschuldens abzumessen.

Vor der Verhänguug der Ordnungsstrafe ist diese unter Bestimmung eines neuen Termins anzudrohen.

§ 5.

Das Nichterscheinen der Beteiligten (§ 2 Abs. 1 der Bekanntmachung) ist in der Regel als entschuldigt anzusehen, wenn sie einen zur Auskunftserteilung schriftlich bevollmächtigten Vertreter entsenden, der mit ihren für die Vermittelung erheblichen Verhältnissen vertraut ist.

Auswärtige Vermieter können sich durch ihre Hausverwalter vertreten lassen.

Auswärtige Hypothekengläubiger können nur dann in eine Ordnungsstrafe genommen werden, wenn sie vor dem von der Gemeindebehörde (§ 2 dieser Verordnung) ersuchten Gemeindevorstande (Gemeindevorsteher) ihres Wohnorts oder Aufenthaltsorts unentschuldigt nicht erscheinen und auch einen Vertreter (Abs. 1) nicht entsenden.

Schweben vor einem Einigungsamte mehrere Sachen, an denen ein und derselbe Vermieter oder ein und derselbe Hypothekengläubiger beteiligt ist, so sind diese Sachen möglichst derart miteinander zu vereinigen, daß nur ein einmaliges Erscheinen dieser Beteiligten erforderlich wird.

§ 6.

Das Verfahren vor dem Einigungsamt ist nicht öffentlich. Die Mitglieder des Einigungsamts haben die Verhandlungen sowie die hierbei zu ihrer Kenntnis gelangenden Verhältnisse geheim zu halten. Der Vorsitzende hat sie darauf hinzuweisen.

§ 7.

Das Einigungsamt hat, sobald die Mitteilung gemäß § 4 Abs. 2 der Bekanntmachung erfolgt ist, mit tunlichster Beschleunigung ein schriftliches Gutachten dem Gerichte zu übermitteln. Mit besonderer Eile sind die an das Vollstreckungsgericht gerichteten Anträge zu behandeln.

Sind zur Zeit der Mitteilung des Gerichts dem Einigungsamte die Verhältnisse bereits bekannt, so ist das Gutachten sofort abzusenden. Andernfalls hat das Einigungsamt das, was zur Erstattung des Gutachtens erforderlich ist, zu veranlassen. Es kann insbesondere von Amts wegen die Beteiligten laden.

Das Gutachten ist von dem Vorsitzenden oder dessen Vertreter zu unterschreiben.

Auf Verlangen des Gerichts hat das Einigungsamt das Gutachten durch eines seiner Mitglieder mündlich erläutern zu lassen.

§ 8.

Die Vorstände (Vorsteher) von Gemeinden, in deren Bezirk Einigungsämter bestehen, haben, soweit die in den §§ 2 und 3 der Bekanntmachung bezeichneten Befugnisse in Geltung gesetzt sind, dies und die Bezirke der Einigungsämter den beteiligten Gerichten mitzuteilen.

Berlin, den 17. Dezember 1914.

Der Justizminister. Beseler. — Der Minister des Innern. v. Loebell.

Der Minister für Landwirtschaft, Domänen und Forsten.
Frhr. v. Schorlemer.

Der Minister für Handel und Gewerbe.
J. A.: v. Meyeren.

Bayern:

K. Staatsministerien der Justiz und des Innern.

Bekanntmachung zum Vollzuge der Bundesratsverordnung vom 15. Dezember 1914 über Einigungsämter.

Auf Grund der Bundesratsverordnung vom 15. Dezember 1914 § 6 (RGBl. S. 511) wird folgendes bestimmt:

Zur Bundesratsverordnung § 1.

1. Die Vermittlungsämter, die nach der rechtsrheinischen Gemeindeordnung Art. 100, 144[1]) in

---

[1]) Diese beiden Artikel bestimmen übereinstimmend für Gemeinden mit städtischer, bzw. mit Landgemeindeverfassung:

„Die Ausübung des Vermittlungsamtes bei Rechtsstreitigkeiten unter Gemeindeeinwohnern steht dem Bürgermeister zu. Derselbe ist jedoch befugt, hiermit ein anderes Magistratsmitglied oder einen höheren allen Gemeinden rechts des Rheins bestehen, sind gemeindliche Einigungsämter im Sinne der Bundesratsverordnung § 1.

Für sie gelten die §§ 2 und 3 der Bundesratsverordnung.

2. Den sämtlichen Gemeinden des Landes steht es zu, andere gemeindliche oder gemeinnützige nicht gemeindliche Anstalten mit der Vermittlung zwischen Mietern und Vermietern oder zwischen Hypothekenschuldnern und -gläubigern zu betrauen.

Für solche Einigungsämter kann das Staatsministerium des Innern anordnen, daß die §§ 2 und 3 der Bundesratsverordnung gelten sollen.

Den Antrag auf diese Anordnung stellt die Gemeindeverwaltung, in Gemeinden, die einem Bezirksamt unterstehen, durch dessen Vermittlung. Der Antrag soll eine Darlegung enthalten:

a) über die Gestaltung des Einigungsamts oder der Einigungsämter und über etwaige Vorschriften für das Verfahren,

b) über die Maßnahmen, die mit gemeindlichen oder anderen Mitteln zur Förderung der Einigungstätigkeit getroffen werden sollen.

Gemeindebedienfteten (bzw. Gemeindeausschußmitglied) zu beauftragen. Den Beteiligten ist es unbenommen, Männer ihres Vertrauens zu benennen, welche zum Sühneversuche beizuziehen sind. Die Zulassung von Advokaten ist ausgeschlossen.

Wenn auf gehörige Ladung nicht beide Parteien erscheinen, so ist der Vermittlungsversuch als vereitelt zu erachten. Ist der Kläger nicht erschienen, so verwirkt er eine Geldbuße von dreißig Kreuzer (= 90 Pfennige) zum Besten der Gemeindekasse.

Die Verhandlungen und Ausfertigungen des Vermittlungsamtes sind tax- und stempelfrei."

Die Bestimmungen werden ergänzt durch Art. 12 BayAG. z. ZPO. u. KO. v. 26. Juni 1899 (BayGVBl. 1899 S. 401). Aus den von diesen Vermittlungsämtern aufgenommenen Urkunden findet eine Zwangsvollstreckung nicht statt (Henle-Habel, Anm. 3 zu § 12 BayAG. z. ZPO. u. KO.).

3. Das Verfahren vor dem Einigungsamt ist nicht öffentlich.

Die Mitglieder des Einigungsamts haben über die Verhandlungen sowie über Umstände, die dabei zu ihrer Kenntnis kommen, Verschwiegenheit zu beobachten. Der Bürgermeister oder der Vorsitzende hat sie auf diese Pflicht bei Beginn ihrer Tätigkeit hinzuweisen.

Zu § 2.

4. Die Gemeindebehörde, der die Ordnungsstrafbefugnis zusteht, ist der Bürgermeister, bei dessen Verhinderung sein gesetzlicher Stellvertreter.

5. Die Pflicht zum Erscheinen vor dem Einigungsamte trifft in der Regel die beteiligte Person selbst.

Vertretungsbefugnisse, die sich aus Gesetzen oder allgemeinen Vollmachten ergeben, sind anzuerkennen. Das gleiche gilt regelmäßig für Vertretungsbefugnisse, die auf Einzelvollmachten beruhen.

Auswärtige Vermieter können sich ohne ausdrückliche Vollmacht durch ihre Hausverwalter vertreten lassen.

Auswärtige Hypothekengläubiger sind nicht verpflichtet, vor einem anderen Einigungsamt als dem ihres Wohnsitzes, Aufenthalts oder Sitzes zu erscheinen. Das Einigungsamt kann jedoch den Bürgermeister oder das Einigungsamt des auswärtigen Wohnsitzes, Aufenthalts oder Sitzes um Einvernahme des Hypothekengläubigers ersuchen. Dieser ist alsdann verpflichtet, dort zu erscheinen oder sich vertreten zu lassen.

6. Die Festsetzung einer Ordnungsstrafe erfordert, daß die Ordnungsstrafe vorher angedroht worden ist.

Die Bestrafung hat zu unterbleiben, wenn die Zuwiderhandlung durch persönliche oder wirtschaftliche Verhältnisse der Pflichtigen entschuldigt wird.

Die Strafe ist nach der wirtschaftlichen Lage des Betroffenen sowie nach dem Grade und den Folgen des Verschuldens abzumessen.

Der Strafbescheid ist schriftlich gegen Nachweis zuzustellen.

Zu § 3.

7. Die Gemeindebehörde, der die Befugnis zur Entgegennahme eidesstattlicher Versicherungen zusteht, ist der Bürgermeister, bei dessen Verhinderung sein gesetzlicher Stellvertreter.

Zu § 4.

8. Besteht in einer Gemeinde neben dem Vermittlungsamte des Bürgermeisters (oben Ziff. 1) ein anderes gemeindliches oder nicht gemeindliches Einigungsamt, für das die §§ 2 und 3 der Bundesratsverordnung gelten (oben Ziff. 2), so hat das Gericht dieses Amt zu hören.

Bestehen in einer Gemeinde mehrere solche Einigungsämter, so entscheidet für die örtliche Zuständigkeit die Lage der Mietwohnung oder des Pfandgrundstückes.

9. Die Gutachten des Einigungsamts sind schriftlich zu erstatten.

Besondere Eile ist bei den Streitsachen geboten, die beim Vollstreckungsgericht anhängig sind.

Kennt das Einigungsamt die Verhältnisse bereits, so hat es das Gutachten alsbald zu erstatten. Andernfalls hat es zu veranlassen, was zur Erstattung des Gutachtens erforderlich ist; dabei kann es die Beteiligten von Amts wegen laden.

München, 31. Dezember 1914.

Dr. Frhr. von Soden-Fraunhofen.

von Treutlein-Mördes.

I. Die Bundesratsverordnung ist ein Blankettgesetz. Es findet nur dann **Anwendung**, wenn

1. für den Bezirk einer Gemeindebehörde ein kommunales oder gemeinnütziges Einigungsamt [1]) besteht und wenn
2. die Landeszentralbehörde (in Preußen und Bayern der Minister des Innern) angeordnet hat, daß auf dieses Einigungsamt die §§ 2 und 3 (und damit auch die §§ 4—7) der Bekanntmachung Anwendung finden sollen.

Die Bundesratsbekanntmachung enthält weder einen Zwang zur Errichtung von Einigungsämtern (ob die Bundeszentralbehörden selbst derartige Ämter einrichten oder die Gemeinden zur Errichtung zwingen können, bestimmt sich nach Landesrecht [2])), noch Vorschriften, wie diese Ämter eingerichtet sein müssen. Es steht deshalb im Ermessen der Landeszentralbehörden, welchen Ämtern sie die Befugnisse dieser Bekanntmachung einräumen wollen, insbesondere auch welche Ämter sie als „gemeinnützige" ansehen wollen. (A. M. Weil, JW. 1915 S. 60.)

II. Zuständigkeit. Die Tätigkeit des Einigungsamtes kann sich auf Mietfragen und Hypothekenfragen erstrecken,

[1]) Vgl. die Zusammenstellung DRZ. 1914 S. 894.

[2]) In Bayern bestehen die in Ziff. 1 der Vollzugsbekanntmachung v. 31. Dez. 1914 bezeichneten Einigungsämter seit dem Inkrafttreten dieser (3. Jan. 1915) in allen bayerischen Gemeinden und es stehen ihnen die Rechte der Bundesratsbekanntmachung insolange zu, als nicht ein Einigungsamt im Sinne der Ziff. 2 der Vollzugsbekanntmachung in einer Gemeinde errichtet wird. (Vgl. Ziff. 8 BayVollzBek.).

oder auch nur auf eine von beiden beschränken; letzterenfalls erstrecken sich die Befugnisse des Einigungsamtes nur auf Angelegenheiten derjenigen Art, mit der es „betraut" ist. (Mittelstein, LZ. 1915 S. 277.)

III. Die Stellung der Einigungsämter, für welche auf Grund Anordnung einer Landeszentralbehörde die §§ 2 und 3 Geltung erlangt haben, ist insbesondere in zwei Richtungen gekennzeichnet:

a) Das Einigungsamt muß vom Gericht (ohne Rücksicht auf die Instanz, aber nur einmal) gutachtlich gehört werden, wenn es sich um eine der in § 4 erwähnten Streitigkeiten handelt. Nicht hierher gehören Rechtsstreitigkeiten über die Zahlung von Hypothekkapitalien, soferne nicht die Fälligkeit des Kapitals eine Rechtsfolge nicht rechtzeitiger Zahlung der Zinsen usw. ist.

Zu hören ist dasjenige Einigungsamt, in dessen Bezirk das vermietete oder mit den Hypotheken belastete Grundstück liegt. (Vgl. Ziff. 8 Abs. II 3 BayVollzBek.)

Wird eine Klage, in der ein unter § 4 fallender Anspruch geltend gemacht wird, bei Gericht eingereicht, so hat der Gerichtsschreiber sofort, ohne eine Äußerung des Gegners abzuwarten, Abschrift dem Einigungsamt mitzuteilen; das gleiche gilt für eine Ladung und einen Antrag nach §§ 2 und 3 der Bundesratsbekanntmachung vom 7. August 1914 Nr. 4456 oder nach § 1 Abs. 3 und § 3 der Bundesratsbekanntmachung vom 18. August 1914 Nr. 4472. Es empfiehlt sich deshalb, zur Beschleunigung des Verfahrens für diesen Zweck sofort eine Abschrift des betreffenden Schriftsatzes miteinzureichen.

b) Das Einigungsamt kann von Mietern, Vermietern, Hypothekenschuldnern und Hypothekengläubigern verlangen, daß sie bei Meidung einer Ordnungsstrafe erscheinen und weiter von Mietern und Hypothekenschuldnern — nicht auch von Vermietern und Hypothekengläubigern — daß sie, wiederum bei Meidung einer Ordnungsstrafe, über einzelne **bestimmt** bezeichnete Tatsachen eine **Auskunft geben**, welche bei Meidung einer Kriminalstrafe (§ 5) subjektiv richtig sein muß. Weiterhin kann das Einigungsamt von dem Auskunftspflichtigen verlangen, daß er seine Angaben durch eidesstattliche Versicherung vor der Gemeindebehörde bekräftige. (Mittelstein, LZ. 1915 S. 276; a. M. Weil, JW. 1915 S. 61.) Verweigert der Auskunftspflichtige die Abgabe dieser Versicherung, so wird das Einigungsamt daraus Schlüsse für die Glaubwürdigkeit der gemachten Angaben ziehen.

Die Verpflichtung zum Erscheinen besteht nur gegenüber dem am Wohnsitz des Vorgeladenen bestehenden Amt. Auswärts wohnende Auskunftspflichtige werden im Weg der Rechtshilfe von dem Einigungsamt bzw. der Gemeindebehörde ihres Wohnortes vernommen. (§ 5 PrAusfV., Ziff. 5 Bay.-VollzBek.)

IV. Verfahren vor dem Einigungsamt.

Für das Verfahren vor dem Einigungsamt ergeben sich (unter Berücksichtigung der preußischen und bayerischen Ausführungsbestimmungen) folgende Grundsätze:

1. Außer der in vorstehender Ziff. III 2 erwähnten Befugnis zur Vernehmung der Beteiligten haben die Einigungsämter auch das Recht und die Pflicht, durch ihre Mitglieder oder Beauftragte (Helfer) **Erkundigungen** einzuziehen; gerade diese vielseitige Informationsmöglichkeit macht die Einigungsämter geeignet, einerseits eine den Bedürfnissen beider Parteien entsprechende Vermittlung[1]) zu finden (und gegebenenfalls Mietunterstützungen in gerechter Weise zu verteilen), andererseits aber auch den Gerichten als wertvolles Hilfsorgan zu dienen. (Mittelstein, LZ. 1915 S. 276.)

---

[1]) Da die vor dem Einigungsamt geschlossenen Vergleiche **nicht** vollstreckbar sind (vgl. auch Fußnote 1 S. 159 Nußbaum, JW. 1915 S. 10; Weil, JW. 1915 S. 60) empfiehlt es sich, derartige Vergleiche gemäß §§ 500 oder 510c, 794 Ziff. 1, 2 ZPO. in öffentlichen Sitzungen des Amtsgerichts gerichtlich protokollieren zu lassen (BayJMBek. v. 22. Aug. 1914, BayJMBl. 1914 S. 184. Diese Vergleiche genießen die Ermäßigung des § 4 der Bundesratsbek. v. 7. Aug. 1914 Nr. 4456, s. oben S. 136.

2. Vertretung der Beteiligten. Die Verpflichtung zum Erscheinen und zur Aussage trifft den Verpflichteten, soweit nicht tatsächliche Hindernisse entgegenstehen, regelmäßig persönlich bzw. den gesetzlichen Vertreter. Preußen (§ 3) und Bayern (Ziff. 5) lassen außerdem den Generalbevollmächtigten, sowie Hausverwalter auswärtiger Vermieter unbedingt zu; ob die Vertretung durch Spezialbevollmächtigte (Prozeßbevollmächtigte, insbesondere Rechtsanwälte) zugelassen wird, oder ob das Einigungsamt den Vertretenen persönlich hören will, steht im Ermessen des Amtes (nach Ziff. 5 der Bay.-VollzBek. soll die auf Einzelvollmacht beruhende Vertretungsbefugnis regelmäßig anerkannt werden). Da jedoch die Erscheinens- und Erklärungspflicht dieser Personen nicht auf der Bundesratsbekanntmachung beruht (Nußbaum, JW. 1915 S. 10), sondern gegebenenfalls nur auf der vertraglichen Verpflichtung gegenüber dem Auftraggeber, sind die Ordnungsstrafen des § 2 dem (gewählten) Vertreter gegenüber nicht zulässig. Gibt der Vertreter aber Auskunft, so muß diese bei Meidung der Strafe des § 5 der Bundesratsbekanntmachung subjektiv richtig sein; ebenso trifft den Auftrag g e b e r die Strafe des § 5, wenn er seinen Bevollmächtigten wissentlich falsch informiert. Die Verbeistandung durch Anwälte usw. muß mangels entgegenstehender Bestimmungen zulässig sein.

3. Kosten: Auf Grund des § 7 sind insbesondere auch Vollmachten für die Vertretung vor dem Einigungsamt frei von Landesstempeln, ferner vor dem Einigungsamt geschlossene Vergleiche, nicht aber gerichtliche Vergleiche (vgl. hierzu Fußnote S. 164).

Die Gebühren der Rechtsanwälte (vgl. Art. 8, 10 PreußRAGO. vom 6. Sept. 1910; Art. 8, 10, 11 Bay.-RAGO. vom 26. März 1912; ferner § 13 Ziff. 3 Deutsche RAGO.) und sonstiger Vertreter werden durch § 7 nicht berührt. (Weil, JW. 1915 S. 61.) Die durch die Vertretung oder Verbeistandung durch einen Rechtsanwalt einer Partei entstehenden Kosten sind im Falle des § 4 der Bekanntmachung nach § 91 Abs. 2 ZPO. stets erstattungsfähig, da in diesem Fall das Verfahren vor dem Einigungsamt einen Teil des Rechtsstreites bildet. Findet außerhalb eines Rechtsstreites ein Verfahren vor dem Einigungsamt statt, so besteht keine Erstattungspflicht, soferne nicht eine Vereinbarung hierüber getroffen wird.

10. Bekanntmachung über das Mindestgebot bei der Versteigerung gepfändeter Sachen.

Vom 8. Oktober 1914.

(RGBl. 1914 S. 427 Nr. 4507).

Der Bundesrat hat auf Grund des § 3 des Gesetzes über die Ermächtigung des Bundesrats zu wirtschaftlichen Maßnahmen usw. vom 4. August 1914 (Reichs-Gesetzbl. S. 327) folgende Verordnung erlassen:

§ 1.

Soweit eine Zwangsvollstreckung in körperliche Sachen nach den Vorschriften der Zivilprozeßordnung stattfindet, ist der gewöhnliche Verkaufswert der gepfändeten Sachen vor der Versteigerung zu schätzen.

Die Schätzung erfolgt durch den Gerichtsvollzieher. Ist gemäß § 813 der Zivilprozeßordnung zur Pfändung ein Sachverständiger zugezogen, so hat dieser die Schätzung vorzunehmen. Mit der Schätzung gepfändeter Wertpapiere, die einen Börsen- oder Marktpreis nicht haben, hat der Gerichtsvollzieher einen kaufmännischen Sachverständigen zu beauftragen; bei der Schätzung darf der gewöhnliche Verkaufswert solcher Wertpapiere, die in der letzten Woche vor dem 31. Juli 1914 noch einen Börsen- oder Marktpreis hatten, nicht unter dem letzten in dieser Woche amtlich notierten Markt- oder Börsenpreis festgestellt werden. In anderen Fällen kann der Gerichtsvollzieher einen Sachverständigen mit der Schätzung beauftragen.

Die Schätzung soll tunlichst bei der Pfändung erfolgen. In diesem Falle ist ihr Ergebnis in das Protokoll aufzunehmen.

Für Kostbarkeiten bewendet es bei der Vorschrift im § 814 der Zivilprozeßordnung.

§ 2.

Das Vollstreckungsgericht kann auf Antrag des Gläubigers oder des Schuldners die Schätzung durch einen Sachverständigen anordnen.

§ 3.

Bei der Versteigerung der gepfändeten Sachen darf unbeschadet der Vorschrift im § 820 der Zivilprozeßordnung der Zuschlag nur auf ein Gebot erteilt werden, das mindestens die Hälfte des gewöhnlichen Verkaufswerts erreicht (Mindestgebot).

Bei Wertpapieren, die von den auf Grund des Darlehnskassengesetzes vom 4. August 1914 (Reichs-Gesetzbl. S. 340) errichteten Darlehnskassen beliehen werden, darf das Mindestgebot nicht hinter dem Betrage zurückbleiben, zu dem die Darlehnskassen Wertpapiere dieser Art beleihen.

Der gewöhnliche Verkaufswert und das Mindestgebot sind bei dem Ausbieten bekanntzugeben.

§ 4.

Wird der Zuschlag nicht erteilt, weil ein das Mindestgebot erreichendes Gebot nicht abgegeben ist, so bleibt das Pfandrecht des Gläubigers bestehen. Er kann jederzeit die Anberaumung eines neuen Versteigerungstermins oder die Anordnung anderweitiger Verwertung der gepfändeten Sachen gemäß § 825 der Zivilprozeßordnung beantragen. Wird die anderweitige Verwertung angeordnet, so gilt § 3 entsprechend.

§ 5.

Diese Verordnung tritt nach Ablauf einer Woche seit dem Tage der Verkündung in Kraft. Den Zeitpunkt des Außerkrafttretens bestimmt der Reichskanzler.

Zu § 1 bis 5.

I. Zweck der Bekanntmachung:

Die Zivilprozeßordnung kennt für die Zwangsversteigerung beweglicher Sachen im allgemeinen kein Mindestgebot; nur bei Gold- und Silbersachen ist eine unterste Grenze für den Zuschlag nach dem Metallwerte vorgeschrieben (§ 820 ZPO.). Muß aber der Zuschlag zu jedem Preis erfolgen, so hat dies bei der gegenwärtigen verminderten Kauflust zur Folge, daß schon die Pfändungen auf erheblich mehr Sachen ausgedehnt werden müssen, als dies sonst zur Deckung einer Forderung von gleicher Höhe erforderlich war, und daß oft der Versteigerungserlös in dem größten Mißverhältnis zu dem wahren Werte der versteigerten Sachen steht. Mit Rücksicht hierauf hat der Bundesrat durch vorstehende Bekanntmachung nach dem Vorbilde der österreichischen Exekutionsverordnung vom 27. Mai 1896 (§§ 275, 276) für die Versteigerung körperlicher Sachen ein Mindestgebot eingeführt.

II. Anwendungsgebiet: Die Bekanntmachung findet auf jede Zwangsvollstreckung in körperliche Sachen Anwendung, soweit hierfür die §§ 808—827 ZPO. maßgebend sind, also auch soweit diese Vorschriften für ein nicht zivilprozessuales Vollstreckungsverfahren, wie das

Verwaltungszwangsverfahren und das Verfahren auf dem Gebiete der freiwilligen Gerichtsbarkeit zur Anwendung kommen. (Sieskind S. 91 Anm. 2 zu § 17; Bendix S. 93; Schiffer, DJZ. 1914 S. 1103.) Auf andere, *öffentliche* Versteigerungen, insbesondere auf den Verkauf eines durch Rechtsgeschäft bestellten oder kraft Gesetzes entstandenen Pfandes (z. B. des Vermieters oder des gewerbsmäßigen Pfandleihers) bezieht sich die Verordnung *nicht*. (BerlAnwVer., JW. 1914 S. 1103; Bendix S. 94/95); *ebensowenig* auf die Zwangsvollstreckung in *nicht körperliche* Sachen, wie Forderungen, Hypotheken, Patente, Geschäftsanteile. (Bendix S. 94; vgl. auch oben Anm. V b zu § 5 KTSchG.)

Zeitliche Grenze: Die Bekanntmachung findet nach § 5 auf alle nach dem 16. Oktober 1914 stattfindenden Versteigerungen Anwendung; wann die Pfändung erfolgt ist, ist unerheblich. (Sintenis, Nachtrag S. 41 Note 1 zu § 5.)

III. Schätzung und Mindestgebot:

Das Mindestgebot ist gleich der *Hälfte des gewöhnlichen Verkaufswertes*, d. h. desjenigen Preises, den die Waren beim Verkauf zu normalen Zeiten und unter normalen Verhältnissen erfahrungsgemäß erzielen würden. (Sieskind S. 91 Anm. 3 zu § 1.)

a) Dieser Wert ist schon **bei der Pfändung** *zu schätzen* (§ 1 Abs. 3 der Bek.), damit schon die Pfändung nicht übermäßig ausgedehnt wird, wie ja mit Rücksicht auf § 803 Abs. 1 Satz 2 ZPO. schon bisher dem Gerichtsvollzieher bei der Pfändung eine Schätzung der gepfändeten Sachen durch die Dienstanweisungen vorgeschrieben war. (Vgl. § 72 PrGeschAnw. vom 24. März 1914; §§ 94 Abs. 3, 106 Abs. 1 Ziff. 1 BayDAnw. vom 28. April 1900.)

b) Die **Schätzung**[1]) erfolgt grundsätzlich *durch den Gerichtsvollzieher*. Ausnahmsweise *muß* die Schätzung durch einen *Sachverständigen* erfolgen:

---

[1]) Gerichtsvollzieher und Sachverständige haften dem Schuldner nach § 823 Abs. 2 BGB., da die Bekanntmachung ein Schutzgesetz zugunsten des Schuldners ist. Bendix S. 95; auch Schiffer, DJZ. 1914 S. 1234.

1. Bei der Pfändung landwirtschaftlicher Gegenstände nach § 813 ZPO. mit § 1 Abs. 2 Satz 2 der Bekanntmachung;
2. bei gepfändeten Wertpapieren, die keinen Börsen- und Marktpreis haben,[1]) § 1 Abs. 2 Satz 3 der Bekanntmachung (s. nachfolgende Note c);
3. bei Kostbarkeiten nach § 814 ZPO. mit § 1 Abs. 4 der Bek. (nach § 3 Abs. 1 der Bek. mit § 820 ZPO.: unterste Grenze Gold- oder Silberwert!);
4. auf Grund Anordnung des Vollstreckungsgerichts, die auf Antrag des Gläubigers oder Schuldners erlassen werden kann.

In allen übrigen Fällen kann der Gerichtsvollzieher die Schätzung einem Sachverständigen übertragen. (Sintenis S. 40 Anm. 5 zu § 1.)

c) **Wertpapiere:** Nach § 821 ZPO. sind gepfändete Wertpapiere, die einen Börsen- oder Marktpreis haben, vom Gerichtsvollzieher zum Tageskurse zu verkaufen. Diese Vorschrift bleibt in Kraft, ist aber nicht anwendbar, solange in Deutschland — wie dies seit Kriegsausbruch der Fall ist — sämtliche Börsen geschlossen sind und nach der Bundesratsbekanntmachung vom 25. Februar 1915 (Nr. 4654 RGBl. S. 111) sogar die öffentlichen Mitteilungen und Bekanntmachungen über Preise von Wertpapieren verboten sind. Es sind deshalb während dieser Zeit gepfändete Wertpapiere zu versteigern. Grundsätzlich bildet auch für Wertpapiere die Hälfte des gewöhnlichen Verkaufswertes das Mindestgebot. Jedoch ist der Sachverständige in zweifacher Weise bei seiner Schätzung nach unten hin an eine Grenze gebunden:

1. Wertpapiere, die in der Zeit vom 24. bis 30. Juli 1914 einen Börsenpreis hatten, dürfen nicht unter dem letzten amtlich notierten Börsenpreis (vgl. Bundesratsbekanntmachung vom 21. November

---

[1]) Unrichtig ist es, wenn Bendix S. 92/93 ausführt, bei Wertpapieren, die in der letzten Woche vor dem 31. Juli 1914 keinen Börsen- oder Marktpreis hatten, könne auch der Gerichtsvollzieher selbst die Schätzung vornehmen.

1912 RGBl. 1912 S. 537) geschätzt werden; das Mindestgebot muß also mindestens die Hälfte dieses Börsenpreises betragen;

2. bei Wertpapieren, welche von der Kriegsdarlehenskasse beliehen werden (§ 4 Abs. 1 lit. C des RG. vom 4. August 1914 RGBl. S. 340),[1]) darf das Mindestgebot nicht unter dem Beleihungswert zurückbleiben. Diese Schranken muß der Sachverständige einhalten, selbst wenn die Bewertung seiner Überzeugung widerspricht. (Bendix S. 92.)

Praktisch wird fast bei allen seinerzeit notierten Wertpapieren der letzte Kurs zugrunde zu legen sein, da kaum in einem einzigen Fall eine Steigerung des Wertes seit dieser Zeit eingetreten sein dürfte. (Jacusiel im BankArch. Bd. 14 S. 65.)

IV. Bedeutung des Mindestgebotes.

Auf Gebote, welche das bei der Versteigerung bekannt zu gebende Mindestgebot nicht erreichen, darf der Zuschlag nicht erteilt werden. (Gegen die Feststellung des Mindestgebotes ist die Erinnerung nach § 766 ZPO. zulässig; vgl. auch Sieskind a. a. O.) Eine Verletzung dieser Bestimmung bewirkt Unwirksamkeit der Versteigerung, weil die Erteilung des Zuschlages außerhalb der Machtbefugnisse des Gerichtsvollziehers lag. (Gaupp-Stein Anm. III zu § 814, Anm. IV zu § 817 ZPO.; Sintenis, Nachtrag S. 41 Anm. 2 zu § 3 und mit abweichender Begründung Sieskind S. 92 Anm. 13 zu § 3.) Guter Glaube des Erstehers kann den Mangel aber heilen. (Gaupp-Stein a. a. O.; Sieskind a. a. O.) Kann infolge ungenügender Gebote der Zuschlag nicht erteilt werden, so greift § 4 der Bekanntmachung Platz. Die anderweitige Verwertung kann in freihändigem Verkauf, Versteigerung durch einen Auktionator oder Versteigerung an einem anderen Ort oder auch im Zuschlag an den Gläubiger unter Aufrechnung gegen

---

[1]) Ein von der Hauptverwaltung der Darlehenskassen am 6. September 1914 herausgegebenes Verzeichnis der zur Beleihung durch die Darlehenskassen zugelassenen Wertpapiere und der Beleihungsgrenzen befindet sich bei Sintenis, Anhang zum Nachtrag; Bendix S. 158 ff.; ferner Salomon-Bud, Darlehenskassengesetz S. 95—100.

seine Forderung bestehen. In allen diesen Fällen darf jedoch nicht unter das Mindestgebot heruntergegangen werden. (Sieskind S. 93 Anm. 18 zu § 4; Bovensiepen, DRZ. 1914 S. 799.)

11. Bekanntmachung über die Versagung des Zuschlages bei der Versteigerung von Gegenständen des unbeweglichen Vermögens.

Vom 10. Dezember 1914.

(RGBl. 1914 S. 499 Nr. 4566).

Der Bundesrat hat auf Grund des § 3 des Gesetzes über die Ermächtigung des Bundesrats zu wirtschaftlichen Maßnahmen usw. vom 4. August 1914 (Reichs-Gesetzbl. S. 327) folgende Verordnung erlassen:

§ 1.

Ergibt sich bei der Zwangsversteigerung eines Gegenstandes des unbeweglichen Vermögens nach Schluß der Versteigerung, daß ein Anspruch, der ein Recht auf Befriedigung aus dem Gegenstande gemäß § 10 Nr. 2 oder Nr. 4 des Gesetzes über die Zwangsversteigerung und die Zwangsverwaltung (Reichs-Gesetzbl. 1898 S. 713) gewährt, durch das Meistgebot nicht gedeckt wird, so kann, wenn dieser Anspruch innerhalb der ersten zwei Dritteile des zur Berechnung des Reichsstempels für den Zuschlagsbeschluß festzusetzenden Wertes des Gegenstandes steht, auf Antrag des Berechtigten der Zuschlag versagt werden, sofern nicht der betreibende Gläubiger glaubhaft macht, daß ihm die Versagung des Zuschlags einen unverhältnismäßigen Nachteil bringt. Wird der Zuschlag versagt, so ist zugleich von Amts wegen ein neuer Versteigerungstermin zu bestimmen.

§ 2.

Wird der Zuschlag versagt, so dürfen für den Versteigerungstermin Gebühren und Auslagen nicht erhoben werden.

§ 3.

Diese Verordnung tritt mit dem Tage der Verkündung in Kraft. Den Zeitpunkt des Außerkrafttretens bestimmt der Reichskanzler.

Zu § 1 bis 3.

I. Zweck der Bekanntmachung:

Die Durchführung des Zwangsversteigerungsverfahrens während der Kriegszeit birgt die Gefahr erheblicher wirtschaftlicher Schädigungen für die Beteiligten, insbesondere auch für die Hypothekengläubiger in sich, da häufig Hypotheken, die in Friedenszeiten aller Voraussicht nach zur Hebung gelangt wären, ausfallen werden, weil der Wert der Grundstücke (insbesondere städtischer und industrieller Grundstücke) eine Minderung erfahren und der Kreis der Bieter sich verringert hat. Bei dem großen Umfang des in Hypotheken angelegten Teiles des Nationalvermögens — man schätzt die in deutschem Grund und Boden angelegten Hypothekkapitalien auf 70 Milliarden Mark; vgl. Nußbaum, Deutsches Hypothekenwesen S. 185 — ist auch die Allgemeinheit an einem geeigneten Schutz der Hypothekgläubiger stark interessiert. (Vgl. Nußbaum, JW. 1914 S. 1106 ff.; Zweigert, DJZ. 1915 S. 36.) Von den früheren Kriegssonderbestimmungen gewährt nur der § 7 Ziff. 3 KTSchG. den Hypothekengläubigern, soweit sie Kriegsteilnehmer sind, Schutz. (Vgl. oben S. 70 f.)

Zunächst versuchten die Justizministerien Abhilfe zu schaffen, indem sie die Vollstreckungsgerichte (Versteigerungsbeamten) darauf hinwiesen, daß nach § 36 Abs. 2 ZVG. der Versteigerungstermin aus besonderen Gründen, insbesondere um Versteigerungen zu ungelegener Zeit zu vermeiden, auch über sechs Monate nach dem Zeitpunkt der Terminsanberaumung hinaus verlegt werden dürfte und daß aus den gleichen Gründen auch die Verlegung des bereits angesetzten Versteigerungstermines von Amts wegen ohne Zustimmung der Beteiligten erfolgen könne, ohne daß dies zur Einstellung des Verfahrens gemäß § 30 Abs. 2 ZPO. führt. PrJMVerf. vom 5. August 1914 PrJMBl. S. 661 (auch bei Sieskind S. 128; Jäckel-Güthe, Kommentar zur ZVG. 5. Aufl. S. 915); BayJMBek. vom 16. August 1914 JMBl. S. 164 (auch Recht 1914 S. 542); SächsJMBl. 1914 S. 85; WürttJMBl. S. 230 (vgl. ferner RG. vom 25. April 1911 JW. 1911 S. 599; RG. vom 27. Febr. 1914 Warneyer Erg.-Bd. 1914 S. 265; sowie LG. Saarbrücken vom 21. Nov. 1914 JW. 1915 S. 59 = DRAZ. 1915 S. 11).[1])

Da sich aber zeigte, daß diese Maßnahmen nicht genügten, wurde vom Bundesrat die vorliegende Verordnung erlassen, die sich an § 7 Ziff. 3 KTSchG. anlehnt.

II. Anwendungsgebiet:

Die Bekanntmachung findet nur auf Zwangsversteigerungen Anwendung, für welche das Zwangsversteigerungsgesetz (vom 24. März 1897) Anwendung findet. Auf Bezirke, für die das Grundbuch noch nicht angelegt ist, findet die Bekanntmachung daher keine Anwendung. (Zweigert, DJZ. 1914 S. 37; Jäckel-Güthe a. a. O. S. 917.)

Zeitliche Grenze: Die Bekanntmachung findet auf alle Zwangsversteigerungsverfahren Anwendung, in welchen der Versteigerungstermin (§§ 66 ff. ZVG.)

---

[1]) In einer weiteren Verfügung vom 3. November 1914 empfehlt das PrJMBl. 1914 S. 799 (Sieskind S. 188) den Gerichten auf tunlichste Herabminderung der Zwangsverwaltungskosten Bedacht zu nehmen und von dem Angebot verschiedener Hypothekenbanken, einzelne ihrer Beamten als Zwangsverwalter unter Verzicht auf die Gewährung von Vergütung zur Verfügung zu stellen, Gebrauch zu machen.

nach dem 10. Dezember 1914 stattfand oder stattfindet; ob die Beschlagnahme vorher oder nachher erfolgte, ist unerheblich.

III. Festsetzung des Grundstückwertes und Versagung des Zuschlages:

Der Schwerpunkt der Verordnung liegt im Schutz der dinglich Berechtigten (§ 10 Ziff. 4 ZVG.), denn die Liblohngläubiger (§ 10 Ziff. 2 ZVG.) stehen infolge ihrer günstigeren Rangstellung an sich meist im geringsten Gebot. Geschützt sind diese Berechtigten nur insoweit, als ihre Ansprüche ganz oder teilweise innerhalb der ersten zwei Dritteile des Grundstückwertes stehen.

a) Eine besondere Festsetzung des Grundstückwertes findet für diesen Zweck nicht statt, vielmehr sind die für die Berechnung des nach Tarif Nr. 11 RStempG. zu erhebenden Stempels erfolgenden Feststellungen auch hier maßgebend — eine Regelung, die insoferne befremdend ist, als nach § 84 RStempG. der Stempel erst für den Zuschlagsbeschluß zu entrichten und eine besondere Wert-Ermittlung[1]) erst nach Erlaß dieses Beschlusses und auch nur für den Fall vorgeschrieben ist, daß das Meistgebot den Wert des Grundstückes nicht erreicht. Auf Grund der vorliegenden

[1]) Gemäß § 166 der Ausführungsbestimmungen des Bundesrats z. RStempG. v. 5. Febr. 1912, RZBl. S. 85, sind sowohl in Preußen (Allgem. Verf. d. JM. u. FinM. v. 14. März 1912 § 6 PrJMBl. S. 99) wie in Bayern (Verord. 1. April 1912 § 2, BayGVBl. S. 340, auch Art. 1 Abs. 2 des Gesetzes über Änderungen im Gebührenwesen v. 21. Aug. 1914) und auch in den meisten anderen Bundesstaaten im Einverständnis mit dem Reichskanzler (Reichsschatzamt) für die Ermittlung des Wertes des Gegenstandes des Reichsgrundstückstempels die für die Berechnung der Landesstempelabgabe bestehenden Vorschriften für maßgebend erklärt worden. Demgemäß erfolgt die Wertfestsetzung in Preußen grundsätzlich durch den Gerichtsschreiber; nur wenn es vom Gericht für angemessen erachtet wird, — Anlaß hierzu kann eine Anregung des Gerichtsschreibers oder eines Beteiligten geben — erfolgt die Festsetzung durch Gerichtsbeschluß, der auch auf Antrag des Kostenschuldners d. i. des Erstehers ergehen muß. (§§ 24, 30, 126 Abs. 2 PrGKG.; §§ 6, 9, 20 d. Allgem. Verf. d. JM. u. FinM. v. 24. März 1912). — In Bayern erfolgt die Wertfeststellung durch den mit der Versteigerung (nach § 18 EG. ZVG., Art. 25 BayAG. ZVG.) beauftragten Notar (Art. 15 Abs. 1 Ziff. 2, 35, 36, 60 StempG. v. 21. Juli 1914; § 2 Abs. 1 Ziff. 2 d. Vollz. Verord. z. StempG. v. [illegible] Dez. 1914, BayGVBl. S. 684).

Bekanntmachung muß nun schon vor dem Schluß des Versteigerungstermins eine vorläufige Wertfeststellung erfolgen. Zweigert, DJZ. 1915 S. 38; Nußbaum, JW. 1915 S. 10; Jäckel-Güthe (5. Aufl.) S. 916 (vgl. § 6 Abs. 3 Buchst. a der allgem. Verf. d. PrJ.- und FinM. vom 28. Juli 1910; Bayern: vgl. BayZfR. 1909 S. 112). Die Wertfeststellung ist nicht bindend für die spätere endgültige Feststellung des Wertes, bei der auch eine Mitwirkung des zahlungspflichtigen Erstehers stattfindet. Vgl. die in der Fußnote erwähnten Bestimmungen.

b) Wird ein an die $^2/_3$ Grenze des festgesetzten Grundstückswertes fallender Anspruch durch das Meistgebot nicht gedeckt und stellt der Berechtigte einen entsprechenden Antrag, so steht es im pflichtgemäßen Ermessen des Gerichts (Versteigerungsbeamten), ob es von der Befugnis, den Zuschlag zu versagen, Gebrauch machen will. Wenn dem Gericht auch nicht, wie in § 7 Ziff. 3 KTSchG., ausdrücklich vorgeschrieben ist, seine Entscheidung nach dem voraussichtlichen Ergebnis eines späteren Termins einzurichten, so werden sich doch naturgemäß seine Erwägungen hauptsächlich in dieser Richtung bewegen. Dem Ermessen des Gerichts ist insoferne eine Schranke gezogen, als die Versagung des Zuschlages unzulässig ist, wenn der Gläubiger glaubhaft macht, daß ihm die Versagung einen unverhältnismäßigen Nachteil bringen würde, z. B. auch wenn die Gefahr besteht, daß das zu versteigernde Gut wegen nachlässiger Bewirtschaftung erheblich im Wert sinkt.

c) Wird der Zuschlag versagt, so muß zugleich von Amts wegen ein neuer Versteigerungstermin bestimmt werden. Für ihn gelten die allgemeinen Vorschriften der §§ 36—43 ZVG.; doch darf auch hier die Sechsmonatsfrist des § 36 ZVG. unter Umständen überschritten werden (s. oben Anm. I Abs. 2). Ergibt auch der neue Termin kein günstigeres Ergebnis, so ist eine wiederholte Versagung des Zuschlages zulässig. (Zweigert, DJZ. 1915 S. 38; Nußbaum, JW. 1915 S. 10; Jäckel-Güthe 5. Aufl. S. 916/917.)

IV. Rechtsmittel: Gegen die Erteilung des Zuschlages steht dem Antragsteller die sofortige Beschwerde nach §§ 83 Ziff. 5 und 6, 97, 100 ZVG. zu. (Nußbaum, JW. 1915 S. 38/39; Zweigert, DJZ. 1915 S. 38/39; Jäckel-Güthe a. a. O. S. 917.) Bei Versagung des Zuschlages steht den, in § 97 Abs. 1 ZVG. bezeichneten Personen das Beschwerderecht zu. Das Beschwerdegericht hat gegebenenfalls auch die Wertfestsetzung nachzuprüfen. (A. M. Nußbaum, JW. 1915 S. 10[1].)

V. Gebühren und Auslagen:

Die Bestimmung des § 2 der Bekanntmachung soll eine unbillige Vermehrung der Kosten verhindern. Durch den Ausdruck Gebühren (statt Gerichtskosten) werden auch die Kosten mitbetroffen, die dadurch entstehen, daß die Amtshandlungen des Vollstreckungsgerichts nach § 13 EG. ZVG. einer anderen Behörde (Notar) übertragen sind. (Zweigert, DJZ. 1915 S. 39.) Der ergebnislose Termin ist für die Kostenberechnung als nicht geschehen und der nächste erfolgreiche Termin als erster Termin zu behandeln. (Vgl. § 125 PrGKG.; Art. 52, 53 BayNotGebO.; Zweigert a. a. O.; Jäckel-Güthe a. a. O.)

Die Kosten der Beteiligten, insbesondere die Gebühren und Auslagenansprüche eines Rechtsanwalts werden durch die Bestimmung nicht berührt. (Zweigert a. a. O.; Jäckel-Güthe a. a. O.)

---

[1]) Wenn Nußbaum a. a. O. gegen die Wertfestsetzung dem Antragsteller (nur) die stempelrechtlichen Rechtsmittel gewährt, so übersieht er, daß die bei der Versteigerung zugrunde gelegte Wertfestsetzung überhaupt nicht die anfechtungsfähige, endgültige Wertfestsetzung ist (s. oben S. 175 Fußnote 1); ferner daß die stempelrechtlichen Rechtsmittel nur dem Kostenschuldner zustehen. § 95 ZVG. spricht ebenfalls gegen ein selbständiges Rechtsmittel gegen die Wertfestsetzung.

12. Bekanntmachung betreffend die Anordnung einer Geschäftsaufsicht zur Abwendung des Konkursverfahrens.

Vom 8. August 1914.

(RGBl. 1914 S. 363 Nr. 4459).

Vorbemerkung: Auch auf dem Gebiete des Konkursrechts ergab sich die Notwendigkeit, aus Anlaß des Krieges besondere Vorschriften zu erlassen. Nach § 102 Abs. 2 KO. kann bei Zahlungsunfähigkeit die Eröffnung des Konkursverfahrens beantragt werden; das Merkmal der Zahlungsunfähigkeit soll insbesondere dann gegeben sein, wenn Zahlungseinstellung erfolgt ist. Bei den gegenwärtigen außergewöhnlichen Verhältnissen kann eine Zahlungseinstellung leicht eintreten; sie kann sich infolge des verzögerten Einganges von Forderungen, infolge der Schwierigkeit, große Sachwerte gerade jetzt in Geld umzusetzen oder dem Kredite dienstbar zu machen, auch bei Betrieben ergeben, die durchaus lebensfähig und sonst fest gegründet sind. Die Eröffnung des Konkurses würde in solchen Fällen die wirtschaftliche Stellung des Schuldners für alle Zukunft in Frage stellen. Das zu verhüten, ist der Zweck nachfolgender Verordnung des Bundesrates (Reichstagsdenkschrift S. 16).[1])

Der Bundesrat hat auf Grund des § 3 des Gesetzes über die Ermächtigung des Bundesrats zu wirtschaftlichen Maßnahmen usw. vom 4. August 1914 (Reichs-Gesetzbl. S. 327) folgende Verordnung erlassen:

§ 1.

Wer infolge des Krieges zahlungsunfähig geworden ist, kann bei dem für die Eröffnung des Konkursverfahrens zuständigen Gerichte die Anord-

[1]) Die Bekanntmachung ist eine Nachbildung der Preußischen Allgem. GerO. I 47 §§ 1 ff. vgl. Bendix S. 95 und JW. 1914 S. 102.

nung einer Geschäftsaufsicht zur Abwendung des Konkursverfahrens beantragen.

§ 2.

Der Schuldner hat mit dem Antrag ein Verzeichnis der Gläubiger unter Angabe ihrer Adressen, eine Übersicht des Vermögensstandes in Form einer Gegenüberstellung der einzeln aufzuführenden Aktiven und Passiven und, sofern er Kaufmann ist, auch die letzte Bilanz einzureichen.

§ 3.

Dem Antrag ist stattzugeben, wenn die Behebung der Zahlungsunfähigkeit nach Beendigung des Krieges in Aussicht genommen werden kann.

Das Gericht entscheidet über den Antrag nach freiem Ermessen.

Diese Bestimmungen enthalten die **Voraussetzungen** für die Anordnung einer Geschäftsaufsicht.

I. Personen: Die Abwendung des Konkursverfahrens durch Geschäftsaufsicht ist für S c h u l d n e r a l l e r A r t zulässig. Sie ist weder auf Kriegsteilnehmer beschränkt, noch sind diese ausgeschlossen. (Hahnemann, Nachr.-DAB. 1914 S. 130; Jaeger, BankArch. Bd. 14 S. 32; **Bendix**, LZ. 1915 S. 189 Fußnote 1; **Breit**, JW. 1915 S. 163.) Sowohl natürlichen wie juristischen Personen[1]) und Handelsgesellschaften (offene Handelsgesellschaften und Kommanditgesellschaften) können die Vorteile der Verordnung zugute kommen. Auch daß der Schuldner Kaufmann ist, ist nicht notwendig, wenn die Verordnung auch ihrem ganzen Inhalt nach als Regel voraussetzt, daß der Schuldner ein Geschäft, einen Gewerbebetrieb hat. (Kipp, DJZ. 1914 S. 1033; **Bovensiepen**, DRZ.

[1]) Vgl. hiezu die Bundesratsbek. v. 8. Aug. 1914 Nr. 4460, unten S. 219.

1914 S. 780; Breit, JW. 1915 S. 163; unbestritten!) Den Inländern stehen die Ausländer gleich, soferne ein inländischer Konkursgerichtsstand (§ 1 der Bek.; vgl. §§ 71, 238 KO.) begründet ist. Jaeger a. a. O.; Breit a. a. O.; LG. Plauen vom 13. Jan. 1915 DRAZ. 1915 S. 8.

II. Der Antrag:

a) Antragsberechtigt ist nur der Schuldner. Für prozeßunfähige Schuldner ist der Antrag vom gesetzlichen Vertreter zu stellen. Bei juristischen Personen mit mehreren gesetzlichen Vertretern ist jeder allein antragsberechtigt, ohne Rücksicht darauf, ob er allein vertretungsberechtigt ist (§§ 208, 213 KO.; § 63 GmbHG.; §§ 100, 118 GenG.); bei der offenen Handelsgesellschaft und bei der Kommanditgesellschaft hat jeder persönlich haftende Teilhaber und jeder Liquidator das Antragsrecht (§ 210 KO.). Jaeger, BankArch. Bd. 14 S. 32. Nicht antragsberechtigt sind die Gläubiger; der Bundesrat hat den von vielen Seiten gestellten Anträgen, auch den Gläubigern, insbesondere dann, wenn der Schuldner im Felde steht, und vor seiner Einberufung nicht für Weiterführung des Geschäftes Sorge getragen hat, das Antragsrecht zu geben (vgl. Jaeger a. a. O.; aber auch Cahn, Recht und Wirtschaft 1914 S. 270 und LZ. 1915 S. 113), nicht stattgegeben und die Reichstagsdenkschrift vom 23. September 1914 S. 17 bemerkt hierzu:

„Auch dem Gläubiger, wie mehrfach angeregt worden ist, das Recht zur Beantragung der Geschäftsaufsicht zu geben, erschien mit dem Grundgedanken der Maßregel nicht verträglich. Die Geschäftsaufsicht ist nicht als ein Zwangsmittel, sondern als eine Vergünstigung gedacht und ausgestaltet, die dem infolge des Krieges zahlungsunfähig gewordenen Schuldner ermöglichen soll, die mit dem Konkursverfahren verbundenen Schädigungen abzuwenden. Als solche setzt sie voraus, daß der Schuldner sich freiwillig unter die Aufsicht begibt; ihre Durchführbarkeit ist durch freiwillige Mitwirkung des Schuldners oder mindestens dadurch bedingt, daß er Handlungen unterläßt, die den Gläubigern nachteilig sind. Mit alledem ist es unvereinbar, einem Schuldner die Aufsicht gegen seinen Willen aufzuzwingen. Gegenüber böswilligen Schuldnern, die zu der Mitwirkung nicht bereit sind, bietet sie überhaupt nicht den geeigneten Schutz. Unterläßt es der Schuldner, sich unter Geschäftsaufsicht zu stellen, so ist dem Gläubiger unbenommen, die Eröffnung des Konkurses zu beantragen. Soweit übrigens die Anregungen das Ziel verfolgen, das Vermögen eines Kriegsteilnehmers vor einer Verschleuderung oder vor sonstigen unwirtschaftlichen Maßnahmen durch die Zurückbleibenden zu bewahren, bieten schon die Vorschriften des Bürgerlichen Gesetzbuches über die Abwesenheitspflegschaft (§ 1911) eine Handhabe.[1]) Nach ihnen ist die Bestellung eines Abwesenheitspflegers insbesondere auch dann möglich, wenn der Kriegsteilnehmer durch Erteilung eines Auftrages oder einer Vollmacht Fürsorge getroffen hat, aber Umstände eingetreten sind, die zum Widerruf des Auftrages oder der Vollmacht Anlaß geben."

Um auf den Schuldner einen Druck auszuüben, daß er den Antrag auf Anordnung der Geschäftsaufsicht stellt, empfiehlt Kaufmann, NachrDAV. 1914 S. 125 dem Gläubiger, seinerseits Konkursantrag zu stellen mit dem Beifügen, daß er damit einverstanden sei, wenn an Stelle des Konkurses die Geschäftsaufsicht angeordnet werde und daß er vor endgültiger Verbescheidung seines Antrags gehört zu werden bitte.

Über das Zusammentreffen von Konkursantrag und Antrag auf Geschäftsaufsicht s. unten Anm. I zu § 5.

b) Form, Inhalt und Beilagen des Antrags: Der Antrag kann schriftlich oder mündlich zu Protokoll des Gerichtsschreibers gestellt werden (§ 4 der Bek.; § 72 KO.; § 496 Abs. 2 ZPO.). Der Antrag ist an das

---

[1]) Laut Mitteilung der Handelskammer Posen hat der Präsident des OLG. Posen die Amtsgerichte seines Bezirks hierauf ausdrücklich hingewiesen.

Gericht zu richten, das nach §§ 71, 238 KO. für die Eröffnung des Konkursverfahrens zuständig wäre. In dem Antrag muß dargelegt sein, daß und wieso der Schuldner infolge des Krieges zahlungsunfähig wurde (s. nachfolgende Anm.) und welche Gründe die Annahme rechtfertigen sollen, daß die Behebung der Zahlungsunfähigkeit nach Beendigung des Krieges zu erwarten ist (s. nachfolgende Anm. III b) [Beispiel eines Antrages s. Bendix S. 96].

Der Schuldner hat nach § 2 der Bekanntmachung[1]) „mit" dem Antrag einzureichen:

1. ein Verzeichnis der Gläubiger unter Angabe der (wegen § 4 Abs. 1 Bek. erforderlichen) Adressen. (Nach der BayJMBek. vom 18. August 1914 Bay.-JMBl. 1914 S. 158 können die Adressen der von dem Verfahren nach § 9 Nr. 4 der Verordnung mit § 61 Nr. 1 KO. nicht betroffenen Liblohn-Gläubiger weggelassen werden; a. M. Jaeger, BankArch. Bd. 14 S. 32.)
2. eine Übersicht des Vermögensstandes in Form einer (bilanzmäßigen) Gegenüberstellung der einzelnen Aktiven und Passiven unter Beifügung des Schuldgrundes der Forderung (z. B. für Waren, als Darlehen). Auch die nach § 9 der Bekanntmachung von dem Verfahren nicht betroffenen Gläubiger müssen aufgenommen werden, zumal auch dem Antragsteller nicht immer eine richtige Abgrenzung zuzutrauen ist (ebenso BayJMBek. und Jaeger a. a. O.); doch empfiehlt es sich, diese als solche kenntlich zu machen. Bei den Aktiven ist der Wert anzugeben; wird der Einkaufspreis oder der normale Verkaufspreis angegeben (was nicht notwendig, aber unter Umständen wünschenswert ist), so ist auf jeden Fall auch der derzeitige Verkaufswert beizufügen. Bei unsicheren Außenständen ist neben dem Nennwert der Wahrscheinlichkeitswert anzugeben.

---

[1]) Die Vorschrift entspricht dem § 104 KO. (vgl. Sintenis S. 77 Anm. 1 zu § 2, Jaeger a. a. O.).

3. Soferne der Schuldner ein Kaufmann d. h. ein Vollkaufmann (§ 4 HGB. e contr.), auch die letzte Bilanz.

Gemeint ist hiermit die letzte nach § 39 HGB. errichtete Jahresbilanz, nicht etwa eine auf den Zeitpunkt der Antragstellung abgestellte Zwischenbilanz; wenn bisher nur eine Eröffnungsbilanz zu errichten war, ist diese vorzulegen. (BayJMBek. und Jaeger a. a. O.; Sieskind S. 95.)

Diese Schriftstücke müssen spätestens zur Zeit der Beschlußfassung dem Gerichte vorliegen; eine Nachlieferung ist — abweichend vom § 104 Abs. 2 KO. — nicht zulässig. (Sieskind, BayJMBek., Jaeger a. a. O.)

III. Die **Zahlungsunfähigkeit des Schuldners**, deren Begriff hier der gleiche wie in § 102 KO. ist, muß

a) infolge der Kriegsnot unverschuldet entstanden sein. Geschützt sollen nur diejenigen Personen werden, deren geschäftlicher Zusammenbruch eine Folge der mit dem Kriegszustand verbundenen Erschütterung des wirtschaftlichen Lebens ist, also insbesondere Schuldner, die infolge des Krieges ihre Außenstände (namentlich auch aus dem Auslande) nicht in normalen Umfang hereinbringen können, oder die infolge des durch Verminderung des Geschäftsumsatzes eingetretenen Rückganges der Einnahmen ihren Verbindlichkeiten nicht mehr nachkommen können. Nicht erforderlich ist aber, daß der Krieg die alleinige Ursache der Zahlungsunfähigkeit ist; es genügt, daß er sie mitverursacht hat. (Jaeger, BankArch. Bd. 14 S. 33; a. M. Sieskind S. 44 und S. 94 Anm. 2 zu § 1.) Ausgeschlossen ist die Geschäftsaufsicht deshalb dann, wenn der Schuldner etwa schon stark verschuldet war — dies wird sich nicht selten aus dem Zusammenhalt der letzten Bilanz und der Gegenüberstellung der Aktiven und Passiven ohne weiteres feststellen lassen (BayJMBl. 1914 S. 159) — und etwa schon vor dem Krieg seinen Gläubigern erfolglos Vergleichs-(Akkord-) Vorschläge gemacht hat (vgl. Kipp, DJZ. 1914 S. 1031; Cahen, Generalsekretär des Gläubigerschutzverbandes,

Berl. Tagbl. vom 17. Nov. 1914 Nr. 640; Michels, Recht 1915 S. 7). Dagegen ist die Geschäftsaufsicht nicht ausgeschlossen, wenn die Durchführung einer schon bei Kriegsbeginn mit Aussicht auf Erfolg eingeleiteten Sanierung durch den Kriegsausbruch verhindert wurde. Ob neben der Zahlungsunfähigkeit auch Überschuldung [1]) vorliegt, oder nicht, ist grundsätzlich unerheblich (Jaeger, BankArch. Bd. 14 S. 33; vgl. auch Hachenburg, LZ. 1914 S. 160), ebenso ob die Forderungen, welche die Zahlungsunfähigkeit bewirken, vor oder nach dem 31. Juni 1914 entstanden sind.

b) Es muß Aussicht bestehen, daß die Zahlungsunfähigkeit nach Beendigung des Krieges behoben werden kann. Ausschlaggebend ist hierbei in erster Linie, ob der Schuldner (Geschäftsleiter) eine Person ist, der man den ehrlichen Willen und die Fähigkeit zutrauen kann, das Geschäft nach Besserung der allgemeinen Wirtschaftslage wieder flott zu machen. Weiter kommt in Betracht, ob das Unternehmen genügend fundiert ist, worüber namentlich auch frühere Bilanzen Aufschluß geben können. Faule Schuldner, die ihr überschuldetes Geschäft schon lange Zeit notdürftig durchschleppten, noch für die Zeit des Krieges über Wasser zu halten, ist nicht Zweck des Gesetzes (Michels, Recht 1915 S. 7). Andererseits ist nicht nötig, daß sich mit Bestimmtheit (etwa rechnerisch) feststellen läßt, daß die Zahlungsunfähigkeit nach dem Krieg behoben werden kann; es genügt, wenn eine gewisse Wahrscheinlichkeit hierfür besteht. Auch wird man den Zeitpunkt „Nach Beendigung des Krieges" nicht zu eng fassen dürfen. Viele Unternehmungen (z. B. Abzah-

---

[1]) Jaeger a. a. O. will die Geschäftsaufsicht auch in den Fällen zulassen, wo Überschuldung entweder neben Zahlungsunfähigkeit, so bei den Aktiengesellschaften (§ 207 KO.), Gesellschaften mbH. (§ 63 GmbHG.) und den juristischen Personen (§ 213 KO.) — oder ausschließlich — so bei Nachlaßüberschuldung (§ 215 KO.) — selbständigen Konkursgrund bildet, wenn die — voraussichtlich zu behebende — Überschuldung infolge des Krieges eintrat. Die zum Konkursantrag verpflichteten Personen würden durch die ihrem Antrag entsprechende Anordnung der Geschäftsaufsicht ihrer Antragspflicht überhoben; a. M. Breit, JW. 1915 S. 164, Pinner BankArch. Bd. 14 S. 122.

lungsgeschäfte) werden auch nach Beendigung der Kriegswirren geraume Zeit brauchen, bis sie nach Rückkehr normaler wirtschaftlicher Zustände wieder Eingänge auf die Außenstände und einen Umsatz erzielen können, daß sie ihren Verpflichtungen wieder nachzukommen imstande sind.

c) Die Entscheidung, ob diese Voraussetzungen vorliegen, steht im freien Ermessen des Gerichtes (§ 3 Abs. 2), das jedoch berechtigt und verpflichtet ist, vor der Entscheidung von Amts wegen die erforderlichen Ermittlungen anzustellen. § 4 Abs. 2 der Bekanntmachung mit § 75 KO. (BayJMBl. 1914 S. 158; Jaeger, BankArch. Bd. 14 S. 33; Sieskind S. 59 Anm. 10 zu § 3.) In Betracht kommt insbesondere die Anhörung des Schuldners, dem auch aufgegeben werden kann, nötigenfalls an Hand der Geschäftsbücher die Bilanz und die Übersicht des Vermögensstandes zu erläutern; ferner die Vernehmung von Zeugen (z. B. Prokurist des Schuldners) und Sachverständigen[1]) (nicht unmittelbaren Geschäftskonkurrenten). Bendix S. 97; BayJMBek. vom 18. August 1914 BayJMBl. S. 158 und 159; Jaeger a. a. O.; Michels, Recht 1915 S. 9.

---

[1]) Besondere Beachtung verdienen die beim Amtsgericht München zu diesem Zweck laut BayJMBek. v. 21. Aug. 1914 JMBl. 1914 S. 175 ff. getroffenen Einrichtungen:

1. Aus Mitgliedern der Handelskammer, der Handwerkskammer und des Münchener Anwaltsvereins wurde ein Ausschuß gebildet, der sich in drei Unterausschüsse gliedert, einer für industrielle Unternehmungen und Großfirmen, der zweite für eingetragene Detailfirmen, das Bankgewerbe und Privatpersonen mit größerem Vermögen und der dritte für Handwerker und Privatpersonen, mit kleinerem Vermögen.

2. Wird beim Amtsgericht München ein Antrag auf Anordnung der Geschäftsaufsicht zur Abwendung des Konkursverfahrens gestellt und ist aus dem Antrag und dessen Unterlagen nicht ohne weiteres ersichtlich, daß die Voraussetzungen für eine Geschäftsaufsicht gegeben sind, so übersendet das Gericht die Akten an den Ausschuß mit dem Ersuchen, die gutachtliche Äußerung des zuständigen Unterausschusses zu veranlassen. Zugleich fordert es den Schuldner auf, dem Ausschuß oder dessen Beauftragten alle von diesem verlangten Aufschlüsse zu erteilen und seine Bücher vorzulegen.

3. Die Geschäftsführung des Ausschusses und der Unterausschüsse ist durch eine vom Ausschuß aufgestellte Geschäftsordnung geregelt.

a) Die Ausschüsse sind bei der Beschaffung der zur Erstattung des Gutachtens erforderlichen Grundlagen an keine Regeln gebunden sie

§ 4.

Wird dem Antrag stattgegeben, so bestellt das Gericht eine oder mehrere Personen zur Beaufsichtigung der Geschäftsführung des Schuldners und teilt den Gläubigern die Anordnung der Geschäftsaufsicht und die Aufsichtspersonen mit.

§ 72, § 73 Abs. 1, 2 und § 75 der Konkursordnung gelten entsprechend. Öffentliche Bekanntmachungen finden nicht statt.

Dieser Paragraph enthält die (wenigen) formellen Vorschriften über das **Verfahren des Gerichtes.**

I. Allgemeines: Die vom Amtsgericht bei der Anordnung, Überwachung und Aufhebung der Geschäftsaufsicht zu entwickelnde Tätigkeit bildet ein zivilprozessuales Verfahren (§ 4 Abs. 2 der Bek. mit § 72 KO.; a. M. Breit, JW. 1915 S. 164, der das Verfahren der freiwilligen Gerichtsbarkeit zuzählt), für welches auf Grund des für anwendbar erklärten § 75 KO. der Offizialbetrieb gilt. Die Entscheidungen des Gerichtes können ohne mündliche Verhandlung ergehen und sind allen Beteiligten von Amts wegen zuzustellen (§ 4 Abs. 2 der Bek. mit § 73 Abs. 1 und 2 KO.). Über Rechtsmittel s. § 11; Kosten § 12.

II. Keine Öffentlichkeit: Akteneinsicht. Öffentliche Bekanntmachungen finden auch beim Anordnungs- und beim Aufhebungsbeschluß im Gegensatz zum Konkursverfahren nicht statt (§ 4 Abs. 2 Satz 2), eine Maßnahme, durch die einerseits, — was zweifellos zu be-

---

können insbesondere einzelne Mitglieder oder auch Außenstehende mit der Prüfung der Verhältnisse des Schuldners betrauen und je für den einzelnen Fall Mitglieder anderer Ausschüsse oder Außenstehende zuwählen.

b) Konkurrenten des Schuldners sollen tunlichst nicht mit der Einsicht der Geschäftsbücher usw. betraut werden.

c) das Gutachten soll sich darüber äußern, ob die Zahlungsunfähigkeit des Schuldners eine Folge des Krieges ist, ob die Behebung der Zahlungsunfähigkeit nach der Beendigung des Krieges in Aussicht genommen werden kann, und wer als Aufsichtsperson vorgeschlagen wird.

grüßen ist, — eine unnötige Ansehensminderung des Schuldners vermieden werden soll, die aber andererseits gutgläubige Dritte erheblich schädigen kann, wenn sie dem Schuldner bei Geschäften, die nicht unter § 9 Ziff. 1 der Bek. fallen, Kredite gewähren. Auch bei Gericht wird eine öffentliche Liste der unter Geschäftsaufsicht stehenden Schuldner nicht aufgelegt. Vgl. aber auch PrJMVerf. vom 1. März 1915 PrJMBl. S. 44.[1]) Eine Eintragung der Anordnung der Geschäftsaufsicht im Grundbuch, oder in den öffentlichen Registern (z. B. Handels- oder Genossenschaftsregister) findet nicht statt.

Dagegen muß den Gläubigern, die sich als solche ausweisen, da sie am Verfahren als Parteien beteiligt sind, — sie werden ja auch von der Anordnung der Aufsicht verständigt s. nachfolgende Anm. III 2. Abs. — die Einsicht in die gerichtlichen Akten der über ihre Schuldner geführten Geschäftsaufsicht nach dem § 4 Abs. 2 der Bek., § 72 KO., § 299 Abs. 1 ZPO., deren Anwendung durch keine andere Bestimmung der Verordnung ausgeschlossen wird, gestattet und müssen ihnen auf ihre Kosten Abschriften von einzelnen Aktenstücken erteilt werden, zumal doch die Gläubiger auch ein erhebliches wirtschaftliches Interesse an der Durchführung des Verfahrens haben und durch Anregungen beim Gericht und bei der Aufsichtsperson auch häufig einen berechtigten und den Interessen der Geschäftsaufsicht dienlichen Einfluß ausüben können.[2]) LG. Frankfurt a. M., 6. ZK. vom 15. Dez. 1914 DJZ. 1915 S. 322; [3]) Jaeger, BankArch. Bd. 14 S. 33; Hahnemann, NachrDAV. 1914 S. 130. (A. M. die Praxis

---

[1]) Diese lautet: Die Gerichtsschreiber der Amtsgerichte werden angewiesen, auf mündliche oder schriftliche Anfragen darüber Auskunft zu erteilen, ob gegen eine bestimmte Person die Geschäftsaufsicht zur Abwendung des Konkursverfahrens angeordnet ist, und die Namen der bestellten Aufsichtspersonen mitzuteilen.

Bei schriftlichen Auskünften sind Schreibgebühren in Ansatz zu bringen und die besonderen Bestimmungen über portopflichtige Sendungen zu beachten.

[2]) Über die Zulässigkeit der Beschwerde in diesem Fall s. Anm. zu § 11.

[3]) Den gleichen Standpunkt nimmt das Kammergericht ein lt. Mitteilung von Cahen im Berliner Tageblatt v. 28. Febr. 1915 Nr. 99.

einzelner Gerichte, z. B. des Amtsgerichts München, laut Mitteilungen in den Tageszeitungen.)

III. Die Eröffnung des Verfahrens: Die formelle Durchführung des Antrages, wenn ihm stattgegeben wird, erfolgt in der Weise, daß das Gericht gleichzeitig mit der Anordnung der Geschäftsaufsicht eine oder mehrere Personen als Aufsichtspersonen bestellt. Für die Auswahl der Aufsichtspersonen, von deren Tauglichkeit ein günstiger Erfolg der Geschäftsaufsicht wesentlich abhängt, haben die Vollzugsvorschriften der Einzelstaaten dem Amtsgerichte nahegelegt, die Mitwirkung der Vertretungen von Handel und Gewerbe (Handels- und Handwerkskammern) in Anspruch zu nehmen. (PreußAllgVerf. d. Handels- und Justiz-Min. vom 11./13. August 1914 PrJMBl. S. 677; BayJM.-Bek. vom 18. August 1914 BayJMBl. 1914 S. 175 ff., nach der in München z. B. der oben S. 185 Anm. 1 erwähnte Ausschuß jeweils geeignete Personen vorschlägt.) Als Aufsichtsperson kann jede natürliche Person bestellt werden; in Betracht kommen insbesondere Geschäftsleute, Rechtsanwälte, Bücherrevisoren, berufsmäßige Vermögens- und Konkursverwalter. Ausgeschlossen sind der Schuldner selbst und sein etwaiger gesetzlicher Vertreter (aber nicht Verwandte des Schuldners), Geschäftsunfähige (nicht aber in der Geschäftsfähigkeit Beschränkte); nicht gewählt werden sollen auch Geschäftskonkurrenten des Schuldners. (BayJMBl. a. a. O.; Bendix, LZ. 1915 S. 189—191; Michels, Recht 1915 S. 9; Cahn, Recht und Wirtschaft 1914 S. 270.) Die Bestellung mehrerer Aufsichtspersonen wird sich nur ausnahmsweise in verwickelteren Fällen empfehlen, wenn z. B. der Schuldner mehrere getrennte Geschäftsbetriebe hat oder wenn die im Geschäftsbetrieb zu erledigenden Rechtsangelegenheiten die Mitbestellung eines Anwaltes geboten erscheinen lassen.

Die Bestellung kann auch in einem Termin erfolgen, in dem Schuldner und Aufsichtsperson anwesend sind (Michels, Recht 1915 S. 10); auf jeden Fall ist der Anordnungsbeschluß dem Schuldner und der bzw. den Aufsichtspersonen zuzustellen (§ 4 Abs. 2

KO.; Bendix, LZ. 1915 S. 191). Sodann hat das Gericht den in der auf Grund des § 2 vorgelegten Liste aufgeführten Gläubigern die Anordnung der Geschäftsaufsicht mitzuteilen (einfaches Schreiben genügt, förmliche Zustellung ist nicht erforderlich); die Mitteilung an die am Verfahren nach § 9 der Bekanntmachung nicht betroffenen Gläubiger, insbesondere an die unter § 9 Nr. 4 (mit § 61 Nr. 1 KO.) fallenden Dienstboten und Angestellten kann unterbleiben, soweit nicht etwa die Interessen dieser Personen eine Benachrichtigung geboten erscheinen lassen. (BayJMBl. 1914 S. 160; Sieskind S. 95 Anm. 12 zu § 4; Cahn, Recht und Wirtschaft 1914 S. 270.)

§ 5.

Während der Dauer der Geschäftsaufsicht darf das Konkursverfahren über das Vermögen des Schuldners nicht eröffnet werden. Arreste und Zwangsvollstreckungen in das Vermögen des Schuldners finden nur zugunsten der Gläubiger statt, die vom Verfahren nicht betroffen werden (§ 9).

Die Wirkung der Geschäftsaufsicht.

I. **Der Konkurs** ist während der Dauer der Geschäftsaufsicht unzulässig; auch diejenigen Gläubiger, welche nach § 9 der Bekanntmachung vom Verfahren nicht betroffen werden, können die Konkurseröffnung nicht beantragen (Jaeger, BankArch. Bd. 14 S. 34; Breit, JW. 1915 S. 172); erst nach Aufhebung der Geschäftsaufsicht wird die Konkurseröffnung wieder zulässig.

Wird nach dem Antrag auf Anordnung der Geschäftsaufsicht (während des Vorprüfungsverfahrens) von einem Gläubiger Antrag auf Konkurseröffnung gestellt, so wird durch die Anordnung der Geschäftsaufsicht der Antrag auf Konkurseröffnung unzulässig. Wird umgekehrt nach dem Antrag der Konkurseröffnung während des Eröffnungsverfahrens vom Schuldner der Antrag auf Anordnung der Geschäftsaufsicht gestellt, so ist zunächst letzterer zu prüfen; wird er für begründet erachtet, so ist die Geschäftsaufsicht anzuordnen und der Antrag auf Konkurseröffnung (falls er nicht zurückgenommen wird) abzuweisen. Anderenfalls könnten auch rigorose Gläubiger dem Schuldner die Wohltat der Bekanntmachung leicht entziehen, indem sie sofort Konkursantrag stellen, sobald sie merken, daß der Schuldner in finanzielle Bedrängnis gerät, ein Ergebnis, das durch die Bekanntmachung ihrer gesetzlichen Zweckbestimmung nach, den Konkurs bei heilbarer Zahlungsunfähigkeit abzuwenden, gerade vermieden werden soll (so auch Stern, Das Konkursverfahren, Leipzig 1914 S. 155; DRZ. 1915 S. 56).

II. Die Einzelvollstreckung, sowohl auf Grund von Urteilen wie auch auf Grund von Arresten und einstweiligen Verfügungen und sonstigen Vollstreckungstiteln (§ 794 ZPO.) ist grundsätzlich ausgeschlossen,[1]) und zwar sowohl in das bei Anordnung der Geschäftsaufsicht vorhandene Vermögen, wie auch in den Neuerwerb. (Jaeger, BankArch. Bd. 14 S. 35.) Vgl. aber auch unten Anm. III zu § 9.

III. Die Anfechtung wegen Gläubigerbenachteiligung

a) nach dem Anfechtungsgesetz auf Grund einer Forderung, die nicht unter § 9 der Bekanntmachung fällt, ist während der Dauer der Geschäftsaufsicht unzulässig; denn solange der Gläubiger nicht das Recht hat, in das Vermögen des Schuldners selbst zu vollstrecken, kann ihm auch nicht die Befugnis zustehen, aus dem Vermögen des Schuldners ausgeschiedene Gegenstände einem dritten Erwerber gegenüber zu seiner Befriedigung in Anspruch zu nehmen. Deshalb kann der Anfechtungsgegner die gleichen Einwendungen gegen die Zulässigkeit der Zwangsvollstreckung aus dem gegen

---

[1]) Wenn die Rechtskraft eines Urteils, wie im Fall des § 894 ZPO., zugleich Vollstreckungswirkung hat, und sich eine besondere Vollstreckung erübrigt, so macht diese Wirkung darum das Urteil als solches nicht zu einem Akt der Zwangsvollstreckung; ein derartiges Urteil ist daher auch während der Geschäftsaufsicht zulässig, OLG. Düsseldorf, 4. Dez. 1914 DJZ. 1915 S. 216; vgl. auch Jaeger Anm. 19 a. E. zu § 14 KO.; a. M. Breit JW. 1915 S. 170.

den Hauptschuldner gerichteten Titel erheben, wie der Hauptschuldner selbst (vgl. Jaeger Anm. 16 zu § 2 AnfG.; RG. in LZ. 1909 S. 555). Auch kann während der Dauer der Geschäftsaufsicht vom Gläubiger nicht der Nachweis geführt werden, daß die Vollstreckung in das schuldnerische Vermögen zu einer völligen Befriedigung des Gläubigers nicht geführt hat und auch nicht führen wird, denn die Tatsache der Anordnung der Geschäftsaufsicht schließt in keiner Weise die Möglichkeit einer späteren völligen Befriedigung aus. Setzt doch die Zulässigkeit der Geschäftsaufsicht gerade die Möglichkeit voraus, daß der Schuldner sich finanziell wieder erholt. (Jaeger, BankArch. Bd. 14 S. 35; a. M. Breit, JW. 1915 S. 172/173.) Der § 4 AnfG. gibt jedoch dem Gläubiger eine Handhabe, um den Ablauf der Anfechtungsfrist zu verhindern.

b) Auf Grund der Konkursordnung: Durch die Unzulässigkeit der Konkurseröffnung wird auch die Anfechtung auf Grund der Bestimmungen der KO. (§§ 29 bis 42) unmöglich; kommt es später zum Konkurse, so können die Anfechtungsfristen verstrichen sein. Eine Ergänzungsvorschrift in dieser Beziehung ist deshalb notwendig. (Cahn, Recht und Wirtschaft 1914 S. 271; DRZ. 1915 S. 56; a. M. Jaeger, BankArch. Bd. 14 S. 35: dem Zweck der Geschäftsaufsicht entsprechend werde die Dauer der Geschäftsaufsicht auf den Lauf der Anfechtungsfristen nicht angerechnet.) Das Vorliegen erheblicher, offenbar anfechtbarer Rechtsgeschäfte („Schiebungen") wird ein Grund zur Ablehnung bzw. Aufhebung der Geschäftsaufsicht sein (so auch Stern, Das Konkursverfahren, Leipzig 1914 S. 155). Über Anfechtbarkeit der während der Geschäftsaufsicht vorgenommenen Geschäfte s. Anm. zu § 8.

IV. **Klagen und Zahlungsbefehle** gegen den Schuldner sind dagegen unbeschränkt zulässig; denn der Schuldner behält durch die Anordnung der Geschäftsaufsicht nicht nur die volle Geschäftsfähigkeit, sondern grundsätzlich auch die Verwaltung und Verfügung seines Vermögens (s. Anm. zu §§ 6 und 7) und bleibt daher passiv legitimiert. Anhängige Rechtsstreitigkeiten werden durch die Anordnung der Geschäftsaufsicht nicht unterbrochen. (OLG. Düsseldorf vom 4. Dez. 1914 DJZ. 1915 S. 216; KammerG. vom 28. Sept. 1914 DJZ. 1914 S. 1303; Sieskind S. 96 Anm. 17 zu § 5; Bovensiepen, DRZ. 1914 S. 780; Bendix, LZ. 1915 S. 193 Fußnote 18; Breit, JW. 1915 S. 171.) Es kann deshalb auch zu seinen Gunsten eine Zahlungsfrist bestimmt oder eine Anordnung auf Grund der Bundesratsbekanntmachung vom 18. Aug. 1914 Nr. 4472 getroffen werden. (S. oben Anm. I B e 1 zu § 1 der Zahlungsfristenverordnung; Sieskind S. 94 Fußnote und S. 96 Anm. 17 zu § 5; Sintenis S. 79 Anm. 2 zu § 5; Kipp, DJZ. 1914 S. 1032; Hachenburg, LZ. 1914 S. 1604; Jaeger, BankArch. Bd. 14 S. 34 und 35; Bendix, LZ. 1915 S. 193 Fußnote 18; Bovensiepen, DJZ. 1915 S. 10; Breit, JW. 1915 S. 171; OLG. Braunschweig vom 25. Sept. 1914 DJZ. 1914 S. 1215.)

Kostenpflicht: Durch sofortiges Anerkenntnis der eingeklagten (fälligen) Forderung kann sich der Schuldner auch dann nicht von der Kostenpflicht unter Berufung auf § 93 ZPO. befreien, wenn er die Forderung nie bestritten und die Zahlung auf Weisung des Geschäftsaufsehers (§ 7 Abs. 2 der Bek.) unterlassen hat, soferne er sich in Verzug befindet (Gaupp-Stein Anm. III 2 zu § 91 ZPO.; Hellwig, System des deutsch. Ziv.-Prozeßrechtes S. 755), was auch während der Dauer der Geschäftsaufsicht möglich ist (s. nachfolgende Anm. VII); die vom Geschäftsaufseher an den Schuldner erfolgte Anweisung entschuldigt den Schuldner ebensowenig wie unverschuldeter Vermögensverlust und vermag die Rechtsfolge nicht rechtzeitiger Bezahlung nicht zu beseitigen, wie sie auch sonstige (zivilrechtliche) Folgen der Nichtzahlung nicht berührt. Dieses Ergebnis erscheint auch gerechtfertigt: mancher Schuldner, der unter dem Schutz der Geschäftsaufsicht einen Anspruch anerkennt, wird nach Wegfall dieses Schutzes zahlreiche Einwendungen finden und der Gläubiger, der bei der jederzeit möglichen Aufhebung der Geschäftsaufsicht keinen Vollstreckungstitel in Händen hat, kann anderen Gläubigern gegenüber leicht in Nachteil kommen. (Breit, JW. 1915 S. 171;[1]) Wertheimer, JW. 1915 S. 175; Cahen im Berliner Tageblatt vom 23. Febr. 1915 Nr. 99; a. M. Jaeger, BankArch. Bd. 14 S. 35; LG. Barmen vom 23. Okt. 1914 Recht 1914 S. 729.)

V. Wie wird die Unzulässigkeit der Zwangsvollstreckung geltend gemacht?

a) Im Prozeß: Bestreitet der Schuldner die Zulässigkeit der Zwangsvollstreckung aus der eingeklagten Forderung, weil diese nicht unter § 9 der Verordnung falle, so hat der Gläubiger darzulegen und im Streitfall zu beweisen, daß — ausnahmsweise — die Vollstreckung zulässig sei. Ergibt sich, daß die Vollstreckung unzulässig sei, so darf die Verurteilung nur mit der Beschränkung erfolgen, daß die „Zwangsvollstreckung aus dem Urteil erst nach Beendigung der über das Vermögen des Beklagten angeordneten Geschäftsaufsicht zulässig sei".[2]) (Bovensiepen, DJZ. 1915 S. 101; Breit, JW. 1915 S. 171; a. M. Oppenheim, JW. 1915 S. 288.)

Im Versäumnisverfahren, oder wenn der Beklagte die Unzulässigkeit der Zwangsvollstreckung sonst nicht geltend macht, hat das Gericht — wenn ihm die Geschäftsaufsicht bekannt ist — nicht von Amts wegen einen Nachweis zu verlangen, daß der eingeklagte Anspruch unter § 9 falle oder nur eine beschränkte Verurteilung auszusprechen, denn der Schuldner ist berechtigt, sich unbeschränkt verurteilen zu lassen; er kann ja auch ein (nach der Verordnung als berechtigt

---

[1]) Diesen Standpunkt nehmen auch die Kammern für Handelssachen beim Landgericht I Berlin und das Kammergericht ein, nach Mitteilung des RA. Dr. Schwabe im Berliner Tageblatt v. 26. Febr. 1915 Nr. 105.

[2]) Die Sachlage ist die gleiche wie bei einer Verurteilung des Gemeinschuldners während des Konkurses. Hier steht auch die Rechtsprechung auf dem Standpunkt, daß die Verurteilung nur mit Beschränkung, wie oben angegeben erfolgen dürfe. RG. Bd. 29 S. 76; RG. in SeuffArch. Bd. 52 Nr. 68; BayObLG. SeuffArch. Bd. 54 Nr. 203; RG. JW. 1913 S. 752 = LZ. 1913 S. 692 = BayZfR. 1918 S. 357; Gaupp-Stein Anm. II 3 zu § 726, Falkmann, Die Zwangsvollstreckung (2. Aufl.) S. 474 § 39 Note 8.

anzuerkennendes) Interesse haben, die Tatsache, daß er unter Geschäftsaufsicht steht, nicht in öffentlicher Sitzung vorzubringen. (Breit, JW. 1915 S. 171; a. M. Bovensiepen, DJZ. 1915 S. 101.)

b) Bei Erteilung der Vollstreckungsklausel: Ist im Urteil die Zulässigkeit der Zwangsvollstreckung in der unter a angegebenen Weise beschränkt, so darf dem Kläger eine vollstreckbare Ausfertigung nach § 726 Abs. 1 ZPO. erst erteilt werden, wenn er durch öffentliche oder öffentlich beglaubigte Urkunden den Beweis führt, daß die Geschäftsaufsicht aufgehoben ist. Diesen Nachweis kann der Gläubiger insbesondere durch Vorlage des ihm von Amts wegen zuzustellenden Aufhebungsbeschlusses führen.

Ist dagegen im Urteil ein Vorbehalt nicht aufgenommen, so ist die Erteilung der Vollstreckungsklausel ohne Rücksicht auf die Geschäftsaufsicht zulässig; denn der § 726 ist nur dann anwendbar, wenn das Urteil seinem Inhalt nach von dem Eintritt einer Tatsache abhängt, d. h. die Tatsache muß sich aus dem Urteil selbst klar ergeben; es gehören also Tatsachen nicht hierher, von denen der Vollstreckungstitel nicht selbst die Vollstreckung abhängig macht. Vgl. Falkmann, Die Zwangsvollstreckung § 13 S. 120; RG. Bd. 72 S. 22; RG. in JW. 1913 S. 503 Nr. 27; ferner Holländer, JW. 1915 S. 171; Oppenheim, JW. 1915 S. 289; a. M. Bovensiepen, DJZ. 1915 S. 102.

c) Im Zwangsvollstreckungsverfahren: Enthält der Vollstreckungstitel nicht den unter a angegebenen Vorbehalt — sei es, daß er aus der Zeit vor Anordnung der Geschäftsaufsicht stammt, sei es, daß der Schuldner im Prozeß nicht einen entsprechenden Antrag gestellt hat —, so ist das Vollstreckungsverbot des § 5 von den Vollstreckungsorganen nicht von Amts wegen zu beachten, auch wenn ihnen die Geschäftsaufsicht bekannt ist. Zwangsvollstreckungshandlungen, die infolgedessen im Widerspruch mit dem Verbot erfolgt sind, sind auch nicht ohne weiteres unwirksam; es bleibt vielmehr dem Schuldner überlassen, die Beseitigung einer Vollstreckungsmaßregel im Wege des § 766 ZPO. herbeizuführen. Vgl. Gaupp-Stein Note IV 4 vor § 704 ZPO., Note III zu § 811 ZPO.; RG. Bd. 29 S. 76. Die Verhältnisse liegen hier wesentlich anders wie beim Konkurs, (vgl. Gaupp-Stein Anm. IV 3 vor § 704 ZPO.; Jaeger Anm. 21 zu § 14 KO.; Falkmann, Die Zwangsvollstreckung § 39 S. 475/476) wo der Schuldner durch die Konkurseröffnung die Passivlegitimation verliert und wo im Interesse der Gläubiger auch dem Konkursverwalter jede von den gesetzlichen Vorschriften abweichende Befriedigung der Gläubiger verboten ist, während hier das Vollstreckungsverbot ausschließlich im Interesse des Schuldners angeordnet ist, der die Verfügungsmacht über sein Vermögen behält, [formell] auch berechtigt bleibt, einzelne Gläubiger vor anderen zu befriedigen und deshalb freiwillig auch eine verbotswidrige Vollstreckung dulden kann. (Breit, JW. 1914 S. 471/472; a. M. Bovensiepen, DJZ. a. a. O.; vgl. auch Löwenwarter, JW. 1915 S. 288, der grundsätzlich zustimmt, aber auch den privilegierten Gläubigern den Rechtsbehelf der Erinnerung nach § 766 ZPO. gibt.)

VI. Arrest und einstweilige Verfügung.

Arreste sind nach § 5 während der Dauer der Geschäftsaufsicht nur zugunsten der nach § 9 vom Verfahren nicht betroffenen Gläubiger zulässig. Das gleiche muß grundsätzlich von der einstweiligen Verfügung gelten, mit Ausnahme solcher einstweiliger Verfügungen, welche nicht alsbaldige Vollstreckung in das Vermögen des Schuldners herbeiführen wollen (z. B. Gebote und Verbote). A. M. Breit, JW. 1915 S. 170 (der einstweilige Verfügungen unbeschränkt zuläßt). Beantragt ein Gläubiger für einen unter § 9 fallenden Anspruch einen Arrest oder eine einstweilige Verfügung, so muß er glaubhaft machen, daß sein Anspruch von der Geschäftsaufsicht nicht betroffen wird; denn dies ist die Voraussetzung dafür, daß der Arrest oder die einstweilige Verfügung auch alsbald vollzogen werden kann und daß sie deshalb nicht zwecklos sind.

VII. Die materiellen Rechte des Gläubigers werden durch die Anordnung und das Bestehen der Geschäftsaufsicht nicht berührt. Er kann den Schuldner in Verzug setzen, die Verzugsfolgen und andere kraft Gesetzes oder besonderer Vereinbarung an die nichtrechtzeitige Erfüllung einer Verbindlichkeit geknüpfte Rechtsfolgen geltend machen. (Kipp, DJZ. 1914 S. 1032; Jaeger, BankArch. Bd. 14 S. 35; Bendix, LZ. 1914 S. 198 unten; Breit, JW. 1915 S. 179; KammerG. vom 28. Sept. 1914 DJZ. 1914 S. 1304.) Er darf Zurückbehaltungsrechte ausüben und sich (ohne die Beschränkungen der §§ 53 ff. KO.) durch Aufrechnung befriedigen. Die Verpflichtung des Bürgen wird durch die Anordnung einer Geschäftsaufsicht über das Vermögen des Hauptschuldners nicht berührt (vgl. auch Anm. VI c 5 zu § 1 der Zahlungsfristenverordnung). Eine Hemmung der Verjährung tritt durch die Geschäftsaufsicht nicht ein. (Breit a. a. O.)

§ 6.

Die Aufsichtspersonen haben die Geschäftsführung des Schuldners zu unterstützen und zu überwachen. Zu diesem Zwecke können sie die erforderlichen Maßnahmen treffen, insbesondere die Geschäftsführung ganz oder teilweise einer anderen Person übertragen. Widerspricht der Schuldner, so hat das Gericht das Erforderliche anzuordnen.

Für die Aufsichtspersonen gelten die §§ 81 Abs. 2, 82, 83, 84 Abs. 1 Satz 1 und Abs. 2 der Konkursordnung entsprechend.

Die Aufsichtspersonen haben gegen den Schuldner Anspruch auf Erstattung angemessener barer Auslagen und auf Vergütung für ihre Geschäftsführung. Die Festsetzung der Auslagen und der Vergütung erfolgt durch das Gericht.

§ 7.

Der Schuldner ist verpflichtet, jeder Aufsichtsperson Einsicht in seine Geschäftsbücher und sonstigen Aufzeichnungen zu gewähren und Auskunft über den Stand seines Vermögens und über seine Geschäfte zu geben.

Der Schuldner soll ohne Zustimmung der Aufsichtspersonen weder unentgeltliche Verfügungen oder Verfügungen über Grundstücke und Rechte an Grundstücken vornehmen, noch Ansprüche befriedigen oder sicherstellen, noch auch andere als solche Verbindlichkeiten eingehen, die zur Fortführung des Geschäfts oder zu einer bescheidenen Lebensführung des Schuldners und seiner Familie erforderlich sind.

Diese beiden Paragraphen regeln die **rechtliche Stellung der Aufsichtspersonen** und des **Schuldners** in einer allerdings sehr mangelhaften und ergänzungsbedürftigen Weise.

I. Die Stellung der Aufsichtspersonen:

a) **Beginn des Amtes.** Das Amt der Aufsichtsperson beginnt mit der Bestellung, wenn gleichzeitig oder vorher schon die Annahme, nicht bloß die Geneigtheit dazu, dem Gerichte gegenüber erklärt ist, sonst erst mit der ausdrücklichen oder stillschweigenden Übernahme durch den Bestellten. (Vgl. Jaeger Anm. 6 zu § 78 KO.; Bendix, LZ. 1915 S. 189.) Über Auswahl der Aufsichtsperson s. oben Anm. III zu § 4. Die Aufsichtsperson erhält vom Gericht eine urkundliche Bescheinigung über ihre Ernennung, die bei Beendigung des Amtes dem Gerichte zurückzureichen ist. (§ 6 Abs. 2 der Bekanntmachung mit § 81 Abs. 2 KO.) Eine Verpflichtung der Aufsichtsperson durch das Amtsgericht findet nicht statt. Doch soll das Gericht die Aufsichtsperson auf die in den §§ 6—10 der Verordnung enthaltenen Vorschriften und auf ihre Verantwortung bei

Führung des Amtes hinweisen. (BayJMBek. vom 18. August 1914 BayJMBl. 1914 S. 159; Michels, Recht 1915 S. 9/10.)

b) Rechte und Pflichten der Aufsichtsperson.

1. Überwachung und Unterstützung des Schuldners. Die Aufsichtsperson ist als solche nicht gesetzlicher Vertreter des Schuldners und ist an sich nicht berechtigt, an Stelle des Schuldners Rechtshandlungen vorzunehmen, oder über dessen Vermögen zu verfügen. Vielmehr besteht die Aufgabe der Aufsichtsperson grundsätzlich darin, die Geschäftsführung des Schuldners zu unterstützen und zu überwachen. Die unterstützende Tätigkeit der Aufsichtsperson wird insbesondere in der Beratung des Schuldners bestehen. Um die Aufsichtsperson in die Lage zu setzen, die ihr übertragenen Aufgaben, insbesondere die Überwachungspflicht zu erfüllen, ist dem Schuldner in § 7 Abs. 1 eine Auskunftspflicht auferlegt. Die Aufsichtsperson hat demnach nicht nur das Recht, die bei den Gerichtsakten befindlichen Schriftstücke und Aufzeichnungen einzusehen (s. oben Anm. II zu § 4), sondern sie kann auch vom Schuldner verlangen, daß ihr in die Geschäftsbücher und in die sonstigen Aufzeichnungen (Briefwechsel mit Lieferanten und Kunden, Akten über anhängige Rechtsstreitigkeiten) Einsicht gewährt wird. Die Prüfung wird sich hierbei gegebenenfalls unter Zuziehung eines Sachverständigen zunächst darauf zu erstrecken haben, ob eine ordentliche Buchführung mit vorschriftsmäßiger oder sachgemäßer Werteinsetzung überhaupt stattgefunden hat oder noch stattfindet (soweit eine solche gesetzlich vorgeschrieben oder nach Art und Umfang des Geschäftes notwendig erscheint) und ob die Bilanzen mit den Büchern und Inventuren übereinstimmen. Weiterhin ist der Schuldner verpflichtet, der Aufsichtsperson über den Stand seines Vermögens und über den Gang der geschäftlichen Angelegenheiten jederzeit (schriftlich oder mündlich) Auskunft zu geben. Dies ermöglicht der Aufsichtsperson insbesondere die zu einer gewissenhaften Aufsichtführung erforderlichen periodischen Kassenrevisionen vorzunehmen. Ein Ausfluß des Überwachungsrechtes der Aufsichtsperson ist es, wenn in § 7 Abs. 2 dem Schuldner vorgeschrieben ist, zur Vornahme von unentgeltlichen Verfügungen oder Verfügungen über Grundstücke und Rechte an Grundstücken, bei Befriedigung und Sicherstellung von Ansprüchen und grundsätzlich auch zur Eingehung neuer Verbindlichkeiten (s. hierüber nachstehende Anm. II b) die Zustimmung der Aufsichtsperson zu erholen und wenn in § 8 der Bekanntmachung der Aufsichtsperson die Bestimmung darüber übertragen ist, in welchem Umfang und in welcher Reihenfolge die Gläubiger aus den vorhandenen Mitteln zu befriedigen sind. Über die rechtliche Bedeutung der Zustimmung s. Anm. II b, ferner Anm. zu § 8.

2. Besondere Maßnahmen, namentlich Entziehung der Geschäftsführung des Schuldners. Ist der Schuldner nicht fähig, oder durch Abwesenheit verhindert, das Geschäft in der von der Aufsichtsperson für nötig befundenen Weise fortzuführen, oder kann dem Schuldner die Geschäftsführung aus anderen Gründen nicht weiter anvertraut werden, so ist die Aufsichtsperson berechtigt, abgesehen von anderen Maßnahmen (z. B. Einfordern periodischer, unter Umständen täglicher Berichte über die Geschäftsvorgänge; Auflage an den Schuldner, ungeeignete oder entbehrliche Angestellte zu entlassen) die Geschäftsführung ganz oder teilweise dem Schuldner zu entziehen und einer anderen Person zu übertragen. Der auf diese Weise mit der Geschäftsführung betrauten Person kann die Aufsichtsperson auch die Befugnis erteilen, den Schuldner zu vertreten, so daß sie im Namen des Schuldners Außenstände einziehen, Vermögensstücke erwerben und aus dem Vermögen des Schuldners dessen Gläubiger befriedigen kann. Jaeger, BankArch. Bd. 14 S. 34/35; Kipp, DJZ. 1914 S. 1031; Bendix, LZ. 1915 S. 194. Daß die Aufsichtsperson selbst die Geschäftsführung übernimmt, dürfte mit ihrer Aufgabe die Geschäftsführung zu überwachen, nicht vereinbar sein. (Bendix S. 101; Bendix, LZ. 1915 S. 194 Fußnote 21; a. M. Kipp a. a. O.: Die Aufsichtsperson könne

ohne weiteres Geschäftsführung und Vertretung an sich ziehen.) Dagegen kann es selbstverständlich in den Rahmen der Unterstützungs- und Überwachungstätigkeit der Aufsichtsperson fallen, einzelne Rechtsgeschäfte selbst im Namen des Schuldners vorzunehmen. Nicht befugt ist die Aufsichtsperson, die Aufgabe des Geschäftes anzuordnen; denn es ist gerade ihre Aufgabe, den Bestand des Geschäftes zu sichern; erachtet sie das Geschäft nicht mehr für lebensfähig, so kann sie nur Aufhebung des Verfahrens (§ 10 der Bekanntmachung) beantragen. (Breit, JW. 1915 S. 165; auch Wertheimer, JW. 1915 S. 174.)

Soweit der Schuldner den Anordnungen oder besonderen Maßnahmen der Aufsichtsperson zustimmt, sind sie ohne weiteres durchführbar und wirksam (§§ 164, 167, 177, 182, 185 BGB.).

3. Widerspruch des Schuldners gegen die Anordnung der Aufsichtsperson: Der Schuldner ist berechtigt, den Anordnungen der Aufsichtsperson zu widersprechen, oder sich ihnen nicht zu fügen. Dann entscheidet auf Antrag der Aufsichtsperson oder des Schuldners das Gericht, und trifft selbst die dem Zwecke der Geschäftsaufsicht entsprechenden Anordnungen. (§ 6 Abs. 1 Satz 3; § 8 Satz 2 der Bek.) Das Gericht ist hierbei an keinerlei Anträge gebunden: es kann die von der Aufsichtsperson getroffenen Maßnahmen auch seinerseits anordnen, es kann diese Maßnahmen für unzulässig erklären, es kann aber auch selbständig anderweitige Bestimmungen treffen, die weder die Aufsichtsperson noch der Schuldner gewünscht haben. Für das Verfahren gilt das in Anm. III c zu §§ 1—3 und in Anm. I zu § 4 Ausgeführte.

Soweit das Gericht der Aufsichtsperson oder einer dritten Person die Befugnis erteilt, als Vertreter des Schuldners Rechtsgeschäfte vorzunehmen, ist ihnen vom Gericht eine ihre Befugnisse und Obliegenheiten genau bezeichnende Bestallungsurkunde (§ 6 Abs. 2 der Bek. mit § 81 KO.) auszuhändigen. Jaeger, BankArch. Bd. 14 S. 35. Die gerichtliche Verfügung ersetzt hier die mangelnde Vollmacht oder Zustimmung des Schuldners und verleiht den Handlungen der vom Gericht bestellten Personen volle Wirksamkeit für und gegen den Schuldner. (Jaeger a. a. O.; Kipp, DJZ. 1914 S. 1032; Bendix, LZ. 1915 S. 194 und Fußnote 27.) Allerdings wird auch hierdurch die Geschäfts- und Verfügungsfähigkeit des Schuldners nicht beeinträchtigt. (Bendix, LZ. 1915 S. 195 Fußnote 29.) Macht der Schuldner Schwierigkeiten, so kann dies dem Gericht Anlaß zur Aufhebung der Geschäftsaufsicht geben. Widerstand der Aufsichtsperson s. unter Anm. d.

c) **Mehrere Aufsichtspersonen:** Werden vom Gerichte mehrere Aufsichtspersonen (vgl. oben Anm. III zu § 4) bestellt, so ist gleichzeitig anzuordnen (und in der Bestallung anzugeben), ob sie nur gemeinschaftlich handeln dürfen oder ob einzelne in getrennten Wirkungskreisen selbständig handeln können. (Vgl. § 79 KO.; Jaeger, BankArch. Bd. 14 S. 34; a. M. Bay.-JMBek. vom 18. August 1914 S. 161; Bendix, LZ. 1914 S. 193.)

Einigen sich die gemeinschaftlich bestellten Aufsichtspersonen über eine Anordnung nicht, so kann jeder von ihnen die Entscheidung des Gerichtes anrufen und ist hierzu unter Umständen bei Meidung eigener Haftung sogar verpflichtet. (Bendix a. a. O.)

d) **Pflichten der Aufsichtspersonen** gegenüber dem Gericht und den Gläubigern; **Haftung** und Anspruch auf **Vergütung.** Die Aufsichtsperson untersteht der Aufsicht des Amtsgerichts und kann von diesem durch Gebote und Verbote und mit Ordnungsstrafen zur Erfüllung ihrer Verpflichtungen angehalten werden. (§ 6 Abs. 2 der Bek. mit §§ 83 und 84 KO.) Das Gericht kann insbesondere von der Aufsichtsperson periodische Berichterstattung über den Gang des Geschäftes (erforderlichenfalls unter Beifügung des Vermögensstandes) verlangen, eine Maßnahme, die sich insbesondere bei größeren Geschäften als Ersatz für mangelnde Kontrolle durch Gläubiger-Ausschuß und Gläubigerversammlung empfiehlt. (Vgl. Bendix, JW. 1913 S. 1002; Michels, Recht 1915 S. 10; Cahen, Berliner Tagblatt vom 23. Febr. 1915 Nr. 99.)

Den Gläubigern gegenüber ist die Aufsichtsperson nicht allgemein zur Auskunftserteilung verpflichtet, wohl aber dann, wenn eine gedeihliche Fortführung des Verfahrens die Mitwirkung von Gläubigern erforderlich macht, welche ihrerseits diese Mitwirkung von einer genauen Auskunftserteilung abhängig machen. Im übrigen bietet den Gläubigern das Recht der Einsicht in die Gerichtsakten (bei denen sich ja auch die Berichte der Aufsichtsperson befinden) genügenden Ersatz. (Vgl. Anm. II zu § 4.)

Ferner ist die Aufsichtsperson den sämtlichen Beteiligten gegenüber — sowohl dem Schuldner wie den Gläubigern — für Erfüllung ihrer Verbindlichkeiten persönlich verantwortlich (§ 6 Abs. 2 der Bek.; § 82 KO.) Die Aufsichtsperson hat nach § 276 BGB. Vorsatz und Fahrlässigkeit zu vertreten ohne Rücksicht darauf, ob sie ihr Amt gegen oder ohne Entgelt verwaltet.

Nach § 6 Abs. 3 der Bek. hat die Aufsichtsperson gegen den Schuldner Anspruch auf Erstattung angemessener Barauslagen und insoferne nicht das Gegenteil vereinbart ist, auf Vergütung für ihre Geschäftsführung. Im Interesse möglichster Verbilligung des Verfahrens ist die ehrenamtliche Übernahme tunlichst zu fördern, doch darf aus diesem Grunde nicht minder geeigneten Personen die Aufsicht übertragen werden.

Die Festsetzung der Auslagen und der Vergütung erfolgt durch unanfechtbaren Beschluß des Amtsgerichtes; dieser Beschluß bildet aber keinen Vollstreckungstitel, so daß die Aufsichtsperson unter Umständen den Klageweg gegen den Schuldner beschreiten muß. Die Ansprüche der Aufsichtsperson gehören zu den vom Verfahren nicht betroffenen Ansprüchen im Sinne des § 9 Ziff. 1 und § 4 der Bek. (Jaeger, BankArch. Bd. 14 S. 35: unter Bezugnahme auf § 58 Nr. 2 KO.; Bendix, LZ. 1915 S. 191: Man muß unterstellen, daß der Schuldner diesen Betrag zugesichert habe; Breit, JW. 1915 S. 170: Das Gegenteil wäre offenbar unbillig, auch bildet die Honorarforderung eine zur Fortführung des Geschäftes unumgängliche Notwendigkeit im Sinne des § 7 Abs. 2 der Bek.)

e) Beendigung des Amtes: Das Amt der Aufsichtsperson endigt mit der Aufhebung der Geschäftsaufsicht, mit dem Tod und mit dem Eintritt der Geschäftsunfähigkeit der Aufsichtsperson. Die Aufsichtsperson ist nicht berechtigt, das einmal übernommene Amt selbständig niederzulegen, sondern kann nur bei Vorliegen eines wichtigen Grundes (z. B. Krankheit, tatsächliche Behinderung) Enthebung vom Amte bei Gericht beantragen. (Vgl. Jaeger Anm. 6 zu § 84 und Anm. 2 zu § 78 KO.; BayJMBek. vom 18. August 1914 JMBl. 1914 S. 162; a. M. Bendix, LZ. 1915 S. 192.) Das Gericht ist seinerseits befugt, die Aufsichtsperson bei Vorliegen eines wichtigen Grundes von Amts wegen zu entlassen. (BayJMBek. a. a. O.; a. M. Bendix a. a. O.[1]))

Die Aufsichtsperson hat bei Beendigung des Amtes die Bestallung dem Gerichte zurückzureichen; das Gericht kann die Rückgabe durch Ordnungsstrafen erzwingen. (§ 6 Abs. 2 der Bek.; §§ 81 Abs. 2, 82, 84 Abs. 1 und Abs. 3 KO.)

II. Die Stellung des Schuldners:

a) Im allgemeinen: Der Schuldner bleibt während der Geschäftsaufsicht nicht nur im Genusse seiner staatsbürgerlichen Rechte sondern er behält auch die volle Geschäftsfähigkeit und Prozeßfähigkeit, sowie insbesondere die Verfügungsmacht und das Verwaltungsrecht über sein Vermögen. Er ist sowohl zur entgeltlichen wie auch zur unentgeltlichen Verfügung über sein bewegliches und unbewegliches Vermögen, insbesondere auch seines Geschäftes im ganzen zur Befriedigung und Sicherstellung von Gläubigern, wie auch zur Eingehung neuerer Verbindlichkeiten einschließlich Wechselverbind-

---

[1]) Wenn Bendix a. a. O. aus dem Fehlen des Satzes 2 des Abs. 1 § 84 KO. im § 6 Abs. 2 der Bek. die gegenteilige Ansicht ableiten will, so ist die Schlußfolgerung nicht stichhaltig; die Bestimmung konnte um deswillen nicht für anwendbar erklärt werden, weil bei der Geschäftsaufsicht Gläubigerversammlung und Gläubigerausschuß fehlen. Damit entfallen die in der angegebenen Bestimmung gegebenen Beschränkungen für die Zulässigkeit der Entlassung und es entscheidet, wie es auch der sonst dem Gericht in der Verordnung eingeräumten Stellung entspricht, das pflichtgemäße Ermessen des Gerichts.

lichkeiten, befähigt. Vgl. auch Anm. I b 1 am Anf. und 3 a. E. zu § 6 u. 7.

b) Zustimmungspflichtige und zustimmungsfreie Rechtsgeschäfte: Der § 7 Abs. 2 der Bek. gebietet dem Schuldner, während der Dauer der Geschäftsaufsicht zu den dort angegebenen Rechtsgeschäften die Zustimmung der Aufsichtsperson einzuholen.

Diese Vorschrift hat eine doppelte Bedeutung: wenn der Schuldner entgegen dieser Bestimmung Rechtsgeschäfte ohne Zustimmung der Aufsichtsperson vornimmt, verstößt er gegen die ihm durch die Bekanntmachung auferlegten Pflichten und setzt sich deshalb, falls durch seine Handlungsweise der Erfolg der Geschäftsaufsicht gefährdet wird, der Gefahr aus, daß ihm durch Aufhebung des Verfahrens der Schutz der Bekanntmachung entzogen wird.

Außerdem beschränkt die Vorschrift aber auch die Rechtsmacht des Schuldners nach außen.

Es ist zwar diese Bestimmung nur eine (instruktionelle) Soll-Vorschrift, kein Verbot im Sinne des § 135 BGB.; diesen Vorschriften zuwiderlaufende Rechtshandlungen sind deshalb auch weder materiell-rechtlich unwirksam, noch können sie von der Aufsichtsperson oder von den Gläubigern angefochten werden, soweit nicht etwa eine Anfechtung wegen Gläubigerbenachteiligung auf Grund des Anfechtungsgesetzes, oder in einem späteren Konkursverfahren in Frage kommt. (Sieskind S. 97 Anm. 1 zu § 7; Sintenis S. 80 Anm. 1 zu § 7; Bendix S. 102; Kipp, DJZ. 1914 S. 1032; Jaeger, BankArch. Bd. 14 S. 34; Bendix, LZ. 1915 S. 196; Waldecker, Hirths Annalen 1914 S. 661.)

Gläubiger aus derartigen Rechtsgeschäften, die ohne die erforderliche Zustimmung der Aufsichtsperson abgeschlossen wurden, unterliegen jedoch den Beschränkungen des § 5 der Bekanntmachung.

c) Die zustimmungsfreien Rechtsgeschäfte. Ohne Zustimmung der Aufsichtsperson darf der Schuldner

1. nur solche Verbindlichkeiten eingehen, die zur Fortführung des Geschäftes erforderlich sind.

Im Innenverhältnis hat zunächst der Schuldner selbst, der ja grundsätzlich das Geschäft selbst fortführen soll, zu bestimmen, welche Geschäfte zur Fortführung des Betriebes erforderlich sind. Die Aufsichtsperson kann jedoch auf Grund ihres allgemeinen Rechtes zur Unterstützung und Überwachung auch in dieser Beziehung dem Schuldner Ratschläge erteilen und gegebenenfalls Vorschriften machen, denen sich der Schuldner zur Vermeidung weiterer Maßnahmen, wie sie oben unter Anm. Ib Ziff. 2 und 3 ausgeführt sind, fügen muß. Dritten Personen gegenüber genügt es jedoch, wenn ein Rechtsgeschäft zur Fortführung des Betriebes erforderlich sein kann und die erkennbaren tatsächlichen Besonderheiten des Geschäftes nicht darauf hinweisen, daß das Geschäft nicht zur Fortführung des Betriebes erforderlich ist. Schon dann wird der Gläubiger aus derartigen Rechtsgeschäften nicht vom Aufsichtsverfahren betroffen und unterliegt nicht den Beschränkungen des § 5. Dieser Grundsatz muß hier schon im Interesse der Verkehrssicherheit ebenso gelten, wie in ähnlichen Fällen, wo die Befugnis einer Person zur Vornahme von Rechtsgeschäften kausal beschränkt ist. (Vgl. die Vertretungsmacht des Liquidators, des Prokuristen, des Konkursverwalters; Staub, Kommentar z. HGB. Anm. 19 zu § 149; Staub-Hachenburg Anm. 16 bis 18 zu § 70 GmbHG.)

Weiter kommt hinzu, daß eine andere Auslegung dem Schuldner die Fortführung des Geschäftes äußerst erschwert, wenn nicht unmöglich machen würde, da niemand, der von der Geschäftsaufsicht Kenntnis hat, sich mit ihm in Geschäfte einlassen würde, wenn ihm nicht vorher die Zustimmung der Aufsichtsperson in jedem einzelnen Fall nachgewiesen würde. Es entspricht diese Auslegung aber auch der Tendenz der Bundesratsbekanntmachung (vgl. die in Anm. II zu § 1 wiedergegebene Bemerkung aus der Reichstagsdenkschrift vom 23. Sept. 1914 S. 17), die grundsätzlich davon ausgeht, daß der Schuldner sich freiwillig den ihm auferlegten Beschränkungen unterwirft und für böswillige Schuldner überhaupt nicht bestimmt ist. (A. M. Breit,

JW. 1915 S. 167: Es entscheidet ausschließlich objektive Notwendigkeit; zweifelnd Kipp, DJZ. 1914 S. 1032.)

2. Weiter darf der Schuldner die zu seiner und seiner Familie bescheidenen Lebensführung erforderlichen Verbindlichkeiten ohne Zustimmung der Aufsichtsperson eingehen. Eine bescheidene Lebensführung ist einerseits mehr als eine nur notdürftige (§ 1611 BGB.), andererseits weniger als eine standesgemäße (§ 1610 BGB.). Im Gegensatz zum Konkurs (§§ 129/132 KO.) hat hier der Schuldner einen Anspruch auf Gewährung von Unterhalt aus der Masse. Im übrigen gilt hier das in vorstehender Anmerkung II c 1 Ausgeführte in entsprechender Weise.

§ 8.

Die vorhandenen Mittel sind, soweit sie nicht zur Fortführung des Geschäfts und zu einer bescheidenen Lebensführung des Schuldners und seiner Familie erforderlich sind, zur Befriedigung der Gläubiger zu verwenden; Umfang und Reihenfolge der Befriedigung bestimmen die Aufsichtspersonen nach billigem Ermessen. In Streitfällen entscheidet das Gericht.

Die **vorhandenen Mittel** sind in erster Linie zur Fortführung des Geschäftes und zu einer bescheidenen Lebensführung des Schuldners und seiner Familie zu verwenden. (Über diesen Begriff s. Anm. II b zu §§ 6 und 7.) Die hiernach noch übrig bleibenden Mittel sind zur Befriedigung der Gläubiger zu verwenden. Die Erfüllung erfolgt grundsätzlich durch den Schuldner selbst. Art, Umfang und Reihenfolge bestimmt jedoch die Aufsichtsperson nach billigem Ermessen. Leistungen, die der Schuldner entgegen oder ohne Weisung der Aufsichtsperson macht, sind jedoch rechtswirksam. (S. Anm. II a und b zu §§ 6/7 oben S. 203; ferner Waldecker, Hirths Annalen 1914 S. 661/662.) Zur Aufstellung eines Teilungs- oder Tilgungsplanes und dessen Bekanntgabe ist die Aufsichtsperson nicht verpflichtet. Im Gegensatz zu § 3 KO. ist eine gleichmäßige Anteilsbefriedigung (par conditio creditorum) nicht vorgeschrieben, wird aber immerhin, wenn nicht besondere Umstände dagegen sprechen, grundsätzlich einzuhalten sein. Schulden, deren nicht rechtzeitige Befriedigung Rechtsnachteile für den Schuldner nach sich zieht, sind jedoch zuerst zu befriedigen. Auch dürfte nichts dagegen einzuwenden sein, wenn kleinere Verbindlichkeiten, deren Gläubiger auf den rechtzeitigen Eingang angewiesen sind, vorweg befriedigt werden. (Sieskind S. 98 Anm. 23 zu § 8; Sintenis S. 81 Anm. 1 zu § 8; Jaeger, BankArch. Bd. 14 S. 34; Bendix, LZ. 1915 S. 198; Cahen, Berliner Tagblatt vom 17. Dez. 1914 Nr. 640.) Entsteht über die Verwendung der Mittel ein Streit, sei es zwischen dem Schuldner oder der Aufsichtsperson, oder unter den mehreren Aufsichtspersonen, oder zwischen einem Gläubiger und der Aufsichtsperson, so entscheidet das Gericht. (BayJMBek. vom 21. August 1914 BayJMBl. 1914 S. 177; Sieskind S. 98 Anm. 24 zu § 8; Jaeger a. a. O.; Bendix a. a. O. S. 199.)

Leistungen, die auf Grund Weisungen der Aufsichtsperson während des Aufsichtsverfahrens erfolgen, unterliegen grundsätzlich nicht der A n f e c h t u n g w e g e n G l ä u b i g e r b e n a c h t e i l i g u n g, wohl aber kann bei Leistungen, die der Schuldner ohne die erforderliche Zustimmung der Aufsichtsperson gemacht hat, dies zutreffen. (Breit, JW. 1915 S. 173/174.)

§ 9.

Von dem Verfahren werden nicht betroffen:

1. die Gläubiger, deren Ansprüche auf Rechtshandlungen des Schuldners beruhen, die dieser nach der Anordnung der Geschäftsaufsicht mit Zustimmung der Aufsichtspersonen vorgenommen hat oder ohne solche Zustimmung vornehmen durfte;

2. die Gläubiger, denen nach § 43 der Konkursordnung im Falle des Konkurses ein Anspruch auf Aussonderung zusteht;
3. die Gläubiger, soweit sie im Falle des Konkurses abgesonderte Befriedigung beanspruchen können;
4. die im § 61 Ziffer 1 und 2 der Konkursordnung bezeichneten Gläubiger wegen der dort angegebenen Forderungen, auch soweit sie nach der Anordnung der Geschäftsaufsicht fällig werden.

I. Die rechtliche Stellung der bevorrechtigten Gläubiger.

Dieser Paragraph enthält die sogenannten privilegierten Ansprüche, welche von der Geschäftsaufsicht „nicht betroffen werden". Ihr Vorzug besteht darin, daß ihretwegen entgegen der Regel des § 5 auch während der Geschäftsaufsicht Zwangsvollstreckung und Arrest (nicht aber Konkurs s. oben I zu § 5) zulässig sind.

Diese Ansprüche sind daher regelmäßig, soweit es die vorhandenen Mittel erlauben, bei Fälligkeit zu befriedigen. Hierfür Sorge zu tragen gehört (bei Meidung eigener Haftung) zu den Aufgaben der Aufsichtsperson. (A. M. Jaeger, BankArch. Bd. 14 S. 35.[1]))

Stellt sich heraus, daß die vorhandene Masse zur Befriedigung der privilegierten Gläubiger nicht ausreicht, so ist zwar ein Sonderkonkurs für diese nicht zulässig, es wird aber in diesem Fall die Aufhebung der Geschäftsaufsicht nach § 10 geboten sein. Es ist sogar Pflicht der Aufsichtsperson, in diesem Fall entsprechenden Antrag beim Gericht zu stellen. (Breit, JW. 1915 S. 172.) Kommt es zum Konkurs, so haben die privilegierten Gläubiger als *solche* im Konkurs-

[1]) Die Meinung Jaegers a. a. O., daß sich die Aufsichtsperson um diese Ansprüche überhaupt nicht zu kümmern habe, weil sie „vom Verfahren nicht betroffen werden", kann nicht für zutreffend erachtet werden. Einerseits besteht die Ausnahmestellung dieser Ansprüche nur darin, daß sie von dem sogenannten Aufsichts*moratorium* (Breit, JW. 1915 S. 164) nicht betroffen werden, andererseits erstreckt sich die Unterstützung und Überwachung der Aufsichtsperson auf die *ganze* Geschäftsführung des Schuldners.

verfahren kein Vorrecht, insbesondere sind ihre Ansprüche nicht Masseansprüche. (Cahen, Berliner Tagblatt vom 17. Dez. 1914 Nr. 640.)

II. Im einzelnen gehören hierher folgende Ansprüche:

nach Ziffer 1: Die Zustimmung[1]) der Aufsichtsperson bedarf nicht der für das Rechtsgeschäft vorgeschriebenen Form, insbesondere aber bei Grundstücksveräußerungsverträgen nicht der notariellen Beurkundung. Sie kann formlos dem Schuldner und dessen Gegner gegenüber erfolgen. (Bendix, LZ. 1915 S. 196.) Die Zustimmung der Aufsichtsperson soll zwar grundsätzlich vor der Vornahme des Rechtsgeschäftes erfolgen, immerhin wird einer nachträglich erfolgten Genehmigung die gleiche Bedeutung beizumessen sein. (Breit, JW. 1915 S. 169.) Den mit Zustimmung der Aufsichtsperson vom Schuldner vorgenommenen Rechtsgeschäften sind gleichzustellen die von einem mit Vertretungsmacht ausgestatteten Geschäftsführer oder von der Aufsichtsperson selbst, soweit sie hierzu befugt ist (vgl. oben Anm. I b Ziff. 2 und 3 zu §§ 6, 7), vorgenommenen Rechtsgeschäfte. Die Zustimmung der Aufsichtsperson wird durch die Entscheidung des Gerichtes ersetzt. (§ 6 Abs. 1 Satz 3; § 8 Satz 3 der Bek.; a. M. Bendix, LZ. 1915 S. 197.) Forderungen aus unerlaubten Handlungen können unter Umständen auch hierher gehören, so z. B. Ansprüche wegen einer mit Zustimmung der Aufsichtsperson erfolgten, fahrlässigen Verletzung eines Patentrechtes. (Breit, JW. 1915, S. 168; a. M. Jaeger, BankArch. Bd. 14 S. 35.) Über Ansprüche aus Rechtsgeschäften, die der Schuldner ohne Zustimmung der Aufsichtsperson als zur Fortführung des Geschäftes oder zu einer bescheidenen Lebensführung des Schuldners und seiner Familie erforderlich, vornimmt, siehe oben Anm. II b und c zu §§ 6/7.

Familienrechtliche Unterhaltsansprüche gegen den Schuldner sind als solche nicht privilegiert. (Bendix,

[1]) Eine Zustimmung im Sinne der §§ 182 ff. BGB. liegt hier nicht vor, da wie oben in Anm. II b zu §§ 6, 7 ausgeführt, die Wirksamkeit des Rechtsgeschäftes von der Zustimmung nicht abhängt. Bendix, LZ. 1915 S. 196; auch Breit, JW. 1915 S. 168; a. M. Sintenis S. 86 zu § 7.

LZ. 1915 S. 198; a. M. Breit, JW. 1915 S. 167.) Es besteht hierzu auch kein Anlaß; denn im Falle des Konkurses würden sich die Unterhaltsberechtigten nach § 3 Abs. 2 KO. noch schlechter stellen wie bei der Geschäftsaufsicht, wo sie den übrigen nicht privilegierten Gläubigern gleichstehen, soweit nicht die Unterhaltspflicht im Einzelfall wegen Wegfalles der Leistungsfähigkeit des Schuldners (§ 1603 BGB.) überhaupt entfällt.

Unter Ziff. 1 des § 9 können stets nur Ansprüche fallen, die auf einer nach Anordnung der Geschäftsaufsicht vorgenommenen Rechtshandlung beruhen; es genügt also nicht, wenn die Fälligkeit oder Bedingung nach diesem Zeitpunkt eingetreten ist. (Vgl. hierüber auch Anm. I B d zu § 1 der Zahlungsfristenverordnung; a. M. Breit, JW. 1915 S. 167/168.[1])) Unerheblich ist auch, ob sich vor Anordnung der Geschäftsaufsicht entstandene Ansprüche nach diesem Zeitpunkt infolge Verzugs oder aus ähnlichen Gründen verändern; soweit den Entstehungsgrund derartiger Ansprüche trotzdem ein vor der Anordnung der Geschäftsaufsicht begründetes Schuldverhältnis bildet, sind diese den Beschränkungen des § 5 der Bek. unterworfen. Nimmt der Schuldner nach Anordnung der Geschäftsaufsicht mit Zustimmung der Aufsichtsperson oder innerhalb der ihm in § 7 Abs. 2 gesteckten Grenzen ohne diese Zustimmung Rechtshandlungen vor, welche geeignet sind, neben oder an Stelle der alten Schuld novatorisch ein neues, selbständiges Schuldverhältnis zu begründen, z. B. Anerkenntnisse im Sinne der §§ 780 ff. BGB., Vergleiche innerhalb und außerhalb des Prozesses, so fallen die hieraus entspringenden Ansprüche an sich unter § 9 Ziff. 1 der Bek. (Vgl. auch Jaeger Anm. 1 zu § 59 KO.) Es ist aber zulässig, daß der Schuldner hierbei vereinbart, daß auch die neue Schuld den Beschränkungen des § 5 unterworfen sei. Eine

[1]) Hier ist die oben S. 100 Fußnote 2 für die ZahlFrV. bemängelte ungenaue Ausdrucksweise vermieden. Unrichtig ist es, wenn Breit, a. a. O., Mietzinsforderungen für das Geschäftslokal und in beschränktem Umfang auch für die Wohnung des Schuldners die Vorzugsstellung des § 9 Ziff. 1 einräumen will; hierzu besteht übrigens auch sachlich kein Anlaß.

solche Einschränkung wird sogar meist — wenn nicht besondere Gründe dagegen sprechen — als stillschweigend vereinbart zu gelten haben. (Ebenso Breit, JW. 1915 S. 166 mit abweichender Begründung.)

Was die viel umstrittene Frage anlangt, ob ein nach Anordnung der Geschäftsaufsicht (unter Beachtung des § 7 Abs. 2 der Bek.) ausgestellter Prolongationswechsel das Vorrecht des § 9 Ziff. 1 genießt, so hat Kitzinger, JW. 1915 S. 62 mit Recht unter Bezugnahme auf RG. Bd. 77 S. 52/53 (vgl. auch Staub-Stranz 8. Aufl. Anm. 27a zu Art. 4) darauf hingewiesen, daß durch die Wechselprolongation, auch wenn diese durch Hingabe eines neuen Wechsels, des Prolongationswechsels erfolgt, regelmäßig nicht eine neue Verbindlichkeit geschaffen, sondern nur die alte Wechselschuld gestundet wird; der Anspruch aus dem Prolongationswechsel unterliegt deshalb den Beschränkungen des § 5 der Bek., soferne der Anspruch aus den alten Wechseln diesen Beschränkungen unterlag. Die Ausstellung von Prolongationswechseln und Erteilung der Zustimmung hierzu durch die Aufsichtsperson ist deshalb unbedenklich. (Breit, JW. 1915 S. 166 und 206; anders noch Berliner Tagblatt vom 31. Dez. 1914 Nr. 663; a. M. Weinberg, Berliner Tagblatt vom 27. Okt. 1914 Nr. 547; DRZ. 1915 S. 56; Wertheimer, JW. 1915 S. 174.) Über die Rechte dritter gutgläubiger Wechsel-Erwerber s. unten Anm. IV.

Nach Ziffer 2: Ansprüche auf Aussonderung eines dem Schuldner nicht gehörigen Gegenstandes, die im Falle des Konkurses den Gläubiger berechtigen würden, Herausgabe aus der Konkursmasse zu verlangen, können auch während der Dauer der Geschäftsaufsicht geltend gemacht, erforderlichenfalls auch vollstreckt werden. Z. B. der Räumungsanspruch des Vermieters. (Bendix S. 98; Asch, JW. 1914 S. 855; Breit, JW. 1915 S. 168.) Die Bekanntmachung nennt nur den Regelfall des § 43 KO. Es ist aber kein Grund ersichtlich, warum nicht die Erweiterungen der §§ 44, 46 KO. gleich zu behandeln sein sollten. (So auch: Jaeger, BankArch. Bd. 14 S. 35; Breit, JW.

1915 S. 168 Fußnote 11; a. M. Bendix S. 99: argumentum e contrario.) Auch den Aussonderungsanspruch des Kommittenten nach § 392 Abs. 2 HGB. erkennt Jaeger a. a. O. als gleichberechtigt an.

Aussonderungsansprüche können auch während der Dauer des Verfahrens neu entstehen, wenn z. B. der Schuldner einer Ware unter Eigentumsvorbehalt geliefert oder geliehen erhält; dagegen können an Gegenständen, die z. Zt. der Eröffnung des Verfahrens zum Vermögen des Schuldners gehören, Aussonderungsrechte nur aus den unter Nr. 1 des § 9 der Bek. fallenden Geschäften entstehen. (A. M. teilweise Breit a. a. O.)

Nach Ziffer 3: Absonderungsansprüche nach §§ 47—52 KO. Grundsätzlich gehören hierher auch vor Anordnung der Geschäftsaufsicht entstandene Pfändungspfandrechte; die Versteigerung der vor der Anordnung gepfändeten Sachen ist daher zulässig. (So LG. Berlin I 9. Ziv.-Kamm. vom 5. Nov. 1914 KammerGBl. 1915 S. 8.) Soweit das Pfändungspfandrecht aber im Konkurs nach § 30 Ziff. 2 KO. anfechtbar wäre, kann es auch im Aufsichtsverfahren nicht anerkannt werden; denn wenn auch die §§ 29 ff. KO. für die Geschäftsaufsicht nicht gelten, so setzt doch der § 9 Ziff. 3 voraus, daß der Gläubiger auch im Fall des Konkurses abgesonderte Befriedigung verlangen könnte. (Jaeger, BankArch. Bd. 14 S. 35; a. M. DRZ. 1915 S. 56, wo eine besondere Ergänzungsbestimmung für nötig erachtet wird.) Außerdem kann die Vollstreckung eines Absonderungsberechtigten, soweit dessen Forderung vor dem 31. Juli 1914 entstanden ist, auch durch Bewilligung einer Zahlungsfrist nach der Bundesratsbekanntmachung vom 7. August 1914 (oben S. 93) hinausgeschoben werden. (Sieskind S. 99 Anm. 27 zu § 9; Jaeger a. a. O.; Erlaß d. Preuß. Handelsmin. vom 11. August 1914 PrJMBl. 1914 S. 677; BayJMBek. vom 18. August 1914 BayJMBl. 1914 S. 136.)

Nach Ziffer 4: Lidlohn und öffentliche Abgaben in den Grenzen der §§ 61 Nr. 1 und 2 KO., auch soweit die Fälligkeit erst während der Geschäftsaufsicht eintritt, soferne nur der Entstehungsgrund für diese Ansprüche vor der Anordnung der Geschäftsaufsicht liegt; Liblohn aus einem nach diesem Zeitpunkt abgeschlossenen Dienstvertrag, sowie während der Dauer der Geschäftsaufsicht entstandenen Abgabeforderungen können nur auf Grund der Ziff. 1 des § 9 der Wirkung der Geschäftsaufsicht entzogen sein.

III. Gibt es noch andere vom Verfahren nicht betroffene Ansprüche?

Über den Anspruch der Aufsichtsperson auf Ersatz ihrer Auslagen und auf Vergütung für ihre Tätigkeit s. oben Anm. I 2 zu § 6/7. Breit, JW. 1915 will außerdem Zwangsvollstreckung zugunsten solcher Forderungen zulassen, die nicht auf eine Minderung des Vermögens des Schuldners gerichtet sind, wie insbesondere Unterlassungsansprüche und Ansprüche auf Vornahme gewisser nicht vertretbarer Handlungen, z. B. Ausstellung eines Zeugnisses, Rechnungslegung usw., da hier der Ausschluß nur den Gläubiger schädige, dem Schuldner aber entweder überhaupt nichts nütze oder ihm einen offensichtlich rechtswidrigen Vorteil verschaffe. Man wird diese Ansicht billigen müssen, mit der Einschränkung, daß die Erlassung von Strafbeschlüssen, z. B. §§ 888, 889, 899 ZPO. zwar zulässig ist, daß aber die Vollstreckung wegen verhängter Geldstrafen ebenso wie die Vollstreckung wegen eines etwaigen Schadensersatzanspruches des Gläubigers grundsätzlich erst nach Beendigung des Verfahrens zulässig ist. (Vgl. auch Jaeger Anm. 10 und 11 zu § 3 KO.)

Bereicherungsansprüche (§ 59 Ziff. 3 KO.) sind, auch wenn die Bereicherung erst nach Anordnung der Geschäftsaufsicht eintritt, ebenso wie die anderen im Konkursverfahren als Masseansprüche (so § 59 Ziff. 2 KO.) oder bevorrechtigte Konkursforderungen (§ 61 Ziff. 3—5 KO.) mit Vorzugsrechten ausgestatteten Ansprüche, den Wirkungen des Geschäftsaufsichtsverfahrens nicht entzogen. (Jaeger, BankArch. Bd. 14 S. 35; Breit, JW. 1915 S. 169.)

IV. Schützt guter Glaube den Gläubiger gegen die Wirkungen der Geschäftsaufsicht? Grundsätzlich werden nur diejenigen Ansprüche vom Verfahren nicht betroffen, bei denen objektiv die Voraussetzungen eines der Fälle des § 9 der Bek. vorliegen. Wer deshalb in Unkenntnis der Geschäftsaufsicht mit dem Schuldner kontrahiert, wird gleichwohl vom Verfahren betroffen, wenn sein Anspruch nicht unter § 9 fällt; das gleiche gilt, wenn ein Gläubiger, der von der Geschäftsaufsicht Kenntnis hat, irrtümlich glaubt, sein Anspruch falle unter § 9 und dies gilt endlich auch von dem dritten gutgläubigen Erwerber eines vom Schuldner gezeichneten Wechsels. Der Art. 82 WO. steht dem nicht entgegen; denn einerseits wird der materielle Bestand der Wechselschuld durch die Geschäftsaufsicht überhaupt nicht berührt, andererseits vermag der gute Glaube des Wechselnehmers den Mangel der Zulässigkeit der Zwangsvollstreckung ebensowenig zu ersetzen, wie etwa die Unfähigkeit des Gemeinschuldners die Konkursmasse zu verpflichten. (Jaeger, BankArch. Bd. 14 S. 35; Kitzinger, JW. 1915 S. 167; Breit, JW. 1915 S. 167 und 206; Bovensiepen, DRZ. 1914 S. 781; zweifelnd Kipp, DJZ. 1914 S. 1032.) Vgl. aber auch oben Anm. II b zu §§ 6/7 über den Begriff, der zur Fortführung des Geschäftes und zu einer bescheidenen Lebensführung des Schuldners erforderlichen Rechtsgeschäfte.

§ 10.

Handelt der Schuldner seinen Verpflichtungen zuwider oder liegen sonstige wichtige Gründe vor, so kann das Gericht das Verfahren aufheben.

I. Die **Geschäftsaufsicht endigt** nicht ohne weiteres mit der Beendigung des Kriegszustandes. (Jaeger, BankArch. Bd. 14 S. 36; Breit, JW. 1915 S. 173.) Dagegen dürfte mit dem Tode des Schuldners das Verfahren ohne weiteres endigen, da die Geschäftsaufsicht eine den Schuldner höchstpersönlich angehende Maßregel ist und ihr Zweck — Aufrechterhaltung der wirtschaftlichen Existenz des Schuldners — mit dessen Tod gegenstandslos geworden ist. Über Geschäftsaufsicht über einen Nachlaß siehe oben Anm. III a Fußnote zu §§ 1—3.

II. Der regelmäßige Beendigungsgrund des Verfahrens ist die **Aufhebung durch das Gericht.**

Das Verfahren ist vom Gericht aufzuheben:

a) wenn es der Schuldner beantragt. Da das Verfahren gegen den Willen des Schuldners nicht stattfinden soll (vgl. Reichstagsdenkschrift S. 17, abgedruckt oben Anm. II zu §§ 1—3), so muß das Gericht dem Aufhebungsantrag des Schuldners ohne weitere Prüfung stattgeben. (BayJMBek. vom 18. August 1914 BayJMBl. 1914 S. 164; Michels, Recht 1915 S. 10; DRZ. 1915 S. 56; Breit, JW. 1915 S. 162; a. M. Jaeger, BankArch. Bd. 14 S. 35/36; Sieskind S. 99 Anm. 30 zu § 10.)

b) von Amts wegen: wenn

1. der Schuldner seinen Verpflichtungen zuwiderhandelt, wenn er also insbesondere der Aufsichtsperson nicht die erforderlichen Aufschlüsse erteilt, oder wenn er die Geschäftsführung gröblich vernachlässigt, wenn er Rechtsgeschäfte ohne die erforderliche Zustimmung der Aufsichtsperson vornimmt, oder über die vorhandenen Mittel entgegen den Weisungen der Aufsichtsperson verfügt, insbesondere für seinen Unterhalt übermäßig viel verbraucht. (Bendix S. 103.) Die Aufhebung soll jedoch in diesen Fällen erst erfolgen, wenn andere Maßnahmen des Gerichtes (s. Anm. I b 3 zu §§ 6/7) ergebnislos waren. (Jaeger, BankArch. Bd. 14 S. 34/35.)

2. wenn sonstige wichtige Gründe vorliegen. Als ein wichtiger Grund wird es insbesondere anzusehen sein, wenn sich nachträglich herausstellt, daß die Behebung der Zahlungsunfähigkeit nach der Beendigung des Krieges nicht in Aussicht genommen werden kann (vgl. § 3 Abs. 1 der Bek.), oder, wenn die weitere Fortführung der Geschäftsaufsicht die Interessen der Gläubiger erheblich gefährdet, sei es, daß die vom Verfahren nicht betroffenen Ansprüche (insbesondere § 9 Ziff. 1 der Bek.) derart anwachsen, daß hierdurch

die Verbindlichkeiten der anderen Gläubiger unbilligerweise beeinträchtigt werden. (BayJMBek. vom 18. August 1914 BayJMBl. 1914 S. 163; Jaeger, BankArch. Bd. 14 S. 35; Sieskind S. 99 Anm. 30 zu § 10; a. M. Cahn, Recht und Wirtschaft 1914 S. 271.) Wenn sich zeigt, daß der Schuldner vor Anordnung der Geschäftsaufsicht erhebliche Teile seines Vermögens in anfechtbarer Weise beiseite geschafft hat. (Vgl. oben Anm. III zu § 5; Bendix S. 103; Stern, Das Konkursverfahren, Leipzig 1914 S. 155.)

c) wenn es von einer Aufsichtsperson oder einem Gläubiger beantragt wird, soferne Gründe der unter b angegebenen Art vorliegen.

III. Form und Wirkung der Aufhebung:

Die Aufhebung des Verfahrens erfolgt durch (unanfechtbaren) Beschluß des Gerichtes, der dem Schuldner, der bzw. den Aufsichtspersonen und den bekannten Gläubigern von Amts wegen zugestellt wird (§ 4 Abs. 2 der Bek., § 73 Abs. 2 KO.) und mit der Zustellung an den Schuldner wirksam wird. (Jaeger a. a. O. S. 35.) Eine öffentliche Bekanntgabe findet nicht statt.

Mit der Aufhebung des Verfahrens fallen die Beschränkungen des § 5 der Bek. weg; von diesem Zeitpunkt an stehen alle Gläubiger des Schuldners wieder gleich. In einem sich etwa anschließenden Konkursverfahren genießen die nach § 9 der Bek. insbesondere in dessen Ziff. 1 nicht betroffenen Ansprüche keinerlei Vorzugsrechte. (S. Anm. I zu § 9; Breit, JW. 1915 S. 173: der aber der Honorarforderung der Aufsichtsperson entweder die Stellung einer Masseschuld — nach dem Vorbild des § 224 Ziff. 4 KO. — oder wenigstens einer bevorrechtigten Konkursforderung nach § 61 Ziff. 1 KO. einräumen will.)

IV. Notwendigkeit ergänzender Bestimmungen:

Die Praxis hat ergeben, daß die durch die Bundesratsbekanntmachung getroffene Einrichtung der Geschäftsaufsicht nicht den gewünschten Erfolg haben wird, wenn nicht die Möglichkeit geschaffen wird, durch einen außergerichtlichen Zwangsvergleich das Verfahren abzuschließen und den Schuldner endgültig zu sanieren. Erfolgt eine derartige Ergänzung nicht rechtzeitig, so wird der größte Teil der unter Geschäftsaufsicht stehenden Schuldner nach dem Außerkrafttreten der Verordnung in Konkurs verfallen. (Vgl. hierzu Jaeger, BankArch. Bd. 14 S. 36; Cahn, Recht und Wirtschaft 1914 S. 269 ff. und LZ. 1915 S. 111 ff.; Michels, Recht 1915 S. 11; Stein, LZ. 1915 S. 257; Breit, JW. 1915 S. 173; Wertheimer, JW. 1915 S. 175; Bovensiepen, DRZ. 1914 S. 781; Jörissen, DRZ. 1915 S. 40; R. A. Weinberg, Berliner Tagblatt vom 24. Dez. 1914; Generalsekretär Cahen, Berliner Tagblatt vom 23. Febr. 1915 Nr. 99.)

§ 11.

Die Entscheidungen des Gerichts sind unanfechtbar.

I. Der vollkommene **Ausschluß von Rechtsmitteln** gegen die Entscheidungen des Amtsgerichts hat in der Praxis und in der Literatur vielfach Widerspruch gefunden. (Vgl. Wertheimer, JW. 1915 S. 175; Generalsekretär Cahen, Berliner Tagblatt vom 23. Febr. 1915 Nr. 99; aber auch Cahn, Recht und Wirtschaft 1914 S. 270; Breit, JW. 1915 S. 164.)

II. **Ausnahmen:** In der Praxis wurde die Beschwerde auf Grund § 567 Abs. 1 ZPO. gegen solche Entscheidungen zugelassen, welche nicht die Anordnung, Durchführung und Aufhebung des Verfahrens selbst betreffen, so z. B. gegen die Verweigerung der Akteneinsicht. (LG. Frankfurt 6. Ziv.-Kamm. vom 15. Dez. 1914 DJZ. 1915 S. 322; ferner das KammerG. lt. Mitteilung von Cahen im Berliner Tagblatt vom 23. Febr. 1915 Nr. 99; a. M. OLG. Hamburg vom 3. Febr. 1915 DJZ. 1915 S. 322.)

Man wird weiterhin die Beschwerde auch dann zulassen müssen, wenn das Amtsgericht einen Antrag ohne sachliche Prüfung als unzulässig zurückgewiesen hat. (So: LG. Plauen vom 13. Jan. 1915 DRAZ. 1915 S. 8; ferner die ständige Praxis des RG. und der OLG.e bei den mit § 11 inhaltlich vollkommen übereinstimmenden §§ 319 Abs. 2 Satz 2, 320 Abs. 4 Satz 4, 707 Abs. 2 Satz 2 ZPO.; vgl. Gaupp-Stein Anm. IV und Fußnote 43 zu § 319, Anm. V und Fußnote 22 zu § 320, Anm. III und Fußnote 33 zu § 707.)

III. Die Haftung des Richters, die bei dem Fehlen eines Rechtsmittels erhöhte Bedeutung hat (vgl. § 839 Abs. 3 BGB.), bestimmt sich nach § 839 Abs. 1 BGB. (Bendix, LZ. 1915 S. 189 Fußnote 2, S. 192 Fußnote 14; auch Jaeger Anm. 3 zu § 83 KO.)

§ 12.

Das Verfahren ist gebührenfrei; auf die Auslagen finden die Vorschriften des fünften und sechsten Abschnitts des Gerichtskostengesetzes entsprechende Anwendung. Pauschsätze werden nicht erhoben.

Bare Auslagen werden nach Maßgabe der §§ 79 bis 80a GKG. erhoben; für diese Auslagen ist nach § 84 GKG. vom Antragsteller auch ein Vorschuß zu zahlen. (Bendix S. 103.)

§ 13.

Diese Verordnung tritt mit dem Tage der Verkündung in Kraft.

W a n n die Verordnung a u ß e r K r a f t tritt, ist nicht gesagt; mit der Beendigung des Kriegszustandes tritt die Verordnung n i c h t ohne weiteres außer Kraft; es bedarf hierzu vielmehr eines Reichsgesetzes bzw. während der Gültigkeit des § 3 des Gesetzes vom 3. August 1914 über die Ermächtigung des Bundesrates zu wirtschaftlichen Maßnahmen einer Bundesratsverordnung. (Vgl. im übrigen oben Anm. IV zu § 11.)

13. Bekanntmachung, betreffend die zeitweilige Außerkraftsetzung einzelner Vorschriften des Handelsgesetzbuches usw.

Vom 8. August 1914.

(RGBl. 1914 S. 365 Nr. 4460).

Vorbemerkung: Nach den in der Bekanntmachung angeführten Bestimmungen sind die Vorstände, Geschäftsführer und Liquidatoren von Aktiengesellschaften, Kommanditgesellschaften auf Aktien, Gesellschaften mit beschränkter Haftung und eingetragenen Genossenschaften verpflichtet, bei Eintritt der Zahlungsunfähigkeit der Gesellschaft oder Genossenschaft sofort die Eröffnung des Konkurses zu beantragen. Diese Verpflichtung ist aus denselben Erwägungen, auf denen die oben (S. 178 ff.) erörterte Verordnung über die Geschäftsaufsicht beruht, bis auf weiteres aufgehoben worden. Für den Fall der Überschuldung bleiben diese Bestimmungen jedoch in Kraft. (Sieskind S. 100; Hachenburg, LZ. 1914 S. 1605; Jaeger, BankArch. Bd. 14 S. 32; Pinner, BankArch. Bd. 14 S. 122; a. M. Bendix S. 48/49.) Eine Verpflichtung an Stelle des Konkurses die Anordnung einer Geschäftsaufsicht zu beantragen, besteht nicht. (Hachenburg a. a. O.) Gemäß § 2 Abs. 2 StGB. findet diese Verordnung auch dann Anwendung, wenn die in den erwähnten Gesetzesbestimmungen enthaltenen Verpflichtungen schon vor dem Inkrafttreten der Bekanntmachung verletzt wurden, die Handlung aber erst nach diesem Zeitpunkt zur Aburteilung (durch den Tatrichter) gelangten; auch ein zeitweilig geltendes, milderes Strafgesetz hat rückwirkende Kraft. (Feilitsch, LZ. 1914 S. 1777 ff.; auch Frank, LZ. 1915 S. 8 Fußnote 10; a. M. OLG. Dresden vom 11. Sept. 1914 Recht 1914 S. 645/646.)

Der Bundesrat hat auf Grund des § 3 des Gesetzes über die Ermächtigung des Bundesrats zu wirtschaftlichen Maßnahmen usw. vom 4. August 1914

(Reichs-Gesetzbl. S. 327) folgende Verordnung erlassen:

§ 1.

Die nachstehenden Vorschriften werden, soweit sie die Verpflichtung, bei Zahlungsunfähigkeit einer Gesellschaft oder einer Genossenschaft die Eröffnung des Konkursverfahrens zu beantragen, sowie das Verbot von Zahlungen nach Eintritt der Zahlungsunfähigkeit betreffen, bis auf weiteres außer Kraft gesetzt:

1. die Vorschriften des § 240 Abs. 2, des § 241 Abs. 3, 4, des § 249 Abs. 3, des § 298 Abs. 2, des § 315, des § 325 Nr. 8 des Handelsgesetzbuchs;
2. die Vorschriften der §§ 64, 71, 84 des Gesetzes, betreffend die Gesellschaften mit beschränkter Haftung;
3. die Vorschriften der §§ 99, 118, 142, 148 des Gesetzes, betreffend die Erwerbs- und Wirtschaftsgenossenschaften.

§ 2.

Diese Verordnung tritt mit dem Tage der Verkündung in Kraft.

14. Bestimmungen über die Zahlungsmittel.

Vorbemerkungen zu a bis e. Gesetzliche Zahlungsmittel sind unter Berücksichtigung nachstehender Bestimmungen zurzeit:

1. Reichsgoldmünzen (§ 1 MünzG. vom 1. Juni 1909);
2. Reichssilbermünzen bis zum Betrag von 20 Mk., Nickel- und Kupfermünzen bis zum Betrage von 1 Mk. (§ 9 MünzG. vom 1. Juni 1909).

3. Reichsbanknoten (Art. 3 d. Ges. betr. die Änderung des BankG. vom 1. Juni 1909).
4. Reichskassenscheine (§ 1 d. Ges. vom 4. Aug. 1914 Nr. 4448 s. unten a).

Jeder Gläubiger muß deshalb auch die unter 3 und 4 bezeichneten Zahlungsmittel entgegennehmen, selbst wenn — wie dies im Hypothekenverkehr häufig vorkommt — vertraglich ausdrücklich Zahlung in Gold vereinbart ist (§ 1 der Bek. vom 28. Sept. 1914 s. unten c).

„In einer Zeit, in der die Reichsbank die Einlösung ihrer Noten gegen Gold sperrt, während der Verkehr nichtsdestoweniger die Vollwertigkeit der Note unbeschränkt anerkennt, erschien die vorübergehende Außerkraftsetzung derartiger Goldklauseln erforderlich, um den Schuldner gegen schikanöse Ausübung des Gläubigerrechtes zu schützen, aber auch unbedenklich, da sie den Gläubiger in keiner Weise benachteiligt. Ihre Aufrechterhaltung würde überdies dem allgemeinen Streben nach Konzentrierung des Goldvorrates bei der Reichsbank entgegenwirken." (Denkschrift S. 7.) Verweigert der Gläubiger die Annahme, so gerät er in Annahmeverzug (§§ 293—304 BGB., insbesondere § 301 BGB., ferner § 372 BGB.).

Keine gesetzlichen Zahlungsmittel sind die von den Kriegsdarlehenskassen (RG. vom 4. August 1914 RGBl. 1914 S. 304 Nr. 4446) herausgegebenen „Darlehenskassenscheine". Sie sind zwar „Geldzeichen" und sind rechtlich als Geld zu behandeln. (Vgl. die §§ 91, 92, 232, 270, 702, 1006, 1007, 1376, 1377, 653, 1806 BGB.; §§ 808, 815, 930 ZPO.) Ein Zwang, derartige Scheine in Zahlung zu nehmen, besteht jedoch für Private nicht (§ 2 Abs. 1 DarlehenskassenG.[1])). Vgl. auch Springer, Recht und Wirtschaft 1914 S. 262; Salomon u. Bud, DarlehenskassenG. S. 49/50.)

---

[1]) Diese lautet: „Für den ganzen Betrag der bewilligten Darlehen soll unter der Benennung „Darlehenskassenscheine" ein besonderes Geldzeichen ausgegeben werden. Diese Scheine werden bei allen Reichskassen sowie bei allen öffentlichen Kassen in sämtlichen Bundesstaaten nach ihrem vollen Nennwert in Zahlung genommen; im Privatverkehr tritt ein Zwang zu deren Annahme nicht ein."

Die Bekanntmachungen unter d und e sollen den Abfluß des Goldgeldes, insbesondere ins Ausland verhüten und den Zufluß zur Reichsbank vermehren. Unter die Bekanntmachung vom 25. Januar 1915 (Buchstabe c) fallen insbesondere Veranstaltungen von Geschäften, wonach bei Bezahlung in Gold besondere Vergünstigungen gewährt werden, aber natürlich nur unter der Voraussetzung, daß die eingehenden Goldmünzen tatsächlich an die Reichsbank abgeführt werden.

a) Gesetz, betreffend die Reichskassenscheine und die Banknoten.

Vom 4. August 1914.

(RGBl. 1914 S. 347 Nr. 4448).

Wir Wilhelm, von Gottes Gnaden Deutscher Kaiser, König von Preußen 2c. verordnen im Namen des Reichs, nach erfolgter Zustimmung des Bundesrats und des Reichstags, was folgt:

§ 1.

Reichskassenscheine sind bis auf weiteres gesetzliches Zahlungsmittel.

§ 2.

Bis auf weiteres ist die Reichshauptkasse zur Einlösung der Reichskassenscheine und die Reichsbank zur Einlösung ihrer Noten nicht verpflichtet.

§ 3.

Bis auf weiteres sind die Privatnotenbanken berechtigt, zur Einlösung ihrer Noten Reichsbanknoten zu verwenden.

§ 4.

Der Bundesrat wird ermächtigt, den Zeitpunkt zu bestimmen, zu welchem die Vorschriften in den §§ 1 bis 3 dieses Gesetzes außer Kraft treten.

§ 5.

Dieses Gesetz tritt bezüglich der §§ 2, 3 mit Wirkung vom 31. Juli 1914, im übrigen mit dem Tage seiner Verkündung in Kraft.

b) Gesetz, betreffend Änderung des Münzgesetzes.

Vom 4. August 1914.

(RGBl. 1914 S. 326 Nr. 4434).

Wir Wilhelm, von Gottes Gnaden Deutscher Kaiser, König von Preußen rc. verordnen im Namen des Reichs nach erfolgter Zustimmung des Bundesrats und des Reichstags, was folgt:

§ 1.

Bis auf weiteres werden die Vorschriften im § 9 Abs. 2 Satz 2 und 3 des Münzgesetzes vom 1. Juni 1909 (Reichs-Gesetzbl. S. 507) dahin geändert, daß an Stelle der Goldmünzen Reichskassenscheine und Reichsbanknoten verabfolgt werden können.

§ 2.

Der Bundesrat wird ermächtigt, den Zeitpunkt zu bestimmen, zu welchem die im § 1 dieses Gesetzes bezeichneten Vorschriften wieder in Kraft treten.

§ 3.

Dieses Gesetz tritt mit dem Tage der Verkündung in Kraft.

c) Bekanntmachung über die Unverbindlichkeit gewisser Zahlungsvereinbarungen.

Vom 28. September 1914.

(RGBl. 1914 S. 417 Nr. 4502).

Der Bundesrat hat auf Grund des § 3 des Gesetzes über die Ermächtigung des Bundesrats zu wirtschaftlichen Maßnahmen usw. vom 4. August 1914 (Reichs-Gesetzbl. S. 327) folgende Verordnung erlassen:

§ 1.

Die vor dem 31. Juli 1914 getroffenen Vereinbarungen, nach denen eine Zahlung in Gold zu erfolgen hat, sind bis auf weiteres nicht verbindlich.

§ 2.

Diese Verordnung tritt mit dem Tage der Verkündung in Kraft. Den Zeitpunkt des Außerkrafttretens bestimmt der Reichskanzler.

d) Bekanntmachung, betreffend Verbot des Agiohandels mit Reichsgoldmünzen.

Vom 23. November 1914.

(RGBl. 1914 S. 481 Nr. 4550).

Der Bundesrat hat auf Grund des § 3 des Gesetzes über die Ermächtigung des Bundesrats zu wirtschaftlichen Maßnahmen usw. vom 4. August 1914 (Reichs-Gesetzbl. S. 327) folgende Verordnung erlassen:

§ 1.

Wer ohne Genehmigung des Reichskanzlers es unternimmt, Reichsgoldmünzen zu einem ihren Nennwert übersteigenden Preise zu erwerben, zu veräußern oder solche Geschäfte über sie zu vermitteln oder dazu auffordert oder sich erbietet, wird, sofern nicht andere Vorschriften schwerere Strafen androhen, mit Gefängnis bis zu einem Jahre und zugleich mit Geldstrafe bis zu fünftausend Mark bestraft. Sind mildernde Umstände vorhanden, so kann ausschließlich auf Geldstrafe erkannt werden.

§ 2.

In dem Urteil sind die Reichsgoldmünzen, die zu einer nach § 1 strafbaren Handlung gebraucht oder bestimmt sind, einzuziehen, sofern sie dem Täter oder einem Teilnehmer gehören.

§ 42 des Strafgesetzbuchs findet Anwendung.

§ 3.

Diese Verordnung tritt mit dem 26. November 1914 in Kraft. Den Zeitpunkt des Außerkrafttretens bestimmt der Reichskanzler.

e) Bekanntmachung, betreffend Ausnahme vom Verbote des Agiohandels mit Reichsgoldmünzen.

Vom 25. Januar 1915.

(Deutscher Reichsanzeiger Nr. 21 vom 26. Januar 1915).

Auf Grund der Verordnung, betreffend Verbot des Agiohandels mit Reichsgoldmünzen, vom 23. November 1914 (RGBl. S. 481) wird folgendes bestimmt:

Die in § 1 der genannten Verordnung bezeichneten Handlungen sind zulässig, sofern sie ausschließlich zu dem Zwecke der Abführung von Goldmünzen an die Reichsbank vorgenommen werden.

15. Bekanntmachung über die Sicherheitsleistung mit Wertpapieren.

Vom 22. Dezember 1914.

(RGBl. 1914 S. 541 Nr. 4587).

Vorbemerkung: Der Stillstand der deutschen Börse hat, abgesehen von den direkten wirtschaftlichen Folgen, auch auf Gebieten, die mit dem Effektenmarkte nicht unmittelbar in Zusammenhang stehen, in störender Weise eingewirkt. Diese Störungen beruhen darauf, daß eine Reihe gesetzlicher Vorschriften die Existenz börsenfähiger Wertpapiere und ihren Kurswert voraussetzt. Dies gilt insbesondere für die zahlreichen Fälle der Berechtigung und Verpflichtung zur Sicherheitsleistung (vgl. Jacusiel, BankArch. Bd. 14 S. 64; ferner die Zusammenstellung bei Fischer-Henle Anm. 1 zu § 232 BGB.); denn wenn auch der § 232 BGB. verschiedene Arten der Sicherheitsleistung zuläßt, so ist im Verkehr die Sicherheitsleistung durch Wertpapiere doch die allein herrschende geworden. Für die Sicherheitsleistung durch Wertpapiere gibt aber § 234 BGB. die Vorschrift, daß nur mündelsichere (§ 1807 Abs. 1 Nr. 2—4 BGB.) Wertpapiere, die einen Kurswert haben, geeignet sind, Sicherheit bis zu drei Vierteilen des Kurswertes zu bieten und ähnlich bestimmt § 69 ZVG., daß nur mit Wertpapieren, die einen Kurswert haben, Sicherheit geleistet werden kann, und zwar in Höhe des ganzen Kurswertes. Die Folge dieser Vorschriften war, daß seit der Schließung der deutschen Börsen in diesen Fällen[1]) Sicherheit

[1]) Bei den auf Grund der Zivilprozeßordnung zu leistenden Sicherheiten kann das Gericht nach § 108 ZPO. auch andere Wertpapiere (ohne Kursnotiz) zulassen, wenn sie nach seinem Ermessen genügend Deckung gewähren.

durch Hinterlegung von Wertpapieren überhaupt nicht geleistet werden konnte (Jäckel-Güthe 5. Aufl. S. 921 und 922), da Börsenkurse nicht notiert wurden und auch außerhalb der Börse — nach herrschender Ansicht ist es nicht unbedingt erforderlich, daß der Kurswert ein amtlich notierter Kurs ist — Umsätze in der Öffentlichkeit nicht in einem derartigen Umfang stattfanden, daß man von einem allgemein gültigen Kurs sprechen konnte. (Jacusiel a. a. O.) Besonders mißfällig wurde es auch in der Tagespresse bemerkt, daß die Gerichte Sicherheitsleistungen in Reichskriegsanleihen als nicht zulässig erklären mußten, weil auch für diese kein allgemein gültiger Tageskurs vorhanden war. Diesem Übelstande hilft die vorliegende Verordnung nunmehr ab.

Der Bundesrat hat auf Grund des § 3 des Gesetzes über die Ermächtigung des Bundesrats zu wirtschaftlichen Maßnahmen usw. vom 4. August 1914 (Reichs-Gesetzbl. S. 327) folgende Verordnung erlassen:

§ 1.

Für eine Sicherheitsleistung, für welche die Vorschriften der §§ 234, 236 des Bürgerlichen Gesetzbuchs oder des § 69 des Gesetzes über die Zwangsversteigerung und die Zwangsverwaltung gelten, sind Wertpapiere, die vor Ausbruch des Krieges einen Kurswert hatten, auch jetzt als Papiere mit Kurswert anzusehen.

Sind die Vorschriften der §§ 234, 236 des Bürgerlichen Gesetzbuchs maßgebend, so kann die Sicherheit in Höhe von drei Vierteilen des Kurswerts vom 25. Juli 1914 geleistet werden.

Sind die Vorschriften des § 69 des Gesetzes über die Zwangsversteigerung und die Zwangsverwaltung maßgebend, so kann die Sicherheit in Höhe des ganzen

Kurswerts vom 25. Juli 1914 geleistet werden. Das Gericht kann auf Antrag nach freiem Ermessen die Sicherheitsleistung nur in Höhe eines geringeren Betrags für zulässig erklären.

Ist für ein Wertpapier am 25. Juli 1914 ein Kurs nicht notiert worden, so tritt der letzte vorher notierte Kurs an die Stelle.

§ 2.

Die Vorschriften des § 1 finden auf die vom Reiche aus Anlaß des Krieges ausgegebenen Schuldverschreibungen entsprechende Anwendung. An die Stelle des Kurses vom 25. Juli 1914 tritt der Preis, zu dem die Ausgabe erfolgt ist.

§ 3.

Diese Verordnung tritt mit dem Tage der Verkündung in Kraft.

16. Bekanntmachung, betreffend Verjährungsfristen.

Vom 22. Dezember 1914.

(RGBl. 1914 S. 543 Nr. 4589).

Vorbemerkung: Die Verordnung gilt — im Gegensatz zu § 8 KTSchG. — nicht nur für die Kriegsteilnehmer, sondern für alle natürlichen und juristischen Personen, Inländer und Ausländer. Andererseits gilt sie nur für die in §§ 196 und 197 BGB. aufgeführten Ansprüche, nicht auch für andere kurzfristige Verjährungen. Sie gilt aber für die dort erwähnten Ansprüche auch dann, wenn infolge dazwischenliegender Hemmung oder Unterbrechung die Verjährung nicht mehr (nach § 201 BGB.) mit dem Schluß des Kalenderjahres abläuft, soferne nur die Verjährung am 22. Dez. 1914 noch nicht eingetreten war. (Hachenburg, DJZ. 1915 S. 170.)

über Verjährung vgl. auch die Anm. zu § 8 KTSchG., oben S. 72; ferner allgemein über Krieg und Verjährung: Hallbauer, BankArch. Bd. 14 S. 408 ff.

Der Bundesrat hat auf Grund des § 3 des Gesetzes über die Ermächtigung des Bundesrats zu wirtschaftlichen Maßnahmen usw. vom 4. August 1914 (Reichs-Gesetzbl. S. 327) folgende Verordnung erlassen:

§ 1.

Die in den §§ 196, 197 des Bürgerlichen Gesetzbuchs bezeichneten Ansprüche, die noch nicht verjährt sind, verjähren nicht vor dem Schlusse des Jahres 1915.

§ 2.

Diese Verordnung tritt mit dem Tage der Verkündung in Kraft.

17. Genossenschaftswesen.

a) Bekanntmachung, betreffend die Revision der eingetragenen Genossenschaften.

Vom 8. September 1914.

(RGBl. 1914 S. 400 Nr. 4489).

Vorbemerkungen: Nach § 53 des Gesetzes, betreffend die Erwerbs- und Wirtschaftsgenossenschaften, in der Fassung vom 20. Mai 1898 (RGBl. S. 810), sind die Einrichtungen der Genossenschaft und ihre Geschäftsführung mindestens in jedem zweiten Jahre der Prüfung durch einen sachverständigen Revisor zu unterwerfen. Die Frist ist so zu berechnen, daß innerhalb zweier Jahre nach Beendigung der letzten Revision die neue Revision zu beginnen hat (zu vgl. die Begründung zum § 49 des Entwurfs des Genossenschaftsgesetzes, Drucksachen des Reichstags 1888/89

Nr. 28 Stenographische Berichte des Reichstags Bd. 108 S. 225). Infolge der kriegerischen Ereignisse, insbesondere mit Rücksicht darauf, daß ein großer Teil der Revisoren zu den Fahnen einberufen ist, wird es vielfach unmöglich sein, die Revisionen rechtzeitig vorzunehmen. Nach einem aus Genossenschaftskreisen gemachten Vorschlag ist daher nachstehende Verordnung erlassen worden. Einer weiteren Anregung zu entsprechen, die sechsmonatige Frist für die Veröffentlichung der Jahresbilanz (§ 33 Abs. 2 GenG.) zu verlängern, erschien dem Bundesrat nicht notwendig. In der Regel wird es möglich sein, die Bilanz auch unter den gegenwärtigen Verhältnissen rechtzeitig herzustellen. Ist der Vorstand dazu ausnahmsweise trotz aller Sorgfalt nicht in der Lage, so können ihm oder der Genossenschaft aus der Versäumung der Fristen zivil- oder strafrechtliche Nachteile nicht erwachsen. (Denkschrift vom 23. Nov. 1914 S. 90.)

Der Bundesrat hat auf Grund des § 3 des Gesetzes über die Ermächtigung des Bundesrats zu wirtschaftlichen Maßnahmen usw. vom 4. August 1914 (Reichs-Gesetzbl. S. 327) folgende Verordnung erlassen:

§ 1.

Die Frist, innerhalb deren nach § 53 des Gesetzes, betreffend die Erwerbs- und Wirtschaftsgenossenschaften (Reichs-Gesetzbl. 1898 S. 810), die Einrichtungen der eingetragenen Genossenschaften und ihre Geschäftsführung einer Prüfung durch einen Revisor zu unterwerfen sind, wird bis auf weiteres um vier Monate verlängert.

§ 2.

Diese Verordnung tritt mit dem Tage der Verkündung in Kraft.

b) Bekanntmachung über die Vertretung eines Genossen in der Generalversammlung einer Erwerbs- und Wirtschaftsgenossenschaft und über das Ausscheiden aus der Genossenschaft.

Vom 17. Dezember 1914.

(RGBl. 1914 S. 518 Nr. 4575).

Vorbemerkungen: Der § 1 bildet eine Ergänzung des KTSchG. und ist im Hinblick auf die Bestimmung des § 43 Abs. 4 GenG., nach welcher die Genossen das Stimmrecht nicht durch Bevollmächtigte ausüben können, soweit aber ausnahmsweise — bei handlungsunfähigen Personen und Frauen — eine Vertretung überhaupt zulässig ist, ein Bevollmächtigter nur einen Genossen vertreten kann, notwendig geworden.

Der § 2 knüpft an den § 70 Abs. 2 GenG. an, wonach der Genosse erst mit dem Schluß desjenigen Geschäftsjahres aus der Genossenschaft ausscheidet, währenddessen die sein Ausscheiden begründende Tatsache in die vom Gericht zu führende Liste der Genossen eingetragen wurde und läßt das Ausscheiden auch ohne Eintragung wirksam werden, wenn im Bezirk des zuständigen Gerichts auch nur vorübergehend Stillstand der Rechtspflege eingetreten ist. Dabei soll es, um Beweisschwierigkeiten zu vermeiden, nicht darauf ankommen, ob trotz des Stillstandes der Rechtspflege die Eintragung etwa noch möglich gewesen wäre. (Vgl. Denkschrift vom 8. März 1915 S. 90.)

Der Bundesrat hat auf Grund des § 3 des Gesetzes über die Ermächtigung des Bundesrats zu wirtschaftlichen Maßnahmen usw. vom 4. August 1914 (Reichs-Gesetzbl. S. 327) folgende Verordnung erlassen:

§ 1.

Gehört ein Genosse einer eingetragenen Genossenschaft zu den Personen, die im § 2 des Gesetzes, betreffend den Schutz der infolge des Krieges an Wahrnehmung ihrer Rechte behinderten Personen, vom 4. August 1914 (Reichs-Gesetzbl. S. 328) bezeichnet sind, so kann er sein Stimmrecht in der Generalversammlung durch einen Bevollmächtigten ausüben. Für die Vollmacht ist die schriftliche Form erforderlich und genügend. Ein Bevollmächtigter kann mehr als einen Genossen vertreten.

§ 2.

Ist bei dem Gerichte, das die Liste der Genossen führt, infolge des Krieges ein, wenngleich nur vorübergehender, Stillstand der Rechtspflege eingetreten, so gilt, falls die Tatsache, die gemäß §§ 65 bis 68 des Gesetzes, betreffend die Erwerbs- und Wirtschaftsgenossenschaften, das Ausscheiden eines Genossen begründet, nicht bis zum Schlusse des Geschäftsjahrs, zu dem das Ausscheiden erfolgen soll, in die Liste eingetragen ist, das Ausscheiden auch ohne Eintragung mit dem Schlusse dieses Geschäftsjahrs als erfolgt. Unter der gleichen Voraussetzung findet, falls der Tod eines Genossen nicht bis zum Schlusse des Geschäftsjahrs in die Liste der Genossen eingetragen ist, die im § 125 Abs. 2 des Gesetzes gegebene Vorschrift über die Haftung des Erben für die bis zum Tage der Eintragung von der Genossenschaft eingegangenen Verbindlichkeiten keine Anwendung.

Die im § 69 des Gesetzes bezeichnete Verpflichtung des Vorstandes, die Eintragung in die Liste zu veranlassen, wird durch die Vorschriften des Abs. 1 nicht berührt; konnte der Vorstand der Verpflichtung nicht bis zu dem im § 69 bezeichneten Zeitpunkt nachkommen, so hat er das Ausscheiden in dem von ihm geführten Verzeichnis der Genossen zu vermerken und das zur Eintragung in die Liste Erforderliche unverzüglich nach Wegfall des Hindernisses nachzuholen.

§ 3.

Diese Verordnung tritt mit dem Tage der Verkündung in Kraft.

18. Erleichterungen auf dem Gebiete des Patent-, Gebrauchsmuster- und Warenzeichenrechts.

Vorbemerkungen zu a bis d: Durch die Verordnung vom 10. September 1914 (s. Buchstabe a) sind für das bezeichnete Gebiet einige Erleichterungen geschaffen, um die Beteiligten gegen Nachteile zu schützen, die ihnen aus den strengen Vorschriften der geltenden Gesetze über die zu wahrenden Fristen erwachsen können.

Der in § 2 eingeführte Rechtsbehelf der Wiedereinsetzung in den vorigen Stand, der sonst im patentamtlichen Verfahren für Patent-, Gebrauchsmuster- und Warenzeichensachen fehlt, gilt nicht nur für Patente, sondern auch für Gebrauchsmuster und Warenzeichen (Denkschrift vom 22. Nov. 1914 S. 22; Alexander-Katz, LZ. 1914 S. 1834 = Mitt. d. Ver.-DeutschPatAnw. 1914 S. 158) und kommt für folgende Fristen in Betracht (vgl. Alexander-Katz a. a. O.):

Patentgesetz: § 21 Abs. 2—4, § 24 Abs. 1, § 24 Abs. 2, § 26 Abs. 1 und 2; § 28 Abs. 3; § 29, § 33 Abs. 1 in Verb. mit § 2 Abs. 1 der Verord. betr. das Berufungsverf. beim RG. in Patentsachen, § 33 Abs. 3 in Verb. mit § 3 Abs. 1 vorbez. Verordnung.

Gebrauchsmustergesetz: § 8 Abs. 1.

Warenzeichengesetz: § 5 Abs. 1, § 8 Abs. 2 Ziff. 1 und Abs. 3.

Soweit nach § 3 der Verordnung vom 10. Sept. 1914 (s. Buchst. a) in Verbindung mit den Bekanntmachungen vom 21. Okt. 1914, vom 20. Febr. 1915 und vom 12. März 1915 (s. Buchst. b, c und d) auch Angehörigen ausländischer Staaten Vergünstigungen der ersteren Verordnung zugute kommen, kommt außerdem noch die Prioritätsfrist des Unionsrechts in Betracht.

Außerdem hat das Patentamt durch Bek. vom 4. August 1914 über die Verlängerung der richterlichen Fristen Bestimmungen über die Verlängerung der vom Patentamt gesetzten (richterlichen) Fristen getroffen. (Bl. f. PM. und Z. 1914 S. 251; Markensch.-Wettbew. Bd. 14 S. 6 und Hüfner a. gl. O. S. 7.)

a) Bekanntmachung, betreffend vorübergehende Erleichterungen auf dem Gebiete des Patent-, Gebrauchsmuster- und Warenzeichenrechts.

Vom 10. September 1914.

(RGBl. 1914 S. 403 Nr. 4491).

Vorbemerkung: Vgl. Vorbemerkungen zu a bis d S. 233. S. auch S. 349.

Zu S. 234.

Hieher gehören ferner:

1. Bekanntmachung, betreffend weitere Erleichterungen auf dem Gebiete des Patent- und Gebrauchsmusterrechts vom 31. März 1915 (RGBl. S. 212 Nr. 4704).
2. Bekanntmachung, betreffend die Verlängerung der im Art. 4 der revidierten Pariser Übereinkunft zum Schutze des gewerblichen Eigentums vom 2. Juni 1911 vorgesehenen Prioritätsfristen vom 7. Mai 1915 (RGBl. 1915 S. 272 Nr. 4728; abgedruckt im Ergänzungsheft S. 2).
3. Bekanntmachung, betreffend die Verlängerung der Prioritätsfristen in ausländischen Staaten vom 13. Mai 1915 (RGBl. 1915 S. 278 Nr. 4732).
4. Bekanntmachung, betreffend Erleichterungen auf dem Gebiete des Patent-, Gebrauchsmuster- und Warenzeichenrechts in ausländischen Staaten vom 13. Mai 1915 (RGBl. 1915 S. 278 Nr. 4733).

und die Zuschlagsgebühr (§ 8 Abs. 3 a. a. O.) erlassen. Die Entscheidung des Patentamts ist unanfechtbar.

Für Patente, die am 31. Juli 1914 noch nicht erloschen waren, ist die Stundung auch dann zulässig, wenn sie nach Ablauf der gesetzlichen Zahlungsfristen (§ 8 Abs. 3 a. a. O.) beantragt ist.

§ 2.

Wer durch den Kriegszustand verhindert worden ist, dem Patentamt gegenüber eine Frist einzuhalten, deren Versäumung nach gesetzlicher Vorschrift einen Rechtsnachteil zur Folge hat, ist auf Antrag wieder in den vorigen Stand einzusetzen. Die Wiedereinsetzung muß innerhalb einer Frist von zwei Monaten beantragt werden; im übrigen sind die Bestimmungen der §§ 233 ff. der Zivilprozeßordnung entsprechend anzuwenden.

§ 3.

Die Vorschriften der §§ 1, 2 finden zugunsten von Angehörigen ausländischer Staaten nur dann Anwendung, wenn in diesen Staaten nach einer im Reichs-Gesetzblatt enthaltenen Bekanntmachung den deutschen Reichsangehörigen gleichartige Erleichterungen gewährt werden.

§ 4.

Diese Verordnung tritt mit dem Tage der Verkündung in Kraft.

b) Bekanntmachung, betreffend vorübergehende Erleichterungen auf dem Gebiete des Patent-, Gebrauchsmuster- und Warenzeichenrechts in ausländischen Staaten.

Vom 21. Oktober 1914.

(RGBl. 1914 S. 450 Nr. 4523).

Vorbemerkung: Vgl. Vorbemerkungen zu a bis d S. 233.

Auf Grund des § 3 der Verordnung des Bundesrats, betreffend vorübergehende Erleichterungen auf dem Gebiete des Patent-, Gebrauchsmuster- und Warenzeichenrechts, vom 10. September 1914 (Reichs-Gesetzbl. S. 403) wird hierdurch bekannt gemacht, daß in Dänemark, Italien, Norwegen, in der Schweiz, in Spanien und den Vereinigten Staaten von Amerika deutschen Reichsangehörigen gleichartige Erleichterungen gewährt werden.

c) Bekanntmachung, betreffend Erleichterungen auf dem Gebiete des Patent-, Gebrauchsmuster- und Warenzeichenrechts in ausländischen Staaten.

Vom 20. Februar 1915.

(RGBl. 1915 S. 107 Nr. 4652).

Vorbemerkung: Vgl. Vorbemerkungen zu a bis d S. 233.

Auf Grund des § 3 der Verordnung des Bundesrats, betreffend vorübergehende Erleichterungen auf dem Gebiete des Patent-, Gebrauchsmuster- und Warenzeichenrechts, vom 10. September 1914 (Reichs-Gesetzbl. S. 403) wird hierdurch bekannt gemacht, daß in Belgien, Österreich, Ungarn und

Portugal sowie zur Zeit in Frankreich deutschen Reichsangehörigen gleichartige Erleichterungen gewährt werden.

d) Bekanntmachung, betreffend Erleichterungen auf dem Gebiete des Patent-, Gebrauchsmuster- und Warenzeichenrechts in ausländischen Staaten.

Vom 12. März 1915.

(RGBl. 1915 S. 151 Nr. 4675).

Vorbemerkung: Vgl. Vorbemerkungen zu a bis d S. 233.

Auf Grund des § 3 der Verordnung des Bundesrats, betreffend vorübergehende Erleichterungen auf dem Gebiete des Patent-, Gebrauchsmuster- und Warenzeichenrechts, vom 10. September 1914 (Reichs-Gesetzbl. S. 403) wird hierdurch bekannt gemacht, daß in Schweden deutschen Reichsangehörigen gleichartige Erleichterungen gewährt werden.

C. Bestimmungen auf dem Gebiete des Handels-, Wechsel- und Scheckrechtes.

I. Handelsrecht.

19. Bekanntmachung, betreffend die Veröffentlichung der Handelsregistereintragungen usw.

Vom 11. Februar 1915.

(RGBl. 1915 S. 71 Nr. 4635).

Vorbemerkung: Die Deckung der Bedürfnisse der Heeresverwaltung und Durchführung wirtschaftlicher Maßnahmen aus Anlaß des Krieges erfolgt teilweise unter Mitwirkung von Aktiengesellschaften und Gesellschaften m. b. H., welche zu diesem Zwecke gegründet wurden. Die öffentliche Bekanntmachung usw. dieses Teils der „wirtschaftlichen Mobilmachung" erscheint manchmal im Interesse der erfolgreichen Durchführung dieser Maßnahmen nicht erwünscht. Die nachstehende Bekanntmachung ermächtigt deshalb den Reichskanzler zur Abänderung der allgemeinen gesetzlichen Bestimmungen. (Vgl. Denkschrift vom 8. März 1915 S. 94.)

Der Bundesrat hat auf Grund des § 3 des Gesetzes über die Ermächtigung des Bundesrats zu wirtschaftlichen Maßnahmen usw. vom 4. August 1914 (Reichs-Gesetzbl. S. 327) beschlossen, den Reichskanzler zu ermächtigen, bei Aktiengesellschaften und Gesellschaften mit beschränkter Haftung, die während des Krieges gegründet sind oder gegründet werden, auf Antrag über die Verpflichtung des Gerichts zur Veröffentlichung der Eintragungen im Handelsregister und der zu diesem eingereichten Schriftstücke, über die Einsicht des Registers und der Schriftstücke, über die Erteilung von Abschriften und Bescheinigungen sowie über die Verpflichtung des Vorstandes zur Veröffentlichung von Änderungen in den Personen der Mitglieder des Aufsichtsrats besondere Bestimmungen zu treffen.

20. Bekanntmachung, betreffend das vorzeitige Inkrafttreten einer Vorschrift aus dem Gesetze vom 10. Juli 1914 zur Änderung der §§ 74, 75 usw. des Handelsgesetzbuchs (RGBl. 1914 S. 209).

Vom 10. September 1914.

(RGBl. 1914 S. 404 Nr. 4492).

Vorbemerkung: Der Kriegszustand und die damit verbundene Umwälzung der wirtschaftlichen Verhältnisse hatten die Einschränkung vieler Geschäftsbetriebe und damit die Entlassung zahlreicher Handlungsgehilfen, teils auf Grund ordentlicher, teils auf Grund außerordentlicher Kündigung zur Folge. Für diese Kündigungen lag beim Geschäftsherrn ein erheblicher, nicht von ihm verschuldeter Anlaß vor. Nach § 75 Abs. 2 HGB. in der alten Fassung mußte deshalb der Handlungsgehilfe eine (gültig) übernommene Verpflichtung zur Einschränkung des Wettbewerbes (Konkurrenzklausel) einhalten. Nach § 75 Abs. 2 HGB. in der Fassung des RG. vom 10. Juli 1914 wird der Handlungsgehilfe durch derartige Kündigungen vom Wettbewerbsverbot befreit, da der erhebliche Anlaß zur Kündigung nicht „in der Person des Gehilfen vorliegt". Diese Bestimmung des neuen Gesetzes wurde durch nachfolgende Bekanntmachung mit Wirksamkeit ab 11. September 1914 in Kraft gesetzt. Sie findet deshalb auf alle an diesem Tage noch bestehenden, wenn auch schon gekündigten Dienstverhältnisse Anwendung. Der Geschäftsherr war nicht berechtigt, mit Rücksicht auf die Verordnung eine für einen späteren Zeitpunkt bereits ausgesprochene Kündigung zurückzunehmen. Er konnte in diesem Fall nur die — bei späteren Kündigungen gleichzeitig mit dieser abzugebende — Erklärung, den Gehalt fortzahlen zu wollen, unverzüglich nach dem Inkrafttreten der Verordnung nachholen und dadurch den Fortbestand des Wettbewerbsverbotes bewirken. (Baum, JW. 1914 S. 949: Sieskind S. 102 Anm. 4 zu Art 1.)

Inzwischen ist am 1. Januar 1915 das (oben erwähnte) RG. zur Änderung der §§ 74, 75 und des § 76 Abs. 1 HGB. vom 10. Juni 1914 (RGBl. S. 209) [1]) in Kraft getreten, so daß die Bekanntmachung vom 10. September 1914 nur noch für die zwischen dem 11. September 1914 und 31. Dezember 1914 beendigten Dienstverhältnisse Bedeutung hat.

Da (zwar nicht der Bekanntmachung) wohl aber dem Gesetz rückwirkende Kraft auch für die vor seinem Inkrafttreten aufgelösten Dienstverhältnisse beigelegt ist, sind die vor dem 11. September 1914 (insbesondere wegen Einberufung zum Heere) entlassenen Angestellten nach dem 1. Januar 1915 (insbesondere nach ihrer Rückkehr aus dem Krieg) nicht mehr an das Wettbewerbsverbot gebunden, soferne sich nicht der Geschäftsherr bis zum 1. April 1915 zu den in Art. 3 Abs. 2 Satz 2 des Gesetzes vom 10. Juni 1914 bestimmten Leistungen erbietet. (Baum, JW. 1914 S. 1000 und Komment. Anm. 3 zu Art. 3; a. M. Hachenburg, DJZ. 1915 S. 60.)

---

[1]) Vgl. hiezu Baum, Das vertragliche Wettbewerbverbot (Berlin 1914); derselbe JW. 1914 S. 998 ff.; Potthoff, Kommentar zur Konkurrenzklausel (Stuttgart 1914); Hachenburg, DJZ. 1915 S. 55; Bedall, BayZfR. 1914 S. 365—376; ferner sind die Bestimmungen dieses Gesetzes berücksichtigt bei: Frankenburger, Handelsgesetzbuch für das Deutsche Reich 4. Aufl. (1914 Schweitzers braune Handausgaben); Hachenburg, Textausgabe des HGB. (1914); Schweitzers blaue Textausgabe des Handelsgesetzbuchs (1915).

Der Bundesrat hat auf Grund des § 3 des Gesetzes über die Ermächtigung des Bundesrats zu wirtschaftlichen Maßnahmen usw. vom 4. August 1914 (Reichs-Gesetzbl. S. 327) beschlossen, den im Artikel 1 § 75 Abs. 2 des Gesetzes vom 10. Juni 1914 (Reichs-Gesetzbl. S. 209) ausgesprochenen Grundsatz alsbald in Kraft zu setzen, und demgemäß folgende Verordnung erlassen:

Art. 1.

Der § 75 Abs. 1 Satz 2 des Handelsgesetzbuchs vom 10. Mai 1897 (Reichs-Gesetzbl. S. 219) wird für Dienstverhältnisse, die zur Zeit des Inkrafttretens dieser Verordnung noch nicht beendet sind, durch folgende Vorschrift ersetzt:

> Das gleiche gilt, wenn der Prinzipal das Dienstverhältnis kündigt, es sei denn, daß für die Kündigung ein erheblicher Anlaß in der Person des Gehilfen vorliegt oder daß sich der Prinzipal bei der Kündigung oder, falls die Kündigung zur Zeit des Inkrafttretens der Verordnung schon erfolgt war, unverzüglich nach dem Inkrafttreten bereit erklärt, während der Dauer der Beschränkung dem Gehilfen die vollen zuletzt von ihm bezogenen vertragsmäßigen Leistungen zu gewähren.

Art. 2.

Diese Verordnung tritt mit dem Tage der Verkündung in Kraft.

Am 1. Januar 1915 tritt die Verordnung außer Kraft.

21. Bekanntmachung über die Ladung zur Gesellschafterversammlung einer Gesellschaft mit beschränkter Haftung.

Vom 8. Oktober 1914.

(RGBl. 1914 S. 428 Nr. 4508).

Vorbemerkung: Die Berufung der Gesellschaftsversammlung einer Gesellschaft mit beschränkter Haftung erfolgt nach § 51 GmbHG. durch Einladung der Gesellschafter mittels eingeschriebener Briefe. Dieser Weg ist infolge des Krieges oft nicht benutzbar, insbesondere für Briefe, die ins Ausland zu schicken wären. Fehlt es in solchen Fällen an einem erreichbaren Vertreter und läßt sich auch eine die förmliche Ladung erübrigende Verständigung mit dem Gesellschafter nicht ermöglichen, so kann die Herbeiführung eines ordnungsmäßigen Gesellschaftsbeschlusses in Frage gestellt sein. Zum Teil bietet der § 1911 BGB., nach dem unter bestimmten Voraussetzungen für einen Anwesenden zur Wahrnehmung seiner Vermögensangelegenheiten ein Abwesenheitspfleger bestellt werden kann, einen angemessenen, den Interessen aller Beteiligten genügenden Ausweg. Die Voraussetzungen des § 1911 BGB. passen aber nicht für alle hier in Frage kommenden Fälle; sie sind insbesondere dann nicht gegeben, wenn der Gesellschafter an dem ausländischen Ort seinen Wohnsitz hat.

Für diejenigen Fälle, in denen die Bestellung eines Pflegers nicht möglich ist, gibt die nachstehende Bekanntmachung die Möglichkeit der Bestellung eines Vertreters. Ein hiernach bestellter Vertreter kann auch zur Ausübung sonstiger, dem Gesellschafter in bezug auf die Führung der Geschäfte zustehender Rechte ermächtigt werden, z. B. zur Ausübung der Rechte, die dem Gesellschafter in bezug auf die etwa für notwendig erachtete Einberufung einer neuen Versammlung nach § 50 des Gesetzes zustehen. Soweit möglich, wird sich der Vertreter mit dem Gesellschafter in Verbindung zu setzen und seine Weisungen einzuholen haben.

Hierzu und zur sonstigen Vorbereitung des Vertreters wird die Frist von einer Woche, die nach § 51 des Gesetzes zwischen der Ladung und der Versammlung mindestens liegen soll, regelmäßig nicht ausreichen. Die Verordnung des Bundesrats gibt daher dem Gerichte die Befugnis, die Ladungsfrist zu verlängern und zwar sowohl dann, wenn ein Vertreter auf Grund der neuen Verordnung, wie auch dann, wenn ein Pfleger nach den allgemeinen Vorschriften bestellt ist. (Denkschrift vom 22. Nov. 1914 S. 89.)

Der Bundesrat hat auf Grund des § 3 des Gesetzes über die Ermächtigung des Bundesrats zu wirtschaftlichen Maßnahmen usw. vom 4. August 1914 (Reichs-Gesetzbl. S. 327) folgende Verordnung erlassen:

§ 1.

Kann ein Gesellschafter zu der Versammlung der Gesellschafter einer Gesellschaft mit beschränkter Haftung infolge des Krieges durch eingeschriebenen Brief nicht geladen werden und ist die Bestellung eines zur Entgegennahme der Ladung berechtigten Pflegers nach den Bestimmungen des Bürgerlichen Gesetzbuchs nicht möglich, so kann auf Antrag eines Beteiligten das Amtsgericht, in dessen Bezirke die Gesellschaft ihren Sitz hat, einen Vertreter zur Entgegennahme der Ladung sowie zur Ausübung der Rechte des Gesellschafters bei der Beschlußfassung bestellen. Der Vertreter kann auch zur Ausübung sonstiger dem Gesellschafter in bezug auf die Führung der Geschäfte zustehender Rechte ermächtigt werden. Die Vertretung ist aufzuheben, wenn das Bedürfnis weggefallen ist.

Die Wirksamkeit der von oder gegenüber dem Vertreter vorgenommenen Rechtshandlungen kann nicht deshalb in Frage gestellt werden, weil die Voraussetzungen der Bestellung nicht vorgelegen haben.

Ist ein Vertreter oder ein Pfleger bestellt, so kann das im Abs. 1 bezeichnete Gericht die Frist, mit der die Ladung des Vertreters oder Pflegers zu bewirken ist, verlängern.

Gerichtsgebühren werden nicht erhoben.

§ 2.

Diese Verordnung tritt mit dem Tage der Verkündung in Kraft.

II. Vorschriften betreffend die Fristen für Wechsel und scheckrechtliche Handlungen.

Vorbemerkung.

Die einschlägigen Vorschriften sind der allmählichen Erkenntnis der Bedürfnisse entsprechend erlassen worden. Dadurch leidet naturgemäß etwas ihr Aufbau, was in gleichem Maße ihr Verständnis erschwert. Sachlich lassen sie sich wie folgt gruppieren:

1. Die sämtlichen Vorschriften schieben die **Möglichkeit der für die Erhaltung des Wechselrechts oder des Regreßrechts aus Wechsel und Scheck erforderlichen Handlungen hinaus**, ohne daß jedoch für den Wechselinhaber eine Pflicht bestünde, von dem ihm so gebotenen Behelf Gebrauch zu machen.

A. Ohne daß es eines Nachweises eines **besonderen Grundes** für die Nichtvornahme der Handlung bedarf.

I. Bei allen Wechseln und Schecks, soweit die Frist für Vornahme der betreffenden Handlungen nicht schon am 31. Juli 1914 abgelaufen war, um 30 Tage. (Bekanntm. Nr. 4454 vom 6. August 1914. Unten S. 253.)

II. Bei Wechseln und Schecks, die in bestimmten, namentlich aufgeführten Kriegsgebieten zahlbar sind, soweit die Frist für die Vornahme der betreffenden Handlung nicht schon am 31. Juli abgelaufen war:

a) wenn der Zahlungstag des Wechsels oder der sonstige für den Beginn der Frist maßgebende Zeitpunkt vor dem 1. Januar 1915 eingetreten ist: 5 Monate nach dem Beginn, jedoch frühestens mit dem 31. März 1915. (Während des Drucks geändert!)

b) wenn der Zahlungstag des Wechsels oder der sonstige für den Beginn der Frist maßgebende Zeitpunkt am 1. Januar 1915 oder später eintritt: mit dem 31. Mai 1915. (Bekanntm. Nr. 4573 vom 17. Dez. und S. 260, Bekanntm. Nr. 4618 vom 21. Jan. Siehe S. 263 u. nun S. 264.

B. Sämtliche unter A aufgeführten Fristen erfahren eine weitere Verlängerung, falls die Vornahme der Handlung bei Ablauf der Frist durch **höhere Gewalt** verhindert wird, solange, bis das Hindernis weggefallen ist, mindestens aber bis zum Ablauf von 14 Tagen nach Wegfall desselben. (Bekanntm. Nr. 4433 vom 4. August in Verbindung mit Bekanntm. Nr. 4480 vom 29. August. Siehe S. 250 und 255.)[1]

2. Die Fristen, die hinausgeschoben worden sind

A. beim Wechsel

a) die Frist für die Vorlegung des Wechsels zur Zahlung und Erhebung des Protestes mangels Zahlung (Art. 41 WO.). Diese Handlungen müßten sonst spätestens am zweiten Werktage nach Fälligkeit des Wechsels erfolgen, widrigenfalls die Regreßansprüche gegen den Aussteller und die Indossanten verloren gehen;

b) die Frist für die Benachrichtigung des unmittelbaren Vormannes von der Nicht-

---

[1] Für im Ausland ausgestellte Wechsel ist ein Moratorium erlassen.

zahlung des Wechsels (Art. 45 WO.) im Falle des § 1 des Ges. v. 4. Aug. Diese Frist beträgt sonst 2 Tage nach der Protesterhebung. Die Nichteinhaltung der Frist begründet nicht nur Schadensersatzansprüche sondern zieht auch den Verlust des Anspruches auf Kosten und Zinsen nach sich;

c) die zweijährige **Frist für die Vorlegung eines Sichtwechsels** zur Annahme und Protesterhebung mangels Annahme (Art. 19, 20 WO.); ferner die Fristen der Art. 24 Abs. 2, 31, 60, 62, 99 WO. (vgl. noch Art. 98 WO.).

Dagegen fällt nicht unter die Vorschrift die zweitägige Frist zur Benachrichtigung des Honoraten durch den Ehrenakzeptanten, da hier die Unterlassung nicht den Verlust eines Wechselrechts, sondern nur einen Schadensersatzanspruch begründet (Art. 58 WO.). In diesem Falle liegt auch kein Bedürfnis für die Anwendung des Gesetzes vor, da bereits nach dem geltenden Rechte der Schadensersatzanspruch wegfällt, wenn der Ehrenakzeptant ohne sein Verschulden, also namentlich durch höhere Gewalt, an der Benachrichtigung verhindert war. (Begr.)

B. Beim Scheck

a) die zehntägige Vorlegungsfrist (§§ 11, 16 ScheckG.);

b) die zweitägige Frist zur Benachrichtigung des Vormannes im Fall der Nichtzahlung, entsprechend Art. 45 WO. (§ 17 ScheckG.). Vgl. 2 A b S. 245.

Nicht hinausgeschoben wird der Fälligkeitstag. Die Fristhinausschiebung ist daher auf die mit diesem Tag beginnende Zinspflicht (Art. 50 Ziff. 1 WO.) ohne Einfluß. (Ebenso Sieskind Anm. 1 S. 61.) Keine Hinausschiebung der Notifikationsfrist (WO. Art. 45, ScheckG. § 17): § 3 der Verordnung vom 29. August (s. aber oben 2 A b).

Die Anspruchverjährung (Art. 77 ff. WO., Art. 20, 22 ScheckG.) bleibt unberührt. Siehe jedoch § 203 BGB.

3. Internationales Privatrecht.

I. Die erwähnten Vorschriften finden **Anwendung**, soweit deutsches Recht zur Anwendung kommt. Dies kommt aber in allen denjenigen Fällen zur Anwendung, in denen der in Anspruch genommene Regreßschuldner (Regressat) seinen Wohnsitz in Deutschland hat. (WO. Art. 86 s. unten unter II.) Gleichgültig ist dabei, ob es sich um im Inland, neutralen oder feindlichen Ausland ausgestellte Wechsel handelt. (So auch hinsichtlich des Gesetzes vom 4. August 1914 unten S. 250; Felix Meyer im BankArch. 13. Jahrg. S. 386.) Das ist aus dem vom Reichsgericht — allerdings in anderem Zusammenhang — (s. unten S. 280) aufgestellten Grundsatz, daß die Ausländer in bezug auf das bürgerliche Recht den Inländern gleichgestellt sind, soweit nicht gesetzliche Ausnahmen bestehen, abzuleiten, und ergibt sich auch daraus, daß die deutsche Kriegsgesetzgebung die Ausländer zwar an der augenblicklichen Geltendmachung ihrer Ansprüche in Deutschland hindern, ihre Ansprüche aber nicht auf Dauer zerstören will.

II. Dagegen finden diese Vorschriften **keine Anwendung**, wenn der Regressat (Aussteller oder einer seiner Nachmänner) im Auslande seinen Wohnsitz hat. Dort gilt das ausländische Recht, in das einzugreifen sich der Macht des Deutschen Reiches entzieht. Darum auch die Bestimmung in WO. Art. 86. Dazu Staub-Stranz Anm. 9 und die dort zitierten; ferner Wehberg im BankArch. 12. Jahrg. S. 82, der in durchschlagender Weise gegen die gegenteilige Ansicht von Alexander am gleichen Ort S. 42 polemisiert. RG. 36, 127 kann für die gegenteilige Ansicht (so: Staub-Stranz, der indes selbst die richtige Ansicht vertritt) nicht verwendet werden, da dort nur von den Pflichten des Ausstellers gegenüber dem Akzeptanten bei örtlicher Verschiedenheit der Rechte, nicht aber bei nachträglicher Änderung der Gesetze die Rede ist. Das gleiche gilt hinsichtlich des Schecks (ScheckG. § 16). (Vgl. auch Sintenis, BankArch. 14. Jahrg. S. 52; kurz zusammenfassend Wassermann, JW. 1915 S. 13). Insoweit ist also auch heute noch die ganze zum französischen Moratorium von 1870 ergangene Literatur von Bedeutung. (Richtig: Wassermann, JW. 1915 S. 13; a. M. Sintenis, BankArch. 14. Jahrg. S. 52. Vgl. hierzu die Zusammenfassung bei Wehberg, BankArch. 12. Jahrg. S. 82 und die gelegentliche Bemerkung bei Leo im BankArch. 14. Jahrg. S. 94.)

a) Eine andere Frage ist natürlich, inwieweit nicht dem deutschen Wechselinhaber gegen den ihm zum Regreß verpflichteten Ausländer seine Rechte erhalten bleiben, weil etwa das Recht des Wohnsitzes des Regressaten eine Hinausschiebung des Protestes infolge des Vorliegens von höherer Gewalt gestattet. So das französische Recht (ROHG. 11, 75; Späing, Französisches, englisches, belgisches Wechselrecht in Anschluß an die deutsche Wechselordnung S. 160) und das englische Recht (Rehbein, WO. Anm. 8 zu Art. 41; Felix Meyer, BankArch. 13. Jahrg. S. 385), die Wechselgesetze Skandinaviens, die Rechtsprechung und teilweise auch die Gesetzgebung in den romanischen Ländern und im Bereiche der anglo-amerikanischen Rechtsgruppe (nach Felix Meyer a. a. O.).

b) In denjenigen Ländern, welche eine Hinausschiebung des Protestes infolge höherer Gewalt nicht kennen, ist teilweise, ähnlich wie in Deutschland, durch die Kriegsnotgesetzgebung eine Hinausschiebung bewirkt worden. Die einschlägigen Bestimmungen sind wiedergegeben in der von der Handelskammer Berlin veranstalteten Ausgabe der Moratoriengesetze des Auslandes (4. Aufl.). Zu diesen Ländern gehört Österreich. Die Angaben bei Zalman (vgl. Wassermann, JW. 1915 S. 14) sind bereits wieder überholt durch die vierte Stundungsverordnung vom 25. November[1]) [(Österr. RGBl. Nr. 318 = Deutsche Nachrichten f. Handel, Industrie u. Landwirtschaft Nr. 125), die am 1. Dezember in Wirksamkeit getreten ist und durch die die vorher-

[1]) In der Zwischenzeit ist eine 5. Stundungsverordnung am 25. Januar an Stelle der vierten getreten, deren § 25 dem § 28 der vierten Stundungsverordnung entspricht.

gehenden Stundungsverordnungen aufgehoben worden sind (§ 28)], ist abgesehen davon, daß die Wechsel- und Scheckschulden im Rahmen des allgemeinen Moratoriums abzuzahlen sind (§§ 1, 8—11), bestimmt:

„Steht bei Wechseln oder Schecks, ohne Unterschied des Zahlungsortes und des Ausstellungstages, der Präsentation oder der Protesterhebung ein infolge der kriegerischen Ereignisse eingetretenes unüberwindliches Hindernis (höhere Gewalt) entgegen, so wird die Zahlungszeit, die Frist für die Präsentation zur Annahme oder zur Zahlung und für die Protesterhebung um soviel hinausgeschoben, als erforderlich ist, um nach Wegfall des Hindernisses die wechselrechtliche Handlung vorzunehmen, mindestens aber bis zum Ablauf von 10 Werktagen nach Wegfall des Hindernisses. Im Protest ist das Hindernis und dessen Dauer, soweit als tunlich, festzustellen.“ (§ 12.)[1]) Das in § 25 aufgestellte Gegenseitigkeitsrecht (vgl. oben S. 283) stellt die Deutschen hier nicht schlechter, da ja, soweit die Protesterhebung in Frage kommt, Ausländer in Deutschland ebenso gestellt sind wie Inländer. (Vgl. oben Vorbem. I S. 247). Ähnlich wie Deutschland für seine Grenzgebiete, hat Österreich für Galizien und Bukowina besondere Bestimmungen erlassen. (Verordnung vom 25. November 1914 RGBl. S. 321 = [Deutsche] Nachrichten f. Handel, Industrie u. Landwirtschaft Nr. 125.) Darnach verschiebt sich die Frist für die Protesterhebung für Wechsel und Schecks, die in Galizien und in der Bukowina zahlbar sind, — unabhängig von den oben erwähnten Bestimmungen, die jedoch auch dort gelten —, bis zum 1. Februar 1915.

c) Infolge der Bekanntmachung Nr. 4456 vom 7. August lassen sich Fälle denken, in denen die Regreßansprüche gegenüber einem ausländischen Indossanten verloren gegangen sind, aber gegenüber einem deutschen Indossanten noch bestehen, wenn der ausländische

[1]) So wörtlich auch der § 12 der 5. Moratoriumsverordnung.

Indossant in einem Land wohnt, in dem die Protestfrist trotz Vorliegens höherer Gewalt abgelaufen ist. 4. Wohl im Hinblick auf das Gesetz vom 13. April 1914 über die Folgen der Verhinderung wechsel- und scheckrechtlicher Handlungen im Auslande, das den **Kaiser** mit Zustimmung des **Bundesrates** ermächtigt hatte zu bestimmen, daß die Rechte aus einem Wechsel oder Scheck bestehen bleiben, wenn die rechtzeitige Vornahme einer Handlung die im Auslande zur Ausübung oder Erhaltung dieser Rechte vorzunehmen ist, durch eine dort erlassene gesetzliche Vorschrift verhindert ist und wenn weiter die Handlung unverzüglich nach Wegfall des Hindernisses nachgeholt wird, hat der § 2 des Gesetzes vom 4. August die gleiche Befugnis auch wieder dem Kaiser („mit Zustimmung des Bundesrates") übertragen, während der § 3 des gleichen Gesetzes den Bundesrat ermächtigt, diejenigen Gesetzesmaßnahmen anzuordnen, welche sich zur Abhilfe wirtschaftlicher Schädigungen als notwendig erweisen. Trotzdem sind die einschlägigen Maßnahmen vom Bundesrat getroffen worden. Zur Frage, ob dadurch die Gültigkeit der Maßnahmen berührt wird: s. Anm. 1 der Bekanntmachung Nr. 4454 vom 6. August (S. 254).

22. Gesetz über die Ermächtigung des Bundesrats zu wirtschaftlichen Maßnahmen und über die Verlängerung der Frist des Wechsel- und Scheckrechtes im Falle kriegerischer Ereignisse.

Vom 4. August 1914.

(RGBl. S. 327 Nr. 4436).

§ 1.

Wird in Veranlassung kriegerischer Ereignisse die rechtzeitige Vornahme einer Handlung, deren es zur Ausübung oder Erhaltung des Wechselrechts oder des Regreßrechts aus dem Scheck bedarf,[1] durch höhere Gewalt[2] verhindert,[3] so verlängern sich die für die Vornahme der Handlung vorgeschriebenen Fristen um so viel als erforderlich ist, um nach Wegfall des Hindernisses die Handlung vorzunehmen, mindestens aber bis zum Ablauf von [sechs Werktagen][4] nach dem Wegfall des Hindernisses.

Als Verhinderung durch höhere Gewalt gilt es insbesondere,[5]

1. wenn der Ort, wo die Handlung vorgenommen werden muß, von dem Feinde besetzt ist; es sei denn, daß sie bei Anwendung der im Verkehr erforderlichen Sorgfalt trotzdem bewirkt werden kann;
2. wenn die zwecks Herbeiführung der Handlung zu benutzende Postverbindung derart unterbrochen ist, daß ein geregelter Postverkehr nicht mehr besteht.

1. **bedarf:** S. Vorbem. 2 S. 244.

2. **höhere Gewalt:** Begriff, wie sonst gebraucht, hier aber eingeschränkt durch das Vorhergehende „In Veranlassung kriegerischer Ereignisse".

3. Die vom Gesetz gewährte Vergünstigung setzt voraus, daß die vorzunehmende Handlung durch höhere Gewalt „**verhindert**" wird. Das Hindernis muß also zur Zeit des Ablaufes der Frist noch bestehen oder so kurz vorher behoben werden, daß die fristgemäße Vornahme der Handlung bei Anwendung der im Verkehr erforderlichen Sorgfalt nicht mehr möglich ist. (Begr.)

4. **Sechs Werktagen:** An ihre Stelle ist durch Bekanntmachung Nr. 4480 vom 29. August, unten S. 255 eine Frist von 2 Wochen getreten. Die Frist ist eine Mindestfrist. Über das Verhältnis dieser Verordnung zu anderen, welche in gleicher Weise die Fristen hinausschieben, vgl. Vorbem. 1 S. 244.

Indossant in einem Land wohnt, in dem die Protestfrist trotz Vorliegens höherer Gewalt abgelaufen ist.

4. Wohl im Hinblick auf das Gesetz vom 13. April 1914 über die Folgen der Verhinderung wechsel- und scheckrechtlicher Handlungen im Auslande, das den **Kaiser** mit Zustimmung des **Bundesrates** ermächtigt hatte zu bestimmen, daß die Rechte aus einem Wechsel oder Scheck bestehen bleiben, wenn die rechtzeitige Vornahme einer Handlung die im Auslande zur Ausübung oder Erhaltung dieser Rechte vorzunehmen ist, durch eine dort erlassene gesetzliche Vorschrift verhindert ist und wenn weiter die Handlung unverzüglich nach Wegfall des Hindernisses nachgeholt wird, hat der § 2 des Gesetzes vom 4. August die gleiche Befugnis auch wieder dem Kaiser („mit Zustimmung des Bundesrates") übertragen, während der § 3 des gleichen Gesetzes den Bundesrat ermächtigt, diejenigen Gesetzesmaßnahmen anzuordnen, welche sich zur Abhilfe wirtschaftlicher Schädigungen als notwendig erweisen. Trotzdem sind die einschlägigen Maßnahmen vom Bundesrat getroffen worden. Zur Frage, ob dadurch die Gültigkeit der Maßnahmen berührt wird: s. Anm. 1 der Bekanntmachung Nr. 4454 vom 6. August (S. 254).

22. Gesetz über die Ermächtigung des Bundesrats zu wirtschaftlichen Maßnahmen und über die Verlängerung der Frist des Wechsel- und Scheckrechtes im Falle kriegerischer Ereignisse.

Vom 4. August 1914.

(RGBl. S. 327 Nr. 4436).

§ 1.

Wird in Veranlassung kriegerischer Ereignisse die rechtzeitige Vornahme einer Handlung, deren es zur Ausübung oder Erhaltung des Wechselrechts oder des Regreßrechts aus dem Scheck bedarf,[1] durch

2. erweisen: Inwieweit hierunter auch Anordnung eines Vergeltungsrechtes gegen den ausländischen Staat fällt, das an sich auf Art. 31 EG. BGB. zurückzuführen wäre, ist zweifelhaft. Vgl. hierzu Waldecker, DJZ 1914 S. 1164.

3. aufzuheben: Ob mit rückwirkender Kraft (Staskind) oder nicht (Sintenis) kann dahingestellt bleiben, da es praktisch undenkbar ist, daß der Reichstag die Vorschrift mit rückwirkender Kraft aufheben könnte.

§ 4.

Dieses Gesetz tritt mit seiner Verkündung in Kraft. Der Zeitpunkt, in dem das Gesetz außer Kraft tritt, wird durch Kaiserliche Verordnung mit Zustimmung des Bundesrats bestimmt.

Auf Grund § 3 des vorstehenden Gesetzes sind die folgenden Bekanntmachungen erlassen worden:

22 a. Bekanntmachung, betreffend Verlängerung der Fristen des Wechsel- und Scheckrechts.

Vom 6. August 1914.

(RGBl. 1914 S. 357 Nr. 4454).

Auf Grund von § 3 des Gesetzes über die Ermächtigung des Bundesrats zu wirtschaftlichen Maßnahmen und über die Verlängerung der Fristen des Wechsel- und Scheckrechts im Falle kriegerischer Ereignisse vom 4. August (Reichs-Gesetzbl. S. 327) hat der Bundesrat[1] die folgenden Anordnungen getroffen:

§ 1.

Die Fristen für die Vornahme einer Handlung, deren es zur Ausübung oder Erhaltung des Wechselrechts oder des Regreßrechts aus dem Scheck bedarf,[2] werden bis auf weiteres, soweit sie nicht am 31. Juli 1914 abgelaufen[3] waren, um 30 Tage verlängert.[4]

1. **Bundesrat:** Ob der Bundesrat zur Erlassung dieser Verordnung ermächtigt war, oder ob es einer Kaiserlichen Verordnung bedurft hätte (arg. § 2 des Gesetzes vom 4. August), ist bestritten; s. Vorbem. 4 S. 250. Vgl. Felix Meyer, BankArch. 13. Jahrg. S. 406 ff.; Gorden, DJZ. 1914 S. 1299; Bendix S. 58 und gegen die Gültigkeit Voigt, JW. 1914 S. 826.

2. **bedarf:** S. Vorbem. 2 S. 245.

3. **abgelaufen:** Für Wechselproteste kommen daher nur Wechsel in Frage, deren Zahltag nach dem 28. Juli ist (WO. Art. 41).

4. **verlängert:** Die Frist knüpft unmittelbar an den Ablauf derjenigen Fristen an, die verlängert werden. Sie beginnt also z. B. bei der Wechselprotestfrist mit Ablauf des zweiten Werktages nach dem im Wechsel genannten Zahlungstag. Sonn- und Feiertage sind bei der Bekanntmachung mitzurechnen („Tag"). Fällt aber der letzte der 30 Tage auf einen Sonn- oder Feiertag, so endet sie mit Ablauf des nächstfolgenden Werktages. [(§ 193 BGB.; Art. 92 WO.); ebenso Sieskind]; weitere Verlängerungen: s. Vorbem. 1 A II. Über den Postprotest: s. unten S. 267.

§ 2.

Diese Vorschrift tritt mit dem Tage der Verkündung in Kraft.

22 b. Bekanntmachung, betreffend die Verlängerung der Fristen für wechsel- und scheckrechtl. Handlungen.

Vom 7. August 1914.

Zu S. 254.

Laut Bundesratsbekanntmachung vom 17. Mai 1915 Nr. 4737 (RGBl. S. 284, abgedruckt unten im Ergänzungsheft S. 1) tritt die nebenstehende Bekanntmachung vom 6. August 1914 mit dem Ablauf des 30. Juni 1915 außer Kraft.

wirtschaftlichen Maßnahmen und über die Verlängerung der Fristen des Wechsel- und Scheckrechts im Falle kriegerischer Ereignisse vom 4. August 1914 (Reichs-Gesetzbl. S. 327) beschlossen, daß die im § 1 Abs. 1 des genannten Gesetzes getroffene Vorschrift auch dann für anwendbar zu erachten ist, wenn die rechtzeitige Vornahme einer Handlung, deren es zur Ausübung oder Erhaltung der Rechte aus einem Wechsel oder einem Scheck bedarf, durch eine im Ausland erlassene gesetzliche Vorschrift verhindert wird.

Die Bestimmung wurde durch die ausländischen Moratoriumsgesetze erforderlich. Vgl. oben Vorbem. 3 S. 249, insbesondere auch unter c. Daß das Gesetz auch zur Anwendung kommt, wenn Fälligkeit hinausgeschoben ohne ausdrückliches Protestverbot, bejaht zutreffend Leo, BankArch. 14. Jahrg. S. 14.

23 a. Bekanntmachung, betreffend weitere Verlängerung der Fristen des Wechsel- und Scheckrechtes.

Vom 29. August 1914.

(RGBl. 1914 S. 387 Nr. 4480).

Der Bundesrat hat auf Grund des § 3 des Gesetzes über die Ermächtigung des Bundesrats zu wirtschaftlichen Maßnahmen usw. vom 4. August 1914 (Reichs-Gesetzbl. S. 327) folgende Verordnung erlassen:

§ 1.

An Stelle der im § 1 Abs. 1 des Gesetzes über die Ermächtigung des Bundesrat zu wirtschaftlichen Maßnahmen usw. vom 4. August 1914 (Reichs-

§ 2.

(Die Fristen für die Vornahme einer Handlung, deren es zur Ausübung oder Erhaltung des Wechselrechts oder des Regreßrechts aus dem Scheck bedarf, werden, soweit sie nicht am 31. Juli 1914 abgelaufen waren, für solche Wechsel oder Schecks, die in Elsaß-Lothringen, in der Preußischen Provinz Ostpreußen oder in Westpreußen in den Kreisen Marienburg, Elbing Stadt und Land, Stuhm, Marienwerder, Rosenberg, Graudenz Stadt und Land, Löbau, Kulm, Briesen, Strasburg, Thorn Stadt und Land zahlbar sind, im Anschluß an die in der Bekanntmachung vom 6. August 1914 (Reichs-Gesetzbl. S. 357) vorgesehene Verlängerung um weitere [dreißig Tage] verlängert.)[1])

1. § 2: Die Frist wurde zuerst mehrfach verlängert, dann ersetzt und aufgehoben durch die Bekanntmachung Nr. 4576 vom 17. Dezember 1914 unten S. 260.

§ 3.

Die in der Bekanntmachung vom 6. August 1914 und im § 2 vorgesehene Fristverlängerung findet keine Anwendung auf die Frist, innerhalb deren nach den gesetzlichen Vorschriften der Regreßpflichtige von der Nichtzahlung des Wechsels oder Schecks zu benachrichtigen ist.[1]

1. Die sogen. **Notifikationsfristen** (Art. 45 WO.; § 17 ScheckG.).

b) Bekanntmachung, betreffend weitere Verlängerung der wechselrechtlichen Fristen für Domizilwechsel, die im Stadtkreis Danzig zahlbar sind.

Vom 8. September 1914.

(RGBl. 1914 S. 399 Nr. 4488).

(Der Bundesrat hat auf Grund des § 3 des Gesetzes über die Ermächtigung des Bundesrats zu wirtschaftlichen Maßnahmen usw. vom 4. August 1914 (Reichs-Gesetzbl. S. 327) folgende Verordnung erlassen:

§ 1.

Die im § 2 der Bekanntmachung vom 29. August 1914 (Reichs-Gesetzbl. S. 387) vorgesehene weitere Verlängerung der am 31. Juli noch nicht abgelaufenen wechselrechtlichen Fristen gilt auch für solche im Stadtkreis Danzig zahlbare gezogene Wechsel, die als Wohnort des Bezogenen einen Ort angeben, der in Ostpreußen oder in einem der in jener Bekanntmachung bezeichneten westpreußischen Kreise gelegen ist.

§ 2.

Diese Verordnung tritt mit dem Tage der Verkündung in Kraft.)

Aufgehoben durch die Bekanntmachung Nr. 4576 vom 17. Dezember 1914, unten S. 260.

c) Bekanntmachung, betreffend weitere Verlängerung der Fristen des Wechsels- und Scheckrechtes für Elsaß-Lothringen, Ostpreußen usw.

Vom 24. September 1914.

(RGBl. 1914 S. 413 Nr. 4498).

(Der Bundesrat hat auf Grund des § 3 des Gesetzes über die Ermächtigung des Bundesrats zu wirtschaftlichen Maßnahmen usw. vom 4. August 1914 (Reichs-Gesetzbl. S. 327) folgende Verordnung erlassen:

§ 1.

Die Fristen für die Vornahme einer Handlung, deren es zur Ausübung oder Erhaltung des Wechselrechts oder des Regreßrechts aus dem Scheck bedarf, werden, soweit sie nicht am 31. Juli 1914 abgelaufen waren, für solche Wechsel oder Schecks, die in Elsaß-Lothringen, in der Preußischen Provinz Ostpreußen oder in Westpreußen in den Kreisen Marienburg, Elbing Stadt und Land, Stuhm, Marienwerder, Rosenberg, Graudenz Stadt und Land, Löbau, Culm, Briesen, Strasburg, Thorn Stadt und Land zahlbar sind, im Anschluß an die in § 2 der Bekanntmachung vom 29. August 1914 (Reichs-Gesetzbl. S. 387) vorgesehene Verlängerung [um weitere dreißig Tage] verlängert.

Die gleiche Fristverlängerung findet im Anschluß an die in der Bekanntmachung vom 8. September 1914 (Reichs-Gesetzbl. S. 399) vorgesehene Verlängerung bei solchen im Stadtkreis Danzig zahlbaren gezogenen Wechseln statt, die als Wohnort des Bezogenen einen Ort angeben, der in Ostpreußen oder in einem der bezeichneten westpreußischen Kreise gelegen ist.

§ 2.

Diese Verordnung tritt mit dem Tage der Verkündung in Kraft.)

Aufgehoben durch die Bekanntmachung Nr. 4576 vom 17. Dezember 1914, unten S. 260.

d) Bekanntmachung, betreffend weitere Verlängerung der Fristen des Wechsel- und Scheckrechtes für Elsaß-Lothringen, Ostpreußen usw.

Vom 22. Oktober 1914.

(RGBl. 1914 S. 449 Nr. 4520).

(Der Bundesrat hat auf Grund des § 3 des Gesetzes über die Ermächtigung des Bundesrats zu wirtschaftlichen Maßnahmen usw. vom 4. August 1914 (Reichs-Gesetzbl. S. 327) folgende Verordnung erlassen:

§ 1.

Die Fristen für die Vornahme einer Handlung, deren es zur Ausübung oder Erhaltung des Wechselrechts oder des Regreßrechts aus dem Scheck bedarf, werden, soweit sie nicht am 31. Juli 1914 abgelaufen waren, für solche Wechsel oder Schecks, die in Elsaß-Lothringen, in der Preußischen Provinz Ostpreußen oder in Westpreußen in den Kreisen Marienburg, Elbing Stadt und Land, Stuhm, Marienwerder, Rosenberg, Graudenz Stadt und Land, Löbau, Culm, Briesen, Strasburg, Thorn Stadt und Land zahlbar sind, im Anschluß an die in der Bekanntmachung vom 24. September 1914 (Reichs-Gesetzbl. S. 413) vorgesehene Verlängerung [um weitere dreißig] Tage verlängert.

Die gleiche Fristverlängerung findet bei solchen im Stadtkreis Danzig zahlbaren gezogenen Wechseln statt, die als Wohnort des Bezogenen einen Ort angeben, der in Ostpreußen oder in einem der bezeichneten westpreußischen Kreise gelegen ist.

§ 2.

Diese Verordnung tritt mit dem Tage der Verkündung in Kraft.)

Aufgehoben durch § 1 der Bekanntmachung Nr. 4576 vom 17. Dezember 1914, unten S. 260.

e) Bekanntmachung, betreffend weitere Verlängerung der Fristen des Wechsel- und Scheckrechtes für Elsaß-Lothringen, Ostpreußen usw.

Vom 23. November 1914.

(RGBl. 1914 S. 482 Nr. 4551).

(Der Bundesrat hat auf Grund des § 3 des Gesetzes über die Ermächtigung des Bundesrats zu wirtschaftlichen Maßnahmen usw. vom 4. August 1914 (Reichs-Gesetzbl. S. 327) folgende Verordnung erlassen:

§ 1.

Die Fristen für die Vornahme einer Handlung, deren es zur Ausübung oder Erhaltung des Wechselrechts oder des Regreßrechts aus dem Scheck bedarf, werden, soweit sie nicht am 31. Juli 1914 abgelaufen waren, für solche Wechsel oder Schecks, die in Elsaß-Lothringen, in der preußischen Provinz Ostpreußen oder in Westpreußen in den Kreisen Marienburg, Elbing Stadt und Land, Stuhm, Marienwerder, Rosenberg, Graudenz Stadt und Land, Löbau, Culm, Briesen, Strasburg, Thorn Stadt und Land zahlbar sind, im Anschluß an die in der Bekanntmachung vom 22. Oktober 1914 (Reichs Gesetzbl. S. 449) vorgesehene Verlängerung [um weitere dreißig Tage] verlängert.

Die gleiche Fristverlängerung findet bei solchen im Stadtkreis Danzig zahlbaren gezogenen Wechseln statt, die als Wohnort des Bezogenen einen Ort angeben, der in Ostpreußen oder in einem der bezeichneten westpreußischen Kreise gelegen ist.

§ 2.

Diese Verordnung tritt mit dem Tage der Verkündung in Kraft.)

Aufgehoben durch die Bekanntmachung Nr. 4576 vom 17. Dezember 1914, unten S. 260.

f) Bekanntmachung, betreffend die Fristen des Wechsel- und Scheckrechtes für Elsaß-Lothringen, Ostpreußen usw.

Vom 17. Dezember 1914.

(RGBl. 1914 S. 519 Nr. 4576).

Der Bundesrat hat auf Grund des § 3 des Gesetzes über die Ermächtigung des Bundesrats zu wirtschaftlichen Maßnahmen usw. vom 4. August 1914 (Reichs-Gesetzbl. S. 327) folgende Verordnung erlassen:

§ 1.

[Für solche Wechsel oder Schecks, die in Elsaß-Lothringen, in der Preußischen Provinz Ostpreußen oder in Westpreußen in den Kreisen Marienburg, Elbing Stadt und Land, Stuhm, Marienwerder, Rosenberg, Graudenz Stadt und Land, Löbau, Culm, Briesen, Strasburg, Thorn Stadt und Land zahlbar sind, sowie für solche im Stadtkreis Danzig zahlbare gezogene Wechsel, die als Wohnort des Bezogenen[1] einen Ort angeben, der in Ostpreußen oder in einem der bezeichneten westpreußischen Kreise gelegen ist, werden in Ansehung der Fristen für die Vornahme einer Handlung, deren es zur Ausübung oder Erhaltung des Wechselrechts oder des Regreßrechts aus dem Scheck bedarf, soweit die Fristen nicht am 31. Juli 1914 schon abgelaufen waren, die nachstehenden Bestimmungen getroffen:]

I. Der § 2 der Bekanntmachung vom 29. August sowie die Bekanntmachungen vom 8. und 24. September, vom 22. Oktober und vom 23. November 1914 (Reichs-Gesetzbl. S. 387, 399, 413, 449, 482) werden aufgehoben.[2]

[II. Die Fristen laufen, soweit sich nicht aus anderen Vorschriften ein späterer Ablauf ergibt, zu dem im folgenden bezeichneten Zeitpunkt ab:[3]

1. wenn der Zahlungstag des Wechsels oder der sonstige für den Beginn der Frist maßgebende Zeitpunkt vor dem 1. Januar 1915 eingetreten ist;
   fünf Monate nach dem Beginne der Frist, jedoch frühestens mit (dem 1. Februar 1915);[4]
2. wenn der Zahlungstag des Wechsels oder der sonstige für den Beginn der Frist maßgebende Zeitpunkt am 1. Januar 1915 oder später eintritt,
   mit dem 31. Mai 1915.]

1. **Wohnort des Bezogenen:** Sogen. Domizilwechsel (Art. 24, 43 WO.).

2. **aufgehoben:** Die Bestimmungen sind (Reihenfolge wie im Text) oben abgedruckt S. 256—260.

3. Ablauf: Durch die Verordnung vom 29. August und ihre Verlängerungen waren zu der für das ganze Reichsgebiet gegebenen Verlängerung der Frist von 30 Tagen (Bekanntm. vom 6. August, oben S. 253) noch 4 mal 30 Tage, also insgesamt 150 Tage Verlängerung gekommen. Man trug nunmehr Bedenken, die Frist nochmals ohne weiteres um 30 Tage zu verlängern; denn das hätte z. B. bedeutet, daß ein am 1. Januar zahlbarer Wechsel noch am 1. Juli hätte protestiert werden können. Der Bundesrat ging daher zu einer anderen Art der Regelung über, durch die sich die Protestfrist allmählich verkürzte. Die Frist läuft nunmehr nicht mehr wie bisher vom Ablauf des zweiten Werktages nach dem Zahlungstage an (gegen diesen Modus mit Recht Bendix S. 63, wegen der dadurch notwendig werdenden umständlichen Berechnung), sondern vom Zahlungstage selbst an. Der Lauf der Frist beginnt daher, wenn der Zahlungstag auf einen Sonntag fällt, erst mit dem nächsten Werktag (WO. Art. 92); ebenso tritt nach allgemeinen Grundsätzen, wenn der Schlußtag der Frist ein Sonn- oder Feiertag ist, der nächste Werktag an seine Stelle (BGB. § 193). (Ebenso Denkschrift, 2. Nachtr. S. 4.) Das gleiche gilt für Schecks.

4. dem 1. Februar: Die Worte sind ersetzt durch „dem 31. März" (Bekanntmachung Nr. 4618 vom 21. Januar 1915 RGBl. 1915 S. 32, unten S. 263) und neuerdings durch „dem 31. Mai" (Bekanntmachung Nr. 4665 vom 4. März 1915 RGBl. 1915 S. 129, unten S. 264).

§ 2.

[Die Vorschriften dieser Verordnung finden keine Anwendung auf die Frist, innerhalb deren nach den gesetzlichen Vorschriften der Regreßpflichtige von der Nichtzahlung des Wechsels oder Schecks zu benachrichtigen[1] ist.[2]]

1. **benachrichtigen:** Wie bisher, s. o. S. 256.
2. **aufgehoben:** Durch Bek. Nr. 4665, s. unten S. 264.

§ 3.

[Diese Verordnung tritt mit dem Tage der Verkündung in Kraft.]

Vgl. §§ 1 und 2.

g) Bekanntmachung, betreffend die Fristen des Wechsel- und Scheckrechtes für Elsaß-Lothringen, Ostpreußen usw.

Vom 21. Januar 1915.

(RGBl. 1915 S. 32 Nr. 4618).

[Der Bundesrat hat auf Grund des § 3 des Gesetzes über die Ermächtigung des Bundesrats zu wirtschaftlichen Maßnahmen usw. vom 4. August 1914 (Reichs-Gesetzbl. S. 327) folgende Verordnung erlassen:

Art. 1.

Der § 1 der Bekanntmachung, betreffend die Fristen des Wechsel- und Scheckrechts für Elsaß-Lothringen, Ostpreußen usw., vom 17. Dezember 1914 (Reichs-Gesetzbl. S. 519) wird dahin geändert, daß in Nr. II an die Stelle des 1. Februar 1915 der 31. März 1915 tritt.

Art. 2.

Diese Verordnung tritt mit dem Tage der Verkündung in Kraft.]

Vgl. unten S. 264.

Die amtliche Begründung in der Norddeutschen Allgemeinen Zeitung vom 23. Januar 1915 führt hierzu folgendes aus: Nach der Verordnung vom 17. Dezember v. J. läuft bei solchen in Elsaß-Lothringen, Ostpreußen oder einzelnen Teilen Westpreußens zahlbaren Wechseln, bei denen der Zahlungstag vor dem 1. Januar 1915 eingetreten ist, die Protestfrist fünf Monate nach dem Zahlungstage, jedoch frühestens mit dem 1. Februar 1915 ab. Hiernach würde die Protestfrist für Wechsel, bei denen der Zahlungstag in den August fällt, am 1. Februar und für Wechsel, bei denen der Zahlungstag im September oder Oktober eingetreten ist, im Laufe des Februar oder März ablaufen. Der Bundesrat hat nunmehr durch eine neue Verordnung für die in Frage stehenden Grenzgebiete die Frist in der Weise abermals verlängert, daß sie in keinem Falle vor dem 31. März d. J. endet.

Die Verordnung ist nunmehr **aufgehoben** durch Bek. Nr. 4665 vom 4. März 1915 RGBl. 1915 S. 129, unten S. 264.

h) Bekanntmachung, betreffend die Fristen des Wechsel- und Scheckrechts für Elsaß-Lothringen, Ostpreußen usw.

Vom 4. März 1915.

(RGBl. 1915 S. 129 Nr. 4665).

Der Bundesrat hat auf Grund des § 3 des Gesetzes über die Ermächtigung des Bundesrats zu wirtschaftlichen Maßnahmen usw. vom 4. August 1914 (Reichs-Gesetzbl. S. 327) folgende Verordnung erlassen:

Vorbemerkung. Die Norddeutsche Allgemeine Zeitung erläutert die neue Bekanntmachung wie folgt: „Nach den Verordnungen vom 17. Dezember vorigen Jahres und vom 21. Januar dieses Jahres läuft bei solchen in Elsaß-Lothringen, Ostpreußen oder einzelnen Teilen Westpreußens zahlbaren Wechseln, bei denen der Zahlungstag vor dem 1. Januar 1915 eingetreten ist, die Protestfrist fünf Monate nach dem Zahlungstage, jedoch frühestens mit dem 31. März 1915 ab, während für die nach dem Jahreswechsel fällig gewordenen Wechsel die Frist — unbeschadet eines sich aus anderen Vorschriften ergebenden späteren Ablaufs — mit dem 31. Mai 1915 endet.

Manche Teile der in Frage kommenden Bezirke sind so wenig von den kriegerischen Ereignissen der Grenzbezirke berührt worden, daß man sich für sie mit dem Ablauf eines Teiles der Protestfristen am 31. März begnügen könnte. In anderen Teilen sind die Zustände aber noch derart, daß es zu Schwierigkeiten führen würde, wenn die Protesterhebung demnächst erfolgen müßte. Der Bundesrat hat daher beschlossen, den Termin vom 31. März noch um zwei Monate, bis zum 31. Mai 1915, hinauszuschieben. Damit fällt die Unterscheidung zwischen den im vorigen und den im laufenden Jahre verfallenden Wechseln weg. Nach der neuen Verordnung läuft die Protestfrist für beide Arten von Wechseln am 31. Mai 1915 ab, sofern sich nicht aus den sonstigen Vorschriften ein späterer Ablauf ergibt. Ein solcher späterer Ablauf kann sich aus der ordentlichen Protestpflicht des Artikels 41 Absatz 2 WO. und, falls die für das ganze Reichsgebiet erlassene Verordnung vom 6. August 1914 über die dreißigtägige Verlängerung der Fristen des Wechselrechts noch längere Zeit in Kraft bleibt, aus dieser ergeben; beispielsweise würde bei einem Wechsel, der am 10. Mai fällig wäre, nach der gegenwärtigen Rechtslage die Protestfrist am 11. Juni ablaufen.

Um die Übersichtlichkeit der gesetzlichen Vorschriften nicht zu gefährden, ist auf die besondere Behandlung einzelner Bezirke verzichtet worden, so daß die neue Verordnung sich wiederum auf ganz Elsaß-Lothringen und Ostpreußen sowie auf die bisher berücksichtigten Kreise Westpreußens bezieht. Es konnte dies um so eher geschehen, als der Gläubiger durch die erweiterte Frist nicht gehindert ist, den Protest schon früher zu erheben; auch eine freiwillige Rücksichtnahme auf den Schuldner wird von ihm in solchen Fällen, wo dazu kein Grund mehr vorliegt, nicht erwartet werden können."

§ 1.

Für solche Wechsel oder Schecks, die in Elsaß-Lothringen, in der Preußischen Provinz Ostpreußen oder in Westpreußen in den Kreisen Marienburg, Elbing Stadt und Land, Stuhm, Marienwerder, Rosenberg, Graudenz Stadt und Land, Löbau, Culm, Briesen, Strasburg, Thorn Stadt und Land zahlbar sind, sowie für solche im Stadtkreis Danzig zahlbare gezogene Wechsel, die als Wohnort des Bezogenen einen Ort angeben, der in Ostpreußen oder in einem der bezeichneten westpreußischen Kreise gelegen ist, werden in Ansehung der Fristen für die Vornahme einer Handlung, deren es zur Ausübung oder Erhaltung des Wechselrechts oder des Regreßrechts aus dem Scheck bedarf, soweit die Fristen nicht am 31. Juli 1914 schon abgelaufen waren, die nachstehenden Bestimmungen getroffen:

I. Die Bekanntmachung vom 17. Dezember 1914 (Reichs-Gesetzbl. S. 519),[1] mit Ausnahme der Bestimmung des § 1 Nr. I über die Aufhebung früherer Vorschriften, sowie die Bekanntmachung vom 21. Januar 1915 (Reichs-Gesetzbl. S. 32)[2] tritt außer Kraft.

II. Die Fristen laufen, soweit sich nicht aus anderen Vorschriften ein späterer Ablauf ergibt, mit dem 31. Mai 1915 ab.

1. Siehe oben S. 260.
2. Siehe oben S. 263.

§ 2.

Die Vorschriften dieser Verordnung finden keine Anwendung auf die Frist, innerhalb deren nach den gesetzlichen Vorschriften der Regreßpflichtige von der Nichtzahlung des Wechsels oder Schecks zu benachrichtigen[1] ist.

1. **benachrichtigen**: Wie bisher, s. oben S. 256.

§ 3.

Diese Verordnung tritt mit dem Tage der Verkündung in Kraft.

Anhang.

24. Änderungen der Postordnung.

Vorbemerkung.

I. § 18 PostO. sieht vor, daß neben Postaufträgen zur Einziehung von Geldbeträgen auch solche zur Einholung von Wechselprotesten zulässig sein sollen. Nach Ziffer VI dieser Bestimmungen kann der Auftraggeber verlangen, daß der Postauftrag nach einmaliger vergeblicher Vorzeigung an ihn zurückgesandt oder an eine andere Person weitergesandt wird. Wünscht der Auftraggeber nun die Weitersendung an eine zur Aufnahme von Wechselprotesten befugte Person, so muß dies durch den Vermerk „Sofort zum Protest" zum Ausdruck gebracht werden. Hieran knüpft die Kriegsnotgesetzgebung an. In allen den Fällen, in denen der Gläubiger von seinem Recht, den Protest zu verschieben (eine Pflicht hierzu liegt auf seiner Seite nie vor), nicht Gebrauch machen will, hat er auf dem Wechsel den Vermerk „Sofort zum Protest, ohne Rücksicht auf die verlängerte Protestfrist" anzubringen.

II. § 18a PostO. regelt alle sogenannten Postproteste im einzelnen. Nach VII dieser Bestimmung erfolgt die Einziehung der Wechselsumme gegen Vorzeigung des Postauftrages und gegen Aushändigung des Wechsels. Ist die Zahlung der Wechselsumme nicht zu erlangen, oder bleibt der Versuch, den Postauftrag vorzuzeigen, erfolglos, so wird der Postauftrag bei der Postanstalt bis zum Schlusse der Schalterdienststunden des ersten Werktages nach dem Zahlungstage des Wechsels zur Einlösung bereit gehalten. Erfolgte die Einlösung des Wechsels auch bis zu diesem Zeitpunkte nicht, so war der Wechsel bisher am zweiten Werktage nach dem Zahlungstage nochmals zur Zahlung vorzulegen und erst, wenn auch die zweite Vorzeigung oder der Ver-

Einklang auch mit den Vorschriften betreffend den Postprotest herzustellen und außerdem den jeweils erforderlichen Veränderungen Rechnung zu tragen. Das gelang anfangs nicht in einer jegliche Zweifel ausschließenden Weise.

a) Bekanntmachung betreffend Änderung der Postordnung vom 20. März 1900.

Vom 6. August 1914.

(RGBl. 1914 S. 357 Nr. 4455).

Auf Grund des § 50 des Gesetzes über das Postwesen vom 28. Oktober 1871 (Reichs-Gesetzbl. S. 347) und des § 3 Abs. 2 des Gesetzes, betreffend die Erleichterung des Wechselprotestes vom 30. Mai 1908 (Reichs-Gesetzbl. S. 321) wird die Postordnung vom 20. März 1900 für die Dauer der Geltung des § 1 der Bekanntmachung vom heutigen Tage über die Verlängerung der Wechselprotestfrist, wie folgt, geändert.

1. Im § 18 „Postaufträge zur Einziehung von Geldbeträgen usw." erhält der letzte Satz des Abs. VI folgende Fassung:

Wünscht der Auftraggeber, daß die Weitersendung an eine zur Aufnahme des Wechselprotestes befugte Person geschieht, so genügt der Vermerk „Sofort zum Protest ohne Rücksicht auf die verlängerte Protestfrist" auf der Rückseite des Postauftragsformulars, ohne daß es der namentlichen Bezeichnung einer solchen Person bedarf.

Im Abs. XVIII wird dementsprechend der Vermerk „Sofort zum Protest" ersetzt durch den Vermerk „Sofort zum Protest ohne Rücksicht auf die verlängerte Protestfrist".

(2. Im § 18 a „Postprotest" erhält der 2. Satz des zweiten Abs. unter V folgende Fassung:

Erfolgt die Einlösung auch bis zu diesem Zeitpunkte nicht, so wird der Wechsel mit dem Postauftrag am zweiunddreißigsten Werktage[1] nach dem Zahlungstage des Wechsels nochmals zur Zahlung vorgezeigt[2].)

3. Vorstehende Änderungen treten sofort in Kraft.

1. **Werktag**: Der Ausdruck „32. Werktag" war unglücklich, da er den Eindruck erwecken konnte, als ob sämtliche 30 Tage der verlängerten Frist Werktage sein müßten, was nicht zutrifft. Vgl. Drucker, JW. 1914 S. 821; Glaser, Einfluß des Krieges; Sieskind S. 61; Sintenis S. 91 und Bendix S. 91.

2. Die Ziffer 2 ist aufgehoben durch Ziffer 2 der Bek. Nr. 4503 vom 27. September 1914, unten S. 272.

b) Bekanntmachung betreffend Änderung der Postordnung vom 20. März 1900.

Vom 30. August 1914.

(RGBl. 1914 S. 391 Nr. 4482).

(Auf Grund des § 50 des Gesetzes über das Postwesen vom 28. Oktober 1871 (Reichs-Gesetzbl. S. 347) und des § 3 Abs. 2 des Gesetzes, betreffend die Erleichterung des Wechselprotestes, vom 30. Mai 1908 (Reichs-Gesetzbl. S. 321) wird die Postordnung vom 20. März 1900 für die Dauer der Geltung des § 2 der Bekanntmachung des Bundesrats vom 29. August 1914 (Reichs-Gesetzbl. S. 387), betreffend weitere Verlängerung der Fristen des Wechsel- und Scheckrechts, wie folgt geändert:

1. Im § 18 a „Postprotest" ist am Schlusse des zweiten Absatzes unter V nachzutragen:

Bei Postprotestaufträgen mit Wechseln, die in Elsaß-Lothringen, in der Provinz Ostpreußen oder in

Westpreußen in den Kreisen Marienburg, Elbing Stadt und Land, Stuhm, Marienwerder, Rosenberg, Graudenz Stadt und Land, Löbau, Culm, Briesen, Strasburg, Thorn Stadt und Land zahlbar sind, erfolgt die abermalige Vorzeigung erst [am zweiundsechzigsten Werktage] nach dem Zahlungstage des Wechsels.
2. Vorstehende Änderung tritt sofort in Kraft.)

Aufgehoben durch Ziffer 2 der Bekanntmachung Nr. 4503 vom 27. September 1914, unten S. 272.

c) Bekanntmachung betreffend Änderung der Postordnung vom 20. März 1900.

Vom 8. September 1914.

(RGBl. 1914 S. 401 Nr. 4490).

(Auf Grund des § 50 des Gesetzes über das Postwesen vom 28. Oktober 1871 (Reichs-Gesetzbl. S. 347) und des § 3 Abs. 2 des Gesetzes, betreffend die Erleichterung des Wechselprotestes, vom 30. Mai 1908 (Reichs-Gesetzbl. S. 321) wird die Postordnung vom 20. März 1900 für die Dauer der Geltung des § 1 der Bekanntmachung des Bundesrats vom heutigen Tage, betreffend weitere Verlängerung der wechselrechtlichen Fristen für Domizilwechsel, die im Stadtkreis Danzig zahlbar sind, wie folgt geändert:

1. Im § 18a „Postprotest" ist am Schlusse des zweiten Absatzes unter V hinter der Änderung vom 30. August 1914 (Reichs-Gesetzbl. S. 391) nachzutragen:
Auch Postprotestaufträge mit solchen im Stadtkreis Danzig zahlbaren gezogenen Wechseln, die als Wohnort des Bezogenen einen Ort angeben, der in Ostpreußen oder in einem der aufgeführten westpreußischen Kreise gelegen ist, werden erst am [zweiundsechzigsten Werktag] nach dem Zahlungstage des Wechsels zur Zahlung vorgezeigt.
2. Vorstehende Änderung tritt sofort in Kraft.)

Aufgehoben durch Ziffer 2 der Bundesratsbekanntmachung Nr. 4503 vom 27. September 1914, unten S. 272.

d) Bekanntmachung, betreffend Änderung der Postordnung vom 20. März 1900.

Vom 27. September 1914.

(RGBl. 1914 S. 419 Nr. 4503).

Auf Grund des § 50 des Gesetzes über das Postwesen vom 28. Oktober 1871 (Reichs-Gesetzbl. S. 347) und des § 3 Abs. 2 des Gesetzes, betreffend die Erleichterung des Wechselprotestes, vom 30. Mai 1908 (Reichs-Gesetzbl. S. 321) wird die Postordnung vom 20. März 1900 für die Dauer der Geltung des § 1 der Bekanntmachungen des Bundesrats vom 6. August, 8. und 24. September 1914 (Reichs-Gesetzbl. S. 357, 399 und 413) sowie des § 2 der Bekanntmachung des Bundesrats vom 29. August 1914 (Reichs-Gesetzbl. S. 387), betreffend Verlängerung der Fristen des Wechsel- und Scheckrechts, wie folgt geändert.

1. Im § 18a „Postproteste" ist statt des zweiten Absatzes unter V zu setzen:

Ist die Zahlung der Wechselsumme nicht zu erlangen, oder bleibt der Versuch, den Postauftrag vorzuzeigen, erfolglos, so wird der Postauftrag bei der Postanstalt zur Einlösung bereit gehalten. Erfolgt die Einlösung nicht, so wird der Wechsel mit dem Postauftrag am dreißigsten Tage nach Ablauf der Protestfrist des Artikel 41 Abs. 2 der Wechselordnung, wenn dieser Tag auf einen Sonntag oder Feiertag fällt, am nächsten Werktag nochmals zur Zahlung vorgezeigt. Bleibt die zweite Vorzeigung oder der Versuch zu dieser erfolglos, so wird gegen die im Postauftrage bezeichnete Person Protest nach den Vorschriften der Wechselordnung erhoben.

(Postprotestaufträge mit Wechseln, die in Elsaß-Lothringen, in der Provinz Ostpreußen oder in Westpreußen in den Kreisen Marienburg, Elbing Stadt und Land, Stuhm, Marienwerder, Rosenberg, Graudenz Stadt und Land, Löbau, Kulm, Briesen, Strasburg, Thorn Stadt und Land zahlbar sind, werden erst am neunzigsten Tage nach Ablauf der Protestfrist des Artikel 41 Abs. 2 der Wechselordnung, wenn dieser Tag auf einen Sonn- oder Feiertag fällt, am nächsten Werktag[1] nochmals zur Zahlung vorgezeigt. Das gleiche gilt für die nochmalige Vorzeigung von Postprotestaufträgen mit solchen im Stadtkreise Danzig zahlbaren gezogenen Wechseln, die als Wohnort des Bezogenen einen Ort angeben, der in Ostpreußen oder in einem der bezeichneten westpreußischen Kreise liegt.)[2]

2. Ziffer 2 der Bekanntmachung vom 6. August 1914 sowie die Bekanntmachungen vom 30. August und vom 8. September 1914 (Reichs-Gesetzbl. S. 357, 391 und 401) werden aufgehoben.

3. Vorstehende Änderung tritt sofort in Kraft.

1. **Werktag:** Nunmehr ist die Verordnung entsprechend den Ausstellungen der Literatur berichtigt. Daß auch jetzt noch für die unteren Postbeamten sich Schwierigkeiten ergeben können, vgl. Bendix S. 61. Einen weiteren Fortschritt enthält die Bekanntmachung Nr. 4530.

2. Die **eingeklammerte** Stelle ist ersetzt durch die eingeklammerte Stelle der Bekanntmachung Nr. 4530 vom 26. Oktober 1914, unten S. 273.

e) Bekanntmachung betreffend Änderung der Postordnung vom 20. März 1900.

Vom 26. Oktober 1914.

(RGBl. 1914 S 457 Nr. 4530).

Auf Grund des § 50 des Gesetzes über das Postwesen vom 28. Oktober 1871 (Reichs-Gesetzbl.

S. 347) und des § 3 Abs. 2 des Gesetzes, betreffend die Erleichterung des Wechselprotestes, vom 30. Mai 1908 (Reichs-Gesetzbl. S. 321) wird § 18a „Postprotest" der Postordnung vom 20. März 1900 wie folgt geändert:

1. Für die Dauer der Geltung des § 1 der Bekanntmachung des Bundesrats vom 22. Oktober 1914 (Reichs-Gesetzbl. S. 449), betreffend weitere Verlängerung der Fristen des Wechsel und Scheckrechts für Elsaß-Lothringen, Ostpreußen usw., ist unter V statt des mit den Worten: „Postprotestaufträge mit Wechseln, die in Elsaß-Lothringen, in der Provinz Ostpreußen usw." beginnenden Absatzes — Bekanntmachung vom 27. September 1914 (Reichs-Gesetzbl. S. 419) — zu setzen:

(Postprotestaufträge mit Wechseln, die in Elsaß-Lothringen, in der Provinz Ostpreußen oder in Westpreußen in den Kreisen Marienburg, Elbing Stadt und Land, Stuhm, Marienwerder, Rosenberg, Graudenz Stadt und Land, Löbau, Culm, Briesen, Strasburg, Thorn Stadt und Land zahlbar sind, werden erst am einhundertundzwanzigsten Tage nach Ablauf der Protestfrist des Artikel 41 Abs. 2 der Wechselordnung, wenn dieser Tag auf einen Sonn- oder Feiertag fällt, am nächsten Werktage nochmals zur Zahlung vorgezeigt. Das gleiche gilt für die nochmalige Vorzeigung von Postprotestaufträgen mit solchen im Stadtkreis Danzig zahlbaren gezogenen Wechseln, die als Wohnort des Bezogenen einen Ort angeben, der in Ostpreußen oder in einem der bezeichneten westpreußischen Kreise liegt.) [1]

2. Hinter dem durch Ziffer 1 geänderten Absatz ist als neuer Absatz einzurücken: [2]

Solange die Verlängerung der Fristen des Wechsel- und Scheckrechts besteht, kann die Post damit betraut werden, neben der Wechselsumme auch die vom Tage der ersten Vorzeigung des Wechsels an fälligen Wechselzinsen einzuziehen und im Nichtzahlungsfalle deswegen Protest zu erheben. Wird hiervon Gebrauch gemacht, so ist in den Vordruck zum Postprotestauftrag hinter „Betrag des beigefügten Wechsels" einzutragen „nebst Verzugszinsen von 6 vom Hundert vom Tage der ersten Vorzeigung, nämlich vom .... ab". Der Zeitpunkt, von dem an die Zinsen zu berechnen sind, ist nicht anzugeben, wenn die Post die erste Vorzeigung des Wechsels bewirkt. Hat der Auftraggeber die Einziehung der Zinsen verlangt, so wird der Wechsel nur gegen Bezahlung der Wechselsumme und der Zinsen ausgehändigt, bei Nichtzahlung auch nur der Zinsen aber wegen des nicht gezahlten Betrags Protest mangels Zahlung erhoben.

3. Vorstehende Änderungen treten sofort in Kraft.

1. Die eingeklammerte Stelle ist ersetzt durch die Bekanntmachung Nr. 4560 vom 27. November 1914, unten S. 275.

2. Die Einschaltung ist notwendig geworden durch die Bekanntmachung Nr. 4519, unten S. 302.

f) Bekanntmachung betreffend Änderung der Postordnung vom 20. März 1900.

Vom 27. November 1914.

(RGBl. 1914 S. 491 Nr. 4560).

Auf Grund des § 50 des Gesetzes über das Postwesen vom 28. Oktober 1871 (Reichs-Gesetzbl. S. 347) und des § 3 Abs. 2 des Gesetzes, betr. die Erleichterung des Wechselprotestes, vom 30. Mai 1908

(Reichs-Gesetzbl. S. 321) wird der § 18a „Postprotest" der Postordnung vom 20. März 1900 wie folgt geändert:

1. Für die Dauer der Geltung des § 1 der Bekanntmachung des Bundesrats vom 23. November 1914 (Reichs-Gesetzbl. S. 482), betreffend weitere Verlängerung der Fristen des Wechsel- und Scheckrechts für Elsaß-Lothringen, Ostpreußen usw., ist unter V statt des mit den Worten: „Postprotestaufträge mit Wechseln, die in Elsaß-Lothringen, in der Provinz Ostpreußen usw." beginnenden Absatzes — Bekanntmachung vom 26. Oktober 1914 (Reichs-Gesetzbl. S. 457) — zu setzen:

(Postprotestaufträge mit Wechseln, die in Elsaß-Lothringen, in der Provinz Ostpreußen oder in Westpreußen in den Kreisen Marienburg, Elbing Stadt und Land, Stuhm, Marienwerder, Rosenberg, Graudenz Stadt und Land, Löbau, Culm, Briesen, Strasburg, Thorn Stadt und Land zahlbar sind, werden erst am einhundertundfünfzigsten Tage nach Ablauf der Protestfrist des Artikel 41 Abs. 2 der Wechselordnung, wenn dieser Tag auf einen Sonn- oder Feiertag fällt, am nächsten Werktag nochmals zur Zahlung vorgezeigt. Dasselbe gilt für die nochmalige Vorzeigung von Postprotestaufträgen mit solchen im Stadtkreis Danzig zahlbaren gezogenen Wechseln, die als Wohnort des Bezogenen einen Ort angeben, der in Ostpreußen oder in einem der bezeichneten westpreußischen Kreise liegt.) [1]

2. Hinter dem mit den Worten „Solange die Verlängerung der Fristen des Wechsel- und Scheckrechts besteht, usw." beginnenden Absatz — Bekanntmachung vom 26. Oktober 1914 (Reichs-Gesetzbl. S. 457) — ist als neuer Absatz einzurücken: [2]

Während der Geltung der Bestimmungen über die Verlängerung der Fristen des Wechsel- und

Scheckrechts kann der Auftraggeber verlangen, daß der Wechsel mit dem Postprotestauftrage schon am zweiten Werktag nach dem Zahlungstage des Wechsels nochmals zur Zahlung vorgezeigt und, wenn auch diese Vorzeigung oder der Versuch dazu erfolglos bleibt, protestiert werde. Dieses Verlangen ist durch den Vermerk „Ohne die verlängerte Protestfrist" auf der Rückseite des Postprotestauftrags auszudrücken.

3. Vorstehende Änderungen treten sofort in Kraft.

1. Die eingeklammerte Stelle ist ersetzt durch die eingeklammerte Stelle der Bekanntmachung Nr. 4593 vom 21. Dezember 1914, unten S. 277.

2. Die Einrückung enthält eine kleine Modifikation der Ziffer 1 der Bek. Nr. 4455 vom 6. August 1914, oben S. 268.

g) Bekanntmachung, betreffend Änderung der Postordnung vom 20. März 1900.

Vom 21. Dezember 1914.

(RGBl. 1914 S. 549 Nr. 4593).

Auf Grund des § 50 des Gesetzes über das Postwesen vom 28. Oktober 1871 (Reichs-Gesetzbl. S. 347) und des § 3 Abs. 2 des Gesetzes, betreffend die Erleichterung des Wechselprotestes, vom 30. Mai 1908 (Reichs-Gesetzbl. S. 321) sowie auf Grund des § 1 der Bekanntmachung des Bundesrats vom 17. Dezember 1914 (Reichs-Gesetzbl. S. 519) betreffend die Fristen des Wechsel- und Scheckrechts für Elsaß-Lothringen, Ostpreußen usw., wird der § 18a „Postprotest" der Postordnung vom 20. März 1900 wie folgt geändert:

1. Unter V ist statt des mit den Worten „Protestaufträge mit Wechseln, die in Elsaß-Lothringen, in der Provinz Ostpreußen usw.“ beginnenden Absatzes — Bekanntmachung vom 27. November 1914 (Reichs-Gesetzbl. S. 491) — zu setzen:

(Postprotestaufträge mit Wechseln, die in Elsaß-Lothringen, in der Provinz Ostpreußen oder in Westpreußen in den Kreisen Marienburg, Elbing Stadt und Land, Stuhm, Marienwerder, Rosenberg, Graudenz Stadt und Land, Löbau, Culm, Briesen, Strasburg, Thorn Stadt und Land zahlbar sind, oder mit solchen im Stadtkreise Danzig zahlbaren gezogenen Wechseln, die als Wohnort des Bezogenen einen Ort angeben, der in Ostpreußen oder in einem der bezeichneten westpreußischen Kreise liegt, werden erst an folgenden Tagen nochmals zur Zahlung vorgezeigt:

a) wenn der Zahlungstag des Wechsels in der Zeit vom 30. Juli 1914 bis einschließlich 1. September 1914 eingetreten ist,
am 1. Februar 1915;

b) wenn der Zahlungstag des Wechsels in der Zeit vom 2. September 1914 bis einschließlich 31. Dezember 1914 eingetreten ist,
am letzten Tage einer vom Zahlungstag ab laufenden Frist von fünf Monaten;

c) wenn der Zahlungstag des Wechsels in der Zeit vom 1. Januar 1915 bis einschließlich 29. April 1915 eintritt,
am 31. Mai 1915;

d) wenn der Zahlungstag des Wechsels am 30. April 1915 oder später eintritt,
am dreißigsten Tage nach Ablauf der Protestfrist des Artikel 41 Abs. 2 der Wechselordnung.

In allen Fällen zu a bis d gilt als Zahlungstag der Fälligkeitstag des Wechsels, wenn dieser ein Sonn- oder Feiertag ist, der nächste Werktag. Fällt der Schlußtag der Frist zur Vorzeigung des Wechsels auf einen Sonn- oder Feiertag, so wird der Wechsel am nächsten Werktag zur Zahlung vorgezeigt. Die Postverwaltung behält sich vor, die Vorzeigung der Wechsel, deren Protestfrist am 1. Februar oder am 31. Mai 1915 abläuft, auf mehrere vorhergehende Tage zu verteilen.)

2. Vorstehende Änderung tritt sofort in Kraft.

An Stelle dieser Vorschrift ist nunmehr die folgende getreten, die mit dem derzeitigen Gesetzeszustand (s. oben S. 278) in Einklang gebracht ist.

h) Bekanntmachung, betreffend Änderung der Postordnung vom 20. März 1900.

Vom 25. Januar 1915.

(RGBl. 1914 S. 47 Nr. 4624).

Auf Grund des § 50 des Gesetzes über das Postwesen vom 28. Oktober 1871 (Reichs-Gesetzbl. S. 347) und des § 3 Abs. 2 des Gesetzes, betreffend die Erleichterung des Wechselprotestes, vom 30. Mai 1908 (Reichs-Gesetzbl. S. 321) sowie auf Grund des Artikel 1 der Bekanntmachung des Bundesrats vom 21. Januar 1915 (Reichs-Gesetzbl. S. 32), betreffend die Fristen des Wechsel- und Scheckrechts für Elsaß-Lothringen, Ostpreußen usw., wird der § 18a „Postprotest" der Postordnung vom 20. März 1900 wie folgt geändert.

1. Unter V ist statt des mit den Worten „Postprotestaufträge mit Wechseln, die in Elsaß-Lothringen, in der Provinz Ostpreußen usw." beginnenden und des folgenden Absatzes — Bekanntmachung vom 21. Dezember 1914 (Reichs-Gesetzbl. S. 549) — zu setzen:

Postprotestaufträge mit Wechseln, die in Elsaß-Lothringen, in der Provinz Ostpreußen oder in

Westpreußen in den Kreisen Marienburg, Elbing Stadt und Land, Stuhm, Marienwerder, Rosenberg, Graudenz Stadt und Land, Löbau, Culm, Briesen, Strasburg, Thorn Stadt und Land zahlbar sind, oder mit solchen im Stadtkreis Danzig zahlbaren gezogenen Wechseln, die als Wohnort des Bezogenen einen Ort angeben, der in Ostpreußen oder in einem der bezeichneten westpreußischen Kreise liegt, werden erst an folgenden Tagen nochmals zur Zahlung vorgezeigt:

a) wenn der Zahlungstag des Wechsels in der Zeit vom 30. Juli 1914 bis einschließlich 31. Oktober 1914 eingetreten ist,
am 31. März 1915;

b) wenn der Zahlungstag des Wechsels in der Zeit vom 1. November 1914 bis einschließlich 31. Dezember 1914 eingetreten ist,
am letzten Tage einer vom Zahlungstag ab laufenden Frist von fünf Monaten;

c) wenn der Zahlungstag des Wechsels in der Zeit vom 1. Januar 1915 bis einschließlich 29. April 1915 eintritt,
am 31. Mai 1915;

d) wenn der Zahlungstag des Wechsels am 30. April 1915 oder später eintritt,
am dreißigsten Tage nach Ablauf der Protestfrist des Artikel 41 Abs. 2 der Wechselordnung.

In allen Fällen zu a bis d gilt als Zahlungstag der Fälligkeitstag des Wechsels, wenn dieser ein Sonn- oder Feiertag ist, der nächste Werktag. Fällt der Schlußtag der Frist zur Vorzeigung des Wechsels auf einen Sonn- oder Feiertag, so wird der Wechsel am nächsten Werktag zur Zahlung vorgezeigt. Die Postverwaltung behält sich vor, die Vorzeigung der Wechsel, deren Protestfrist am 31. März oder am 31. Mai 1915 abläuft, auf mehrere vorhergehende Tage zu verteilen.

2. Vorstehende Änderung tritt sofort in Kraft.

Diese Vorschrift entspricht der Regelung durch die Bekanntmachung Nr. 4618 vom 21. Januar 1915, oben S. 263.

Durch Bekanntmachung Nr. 4679 (RGBl. S. 153) ist die vorstehende Bekanntmachung mit Wirkung vom 16. März in Übereinstimmung mit der Bekanntmachung Nr. 4665 vom 4. März, oben S. 264 gebracht worden. Darnach ist, wenn der Zahlungstag vor dem 29. April (diesen einschließlich) eintritt als Vorlagetag der 31. Mai bestimmt. Sonst hat es bei der Regelung der vorstehenden Bekanntmachung sein Bewenden.

D. Sonderbestimmungen für alle Ausländer.

I. Gegenmoratorien.

Vorbemerkungen.

Literatur: Bendix S. 106 ff.

1. Grundsätzliches: Soweit nicht ausdrücklich das Gegenteil angeordnet ist, stehen in Friedenszeiten die Ausländer den Inländern gleich. Mit diesem Grundsatz hat die Kriegsgesetzgebung nicht gebrochen. Das hat auch für das feindliche Ausland das Reichsgericht (1. ZS.) am 26. Oktober 1914 (LZ. 1915 S. 43 = DJZ. 1914 S. 1385) ausgesprochen und folgende prinzipiell wichtige Grundsätze aufgestellt: „Dem deutschen Völkerrecht liegt die Anschauungsweise gewisser ausländischer Rechte fern, daß der Krieg unter möglichster wirtschaftlicher Schädigung der Angehörigen feindlicher Staaten zu führen ist und daß dieselben daher in weitem Umfange der Wohltaten des gemeinen bürgerlichen Rechtes zu berauben sind; vielmehr gilt der Grundsatz, daß der Krieg nur gegen den feindlichen Staat als solchen und gegen dessen bewaffnete Macht geführt wird, und daß die Angehörigen der feindlichen Staaten in bezug auf das bürgerliche Recht in demselben Maße den Inländern gleichgestellt sind wie dies vor dem Kriege der Fall war, d. h. soweit nicht gesetzliche Ausnahmen bestehen, in allen Beziehungen."

Daraus ergeben sich folgende wichtige Folgerungen:

a) Die Konventionen, welche wie die Pariser Konvention, Gegenstände des bürgerlichen, Staats- oder Verwaltungsrechtes international regeln, gelten, soweit sie deutsches Reichsrecht geworden sind und soweit sie nicht mit den Zwecken der Kriegsgesetzgebung unvereinbar[1]) sind, weiter. (RG. a. a. O.; a. M. [allerdings, noch ohne die erwähnte Entscheidung zu berücksichtigen hinsichtlich der Einwirkung des Krieges auf die Berner Übereinkunft zum Schutze der Werke der Literatur]; Fuld, Recht 1915 S. 32ff. und in Kenntnis Junck in LZ. 1915 S. 328.) Damit hat natürlich nichts zu tun, daß infolge der Bekanntmachung Nr. 4457 vom 7. August 1914 die Ausländer die Ansprüche, die ihnen kraft der erwähnten Konventionen zustehen, vielfach gerichtlich nicht geltend machen können. (Siehe unten S. 288 Anmerkung 4d.)

b) Die anläßlich des Krieges erlassenen Notgesetze sind, soweit nicht ausdrücklich das Gegenteil angeordnet ist, oder ihre Anwendung auf Ausländer von der Erfüllung bestimmter Voraussetzungen abhängig gemacht wurde, (vgl. Bekanntmachung Nr. 4491 vom 10. September 1914, oben S. 235 zu § 3) auch auf die im Auslande ansässigen Personen anwendbar. Vgl. S. 281.

c) Die Vorschriften, welche gegen die im Ausland ansässigen Personen erlassen sind, sind dem Charakter der Vorschriften als Ausnahmevorschriften gemäß nicht erweiternd auszulegen (in legibus specialibus analogia non est). Vgl. S. 281.

2. Geltungsgebiet: In den nun folgenden Bekanntmachungen gelten die Vorschriften stets — soweit nicht das Gegenteil ausdrücklich gesagt ist — geographisch (nicht national) „für die Personen, die im Ausland ihren Wohnsitz haben". Sie finden also Anwendung auch auf den Deutschen, der im Ausland seinen Wohnsitz hat. (Ebenso Hahnemann, NachrDAB. 1914 S. 128 und Hallbauer, SächsArch. 1915 S. 49). Sie gelten nicht für den Ausländer, der sich mit der Absicht, einen Wohnsitz zu begründen, in Deutschland aufhält.

---

[1]) Dies ist z. B. anzunehmen hinsichtlich des Haager Abkommens über den Zivilprozeß vom 17. Juli 1905 (Prozeßkostenvorschuß des Ausländers). Ebenso LG. Berlin vom 6. Nov. 1914 in Markenschutz und Wettbewerb 1915 S. 155/156, LG. Cöln vom 16. Okt. 1914 in JW. 1915 S. 110 und das KG. vom 28. Jan. 1915 in DJZ. 1915 S. 317. Vgl. auch Meikel in DJZ. 1914 S. 1201/1202.

Bei Klagen von Inländern auf Leistung an Ausländer wird auf den wirtschaftlichen Zweck zu sehen sein. (Vgl. Hallbauer, SächsArch. 1915 S. 54.) Kein Ausland i. S. dieser Vorschriften die deutschen Schutzgebiete und Kolonien. (Steffens a. a. O.)

Ausländer im Sinne dieser Vorschriften: demgemäß auch die Österreicher (so OLG. München vom 11. Jan. 1915 LZ. 1915 S. 241). Diesen wird jedoch die nachgesuchte Ermächtigung vom Reichskanzler zumeist erteilt. (So eine Mitteilung des Reichsjustizamts, abgedruckt in „Deutscher Außenhandel" 1915 S. 18.)

3. De lege ferenda: Bendix S. 130 ff.; Glaser, LZ. 1914 S. 1782; Wassermann, JW. 1915 S. 10; Asch, Deutscher Außenhandel 1915 S. 16.

4. Maßnahmen des Auslandes gegen Deutsche: Vgl. Sammlung der Moratorien des Auslandes, herausgegeben von der Handelskammer zu Berlin, 4. Aufl.[1]) Vielfach sind die Bestimmungen auch in den Amtlichen Nachrichten für Handel und Industrie (herausgegeben vom Reichsamt des Innern) zum Abdruck gebracht. Dazu: Wassermann, JW. 1914 S. 855; ebenda 1915 S. 10; DJZ. 1914 S. 1372 (infolge der fortwährenden Änderungen der Gesetze ist vorsichtige Benützung geboten!) über die Nichtanwendbarkeit ausländischer Moratoriengesetze vor deutschen Gerichten: Wassermann, JW. 1915 S. 10. Vgl. Oertmann im BankArch. Bd. XIII S. 388 und OLG. Hamburg vom 19. Dez. 1914 in LZ. 1915 S. 313. Wichtig die Gegenseitigkeitsmaßregeln Österreich-Ungarns und der Schweiz, die gegen Deutschland, solange dessen Gegenmoratorium besteht, die Wirkung eines Moratoriums haben, ohne daß diese Länder im übrigen ein Moratorium erlassen haben. (Vgl. Wassermann, JW. 1915 S. 10. Die dort wiedergegebenen Gesetzesstellen des österreichischen und des

[1]) Neuerdings hat in kurzen (nicht immer zutreffenden) Leitsätzen Steffens in JW. 1915 S. 231 das Gegenmoratorium abgehandelt. Seine Ausführungen konnten nicht mehr berücksichtigt werden. Vgl. dazu Wassermann JW. 1915 S. 10.

[2]) Nunmehr hat die Handelskammer Berlin auch eine kurze „Übersicht" nach dem Stand vom 12. Februar 1915 herausgegeben.

schweizerischen Gesetzes sind in der Zwischenzeit durch neue Bestimmungen, die sich aber im wesentlichen von den dort mitgeteilten nicht unterscheiden, ersetzt worden.) Vgl. dazu den Nachtrag der Sammlung der Berliner Handelskammer.

Moratorienbestimmungen haben folgende Länder erlassen: Argentinien, Belgien, Brasilien, Bulgarien, Chile, China, Dänemark, Ecuador, Egypten, England, Frankreich, Griechenland, Holland, Italien, Kanada, Luxemburg, Mexiko, Montenegro, Nicaragua, Norwegen, Österreich-Ungarn [Bosnien und die Herzegowina, Galizien und die Bukowina, Kroatien-Slavonien (für diese Länder sind besondere Bestimmungen ergangen)], Paraguay, Portugal, Rumänien, Rußland, Schweden, Schweiz, Serbien, Spanien, Türkei, Uruguay.

Vorbemerkungen zu 25 bis 27.

1. Die Vorschriften tragen keinerlei feindseligen Charakter gegen das Ausland. Sie sind lediglich Maßnahmen gegen die vom Ausland erlassenen Moratorien und sollen verhindern, daß „im Auslande ansässige Gläubiger ihre Forderungen eintreiben können". (Denkschrift S. 22.) Vgl. auch Begründung zur Rechtsprechung der OLG. Bd. 29 S. 309 (Unterbrechung des Verfahrens, wenn der bereits früher verurteilte Inländer Berufung einlegt und Rückzahlung des Beigetriebenen verlangt).

2. Aus den zu 1 angeführten Erwägungen wird man Personen, die weder im Inlande noch im Auslande einen Wohnsitz haben, die Geltendmachung ihrer Forderungen im Inlande nicht versagen dürfen. A. M. Levis, Recht 1914 S. 596. Andererseits wird man aber nicht so weit gehen, daß man Ausländern gegen Ausländer ein Klagerecht gibt. (A. M. Fürnrohr in JW. 1915 S. 238; dagegen Wassermann am gleichen Ort S. 315. Dort weitere Literatur.)

25. Bekanntmachung über die Geltendmachung von Ansprüchen von Personen, die im Ausland ihren Wohnsitz haben.

Vom 7. August 1914.

(RGBl. 1914 S. 360 Nr. 4457).

Der Bundesrat hat auf Grund des § 3 des Gesetzes vom 4. August 1914 (Reichs-Gesetzbl. S. 327) über die Ermächtigung des Bundesrats zu wirtschaftlichen Maßnahmen und über die Verlängerung der Fristen des Wechsel- und Scheckrechts im Falle kriegerischer Ereignisse folgende Verordnung erlassen:

§ 1.

Personen, die im Ausland ihren Wohnsitz[1] haben, sowie juristische Personen, die im Ausland ihren Sitz[2] haben, können[3] vermögensrechtliche Ansprüche,[4] die vor dem 31. Juli 1914 entstanden sind, [bis zum 31. Oktober 1914][6] vor inländischen Gerichten[5] nicht geltend machen.[7] Ist ein Anspruch vor dem Inkrafttreten dieser Vorschrift bereits rechtshängig geworden, so wird das Verfahren [bis zum 31. Oktober 1914] unterbrochen.[8]

Der Reichskanzler ist ermächtigt, Ausnahmen[9] von diesen Vorschriften zuzulassen. Er kann aus Gründen der Vergeltung die Vorschriften auf Angehörige und juristische Personen eines ausländischen Staates ohne Rücksicht auf den Wohnsitz oder Sitz für anwendbar erklären.

1. **Wohnsitz:** S. oben Vorbem. 2 S. 282.

2. **Sitz:** § 17 ZPO. Im Sinne dieser Vorschrift auch die offene Handelsgesellschaft, wenn die sämtlichen Gesellschafter im Auslande ihren Wohnsitz haben, während sie unter den gleichen Voraussetzungen nicht

unter das Zahlungsverbot fällt. (OLG. München vom 26. Nov. 1914 JW. 1915 S. 54.) Kein Ausländer: die inländischen eingetragenen Agenturen der ausländischen Firma. (LG. Mannheim vom 13. Nov. 1914 LZ. 1915 S. 84; ebenso Hachenburg, LZ. 1914 S. 1606.)

3. können: Die Vorschrift enthält zwingendes öffentliches Recht **und kann** durch private Willkür der Parteien nicht abgeändert werden. Hachenburg, LZ. 1914 S. 1606; RG. vom 22. Sept. 1914 DJZ. 1914 S. 1385 = Recht 1914 S. 615; OLG. Dresden vom 15. Okt. 1914 JW. 1914 S. 989 = LZ. 1915 S. 76. Von Amts wegen zu beobachten: zwar nicht Terminsanberaumung, wohl aber Erlaß eines Versäumnisurteils abzulehnen. So auch Sintenis und Sieskind. Ob die nach Inkrafttreten der Bek. angestrengte Klage des Ausländers ab instantia abzuweisen ist (so Hachenburg a. a. O.) oder das Verfahren zu unterbrechen ist (so Reichel in DJZ. 1914 S. 1373) ist im Gesetzestext nicht ausgesprochen. Man wird sich den Zweckmäßigkeitserwägungen Reichels nicht anschließen können, da die Verordnung doch ein zu lang andauerndes Interimistikum darstellt.[1])

4. vermögensrechtliche Ansprüche: Unter Berücksichtigung der Vormerkung auf S. 281 und auf S. 284 (s. auch unter 7. „geltend machen") ergibt sich folgendes:

a) beim Vorhandensein mehrerer Kläger, die nicht notwendige Streitgenossen sind, **und** von denen nur einer im Auslande wohnt, wird das Verfahren nur bezüglich dieses einen unterbrochen. KammerG. vom 23. Okt. 1914 DJZ. 1914 S. 387 = OLGRspr. Bd. 29 S. 308; vgl. Hallbauer, SächsArch. 1915 S. 54 (dort auch ausführlich über den Fall mehrerer Erben, Vermächtnisnehmer usw.). Ist der Ausländer Nebenintervenient (auch nach § 69 ZPO.) wird hierdurch das Verfahren nicht berührt, da er dadurch keinen Anspruch geltend macht. (Ebenso Hallbauer, SächsArch. 1915 S. 52.) Anders nur dann, wenn der Kläger auf

---

[1]) Vgl. hiezu neuerdings Wassermann JW. 1915 S. 315 mit weiteren Literaturangaben.

Zahlung an den Nebenintervenienten geklagt hat. (S. Hallbauer a. a. O.)

b) Es besteht kein Anlaß, wenn der Ausländer Widerkläger ist, die Klage des Inländers und umgekehrt, wenn der Ausländer Kläger, die Widerklage des Inländers zu unterbrechen. So hinsichtlich der Klage des Inländers. RG. I. Sen. vom 11. Nov. 1914 Recht 1915 S. 13 = Warneyers Rechtsprechung 1915 Nr. 1[1]) und hinsichtlich der Widerklage des Inländers OLG. Dresden vom 25. Nov. 1914 in DJZ. 1915 S. 211; ferner Hallbauer, SächsArch. 1915 S. 50; a. M. hinsichtlich dieser RG. II. Sen. vom 9. Okt. 1914 DJZ. 1914 S. 1385 = LZ. 1915 S. 43 (mit der wenig stichhaltigen und mit der Entscheidung des 1. Senats in Widerspruch stehenden Begründung, daß das Verfahren aus Klage und Widerklage einheitlich und untrennbar sei).[2]) S. auch unter 7.

c) Ansprüche im Sinne dieser Bestimmung sind nur „Hauptansprüche", nicht der Anspruch auf die Prozeßkosten. Es kann nicht im Sinne der Bundesratsverordnung liegen, daß der Ausländer, welcher sich auf den vom Inländer gegen ihn anhängig gemachten Prozeß eingelassen und obsiegt hat, demnächst verhindert sein sollte, die Prozeßkosten zu betreiben. So KammerG. vom 2. Nov. 1914 LZ. 1915 S. 75; etwas abweichend Hallbauer a. a. O., der dem Ausländer nur dann den Kostenerstattungsanspruch zubilligt, wenn der Rechtsstreit erst nach dem 31. Juli gegen den Ausländer angestrengt worden ist; a. M. Niemeyer, LZ. 1914 S. 179, der indes sein Ergebnis für bedauerlich hält. Kein Hauptanspruch ist auch der Anspruch des Inländers gegen die zu niedrige Wertfestsetzung im Prozesse gegen Ausländer. Anders Niemeyer a. a. O.

---

[1]) Hallbauer (SächsArch. 1915 S. 50) ist in diesem Fall der Meinung, daß zwar die Klage weitergehen aber die Widerklage des Ausländers unterbrochen werden soll; „es würde ja sonst, wenn auf die Widerklage verurteilt wird, Geld ins Ausland fließen".

[2]) Neuerdings ist der Widerspruch glücklich zu beseitigen versucht worden durch OLG. Dresden vom 29. Jan. 1915 in DJZ. 1915 S. 321.

über den Begriff der „vor dem 31. Juli 1914 entstandenen Ansprüche" s. oben S. 100. Dabei ist jedoch stets zu beachten, daß es sich dort um „Geldforderungen" handelt, hier dagegen um „vermögensrechtliche Ansprüche". (Vgl. dazu das unter d in dieser Anmerkung Ausgeführte.)

d) Keinen Unterschied macht, welcher Art die vermögensrechtlichen Ansprüche sind, also nicht nur Ansprüche auf Geld, sondern auch auf Erfüllung von Miet-, Dienst- oder Lieferungsverträgen, Herausgabeansprüche, auch die Untersagung bestimmten Verhaltens z. B. auf Grund der Vorschriften über gewerbliches und geistiges Eigentum und unlauteren Wettbewerb. Dem steht die Entscheidung des Reichsgerichts in LZ. 1915 S. 43 nicht entgegen, da infolge des Nichtvorhandenseins der Priorität des Patentes die hier zur Erörterung stehende Frage gar nicht geprüft wurde und geprüft werden brauchte (vgl. oben S. 282 Vormerkung 1a).

5. **Gerichten:** Auch vor den Sondergerichten wie Kaufmanns-Gewerbegerichten. Dagegen nicht vor Schiedsgerichten im Sinne der §§ 1025 ff. ZPO., da der Schiedsspruch nicht zur Zwangsvollstreckung führen kann. (Hallbauer, SächsArch. 1915 S. 52; a. M. Sieskind.)

6. **31. Oktober 1914:** Nunmehr 30. April 1915, Bekanntmachung Nr. 4617 vom 21. Jan. 1915. Unten S. 294.

7. **Geltend machen:** S. oben unter Ansprüche. Jede Art der zwangsweisen Durchführung des Anspruches (arg. aus „Eintreiben" in der Denkschrift und aus dem Zweck der Vorschrift; vgl. auch Begründung zu Bek. Nr. 4617 S. 294), also auch Mahnverfahren [Sintenis S. 96; Hallbauer a. a. O. S. 55; Glaser, LZ. 1915 S. 1782 (der allerdings dagegen de lege ferenda polemisiert)], Arrest und Einstweilige Verfügung (OLG. Hamburg vom 1. Dez. 1914 OLG. Bd. 30 S. 14; ebenso Hallbauer, SächsArch. 1915 S. 52); die Erhebung einer Widerklage; ebenso Sieskind; a. M. Sintenis, Hahnemann, NachrDAV. 1914 S. 128; über die schwankende Stellung des Reichsgerichtes in dieser Frage s. oben Anm. 4 und endlich die Vollstreckung

LG. Berlin KammerGBl. 1914 S. 12 (allerdings aufgehoben durch das KammerG. s. unten!); LG. Traunstein vom 28. Nov. 1914 (MittAGA. 14, 108); Neumeyer, DJZ. 1914 S. 1198; Hachenburg, LZ. 1914 S. 1607; Hirsch, JW. 1914 S. 1003; Nölbecke, DJZ. 1915 S. 97; Hallbauer, SächsArch. 1915 S. 51; Bendix S. 109; a. M. KammerG. vom 19. Nov. 1914 im Recht 1915 S. 12 und OLG. Hamburg vom 28. Sept. 1914 DJZ. 1914 S. 307 = LZ. 1915 S. 12; gegen deren rein philologische Begründung DRAZ. 1914 S. 10 mit Recht polemisiert; siehe auch Harder, JW. 1914 S. 992. Was für die Vollstreckung in bewegliches Gut gilt, muß auch für die Zwangsversteigerung gelten. Vgl. hierzu Hallbauer a. a. O. S. 55.

Für die von uns vorgetragene Meinung spricht auch neuerdings die Begründung der Bekanntmachung Nr. 4617 S. 294. Wenn die Vollstreckung schon an sich zulässig wäre, so könnte nicht davon die Rede sein, daß der Reichskanzler das „Vollstreckungsverfahren in einzelnen Fällen als zulässig" hätte erklären können. (Vgl. Reichstagsdenkschrift 2. Nachtr. S. 13.) Einwendungen: § 766 ZPO. (Ebenso Hallbauer a. a. O.)

Dagegen nicht: Der Antrag auf Beweissicherung ebenso LG. München I vom 20. Nov. 1914 in LZ. 1915 S. 84 und Hallbauer a. a. O. S. 52. A. M. Reichel in JheringsJ. 1912 S. 66 und die Eintragung in die Konkurstabelle. Haberstumpf, BayZfR. 1915 S. 37; LG. Plauen vom 3. Dez. 1914 DRAZ. 1915 S. 8 und Stocker, MittAGA. 1914 S. 78. A. M. nach einer im Berliner Tagblatt veröffentlichten Eingabe des Gläubigerschutz-Verbandes um Abhilfe: zahlreiche Amtsgerichte; Glaser, LZ. 1914 S. 1779 (der das Ergebnis allerdings für wenig befriedigend hält) und Hahnemann, NachrDAB. 1914 S. 128. Dagegen hat der Richter im Prüfungstermin die Forderung zurückzuweisen. Haberstumpf a. a. O.; a. M. Stocker, MittAGA. 1914 S. 78 (nach dessen Ansicht auch der Auszahlung nichts entgegensteht, soferne nicht andere gesetzliche Bestimmungen eingreifen [Zahlungsverbot]). Nicht ganz so weit geht Hallbauer, der Hinterlegung der Konkursquote verlangt. A. a. O. S. 56. Gegen die Versagung der Eintragung durch den Gerichtsschreiber nur Dienstaufsichtsbeschwerde. (Haberstumpf a. a. O.; Jaeger, KO. [4] II 193); gegen den ablehnenden Beschluß des Gerichtes im Prüfungstermin sofortige Beschwerde gemäß § 73 KO.;[1]) ebensowenig die negative Feststellungsklage (z. B. Klage auf Nichtbestehen eines Schadensersatzanspruches). A. M. RG. in LZ. 1915 S. 43. Wie im Text Hallbauer a. a. O. S. 52.

Selbstverständlich wird auch am materiellen Rechtsbestand und an der außergerichtlichen Durchsetzbarkeit der Forderung durch die Unklagbarkeit nichts geändert. Reichel, DJZ. 1914 S. 1373; Hachenburg, LZ. 1914 S. 606; daher treten die Verzugsfolgen ein, sofern die allgemeinen Voraussetzungen gegeben sind. Dem Gläubiger steht das Zurückbehaltungsrecht nach §§ 273, 320, 321 BGB. zu. (Bejaht von Reichel a. a. O. Verneint von Hallbauer, SächsArch. 1915 S. 50.) Er kann sich aus dem Faustpfand befriedigt machen (vgl. hierher LG. Frankfurt JW. 1915 S. 11. Was vom Zahlungsverbot gilt, trifft natürlich verstärkt hier zu!); Sicherheitsleistungen sind zulässig, Aufrechnungen statthaft. Ebenso Reichel a. a. O.; zweifelnd Sieskind. Hallbauer (SächsArch. 1915 S. 50) macht einen Unterschied, zwischen der früher erklärten Aufrechnung, die er zuläßt und der nach Inkrafttreten der Verordnung erklärten, in der er eine „Geltendmachung" erblickt.

Verjährung: Solange die Geltendmachung ausgeschlossen ist, ist die Verjährung gehemmt. So wohl aus § 203 Abs. 2 BGB. zu folgern. Ebenso Bendix S. 109 und Höchster, JW. 1914 S. 1096; a. M. Sieskind S. 52 (der aber auf dem Wege über Motive zu § 203 Abs. 1 BGB. S. 313 zu demselben Resultat kommt). Weitere Wirkungen auf dem Gebiete des Prozeßrechtes: Bendix S. 110.

---

[1]) Entsprechendes gilt beim Aufgebotsverfahren (Hallbauer a. a. O. S. 56). Vgl. nunmehr zum ganzen Fragenkomplex auch Jaeger in LZ. 1915 S. 415.

8. **Unterbrochen**: § 249 ZPO. Keine Ausnahme im Falle des § 717 Abs. 2 ZPO. (Ebenso Sieskind; dagegen Schäfer, JW. 1914 S. 974; auch Hallbauer, SächsArch. 1915 S. 15, der in allen den Fällen keine Unterbrechung zulassen will, in denen der Inlandsbeklagte wirtschaftlich die Stellung des Klägers hat.) Die Unterbrechung erstreckt sich nicht auf das Beitreibungsverfahren der Gerichtskasse wegen Gerichtsgebühren. (OLG. Hamburg DJZ. 1914 S. 1306 = LZ. 1915 S. 158.) Lehnt das Gericht in mündlicher Verhandlung den Rechtsstreit ab, weil die Voraussetzungen der Bundesratsbekanntmachung gegeben seien, so ist dagegen Beschwerde zulässig, weil dies einer Aussetzung gleichkommt. (OLG. München vom 11. Jan. 1915 LZ. 1915 S. 241 unter Hinweis auf RG. 16, 339; 18, 383; 32, 428.)

9. **Ausnahmen**: Siehe unten S. 283 Anm. 2.

§ 2.

Die Vorschriften des § 1 Abs. 1 finden keine Anwendung auf Ansprüche, die im Betriebe der von den dort bezeichneten physischen oder juristischen Personen im Inland unterhaltenen gewerblichen Niederlassungen[1] entstanden[2] sind.

Der Reichskanzler ist ermächtigt, aus Gründen der Vergeltung die Vorschriften auf Ansprüche der im Abs. 1 bezeichneten Art auszudehnen.[3]

1. **Niederlassung**: Über den Begriff s. § 21 ZPO.; § 720 BGB.; §§ 29, 31 HGB. Die Kriegsnotgesetze gebrauchen den Begriff Niederlassung nicht immer in dem gleichen Sinn.

2. **Entstanden**: Da die Verordnung verhindern will, daß deutsches Geld auf Umwegen nach dem Ausland kommt, müssen an die Prüfung dieser Voraussetzung strenge Anforderungen gestellt werden. Dabei ist namentlich zu beachten, daß „entstehen" nicht dasselbe ist, wie „fällig werden". (So auch Niemeyer, LZ. 1914 S. 1793.) Es

muß der ganze oder doch wenigstens der wesentliche Tatbestand, der die Forderung erzeugt, sich in dem Betrieb der ausländischen Niederlassung zugetragen haben. (So auch Niemeyer, ebenda.) Eine Stütze erfährt diese Anschauung durch die Bekanntmachung Nr. 4588 vom 22. Dezember 1914 (unten S. 326), der dieselbe ratio legis zugrunde liegt.

3. **Auszudehnen:** Bisher nicht erfolgt.

§ 3.

Die in den §§ 1, 2 vorgesehene Beschränkung in der Geltendmachung von Ansprüchen, mit Einschluß der Unterbrechung des Verfahrens, gilt auch für die Rechtsnachfolger der von der Beschränkung betroffenen Personen, sofern nicht die Ansprüche vor dem 31. Juli 1914 auf sie übergegangen sind.

Rechtsnachfolger: Die Vorschrift gilt, wie die Denkschrift sich ausdrückt, gegen „Rechtsnachfolger jeder Art". Dies kann gar nicht anders verstanden werden, als daß sie auch in den Fällen gilt, in denen man aus formell juristischen Gründen zweifelnd sein könnte, so z. B. hinsichtlich des Wechselindossatars, weil ja der wechselmäßige Anspruch bei jedem Erwerber des Wechsels von neuem entsteht. (So Sintenis im BankArch. 14. Jahrg. S. 7 und in seinem Kommentar; vgl. auch Dernburg, Bürgerl. Recht II § 145 Anm. 2.) Die herrschende Meinung nimmt indes auch beim Wechselindossatar Rechtsnachfolge an. [Sieskind und Leo im BankArch. Bd. XIV S. 94 unter Berufung auf RG. Bd. 47 S. 66; Wassermann, JW. 1915 S. 13, unter Hinweis darauf, daß die Abtretung des Wechselanspruchs auch eine Abtretung des Wechsels voraussetzt, und sohin trotz Selbständigkeit des Anspruches eine „Rechtsnachfolge" im Sinne des Gesetzes vorliege. (Vgl. Staub 7. Aufl. Anm. 3 zu Art. 9 WO.); Hachenburg, LZ. 1914 S. 1608 und Komm. d. Berl. Anw.] Mit Hachenburg a. a. O. wird man den Fall hierherbeziehen, daß der ausländische Gläubiger durch eine vorgeschobene Person das Guthaben einklagen läßt, ebenso wenn der Agent für ein ausländisches Haus einen Wechsel auf den deutschen Schuldner nach dem 31. Juli abgegeben hat. (Hachenburg a. a. O.) Dagegen wird man nicht den Universalnachfolger durch Erbfolge hierherziehen. (So Hachenburg a. a. O. und die ratio legis.)

§ 4.

Diese Verordnung tritt mit dem Tage der Verkündung in Kraft.

26. Bekanntmachung über die Geltendmachung von Ansprüchen von Personen, die im Ausland ihren Wohnsitz haben.

Vom 22. Oktober 1914.

(RGBl. 1914 S. 449 Nr. 4521).

Der Bundesrat hat auf Grund des § 3 des Gesetzes über die Ermächtigung des Bundesrats zu wirtschaftlichen Maßnahmen usw. vom 4. August 1914 (Reichs-Gesetzbl. S. 327) folgende Verordnung erlassen:

Die Wirksamkeit der Bekanntmachung über die Geltendmachung von Ansprüchen von Personen, die im Ausland ihren Wohnsitz haben, vom 7. August 1914 (Reichs-Gesetzbl. S. 360) wird in der Weise ausgedehnt, daß an die Stelle des 31. Oktober 1914 [der 31. Januar 1915] tritt.

1. 31. Januar 1915: Nunmehr April 1915 Bekanntm. Nr. 4617, unten S. 294.

27. Bekanntmachung über die Geltendmachung von Ansprüchen von Personen, die im Ausland ihren Wohnsitz haben.

Vom 21. Januar 1915.

(RGBl. 1915 S. 31 Nr. 4617).

Der Bundesrat hat auf Grund des § 3 des Gesetzes über die Ermächtigung des Bundesrats zu wirtschaftlichen Maßnahmen usw. vom 4. August 1914 (Reichs-Gesetzbl. S. 327) folgende Verordnung erlassen:

Die Wirksamkeit der Bekanntmachungen über die Geltendmachung von Ansprüchen von Personen, die im Ausland ihren Wohnsitz haben, vom 7. August 1914 und 22. Oktober 1914 (Reichs-Gesetzbl. S. 360, 449) wird in der Weise ausgedehnt, daß an die Stelle des 31. Januar 1915 der 30. April 1915 tritt.

Die amtliche Begründung der Norddeutschen Allgemeinen Zeitung vom 23. Januar 1915 rechtfertigt die Maßnahme damit, daß die für den Erlaß der Vorschrift maßgebenden Gründe („erforderliche Gegenmaßregeln gegenüber den im Ausland ergangenen Moratorien und zugleich Schutz der wirtschaftlichen Interessen der am Auslandshandel beteiligten inländischen Schuldner, die durch den Krieg besonders betroffen sind") noch fortbestehen und fährt dann fort: „Die Befugnis, Ausnahmen von dem Verbot zuzulassen, steht nach wie vor dem Reichskanzler zu. Von dieser Befugnis ist bisher in weitem Umfang Gebrauch gemacht worden, indem das Verbot für den einzelnen Prozeß oder das Vollstreckungsverfahren auf Ansuchen der Partei nach Prüfung der Umstände des Falles außer Kraft gesetzt ist. Die bereits bewilligten Ausnahmen behalten auch gegenüber dem verlängerten Verbot ihre Gültigkeit." (Vgl. hierzu auch oben S. 283.)

II. Maßnahmen betreffend die Fälligkeit der im Ausland ausgestellten Wechsel.

Vorbemerkung zu Nr. 28 bis 31.

I. Charakter und Geltungsbereich der Vorschriften: Die Vorschriften stellen sich als Ergänzungen zu dem Gegenmoratorium dar. In Übereinstimmung mit diesem wird die Fälligkeit aller im Ausland vor dem 31. Juli 1914 ausgestellten Wechsel bis zum 30. April 1915 hinausgeschoben. Voraussetzung ist dabei nur, daß der Wechsel im Inlande zahlbar ist und vor dem 31. Juli 1914 fällig war. Welche Staatsangehörigkeit der Wechselinhaber oder der Zahlungspflichtige hat, spielt dabei keine Rolle. Ebenso finden die Vorschriften auch auf Österreicher Anwendung. Die Denkschrift macht hierzu S. 23/24 folgende Ausführungen: „Ein solches Auslandswechselmoratorium erschien auch bei sonstiger grundsätzlicher Ablehnung eines Teilmoratoriums zulässig, da es in sich geschlossen war und keinerlei weitere Kreise ziehen konnte. Maßgebend soll sein, daß der Wechsel im Ausland ausgestellt und im Inlande zahlbar ist. Wegen der formalen Natur der Wechselverbindlichkeiten war es notwendig, den Kreis der betroffenen Wechsel nach Merkmalen zu bestimmen, die aus dem Wechsel selbst zu entnehmen sind; anderenfalls würde der Inhaber des Wechsels vielfach im Ungewissen darüber sein, wann er den Protest zu erheben hätte und ebenso würde für die Regreßpflichtigen die Unklarheit darüber, ob der Protest rechtzeitig erhoben ist, zu Schwierigkeiten führen. Es war daher insbesondere nicht möglich, etwa den Umstand, ob dem Wechsel eine Warenlieferung aus dem Auslande zugrunde liegt, für ausschlaggebend zu erklären. Daß bei dem gewählten Merkmal unter Umständen Wechsel, die zur Deckung von Warenlieferungen aus dem Auslande bestimmt waren, von dem Fälligkeitsaufschub nicht getroffen werden, soferne sie nämlich einen inländischen Ausstellungsort aufweisen, ließ sich nicht vermeiden. Ebenso muß es im Interesse der Allgemeinheit in Kauf genommen werden, daß umgekehrt auch inländischen Verkäufern der Fälligkeitsaufschub entgegengehalten werden kann, wenn etwa der zur Deckung der Kaufforderung bestimmte Wechsel im Ausland ausgestellt worden ist." Bei Wechseln, deren Forderungen den Zahlungsverboten gegen England, Frankreich und Rußland unterliegen, hat, wenn sie vor dem Tage des Inkrafttretens der Verbote fällig geworden sind, eine einmalige Hinausschiebung um 3 Monate stattgefunden. Nach Ablauf dieser 3 Monate, sowie in allen Fällen, in denen der Wechsel erst nach Inkrafttreten des Verbotes fällig wurde, finden die Vorschriften der Verbote Anwendung (§ 2 der Bundesratsbekanntmachung Nr. 4520 vom 22. Okt. 1914, unten S. 303). Auf Wechsel, die lediglich im Auslande zahlbar, aber im Inlande ausgestellt sind, beziehen sich die hier erörterten Vorschriften nicht. (Unzutreffend Bendix S. 65.) Das ergibt sich schon aus dem klaren Wortlaut („Im Ausland ausgestellt") der Bestimmungen. Wohl aber bezieht sich auch auf sie die Bekanntmachung vom 6. August 1914 Nr. 4454, unten S. 253 und das Gesetz vom 4. August 1914, unten S. 250, sowie die Bekanntmachung Nr. 4458 vom 7. August 1914, unten S. 254. Diese Bestimmung hat Deutschland einwandfrei lediglich gegenüber Inländern als Verpflichteten treffen können. Die Hinausschiebung hat die Wirkung, daß ohne weiteres die neue Zielzeit an Stelle der alten tritt, als ob von Anfang an die abgeänderte Verfallzeit auf dem Wechsel gestanden wäre. Dies ist vor allem für die Präsentations- und Protestfrist und für die Anspruchverjährung zu beachten. Über die Zinspflicht s. unter III! Die Pflicht zur Entrichtung des Wechselstempels wird dagegen kraft ausdrücklicher gesetzlicher Vorschrift so beurteilt, als ob es bei der ursprünglichen Verfallzeit geblieben wäre. Ebenso wird die Bankfähigkeit der Wechsel durch die Hinausschiebung der Verfallzeit nicht berührt.

II. Der im „Ausland ausgestellte" Wechsel. Es herrscht lebhafter Streit darüber, ob Wechsel unter die Vorschrift fallen, die in Wirklichkeit im Ausland ausgestellt worden sind, die aber einen inländischen Ausstellungsort tragen.

a) Die Norddeutsche Allgemeine Zeitung Nr. 27 vom 10. September hat ausgeführt, daß lediglich der angegebene Zahlungsort als Ausstellungsort zu berücksichtigen sei. Dem ist das LG. Berlin III am 24. Okt. 1914 DRAZ. 1914 S. 210 beigetreten. Von der Literatur haben sich Sintenis S. 93 Anm. 2, die Kommission des BerlAnwVer., Sieskind (unter Berufung auf eine nach Felix Meyer [s. unten] zweifelhafte Entscheidung des RG. Bd. 32 S. 118) S. 67 Anm. 2 und Koch im Recht 1915 S. 49 ff. auf den gleichen Standpunkt gestellt. Auch die Denkschrift S. 23/24 scheint von dieser Auffassung auszugehen (vgl. oben unter I). Von der älteren Literatur stehen auf diesem Standpunkt Thöl, Handelsrecht Bd. 2 Göttingen 1865 S. 68 Anm. 10: „Der Wechsel ist im Inland ausgestellt, wenn der Ort, welchen das Ortsdatum des Wechsels aufweist, im Inland liegt.“ Canstein, Lehrbuch des Wechselrechts S. 99 § 8 III a; Lehmann, Lehrbuch des deutschen Wechselrechts S. 120; Rehbein, Mansfeld, WO. S. 26 Anm. 32.

b) Daß der wirkliche Ausstellungsort maßgebend sei, hat das OLG. Karlsruhe (wie früher auch schon das LG. Karlsruhe vom 16. Sept. 1914 Recht 1914 S. 614) am 10. Nov. 1914 in einer Entscheidung, deren Gründe nach der DRAZ. 1915 S. 46 bisher nur im Buchh. Börsenbl. 1915 S. 155 mitgeteilt worden sind, ausgesprochen. Von neuerer Literatur nehmen diesen Standpunkt ein Neumeyer in DJZ. 1914 S. 1199; Felix Meyer, BankArch. Bd. 13 S. 407; Wassermann, JW. 1915 S. 12; Fürst, LZ. 1914 S. 1884; Bendix S. 64. Von älterer Literatur sind der gleichen Meinung Hartmann, Wechselrecht S. 64; Bernstein, WO. S. 354; Staub-Stranz, WO. S. 259 Anm. 3; Grünhut, Wechselrecht II S. 579 Anm. 35; Bettelheim, Internationales Wechselrecht I S. 650.

Die Meinung zu b verdient mit Rücksicht auf den Zweck der Vorschrift den Vorzug. Es kann nicht von dem guten Willen des Ausstellers oder Ausfüllers des Ortsdatums abhängen, ob er den Inländer, dem die Stundung zugute kommen soll, der ihm vom Gesetzgeber zugebilligten Wohltat berauben will. Selbstverständlich obliegt in den Fällen, in denen sich die wahre Ausstellung des Wohnortes nicht aus dem Wechsel ergibt, dem Wechselschuldner die Beweislast dafür, daß der Wechsel im Auslande ausgestellt worden ist. Schwierigkeiten macht noch die Frage, inwieweit der gute Glaube von Erwerbern solcher angeblich im Auslande ausgestellter Wechsel Schutz verdient. Das OLG. Karlsruhe hat sich in der erwähnten Entscheidung dahin ausgesprochen, daß jedenfalls dann der tatsächliche Ausstellungsort maßgebend sei, wenn aus den sonstigen auf dem Wechsel befindlichen Erklärungen (Indossamenten, Stempel mit der Adresse des Ausstellers) ersichtlich sei, daß es sich um einen Auslandswechsel handle: Die prinzipielle Frage, ob das gleiche auch dann gelte, wenn bei pflichtmäßiger Sorgfalt die ausländischen Beziehungen nicht erkennbar gewesen seien, hat der Senat dahingestellt gelassen. Für den Schutz lassen sich die Ausführungen von Staub zu 2 Art. 87 § 8; Grünhut, Wechselrecht II S. 579 (den übrigens Koch u. E. unzutreffend für den Standpunkt zu a reklamiert); Bar, Internationales Privatrecht II S. 132; Meyer, Weltscheckrecht I S. 503 und im BankArch. Bd. 13 S. 407 Anm. 3 und Koch a. a. O. anführen. Gegen den Schutz hat sich Fürst a. a. O. erklärt. Man wird sich für den Schutz entscheiden müssen. Wenn der Akzeptant seinen Namen auf einen im Ausland ausgestellten Wechsel geschrieben hat, aus dem der Ausstellungsort bei pflichtgemäßer Sorgfalt nicht hervorgeht, so hat er damit dem Aussteller gegenüber auf seine Rechte nicht verzichtet, aber er hat sich dadurch, daß er zuließ, daß seine Willenserklärung in Umlauf gesetzt, Dritten gegenüber des ihm zustehenden Rechtes, den ausländischen Wechselausstellungsort einzuwenden, begeben. Dies entspricht auch den sonst im Wechselrecht herrschenden Grundsätzen. Man vergleiche z. B., daß ein domizilierter Wechsel rücksichtlich derjenigen Verpflichteten, ohne deren Wissen und Willen der Domizilvermerk beigefügt worden ist, wie ein nicht domizilierter zu behandeln ist.

(RG. Bd. 32 S. 38; J. u. M. Stranz, WO. Anm. 4 zu Art. 24.) Die gleichen Grundsätze gelangen zur Anwendung, wenn der Akzeptant ein Akzept aus der Hand gegeben hat, bevor der Ausstellungsort ausgefüllt war und nun der Aussteller oder ein Nachmann die Ausstellung vorgenommen und einen inländischen Ort eingefügt hat (Blankowechsel). Vgl. Staub-Stranz, Kommentar Anm. 7 zu Art. 7. Der Akzeptant haftet den gutgläubigen Indossatoren gegenüber (nicht den bösgläubigen) gemäß dem Inhalt des Wechsels. (A. M. infolge seiner Gesamtanschauung Koch a. a. O. S. 53.) Ausland ist jedes nicht deutsche Staatsgebiet. Ob die Konsularbezirke und die deutschen Schutzgebiete im Sinne dieser Bestimmungen Ausland sind, ist bestritten. Für die Auslandseigenschaft Bendix S. 65; dagegen Felix Meyer, BankArch. 13. Jahrg. S. 408 (der sich wohl mit Recht darauf beruft, daß dies hinsichtlich der Schutzgebiete zweifellos nicht die Absicht des Gesetzgebers sein könne).

III. Die **Zinspflicht**, welche, da die Fälligkeit hinausgeschoben ist, an sich nicht eintreten würde, ist dahin geregelt, daß gleichzeitig mit Hinausschiebung der Fälligkeit die Pflicht, 6% Zinsen zu leisten, für den Zeitraum der Hinausschiebung eintritt. Es war nun ursprünglich bestritten, ob dem Wechselschuldner nicht eine vorzeitige Zahlung unter Kürzung der Zinsen gestattet sei. (So Sieskind S. 67 Anm. 4 und Bendix S. 64.) Dies war, wie sich aus der Denkschrift S. 24 ergibt, zu verneinen. Dort ist ausdrücklich ausgesprochen, daß der Schuldner „zur Vermeidung des Anschwellens der Wechselsumme" nur dann „die vorzeitige Leistung bewirken könne", wenn der Gläubiger hiermit einverstanden ist. (Ebenso im Ergebnis Sintenis S. 93.) Die Streitfrage hat heute keine praktische Bedeutung mehr, weil die Bekanntmachung vom 18. Januar 1915 diese zweifellos unzweckmäßigen Zustände beseitigt hat (s. unten S. 303).

IV. Eine Verpflichtung zur Entrichtung eines weiteren **Wechselstempels** wird durch die Hinausschiebung nicht begründet.

28. Bekanntmachung über die Fälligkeit im Ausland ausgestellter Wechsel.

Vom 10. August 1914.

(RGBl. 1914 S. 368 Nr. 4463).

Der Bundesrat hat auf Grund des § 3 des Gesetzes über die Ermächtigung des Bundesrats zu wirtschaftlichen Maßnahmen usw. vom 4. August 1914 (Reichs-Gesetzbl. S. 327) folgende Verordnung erlassen:

§ 1.

Die Fälligkeit aller Wechsel, die im Ausland vor dem 31. Juli 1914 ausgestellt worden und im Inland zahlbar sind, wird, falls sie nicht schon am 31. Juli 1914 verfallen waren, [um drei Monate] hinausgeschoben.

Eine Verpflichtung zur Entrichtung des weiteren Wechselstempels nach § 3 Abs. 2 des Wechselstempelgesetzes wird durch diese Hinausschiebung der Fälligkeit nicht begründet.

Um 3 Monate hinausgeschoben: Die Bekanntmachung enthält eine Hinausschiebung um weitere 3 Monate. Siehe im übrigen die Vorbemerkung S. 295.

§ 2.

Diese Verordnung tritt mit dem Tage der Verkündung in Kraft.

29. Bekanntmachung, betreffend Auslandswechsel.

Vom 12. August 1914.

(RGBl. 1914 S. 369 Nr. 4465).

Der Bundesrat hat auf Grund des § 3 des Gesetzes über die Ermächtigung des Bundesrats zu wirtschaftlichen Maßnahmen usw. vom 4. August 1914 (Reichs-Gesetzbl. S. 327) folgende Verordnung erlassen:

§ 1.

Bei Wechseln, deren Fälligkeit durch die Verordnung über die Fälligkeit im Ausland ausgestellter Wechsel vom 10. August 1914 (Reichs-Gesetzbl. S. 368) um drei Monate hinausgeschoben ist, erhöht sich die Wechselsumme um sechs Prozent jährlicher Zinsen [1] [für drei Monate]. [2]

1. **Zinsen:** S. Vorbemerkungen unter III S. 299.

2. **für drei Monate:** An Stelle der drei Monate sind durch Bekanntmachung vom 22. Oktober 1914 (unten unter 30 zum Abdruck gebracht) weitere drei Monate getreten. Heute ersetzt durch die Vorschrift des § 2 der Bekanntmachung vom 18. Januar 1915 (unten S. 303 abgedruckt); vgl. auch Vorbemerkung III oben.

§ 2.

Für die im § 1 bezeichneten Wechsel bleibt bei Anwendung der Vorschriften des § 13 Nr. 2 und des § 17 des Bankgesetzes die durch die Verordnung vom 10. August 1914 angeordnete Hinausschiebung der Fälligkeit außer Betracht.

Außer Betracht: Damit dem Inhaber eines unter den Zahlungsaufschub fallenden Wechsels bei der Diskontierung aus den gesetzlichen Vorschriften keine Schwierigkeiten entstehen, ist ausdrücklich bestimmt, daß die Reichsbank und die Privatnotenbanken, die im allgemeinen nur Wechsel mit einer höchstens dreimonatlichen Laufzeit erwerben, und zur Deckung ihrer Noten benutzen dürfen, befugt sind, die Wechsel trotz der verlängerten Verfallzeit zu diskontieren und zur Notendeckung zu verwenden. (Denkschrift S. 24.)

§ 3.

Diese Verordnung tritt mit dem Tage der Verkündung in Kraft.

Tag der Verkündung: 13. August.

30. Bekanntmachung über die Fälligkeit im Ausland ausgestellter Wechsel.

Vom 22. Oktober 1914.

(RGBl. 1914 S. 448 Nr. 4519).

Der Bundesrat hat auf Grund des § 3 des Gesetzes über die Ermächtigung des Bundesrats zu wirtschaftlichen Maßnahmen usw. vom 4. August 1914 (Reichs-Gesetzbl. S. 327) folgende Verordnung erlassen:

§ 1.

Die Fälligkeit von Wechseln, deren Fälligkeit durch die Bekanntmachung vom 10. August 1914 (Reichs-Gesetzbl. S. 368) um drei Monate hinausgeschoben ist, wird um [weitere drei Monate] [1] hinausgeschoben. An die Stelle der in der Bekanntmachung vom 12. August 1914 (Reichs-Gesetzbl. S. 369) vorgesehenen Erhöhung der Wechselsumme um sechs Prozent jährlicher Zinsen für drei Monate tritt eine solche [für sechs Monate]. [2]

Eine Verpflichtung zur Entrichtung des weiteren Wechselstempels nach § 3 Abs. 2 des Wechselstempelgesetzes wird durch die Hinausschiebung der Fälligkeit nicht begründet. Bei Anwendung der Vorschriften des § 13 Nr. 2 und des § 17 des Bankgesetzes bleibt die Hinausschiebung außer Betracht. [3]

1. **drei Monate:** Mit Bekanntmachung vom 18. Jan. 1915 ist eine weitere Hinausschiebung um drei Monate erfolgt (s. unten S. 304).

2. **für sechs Monate:** Vgl. oben Vorbem. III.
3. **außer Betracht:** Vgl. 29 S. 300 § 2 Anm.

§ 2.

Die Vorschriften dieser Verordnung finden keine Anwendung auf Wechsel, bei denen die Zeit der Vorlage zur Zahlung und der Protesterhebung durch die Bekanntmachung, betreffend Zahlungsverbot gegen England, vom 30. September 1914 (Reichs-Gesetzbl. S. 421) oder durch die Bekanntmachung, betreffend Zahlungsverbot gegen Frankreich, vom 20. Oktober 1914 (Reichs-Gesetzbl. S. 443) hinausgeschoben ist.

Zahlungsverbot: Vgl. oben Vorbem. I S. 296.

§ 3.

Diese Verordnung tritt mit dem Tage der Verkündung in Kraft.

31. Bekanntmachung über die Fälligkeit im Ausland ausgestellter Wechsel.

Vom 18. Januar 1915.

(RGBl. 1915 S. 23 Nr. 4611).

Vorbemerkung: Durch die früheren Verordnungen des Bundesrats ist die Fälligkeit solcher im Inlande zahlbarer Wechsel, die vor dem Kriegsausbruch im Auslande ausgestellt sind und bei Kriegsbeginn noch nicht verfallen waren, um sechs Monate hinausgeschoben worden, mit der Maßgabe, daß sich die Wechselsumme um 6% jährliche Zinsen für sechs Monate erhöht. Hiernach würden Auslandswechsel, die anfangs August fällig gewesen sind, Anfang Februar eingelöst werden müssen. Ein Teil der in Frage kommenden Wechsel ist inzwischen auf Grund gütlicher Vereinbarung zwischen den Beteiligten unter Abzug des Zwischenzinses freiwillig bezahlt worden. Es kann darauf gerechnet werden, daß durch Fortsetzung solcher freiwilliger Zahlungen, zu denen auch der flüssige Geldstand einen

Ansporn gibt, der für die Auslandswechsel geschaffene besondere Rechtsstand nach und nach im wesentlichen tatsächlich beseitigt wird. Angesichts dieser Sachlage hat der Bundesrat nunmehr eine neue Verordnung erlassen, durch die zwar die Fälligkeit der Auslandswechsel — und damit der Zwang zur Zahlung — nochmals um drei Monate hinausgeschoben, zugleich aber für freiwillige Vorausbezahlung eine gesetzliche Grundlage geschaffen wird. Für die weitere Hinausschiebung der Fälligkeit sprach nämlich die Erwägung, daß die am Auslandhandel beteiligten Handelsfirmen nach wie vor insbesondere wegen der im Ausland bestehenden Moratorien ihrerseits ihre Forderungen gegen Personen im Auslande zum großen Teil nicht zu Geld machen können. Die vorzeitige Einlösung des Wechsels war den Schuldnern bisher vielfach nicht möglich, weil sie in Unkenntnis über den Inhaber des Wechsels waren, oder, weil der Inhaber es ablehnte, den Wechselbetrag unter vermindertem Zinsenzuschlag anzunehmen. Die neue Verordnung beseitigte diese Hindernisse. Sie erklärt den Schuldner ausdrücklich für berechtigt, den Wechsel vorzeitig in der Weise einzulösen, daß der Zinsenzuschlag nur bis zum Tage der Zahlung berechnet wird. Die Zahlung kann an demjenigen Tage, der sich nach der bisherigen sechsmonatigen Hinausschiebung der Fälligkeit als Zahlungstag ergeben würde, oder innerhalb einer Woche nach diesem Tage erfolgen. (Nordd. Allgem. Zeitung vom 19. Januar 1915.)

Der Bundesrat hat auf Grund des § 3 des Gesetzes über die Ermächtigung des Bundesrats zu wirtschaftlichen Maßnahmen usw. vom 4. August 1914 (Reichs-Gesetzbl. S. 327) folgende Verordnung erlassen:

§ 1.

Die Fälligkeit von Wechseln, deren Fälligkeit durch die Bekanntmachungen vom 10. August und

22. Oktober 1914 (Reichs-Gesetzbl. S. 368, 448) um sechs Monate hinausgeschoben ist, wird um weitere drei Monate hinausgeschoben.

Eine Verpflichtung zur Entrichtung des weiteren Wechselstempels[1] nach § 3 Abs. 2 des Wechselstempelgesetzes wird durch die Hinausschiebung der Fälligkeit nicht begründet. Bei Anwendung der Vorschriften des § 13 Nr. 2 und des § 17 des Bankgesetzes[2] bleibt die Hinausschiebung außer Betracht.

1. **Wechselstempel**: Vgl. oben Vorbem. IV S. 299.
2. **Bankgesetz**: Vgl. oben S. 301 Anm. zu § 2.

§ 2.

Zu der in der Bekanntmachung vom 22. Oktober 1914 vorgesehenen Erhöhung der ursprünglichen Wechselsumme um die Zinsen für sechs Monate tritt — unbeschadet der Vorschriften des § 3 — eine Erhöhung der ursprünglichen Wechselsumme um sechs Prozent jährlicher Zinsen für weitere drei Monate hinzu, wenn der wechselmäßig legitimierte Inhaber des Wechsels den Bezogenen in der Woche vor dem aus der Bekanntmachung vom 22. Oktober 1914 sich ergebenden Zahlungstage schriftlich benachrichtigt, daß er den Wechsel in Händen hat; es genügt, wenn das Benachrichtigungsschreiben vor dem bezeichneten Tage zur Post gegeben ist. Bei domizilierten Wechseln ist der Domiziliat, bei Wechseln, deren Zahlung am Wohnort des Bezogenen durch eine andere Person erfolgen soll, ist diese zu benachrichtigen. Der Empfang der Benachrichtigung ist unverzüglich zu bestätigen.[1]

Hinsichtlich des Nachweises, daß die Benachrichtigung erfolgt ist, findet Artikel 46 Satz 1 der Wechselordnung Anwendung.[2] Auch genügt im Wechselprozesse zur Berücksichtigung des Anspruchs auf die weitere Erhöhung der Wechselsumme die Glaubhaftmachung, daß die Benachrichtigung erfolgt ist.[3]

1. **Zweck dieser Bestimmung:** Die in der Vorbemerkung erwähnte Unkenntnis des Schuldners über die Person des Gläubigers zu beseitigen.

2. **Benachrichtigung:** Die Benachrichtigung soll — wie nach Art. 46 WO. die Notifikation — durch Vorlegung des Postscheines über die Absendung eines eingeschriebenen Briefes an den Schuldner als voll erwiesen gelten, soferne nicht dargetan wird, daß der angegebene Brief einen anderen Inhalt gehabt hat. (Begr.) Staub-Stranz macht zu Art. 46 WO. noch folgende, auch für die vorliegenden Bestimmungen anwendbaren Ausführungen:

„Da es sich um Beweiserleichterung handelt, so ist an diese Beweisregelung der Richter in der Weise gebunden, daß er beim Vorliegen der gedachten Postbescheinigung die betreffende Tatsache für bewiesen erachten muß; insoweit liegt eine singuläre Abänderung des § 286 ZPO. vor. Doch kann der Richter den Beweis auch auf sonstige Weise zulassen; nach dieser Richtung ist der freien Überzeugungstheorie keine Schranke gesetzt. Auch das Briefkopierbuch kann ihm unter Umständen genügen. (Hahn, HGB. 4. Aufl. S. 213 Note 6.)"

3. **Glaubhaftmachung:** Für den Wechselprozeß ist darüber hinaus im Anschluß an die im § 605 Abs. 2 ZPO. über die Nebenforderungen gegebene Vorschrift bestimmt, daß es genügt, wenn die rechtzeitige Benachrichtigung glaubhaft gemacht wird. Dadurch wird Weiterungen auch für den Fall vorgebeugt, daß die Benachrichtigung auf andere Weise als durch eingeschriebenen Brief erfolgt, oder daß der Postschein verloren gegangen ist. (Begr.)

§ 3.

Der Bezogene ist berechtigt, den Wechsel an dem aus der Bekanntmachung vom 22. Oktober 1914 sich ergebenden Zahlungstag oder innerhalb einer Woche nach diesem Zahlungstag im Geschäftslokal und in Ermangelung eines solchen in der Wohnung des Gläubigers einzulösen; bei einer solchen Einlösung braucht der Zinsenzuschlag nur für die Zeit bis zur Einlösung entrichtet zu werden. Macht der Bezogene eine Teilzahlung, so ist der Zinsenzuschlag für die Zeit nach dieser Zahlung nur auf den nichtgezahlten Betrag zu entrichten; die geleistete Zahlung ist zunächst auf die bis zur Zahlung aufgelaufenen Zinsen anzurechnen.

§ 4.

Für Wechsel, bei denen die Zeit der Vorlage zur Zahlung und der Protesterhebung durch die Bekanntmachungen, betreffend Zahlungsverbot gegen England, Frankreich und Rußland, vom 30. September, 20. Oktober und 19. November 1914 (Reichs-Gesetzbl. S. 421, 443, 479) hinausgeschoben ist, bewendet es bei den Vorschriften dieser Bekanntmachungen. Bei solchen Wechseln findet die Erhöhung der Wechselsumme, die in den Bekanntmachungen vom 12. August und vom 22. Oktober 1914 und der gegenwärtigen Verordnung vorgesehen ist, nicht statt.

§ 5.

Diese Verordnung tritt mit dem Tage der Verkündung in Kraft.

E. Maßnahmen gegen das feindliche Ausland.

I. Zahlungsverbote.

Vorbemerkungen: Literatur: Hachenburg, LZ. 1914 S. 1681; Sieskind, Recht 1914 S. 697 ff.; Friedländer, BayZfR. 1915 S. 67.

I. Charakter und Zweck der Vorschrift:

Vgl. die offiziöse Erläuterung in Nr. 238 der 2. Ausgabe der Norddeutschen Allgemeinen Zeitung vom 1. Oktober 1914, abgedruckt bei Bendix S. 121; dort auch weitere Ausführungen. Die Verordnung ist im „Weg der Vergeltung" erlassen. Damit sind etwaige Zweifel eines Verstoßes gegen Artikel 23 lit. h des Haager Abkommens betreffend Gesetze und Gebräuche des Landkrieges vom 18. Okt. 1906 beseitigt. (Zweifelnd Sieskind Anm. 16 zu § 1 und im „Recht" a. a. O.; Sintenis Anm. 4 zu § 1.)

De lege ferenda: Bendix S. 125 ff.

II. Folgen der Nichtbeachtung:

a) strafrechtliche: § 6.

b) zivilrechtliche; die trotz des Verbotes gemachte Zahlung kann nicht zurückgefordert werden (a. M. Hachenburg, LZ. 1914 S. 1686), wenigstens insoweit nicht, als der Leistende gewußt hat, daß er gegen das gesetzliche Zahlungsverbot verstößt. (RGZ. 63, 346; 70, 4; Friedländer a. a. O.; Sieskind a. a. O.) Dies gilt jedoch nicht von dem gutgläubig Leistenden. (So trotz RGZ. 72, 48 Friedländer a. a. O. und Sieskind; vgl. auch RGR.-Kommentar zu § 817 Anm. 4.)

III. **Ausdehnung:** Zahlungsverbote sind erlassen gegen England und die englischen Kolonien und Besitzungen (s. unten S. 310), Frankreich und die französischen Kolonien und Besitzungen (s. unten S. 221), Rußland und Finnland (s. unten S. 322). Über die Ungenauigkeit des Ausdruckes „Kolonien und Besitzungen" s. Bendix S. 124.

IV. **Ausnahmen:** § 1 Abs. 2 (s. dort). Von der dort dem Reichskanzler erteilten Ermächtigung Ausnahmen zuzulassen, hat dieser außer in zahlreichen Einzelfällen auch in der Bekanntmachung Nr. 242 vom 13. Okt. 1914 (s. unten S. 325) zur Erlangung, Erhaltung oder Verlängerung des Patentschutzes Gebrauch gemacht. Hierher gehört auch die unten abgedruckte Bekanntmachung Nr. 4594 vom 20. Dezember 1914 (s. S. 328).

V. **Ausland:** Die Zahlungsverbote[1]) gegen England, Frankreich und Rußland sind durch Verordnung des Generalgouverneurs von Belgien auch für die okkupierten Gebiete Belgiens in Kraft getreten. (GVBl. für die okkupierten Gebiete Belgiens = Handelskammer Berlin S. 25/29.) Dagegen gelten, da die Strafgesetze des Deutschen Reiches nur auf alle in seinem Gebiete ergangenen strafrechtlichen Handlungen Anwendung finden (§ 3 StGB.), die erlassenen Strafvorschriften nicht für die von dem Deutschen Reich besetzten und in Verwaltung genommenen Gebiete Frankreichs und Rußlands; sie gelten auch nicht für die deutschen Schutzgebiete. Wenn also jemand in den besetzten Gebietsteilen, die unter Strafe gestellte Handlung zugunsten eines Gläubigers in England begeht, so begeht er sie im Ausland und ist straffrei, da die Gesetze dieses Auslandes die Handlung nicht mit Strafe bedrohen (§ 4 Ziff. 3 StGB.). Von Landesverrat kann solange keine Rede sein, als der Gläubiger in Feindesland nicht die feindliche Macht selbst ist. (So Bendix S. 124 und Deutscher Außenhandel 1915 S. 17.) S. Nachtrag. Ähnliche Verbote haben erlassen: Österreich gegen Frankreich und

[1]) Da lediglich Zahlungen verboten werden, nicht aber Rechtsgeschäfte für nichtig erklärt werden (so z. B. Frankreich), bleibt ein vor dem Krieg durch Pfändungs- und Überweisungsbeschluß erworbenes Pfandrecht für einen Engländer bestehen. LG. Frankfurt (JW. 1915, 111).

England (HK. Berlin S. 32) und gegen Rußland (HK. Berlin S. 54); Ungarn (HK. Berlin S. 52 und 80) und die Türkei (HK. Berlin S. 17). Zahlungsverbote gegen Deutschland haben erlassen: England (HK. Berlin S. 21), Frankreich (HK. Berlin ebenda) und Rußland (HK. Berlin S. 11). Ob Serbien und Montenegro derartige Vorschriften erlassen haben, steht nicht fest. Das gleiche gilt von Japan.

32a. Bekanntmachung, betreffend Zahlungsverbot gegen England.

Vom 30. September 1914.

(RGBl. 1914 S. 421 Nr. 4504).

Der Bundesrat hat auf Grund des § 3 des Gesetzes über die Ermächtigung des Bundesrats zu wirtschaftlichen Maßnahmen usw. vom 4. August 1914 (Reichs-Gesetzbl. S. 327) im Wege der Vergeltung folgende Verordnung erlassen:

§ 1.

Es ist bis auf weiteres verboten, Zahlungen nach Großbritannien und Irland oder den britischen Kolonien und auswärtigen Besitzungen mittelbar oder unmittelbar in bar, in Wechseln oder Schecks, durch Überweisung oder in sonstiger Weise zu leisten, sowie Geld oder Wertpapiere mittelbar oder unmittelbar nach den bezeichneten Gebieten abzuführen oder zu überweisen.

Leistungen zur Unterstützung von Deutschen bleiben gestattet.

A. zu Absatz I.

I. Das Verbot ist **geographisch territorial.** Die Staatsangehörigkeit des Empfängers ist nur insoferne von

Bedeutung, als sie unter Umständen einen Anhaltspunkt dafür geben kann, daß eine mittelbare Zahlung nach den Gebieten, für die ein Zahlungsverbot erlassen ist, vorliegt.

II. Durch die Strafvorschrift in § 6 ist die **Beweislast** im Prozeß so gestaltet, daß es genügt, wenn der Zahlungsverweigernde nachweist, daß er Anhaltspunkte dafür hat, daß eine Zahlung usw. dem Verbote zuwiderlaufen könnte. Ebenso Hachenburg, LZ. 1914 S. 1686; unzutreffend Sintenis (der, die Strafandrohung unberücksichtigt lassend, dem Zahlungsverweigernden im Prozeß die ganze Beweislast auferlegt). Gegenbeweis möglich. (Ebenso wie hier Freudenthal, in dem Aufsatz Neues Kriegsnotrecht im Berliner Tagblatt; Wassermann, LZ. 1915 S. 280 ff.) Darum nicht schlechthin unzulässig die Honorierung von Schecks, die auf Grund von Guthaben englischer Banken gezogen sind (Wassermann, LZ. ebenda; Friedländer a. a. O.) und auch nicht schlechthin zulässig, die Annahme oder Auszahlung von Wechseln, weil eine inländische Niederlassung eines ausländischen Unternehmens den Wechsel vorgelegt hat. (Vgl. Bek. Nr. 4588 unten S. 326.)

Eine Umkehrung der Beweislast ergibt sich in dem Fall, in dem die Zahlung an einen Deutschen erfolgen soll, der vor Ausbruch des Krieges Inhaber oder Teilhaber eines Unternehmens des feindlichen Auslandes war und nunmehr nach Deutschland zurückgekehrt ist. (Vgl. Bekanntmachung Nr. 4594 S. 328.) Auch in den beiden zuletzt erwähnten Fällen kann die Zahlung daher, falls trotz des Vorliegens der dort erwähnten Momente die Gefahr einer „mittelbaren" Zahlung an das feindliche Ausland besteht, verweigert werden. (Arg. aus „Gelten". Die Literatur schweigt sich hierüber aus; vgl. jedoch Deutscher Außenhandel 1915 S. 17.)

III. Inhalt des Verbotes: Es läßt sich theoretisch darüber streiten, ob die beiden Alternativen des Zahlungsverbotes scharf gegeneinander abgegrenzt sind, oder ob die zweite Alternative die erste mitumfaßt. Praktisch ist ein Streit hierüber belanglos. Ob man in dem

Verbot „Zahlung zu leisten" nur ein Verbot der Zahlung von Schulden erblicken will, während dann alle übrigen Leistungen durch den Schlußpassus des Verbotes erfaßt werden (so Friedländer und Sieskind a. a. O.), oder ob man in dem Verbot, Zahlung zu leisten, ein Verbot jeglicher Zahlung erblickt, durch die ein anderes Rechtssubjekt über die Werte verfügen kann, während das Verbot abzuführen oder zu überweisen, sich sowohl auf die Fälle beziehen würde, in denen die Werte das Rechtssubjekt nicht wechseln, wohl aber die Verfügungsmacht, z. B. deutsches Geld wird auf einer englischen Bank deponiert, als auch auf die Fälle, in denen Gold und Wertpapiere als Waren ausgeführt werden, ist belanglos. (Die Verfasser neigen indes der letzteren Meinung zu.) Ebenso ist es belanglos, ob durch das Wort „Geld" auch Gold- und Silberbarren mitumfaßt werden (verneint Sieskind), da ihre Ausfuhr schon wegen der erlassenen Ausfuhrverbote unzulässig ist. Der Begriff „Wertpapier" ist derselbe wie im Handelsgesetzbuch (also nicht: z. B. Sparkassenbücher, Hypothekenbriefe, Gesellschaftsanteile) (vgl. zum Ganzen auch Bendix S. 125). Da Zahlung nur die endgültige Erfüllung der Schuld, ist die bloße Abtretung einer Forderung z. B. noch nicht schlechthin unzulässig. Sie wird es jedoch dann, wenn dem Gläubiger die baldige Einziehung ermöglicht ist. Das gleiche gilt von Verpfändungen. Auch die Hingabe an Erfüllungs Statt fällt unter das Verbot. Sie ist aber dann zulässig, wenn die Schuld vor Inkrafttreten des Verbotes bereits in eine Warenschuld umgewandelt war. (So zutreffend Friedländer.)

Zulässig ist auch die Aufrechnung (a. M. Asch, JW. 1914 S. 912; richtig Friedländer a. a. O.), und zwar spielt es keine Rolle, ob die Aufrechnung vom inländischen oder vom ausländischen Gläubiger erklärt worden ist. Das Ausgeben von Geld im feindlichen Auslande fällt natürlich nicht unter das Zahlungsverbot. Wenn die Zahlungsverbote auch z. B. in den in deutscher Verwaltung befindlichen Teilen Belgiens in Kraft sind, so beziehen sie sich jedoch auch dort nur auf das Ausland, also nicht auf die Zahlungen in Belgien; denn — wie Friedländer a. a. O. richtig sagt: — „in England, in Frankreich, in Rußland, darf auch der Deutsche Zahlung leisten, er darf es nur nicht von Deutschland nach England, nach Frankreich und nach Rußland." (Vgl. hierzu nunmehr noch die Bek. Nr. 4633 vom 4. Februar 1915, unten S. 332.)

IV. Verboten ist auch die **mittelbare** Zahlung. Darunter ist nicht nur die Zahlung an den Stellvertreter, Ersatzmann, Vermittler zu verstehen (so Sieskind) und auch nicht immer diese (vgl. das unter II Ausgeführte), sondern jede Zahlung, bei der die Vermutung Platz greifen kann, daß sie durch Vermittlung der betreffenden Person nach dem feindlichen Ausland gelangen könnte. (Ebenso im Ergebnis Hachenburg a. a. O.) Darum wohl nicht zutreffend, wenn die Norddeutsche Allgemeine Zeitung (s. Vorbemerkung unter I) die Zahlung an den inländischen Agenten der ausländischen Firma schlechtweg für verboten erklärt. (Wie hier Freudenthal in dem oben erwähnten Aufsatz, noch weitergehend Bendix S. 124; vgl. auch Leo im BankArch. Bd. XIV S. 94.) Hierherzuziehen ist zur Begründung auch die Entscheidung des Landgerichtes Mannheim vom 13. Nov. 1914 in LZ. 1915 S. 84; a. M. Sieskind zu § 5 und Friedländer a. a. O. Wegen der Zahlung gegen Konnossement vgl. einerseits Hachenburg, LZ. 1914 S. 1681; der sie für verboten erklärt, auch wenn die deutsche Bank im Auftrag des Engländers das Konnossement vorlegt und andererseits Leo im BankArch. Bd. XIV S. 94. (Vgl. auch Bek. Nr. 4588 [S. 326] II 3.)

Eine mittelbare Zahlung kann endlich auch in den Fällen vorliegen, in denen als Sicherung gewährte Leistungen in absehbarer Zeit zur Erfüllung von Forderungen führen können. (Vgl. hierzu das unter III Ausgeführte.) Unzulässig ist auch die gerichtliche Überweisung von Forderungen zugunsten englischer Gläubiger, und zwar nicht nur die praktisch wenig bedeutsame an Zahlungs Statt (so Sieskind, Recht 1914 S. 698), sondern auch die Überweisung zur Einziehung.

(Friedländer, BayZfR. 1915 S. 70.) Auch die Pfändung auf Grund von vollstreckbaren Titeln, die auf Zahlung einer Geldsumme lauten, wird man als nicht zulässig erachten können. Sie bezweckt unmittelbar die Befriedigung einer Geldforderung durch Ausübung von Zwang. Durch eine Geldpfändung wird die Befriedigung sogar ohne weiteres herbeigeführt. (§ 815 Abs. 3 ZPO.) So zutreffend Friedländer. Hinsichtlich der Zulässigkeit von Arrestpfändungen werden dieselben Zweifel obwalten, wie beim Gegenmoratorium. (S. oben S. 288; dafür: Friedländer a. a. O.)

B. Absatz 2: Der Begriff der Unterstützung wird nicht zu eng zu fassen sein. Jedoch wohl nicht Hilfsmittel zur Fortführung und Aufrechterhaltung eines Gewerbebetriebes. (Ebenso Sieskind.)

§ 2.

Schon entstandene oder noch entstehende vermögensrechtliche Ansprüche solcher natürlicher oder juristischer Personen, die in den im § 1 bezeichneten Gebieten ihren Wohnsitz oder Sitz haben, gelten vom 31. Juli 1914 an, oder wenn sie erst an einem späteren Tage zu erfüllen sind, von diesem Tage an bis auf weiteres als gestundet. Für die Dauer der Stundung können Zinsen nicht gefordert werden. Rechtsfolgen, die sich nach den bestehenden Vorschriften in der Zeit vom 31. Juli 1914 bis zum Inkrafttreten dieser Verordnung aus der Nichterfüllung ergeben haben, gelten als nicht eingetreten.

Die Stundung wirkt auch gegen jeden Erwerber des Anspruchs, es sei denn, daß der Erwerb vor dem 31. Juli 1914, oder wenn der Erwerber im Inland seinen Wohnsitz oder Sitz hat, vor dem Inkrafttreten dieser Verordnung stattgefunden hat.

Dem Erwerber des Anspruchs steht gleich, wer durch dessen Erfüllung einen Erstattungsanspruch erlangt hat.

I. Wenn § 1 die Leistung nach England verbietet, so müßten Maßnahmen getroffen werden, welche Rechtsfolgen für die Schulden der in Deutschland Ansässigen, welche nicht erfüllt werden, eintreten. Diese Maßnahmen enthält § 2. Er bringt in gleichem Umfange wie § 1 eine Stundung der Forderungen des dort umgrenzten Gläubigerkreises. Entscheidend dafür, ob die Stundung eintritt, ist bei privaten Außenständen der Wohnsitz des Gläubigers, bei Geschäftsaußenständen der Sitz seines Unternehmens, seiner Hauptniederlassung. (So zutreffend Friedländer a. a. O. S. 68; das dort gebrauchte Beispiel paßt indessen nicht hierher, da es sich bei § 2 lediglich um die Frage der Stundung handelt, nicht aber um die Frage, ob bezahlt werden darf, die in § 1 geregelt ist.)

Gestundet sind alle vermögensrechtlichen Ansprüche (nicht hierher gehören Ansprüche auf Ehescheidung, Unterlassung beleidigender Äußerungen; vgl. oben S. 83 zu § 2 und Bendix S. 127), soweit sie nach dem 31. Juli 1914 zur Entstehung gelangt sind, oder zur Entstehung gelangen vom Tage ihrer Fälligkeit an und wenn sie schon vor dem 31. Juli 1914 fällig waren, von diesem Tag an. Die Frage nach dem zwingenden Charakter dieser Vorschrift (so Sieskind) ist unrichtig gestellt, da es sich um kein Verbotsgesetz, sondern lediglich um eine gesetzliche Fiktion mit entsprechenden Wirkungen handelt. Auf die Wirkungen dieser Fiktion kann natürlich verzichtet werden. Unrichtig ist es daher, wenn Dalberg, DJZ. 1914 S. 1261 verlangt, daß die Einrede der Stundung, wenn sie nicht im Prozeß erhoben wird, von Amts wegen zu berücksichtigen sei. (Richtig: Sieskind und Friedländer a. a. O. mit weiterer Begründung.)

II. Folgen:

a) Die Stundung wird mit rückwirkender Kraft ab 31. Juli 1914 gewährt; wenn aber die Forderung erst nachher zu erfüllen war, von der Fälligkeit ab (hier im Sinne der ursprünglich vereinbarten Fälligkeit). Daher sind auch vertragsmäßige Zinsen bis zur Fälligkeit nicht erlassen. (Sieskind, Recht 1914 S. 700; Friedländer a. a. O. S. 71.) Waren die Zinsen etwa für die Zeit nach dem 31. Juli 1914 vorausbezahlt, so können sie für die Zeit von der Fälligkeit des Anspruches ab zurückgefordert werden. Die Rückforderung kann z. B. im Wege der Aufrechnung praktisch geltend gemacht werden. (Friedländer a. a. O.)

b) Auch die sonstigen Rechtsfolgen, insbesondere die Verzugswirkungen, treten nicht ein (auch nicht nach § 287 BGB.). Diese Bestimmung trifft aber, wie ihr Wortlaut klar ergibt, nur die Rechtsfolgen, welche sich aus der Nichterfüllung der Verbindlichkeit ergeben. Ist aber die Verbindlichkeit vor Inkrafttreten der Verordnung getilgt worden (z. B. durch Aufrechnung), so lebt sie nicht wieder auf, und zwar auch dann nicht, wenn die Kompensation durch den englischen Gläubiger erfolgte. (Zutreffend Friedländer a. a. O.; a. M. Asch, JW. 1914 S. 912; vgl. auch oben S. 312 unter III.)

III. Wirkung der Stundung gegen Dritte: § 2 Abs. 2

a) gegen jeden Erwerber, der die Forderung nach dem 30. September 1914 (Tag der Verordnung) erworben hat;

b) gegen den Erwerber, der die Forderung vor dem 30. September 1914 erworben hat, nur dann, wenn der Erwerb nach Ausbruch des Krieges stattgefunden hat, und wenn der Erwerber im Auslande seinen Wohnsitz hat (auch Deutsche). Etwas anders das Zahlungsverbot gegen Frankreich. (Siehe S. 321.)

Erwerb: Jede Art von Nachfolge (auch durch Indossament). (Unzutreffend: Sintenis, Nachtrag S. 18 Anm. 5; vgl. Wassermann, JW. 1915 S. 13 und oben S. 292.) Auch die Erbfolge — und zwar wird mit Friedländer — im Falle der Erbengemeinschaft auch nicht an den gemeinsamen z. B. im neutralen Ausland wohnenden Vertreter gezahlt werden dürfen. (Vgl. Friedländer a. a. O. S. 68.)

IV. **Beweislast:** Wer die Stundung geltend machen will, wird zu beweisen haben, daß die Forderung einmal einem im Inland Ansässigen zustand. Wenn der Gläubiger zurzeit in Deutschland ansässig ist, obliegt ihm dann die Beweislast, daß der Erwerb der Forderung nicht auf ihn gemäß § 2 Abs. 2 übergegangen ist. (Ebenso Sieskind.)

§ 3.

Der Schuldner kann sich dadurch befreien, daß er die geschuldeten Beträge oder Wertpapiere bei der Reichsbank für Rechnung des Berechtigten hinterlegt.

Befreiung des Schuldners: Nur dann, wenn bei der Hinterlegung die Rücknahme ausgeschlossen wird (§ 378 BGB.). (Vgl. Dalberg, DJZ. 1914 S. 1261; Bendix S. 128.)

§ 4.

Bei Wechseln, bei denen zur Zeit des Inkrafttretens dieser Verordnung die Frist für die Vorlage zur Zahlung und für die Protesterhebung wegen Nichtzahlung noch nicht abgelaufen und Protest noch nicht erhoben ist, wird durch das Zahlungsverbot und die Stundung die Zeit, zu der die Vorlage zur Zahlung und die Protesterhebung wegen Nichtzahlung zulässig und erforderlich ist, bis nach dem Außerkrafttreten dieser Verordnung hinausgeschoben. Die Frist, innerhalb deren die Vorlage und die Protesterhebung nach dem Außerkrafttreten zu erfolgen hat, bestimmt der Reichskanzler.

Die Vorschriften des Abs. 1 finden entsprechende Anwendung auf Schecks, bei denen die Zeit, innerhalb deren sie zur Zahlung vorzulegen sind, bei dem Inkrafttreten dieser Verordnung noch nicht abgelaufen ist.

Eine Verpflichtung zur Entrichtung des weiteren Wechselstempels nach § 3 Abs. 2 des Wechselstempelgesetzes wird durch das Zahlungsverbot und die Stundung nicht begründet.

I. **Zu Absatz 1 und 2:** Zweck der Bestimmung: Um Zweifel zu beseitigen, wird ausdrücklich die Zeit der Präsentation oder des Protestes für Wechsel und Schecks, die unter § 2 fallen, bis nach Außerkrafttreten der Vorschriften hinausgeschoben. Unter die Vorschrift fallen, wie schon § 2 erwähnt, nicht nur Wechsel und Schecks, die in England ausgestellt worden sind, sondern auch solche mit englischen Giros, wenn im übrigen die Voraussetzungen des § 2 gegeben sind. (Anders Sintenis infolge seiner zu § 2 erwähnten unzutreffenden Anschauung.)

II. **Zu Absatz 3:** Nach der erwähnten Vorschrift des Wechselstempelgesetzes ist periodisch eine weitere Abgabe von je $\frac{1}{2}$ von 1000 zu entrichten, wenn die Verfallzeit eines Wechsels später als drei Monate nach dem Ausstellungstag eintritt.

§ 5.

Die Vorschriften der §§ 1 bis 4 finden keine Anwendung, wenn es sich um eine im Inland erfolgende Erfüllung von Ansprüchen handelt, die für die im § 2 bezeichneten natürlichen oder juristischen Personen im Betrieb ihrer im Inland unterhaltenen Niederlassungen entstanden sind. Die Vorschriften der §§ 2, 3 finden jedoch Anwendung, wenn es sich um Rückgriffsansprüche der bezeichneten Personen wegen der Nichtannahme oder Nichtzahlung eines im Ausland zahlbaren Wechsels handelt.

I. Die Niederlassungen selbst werden durch das Verbot des § 1 betroffen. Der Begriff „**entstanden**" ist einschränkend zu interpretieren, wie in § 2 der Bekanntmachung Nr. 4457 (s. oben S. 292 Anm. 2 und oben

S. 100 Anm. d). Dies ist nunmehr zweifellos in Bekanntmachung Nr. 4588, die eine authentische Interpretation zu unserer Stelle bildet, ausgesprochen (s. unten S. 327). Über die Rechtsverhältnisse der Agenten s. oben S. 313 Anm. A IV zu § 1.

II. **Eine Einschränkung** erfährt § 5 durch seinen Schlußsatz. Es handelt sich um Fälle, in denen eine deutsche Firma eine inländische Niederlassung einer englischen Firma mit Wechsel auf das Ausland gezahlt hat. Nun weigert sich der bezogene Ausländer zu bezahlen, etwa weil er die Waren infolge Stillstandes des Frachtverkehres nicht erhalten hat, auf die er die Wechsel gegeben hat, oder weil sein Land ein Moratorium erlassen hat. In diesen Fällen hat Deutschland kein Interesse, der inländischen Niederlassung der englischen Firma ein Rückgriffsrecht gegen den deutschen Schuldner zu gewähren. Die Niederlassung soll vielmehr sehen, daß sie sich nach dem Krieg bei dem ihr zunächst verpflichteten Schuldner befriedigt, oder doch erst dann Rückgriff nehmen können.

Ausland: Im Sinne dieser Bestimmung auch die deutschen Schutzgebiete und Konsularbezirke, ebenso die von den Deutschen besetzten fremden Ländergebiete. (Ebenso, wenn auch die Konsequenzen bedauernd, Bendix S. 129.)

§ 6.

Mit Gefängnis bis zu 3 Jahren und mit Geldstrafe bis zu 50 000 Mark oder mit einer dieser Strafen wird, sofern nicht nach anderen Strafgesetzen[1] eine höhere Strafe verwirkt ist, bestraft

1. wer wissentlich[2] der Vorschrift des § 1 zuwiderhandelt;
2. wer wissentlich einem deutschen Ausfuhrverbote zuwider Waren nach den im § 1 bezeichneten Gebieten mittelbar oder unmittelbar ausführt;

3. wer wissentlich Waren, für die in Deutschland ein Ausfuhrverbot[3] besteht, aus einem anderen Lande nach den im § 1 bezeichneten Gebieten mittelbar oder unmittelbar abführt oder überweist.

Der Versuch ist strafbar.

Literatur: Bendix S. 124 ff.

1. **Andere Strafgesetze**: z. B. § 89 StGB.
2. **wissentlich**: kein dolus eventualis.
3. **Ausfuhrverbote**: Bundesratsverordnung vom 31. Juli 1914.

§ 7.

Der Reichskanzler kann Ausnahmen von dem Verbote des § 1 und des § 6 Abs. 1 Nr. 3 zulassen.

Er kann im Wege der Vergeltung die Vorschriften dieser Verordnung auch auf andere feindliche Staaten für anwendbar erklären.

Ausnahmen sind erlassen durch die Bekanntmachungen vom 13. Oktober und 16. Dezember 1914 des Reichskanzlers, wonach bis auf weiteres Zahlungen zugelassen sind, die zum Erlangen, Erhalten oder Verlängern des Patent-, Muster- oder Markenschutzes erforderlich sind. Auch in zahlreichen Einzelfällen sind Ausnahmen gewährt worden. **Anwendbar** erklärt sind diese Vorschriften (mit geringen Änderungen) auf Frankreich und Rußland.

§ 8.

Diese Verordnung tritt mit dem Tage der Verkündung, der § 6 jedoch erst mit dem 5. Oktober 1914 in Kraft.

Der Reichskanzler bestimmt, wann und in welchem Umfang diese Verordnung außer Kraft tritt.

b) Bekanntmachung, betreffend Zahlungsverbot gegen Frankreich.

Vom 20. Oktober 1914.

(RGBl. 1914 S. 443 Nr. 4515).

Auf Grund des § 7 Abs. 2 der Verordnung, betreffend Zahlungsverbot gegen England, vom 30. September 1914 (Reichs-Gesetzbl. S. 421) wird folgendes bestimmt:

Art. 1.

Die Vorschriften der Verordnung vom 30. September 1914 werden im Wege der Vergeltung auch auf Frankreich und die französischen Kolonien und auswärtigen Besitzungen für anwendbar erklärt.[1]

Die Anwendung unterliegt folgenden Einschränkungen:[2]

1. Für die Frage, ob die Stundung gegen den Erwerber wirkt oder nicht (§ 2 Abs. 2 der Verordnung), kommt es ohne Rücksicht auf den Wohnsitz oder Sitz des Erwerbers nur darauf an, ob der Erwerb nach dem Inkrafttreten dieser Bekanntmachung oder vorher stattgefunden hat.
2. Soweit in der Verordnung vom 30. September 1914 auf den Zeitpunkt ihres Inkrafttretens verwiesen wird, tritt der Zeitpunkt des Inkrafttretens dieser Bekanntmachung an die Stelle.

Art. 2.

Diese Bekanntmachung tritt mit dem Tage der Verkündung, hinsichtlich der Strafbestimmungen des § 6 der Verordnung vom 30. September 1914 jedoch erst mit dem 25. Oktober 1914 in Kraft.

1. **anwendbar erklärt:** Gemeint ist das Zahlungsverbot gegen England (oben S. 310). Auch zu dieser Verordnung offiziöse Erläuterung in der Nordd. Allgem. Ztg. erschienen (Nr. 259 vom 22. Okt. 1914); sie ist abgedruckt bei Bendix. Die Bekanntmachung ist wie die Verordnung gegen England eine Gegenmaßregel gegen ein Handels- und Zahlungsverbot der französischen Regierung. Sie entspricht vollständig der Verordnung vom 30. September 1914 (s. diese und Anmerkungen. Unterschied: s. Anm. 2.

2. **Einschränkungen:** Die Bekanntmachung tritt erst mit dem 20. Oktober 1914 in Kraft. Von diesem Tage an wirkt sie auch gegen jeden Erwerber von Forderungen von Personen, die in Frankreich oder den französischen Kolonien ihren Wohnsitz haben. Doch wird dies nur für den ersten Erwerber nach diesem Zeitpunkt gelten. (Vgl. Sieskind Anm. 4.)

c) Bekanntmachung, betreffend Zahlungsverbot gegen Rußland.

Vom 19. November 1914.

(RGBl. 1914 S. 479 Nr. 4548).

Auf Grund des § 7 Abs. 2 der Verordnung, betreffend Zahlungsverbot gegen England, vom 30. September 1914 (Reichs-Gesetzbl. S. 421) wird folgendes bestimmt:

Art. 1.

Die Vorschriften der Verordnung vom 30. September 1914 werden im Wege der Vergeltung auch auf Rußland und Finnland für anwendbar erklärt.

Die Anwendung unterliegt folgenden Einschränkungen:

1. Für die Frage, ob die Stundung gegen den Erwerber wirkt oder nicht (§ 2 Abs. 2 der Ver-

ordnung), kommt es ohne Rücksicht auf den Wohnsitz oder Sitz des Erwerbers nur darauf an, ob der Erwerb nach dem Inkrafttreten dieser Bekanntmachung oder vorher stattgefunden hat.

2. Soweit in der Verordnung vom 30. September 1914 auf den Zeitpunkt ihres Inkrafttretens verwiesen wird, tritt der Zeitpunkt des Inkrafttretens dieser Bekanntmachung an die Stelle.

Art. 2.

Diese Bekanntmachung tritt mit dem Tage der Verkündung, hinsichtlich der Strafbestimmungen des § 6 der Verordnung vom 30. September 1914 jedoch erst mit dem 25. November 1914 in Kraft.

Die Bekanntmachung ist vollständig dem Zahlungsverbot gegen Frankreich nachgebildet. Wie auf diese sind die Vorschriften der Bekanntmachung betreffend das Zahlungsverbot gegen England (s. dieses oben und Anmerkungen) für anwendbar erklärt. Sie unterscheidet sich wie dieses von ihrem Vorbild. Untereinander besteht zwischen der Bekanntmachung betreffend das Zahlungsverbot gegen Frankreich und der Bekanntmachung betreffend das Zahlungsverbot gegen Rußland lediglich der Unterschied, daß ersteres am 20. Oktober, letzteres am 19. November in Kraft getreten ist. Das dort Gesagte (s. S. 321) gilt darum auch hier.

Vorbemerkung zu 33 a und b: Eine gewisse Besorgnis machte sich bald nach Ausbruch des Krieges wegen der Erhaltung der in feindlichen Staaten genommenen Patente geltend. Nach den ausländischen Gesetzen müssen, wie bei uns für die Patente Jahresgebühren gezahlt werden, um ihren Verfall zu verhindern. Da aber nach § 89 StGB. wegen Landesverrat bestraft wird, wer einer feindlichen Macht Vorschub leistet, wurde von manchen Seiten davor gewarnt, durch Zahlung von Patentgebühren — etwa auf dem Umweg über das neutrale Ausland — den feindlichen Staatskassen Gelder zuzuführen. Es entstand die Frage, ob deutschen Interessenten angesonnen werden könne, die von den feindlichen Staaten gewährten Patente verfallen zu lassen. Die Reichsverwaltung hat Bedenken getragen, diese Frage zu bejahen und in Fällen, wo sie um Rat angegangen wurde, unter Wahrung der gesetzlichen Zuständigkeit des Reichsgerichtes zur Entscheidung der Rechtsfrage, derartige Zahlungen nicht als schlechthin verboten bezeichnet. Die ausländischen Patente stellen wirtschaftliche Werte dar, die auch der deutschen Gesamtwirtschaft zugute kommen und haben für die heimische Industrie und ihre Geltung in der Welt so hohe Bedeutung, daß gegenüber dem Interesse an ihrer Erhaltung und an der allmählichen Einbringung der bisher dafür aufgewendeten Mittel der verhältnismäßig geringe Betrag einer Jahresgebühr in den Hintergrund tritt. Die Zahlung dieser Gebühr dürfte daher, weder objektiv noch subjektiv, als Verstoß gegen das StGB. anzusehen sein. Für Frankreich und Belgien ist übrigens die Frage dadurch gegenstandslos geworden, daß dort die gesetzlichen Fristen allgemein auf unbestimmte Zeit verlängert worden sind; ebenso entfallen praktisch derartige Zahlungen von Deutschland nach Rußland, seitdem bekannt geworden ist, daß die russische Behörde Deutschen keinen Patentschutz gewähren will. In England ist gerade für den Fall der Gebührenzahlung für gewerbliche Schutzrechte eine Ausnahme von dem allgemeinen Zahlungsverbot gegen Deutschland und Österreich-Ungarn zugelassen worden. Um so weniger bestand ein Bedenken, auch unsererseits von dem unterm 30. September 1914 erlassenen Zahlungsverbot gegen England solche Zahlungen, die zum Erlangen und Erhalten von Patenten usw. erforderlich sind, auszunehmen. (Denkschrift S. 24/25.)

33a. Bekanntmachung vom 13. Oktober 1914.

(Deutscher Reichsanzeiger Nr. 242).

Auf Grund des § 7 der Verordnung des Bundesrates, betreffend Zahlungsverbot gegen England, vom 30. September 1914 (Reichs-Gesetzbl. 421) werden Zahlungen, die zum Erlangen, Erhalten oder Verlängern des Patent-, Muster- und Warenzeichensschutzes erforderlich sind, bis auf weiteres zugelassen.

1. § 7 s. oben S. 320 und Vorbem. S. 309.

b) Bekanntmachung vom 16. Dezember 1914.

(Deutscher Reichsanzeiger Nr. 295).

Auf Grund der Bekanntmachungen, betreffend Zahlungsverbot gegen Frankreich und gegen Rußland, vom 20. Oktober 1914 (Reichs-Gesetzbl. S. 443) und vom 19. November 1914 (Reichs-Gesetzbl. S. 479) werden gemäß § 7 der Verordnung des Bundesrats vom 30. September 1914 (Reichs-Gesetzbl. S. 421) Zahlungen, die zum Erlangen, Erhalten oder Verlängern des französischen oder des russischen Patent-, Muster- oder Warenzeichenschutzes erforderlich sind, bis auf weiteres zugelassen.

1. § 7 s. oben S. 320 und Vorbem. S. 309.

34. Bekanntmachung, betreffend die für eine auswärtige Bank im Betrieb einer inländischen Niederlassung entstandenen Ansprüche.

Vom 22. Dezember 1914.

(RGBl. 1914 S. 542 Nr. 4588).

Der Bundesrat hat auf Grund des § 3 des Gesetzes über die Ermächtigung des Bundesrats zu wirtschaftlichen Maßnahmen usw. vom 4. August 1914 (Reichs-Gesetzbl. S. 327) in Ergänzung des § 5 der Verordnung, betreffend Zahlungsverbot gegen England, vom 30. September 1914 (Reichs-Gesetzbl. S. 421) folgende Verordnung erlassen:

Art. 1.

Für die Frage der Anwendbarkeit der §§ 2 bis 4 der Verordnung vom 30. September 1914 gelten Ansprüche einer Bank auf Annahme oder Zahlung von Wechseln, die im Ausland ausgestellt sind, oder auf Deckung für Wechselzahlungen, die im Ausland bewirkt oder zu bewirken sind, nicht schon deshalb als im Betrieb einer inländischen Niederlassung der Bank entstanden, weil die Niederlassung den Kredit, der den Ansprüchen zugrunde liegt, gewährt oder vermittelt hat, oder weil die auf dem Wechsel befindliche Order auf die inländische Niederlassung der Bank lautet, oder weil die Niederlassung den Wechsel — wenn auch unter Aushändigung der Verschiffungsdokumente über die den Gegenwert bildenden Waren — zur Annahme vorgelegt hat.

I. Die Bekanntmachung enthält nur eine authentische Interpretation des Begriffes „**entstanden**“ der Bekanntmachung Nr. 4504 vom 30. September 1914 (Zahlungsverbot gegen England), oben S. 318. Vgl. auch Denkschrift 2. Nachtrag S. 82. Der Begriff „entstanden" ist hier in demselben Sinn gebraucht wie in Bekanntmachung Nr. 4457 (oben S. 292).

II. Im **einzelnen** sind folgende Fälle unterschieden:

A. Ansprüche einer Bank auf Annahme oder Zahlung von Wechseln, die im Auslande ausgestellt worden sind

1. Fälle, in denen die Niederlassung den Kredit, der den Ansprüchen zugrunde liegt, gewährt oder vermittelt hat. Es handelt sich hauptsächlich um Fälle, wo die fremde Bank einem deutschen Kaufmann Wechsel zur Annahme und Zahlung vorlegt, die auf ihn von überseeischen Geschäftsfreunden mit Rücksicht auf Warenlieferung gezogen sind. Diese Wechsel sind meist von der überseeischen Niederlassung der fremden Bank in der Weise erworben, daß sie dem Aussteller des Wechsels beim Erwerb eine Zahlung geleistet, also den Wechsel angekauft oder bevorschußt hat. (Begründung der Nordd. Allgem. Ztg.)

2. in denen die Order auf dem Wechsel auf die inländische Niederlassung der Bank lautet. Gemeint sind Fälle wie zu 1;

3. in denen die Niederlassung den Wechsel — wenn auch unter Aushändigung der Verschaffungsdokumente über die den Gegenwert bildenden Waren — zur Annahme vorgelegt hat. Ein Beispiel eines solchen Falles erwähnt Niemeyer — wenn auch in anderem Zusammenhange — in LZ. 1914 S. 1793. (Englische Reedereien.)

B. Ansprüche auf Deckung für Wechselzahlungen, die im Auslande bewirkt oder zu bewirken sind. Es handelt sich hierbei um Wechsel, die ein deutscher Kaufmann oder sein Geschäftsfreund beispielsweise in London gezogen hat und für die der deutsche Kaufmann der Londoner Bank Deckung zu verschaffen verpflichtet ist. Die Abmachung ist meist im Geschäftsverkehr mit der inländischen Niederlassung der Londoner Bank getroffen und kann bisweilen dahin ausgelegt werden, daß die Deckung, wenn sie auch in der Regel in London geleistet werden soll, doch gegebenenfalls auch bei der inländischen Niederlassung zu leisten ist. Andererseits kommt in Betracht, daß die Wechselzahlungen, für die die Bank Deckung verlangen kann, nicht durch die inländische, sondern durch die Londoner Niederlassung erfolgen. (Begründung der Nordd. Allgem. Ztg.)

Art. 2.

Diese Verordnung tritt mit dem Tage der Verkündung in Kraft.

Soweit in der Verordnung vom 30. September 1914 oder in den die Anwendung auf Frankreich und Rußland betreffenden Bekanntmachungen vom 20. Oktober und 19. November 1914 (Reichs-Gesetzbl. S. 443, 479) auf den Zeitpunkt ihres Inkrafttretens verwiesen ist, tritt bei Anwendung der Vorschriften des Artikel 1 der Zeitpunkt des Inkrafttretens der gegenwärtigen Verordnung an die Stelle.

Der Vorschrift ist keine rückwirkende Kraft beigelegt, die sie ohne besondere Bestimmung nach dem Wortlaut hätte.

35. Bekanntmachung, betreffend die Zahlungsverbote gegen England, Frankreich und Rußland.

Vom 20. Dezember 1914.

(RGBl. 1914 S. 550 Nr. 4594).

Auf Grund des § 7 Abs. 1 der Verordnung, betreffend Zahlungsverbot gegen England, vom 30. September 1914 (Reichs-Gesetzbl. S. 421) und des Artikel 1 der Bekanntmachungen, betreffend

Zahlungsverbot gegen Frankreich und gegen Rußland, vom 20. Oktober und vom 19. November 1914 (Reichs-Gesetzbl. S. 443 und 479) wird folgendes bestimmt:

Die gegen England, Frankreich nnd Rußland erlassenen Zahlungsverbote (§ 1 der Verordnung vom 30. September 1914, Reichs-Gesetzbl. S. 421; Artikel 1 der Bekanntmachungen vom 20. Oktober und vom 19. November 1914, Reichs-Gesetzbl. S. 443 und 479, in Verbindung mit § 1 der genannten Verordnung) gelten nicht für Zahlungen aus einem Schuldverhältnisse gegenüber einem im feindlichen Ausland ansässigen Unternehmen, sofern die Zahlung an einen Deutschen erfolgt, der Inhaber oder Teilhaber des Unternehmens ist und anläßlich des Krieges das feindliche Ausland verlassen hat.

Vgl. Bekanntmachung Nr. 4504 (Zahlungsverbot gegen England) S. 311 Anm. zu § 1 und Denkschrift 2. Nachtrag S. 81.

36. Bekanntmachung, über das Verbot des Handels mit in England abgestempelten Wertpapieren.

Vom 19. November 1914.

(RGBl. 1914 S. 477 Nr. 4547).

Der Bundesrat hat auf Grund des § 3 des Gesetzes über die Ermächtigung des Bundesrats zu wirtschaftlichen Maßnahmen usw. vom 4. August 1914 (Reichs-Gesetzbl. S. 327) folgende Verordnung erlassen:

§ 1.

Kaufverträge über Schuldverschreibungen des Reichs oder eines Bundesstaats, die mit dem englischen Stempel versehen sind, sind verboten. Das gleiche gilt von der Vermittelung solcher Verträge.

Den Schuldverschreibungen des Reichs oder eines Bundesstaats stehen gleich Schuldverschreibungen, deren Rückzahlung oder Verzinsung von dem Reiche oder einem Bundesstaate gewährleistet ist.

1. **Verboten:** Gleichwohl abgeschlossene Geschäfte sind nach § 134 BGB. nichtig. (Denkschrift, Nachtrag S. 4.)

§ 2.

Wer es unternimmt, Wertpapiere, von denen er weiß oder den Umständen nach annehmen muß, daß sie zu den im § 1 bezeichneten gehören, zu verkaufen, zu kaufen oder Kaufverträge über sie zu vermitteln,[1] oder wer zu ihrem An- oder Verkauf auffordert oder sich erbietet,[2] wird mit Gefängnis bis zu einem Jahre und zugleich mit Geldstrafe bis zu 5000 Mark bestraft.[4] Sind mildernde Umstände vorhanden, so kann ausschließlich auf Geldstrafe erkannt werden.

Ebenso[3] wird bestraft,[4] wer Wertpapiere, von denen er weiß oder den Umständen nach annehmen muß, daß sie zu den im § 1 bezeichneten gehören, in Erfüllung eines Kaufvertrags oder in Abwickelung eines Kommissionsgeschäfts liefert oder annimmt.

1. **Vermitteln:** Hierunter fallen beispielsweise der Selbstverkäufer, Kommissionär, Agent und Makler. (Denkschrift, Nachtrag S. 4.)

2. **Erbietet:** Nach der Denkschrift, Nachtrag S. 4 auch der Kaufmann, der, ohne bereits ein bestimmtes Geschäft anzubahnen, sich zum Verkauf oder Ankauf bereit erklärt.

3. **Ebenso:** Die Strafvorschrift des Absatzes 2 wird von der Denkschrift wie folgt begründet: „Vielfach

wird sich erst bei der Erfüllung des abgeschlossenen Geschäftes herausstellen, daß solche Papiere in Frage stehen; Strafe soll daher auch dann eintreten, wenn jemand sie in Erfüllung eines Kaufgeschäftes liefert oder annimmt. Um alle Fälle des kommissionsweisen Ver- oder Ankaufes zu treffen, ist der Erfüllung eines Kaufgeschäftes die Abwickelung eines Kommissionsgeschäftes gleichgestellt."

4. **Bestraft:** Bestraft wird nur die vorsätzliche Tat (Ersuchen, Erbieten, Auffordern). Neben der Strafe, die im Regelfall Gefängnis bis zu einem Jahre und zugleich Geldstrafe bis zu fünftausend Mark beträgt, kann nach § 40 StGB. die Einziehung der Wertpapiere in Frage kommen. (Denkschrift, Nachtrag S. 4.)

§ 3.

Diese Verordnung findet keine Anwendung auf Schuldverschreibungen der im § 1 bezeichneten Art, die seit dem 31. Juli 1914 ununterbrochen im Inland sich befunden haben.

Der Reichskanzler kann die Vorschriften dieser Verordnung auch auf andere Wertpapiere für anwendbar erklären.

Der Nachweis dafür ist, da die Papiere vielfach bei den Banken aufbewahrt werden, im übrigen aber auch über ihren Erwerb Schlußscheine usw. vorhanden zu sein pflegen, leicht zu führen. Wenn gleichwohl eine gewisse Erschwerung der Verkäuflichkeit der mit dem englischen Staatsstempel versehenen Papiere der genannten Art für eine bestimmte Zeit eintritt, so ist dies notwendig, um den Versuchen der oben erwähnten Art wirksam entgegenzutreten. (Denkschrift a. a. O.)

§ 4.

Diese Verordnung tritt mit dem Tage der Verkündung, der § 2 jedoch erst mit dem 25. November 1914 in Kraft. Den Zeitpunkt des Außerkrafttretens bestimmt der Reichskanzler.

37. Bekanntmachung, betreffend Zahlungsverbot gegen Rußland.

Vom 4. Februar 1915.

(RGBl. 1915 S. 69 Nr. 4633).

Auf Grund des § 7 Abs. 1 der Verordnung, betreffend Zahlungsverbot gegen England, vom 30. September 1914 (Reichs-Gesetzbl. S. 421) und der Bekanntmachung, betreffend Zahlungsverbot gegen Rußland, vom 19. November 1914 (Reichs-Gesetzbl. S. 479) wird folgendes bestimmt:

Das Verbot, Zahlungen nach Rußland zu leisten und Geld oder Wertpapiere dorthin abzuführen oder zu überweisen (§ 1 Abs. 1 der Verordnung vom 30. September 1914 in Verbindung mit Artikel 1 der Bekanntmachung vom 19. November 1914), findet gegenüber den unter deutscher Zivilverwaltung stehenden Gebieten Rußlands keine Anwendung.

Diese Bekanntmachung tritt mit dem Tage der Verkündung in Kraft.

Die Bekanntmachung beseitigt lediglich Zweifel, die auch die vernünftige Auslegung zu beheben in der Lage war (s. oben S. 313). Vgl. Denkschrift 2. Nachtrag S. 83.

II. Überwachung ausländischer Unternehmungen.

38 a. Bekanntmachung, betreffend die Überwachung ausländischer Unternehmungen.

Vom 4. September 1914.

(RGBl. 1914 S. 397 Nr. 4487).

Vorbemerkungen: I. Die Denkschrift macht interessante Angaben über die **wirtschaftliche Tragweite** dieser Maßnahmen. Darnach ist von ihr in zahlreichen

Fällen gegenüber englischen wie auch französischen, russischen und belgischen Unternehmungen Gebrauch gemacht worden. Über die Maßnahmen[1]) gegenüber ausländischen Versicherungsunternehmungen wird folgendes ausgeführt: Diese Überwachung ausländischer Unternehmungen ist durch das Kaiserl. Aufsichtsamt für Privatversicherung gegenüber allen Niederlassungen ausländischer Versicherungsunternehmungen durchgeführt worden, welche im englischen, französischen und belgischen Gebiet ihren Sitz haben und in Deutschland einen aufsichtspflichtigen Betrieb unterhalten und zwar bei 23 englischen, 4 französischen und 2 belgischen Gesellschaften. Hierzu kam noch eine deutsche Sachversicherungsgesellschaft, deren Aktienkapital sich zu einem großen Teile in englischem Besitz befindet. Die Übernahme der Aufsichtsführung hat sich nach einem Berichte des Aufsichtsamtes überall glatt vollzogen, die Aufsichtspersonen sind veranlaßt worden, auch andere Geschäftsstellen der beaufsichtigten Unternehmen (Generalagenturen, Subdirektionen), namentlich solche, die mit der heimischen Zentrale selbständig abrechnen, bei ihrer Tätigkeit einzubeziehen und dafür zu sorgen, daß über Bankguthaben nur mit ihrer Zustimmung verfügt werden kann.

Die Zuständigkeit des Aufsichtsamtes aus § 1 Abs. 2 der Bekanntmachung vom 4. September 1914 konnte nur auf solche Unternehmungen bezogen werden, welche nach dem Reichsgesetz über die privaten Versicherungsunternehmungen vom 12. Mai 1901 (RGBl. S. 139 ff.) auch sonst seiner Beaufsichtigung unterstehen. Dies trifft nicht zu nach § 104 a. a. O. bei den zahlreichen, namentlich englischen Unternehmungen, welche früher im Inlande tätig waren, aber mit dem Inkrafttreten der Reichsaufsicht das Neugeschäft aufgaben und sich auf die Abwickelung des Bestandes beschränkten, ferner nach § 116 a. a. O. bei den nicht auf Gegenseitigkeit betriebenen Transport- oder Rückversicherungsunterneh-

[1]) Vgl. hiezu Bendix in der Zeitschrift für die gesamte Versicherungswissenschaft Bd. 15 S. 123 und neuerdings Denkschrift zweiter Nachtrag S. 83 ff. (sehr wichtig!).

mungen. Insoweit greift daher die Zuständigkeit der Landeszentralbehörden zur Einleitung der Aufsicht Platz.

Mit der Einrichtung einer Aufsicht im Sinne der Bekanntmachung vom 4. September 1914 trat die vorher verschiedentlich aufgeworfene Frage in den Hintergrund, ob nicht den in Deutschland tätigen Versicherungsunternehmungen mit Sitz in feindlichem Ausland, insbesondere in England, allgemein — sei es durch den Bundesrat gemäß § 91 Abs. 2 VersAufsG., sei es durch das Aufsichtsamt gemäß § 67 in Verbindung mit § 91 Abs. 1 daselbst — der weitere Geschäftsbetrieb im Inlande zu untersagen sei. Denn die von der Aufsichtsperson geübte Kontrolle bietet genügende Gewähr dafür, daß die Mittel der Niederlassung nicht dem feindlichen Auslande zugute kommen; auch kann jeder neue Geschäftsabschluß, wenn überhaupt denkbar, durch die Aufsichtsperson untersagt werden. (Denkschrift S. 84).

II. **Kritik** der **Vorschrift** bei Waldecker, DJZ. 1914 S. 1164 und Bendix S. 111.

III. **Weitergehende Maßnahmen** enthält die Bekanntmachung Nr. 4558 (unten S. 340); Nr. 4598 (unten S. 344); Nr. 4669 (unten S. 346).

Der Bundesrat hat auf Grund des § 3 des Gesetzes über die Ermächtigung des Bundesrats zu wirtschaftlichen Maßnahmen usw. vom 4. August 1914 (Reichs-Gesetzbl. S. 327) folgende Verordnung erlassen:

§ 1.

Die Landeszentralbehörden können unter Zustimmung des Reichskanzlers im Wege der Vergeltung [1] für solche innerhalb ihres Gebiets ansässigen [2] Unternehmungen [3] oder Zweigniederlassungen von Unternehmungen, welche vom feindlichen Ausland aus geleitet oder beaufsichtigt werden, oder deren Erträgnisse [4] ganz oder zum Teil in das feindliche Ausland [5] abzuführen sind, auf Kosten der Unternehmungen Aufsichtspersonen[6] bestellen, die unter Wahrung der Eigentums- und sonstigen Privatrechte des Unternehmens darüber zu wachen haben, daß während des Krieges der Geschäftsbetrieb nicht in einer den deutschen Interessen widerstreitenden Weise geführt wird.

Auf Versicherungsunternehmungen[7] finden die Vorschriften dieser Verordnung mit der Maßgabe Anwendung, daß die Überwachung auf Anordnung des Reichskanzlers durch das Aufsichtsamt für Privatversicherung veranlaßt wird.

1. **Vergeltung**: Die Maßnahme darf nur den Angehörigen derjenigen Staaten gegenüber getroffen werden, die auf wirtschaftlichem Gebiete eine Schädigung der deutschen Interessen verfolgen. (Ebenso Sieskind; vgl. Waldecker, DJZ. 1914 S. 1164.)

2. **Ansässig**: Nicht identisch mit „Sitz haben" (§ 17 ZPO.). Es kommt hier nicht auf das juristische Gegebensein der Voraussetzungen des § 176 ZPO. an (so Sieskind), sondern lediglich auf die Tatsache, daß im Inland Geschäftswirksamkeit entfaltet wird oder wirtschaftliche Werte vorhanden sind.

3. **Unternehmungen**: Jeder Geschäftsbetrieb gewerblicher, kaufmännischer und landwirtschaftlicher Art, gleichgültig ob Haupt- oder Zweigniederlassung, ob physische oder juristische Personen. (Ebenso Sieskind und Liebmann, DJZ. 1914 S. 1199; vgl. § 2 und Anm.)

4. **Erträgnisse**: §§ 99 und 100 BGB.

5. **Feindliches Ausland**: Geographisch und territorial. Die Staatsangehörigkeit des Empfängers ist belanglos. (Vgl. oben Anm. A I S. 310.) Nach dem 26. November 1914 eingetretene Veränderungen in dieser Beziehung sind belanglos. Vgl. Bekanntmachung Nr. 4605 (RGBl. 1915 S. 13) unten S. 344.

6. **Aufsichtspersonen**: Vgl. § 2 und Anm.

7. **Versicherungsunternehmungen**: S. Vorbem.

§ 2.

Die Aufsichtspersonen sind insbesondere befugt:

1. geschäftliche Maßnahmen jeder Art, insbesondere Verfügungen über Vermögenswerte und Mitteilungen über geschäftliche Angelegenheiten, zu untersagen,
2. die Bücher und Schriften des Unternehmens einzusehen sowie den Bestand der Kasse und die Bestände an Wertpapieren und Waren zu untersuchen.
3. Auskunft über alle Geschäftsangelegenheiten zu verlangen.

I. Der **Aufgabenbereich** der Aufsichtsperson ergibt sich im allgemeinen aus § 1. In § 2 sind nur — nicht erschöpfend — einige besondere Aufgaben aufgezählt. Darum wohl nicht ganz zutreffend Bendix S. 113, s. ferner § 4.

II. **Einschränkungen**: Wahrung der Eigentums- und sonstigen Privatrechte des Unternehmens (§ 1). Keine selbständige Tätigkeit. Im wesentlichen Untersagungsrecht. (Argumentiert aus „überwachen" in §§ 1 und 2; ebenso Denkschrift S. 84.)

III. **Stellung**: Keine Beamtenstellung, aber doch im Interesse des Deutschen Reiches. (Vgl. Waldecker a. a. O.) Die Anordnungen unterliegen, abgesehen vom Aufsichtswege keiner Anfechtung. Indes kann die Rechtmäßigkeit, nicht die Zweckmäßigkeit, im Strafverfahren nach § 5 nachgeprüft werden.

§ 3.

Die Leiter und Angestellten der Unternehmungen haben den zum Zwecke der Überwachung des Unternehmens von den Aufsichtspersonen getroffenen Anordnungen und Weisungen Folge zu leisten.

§ 4.

Gelder oder sonstige Vermögenswerte eines unter Aufsicht gestellten Unternehmens dürfen weder mittelbar noch unmittelbar in das feindliche Ausland abgeführt oder überwiesen werden.

Die Aufsichtspersonen können Ausnahmen zulassen. Sie können in geeigneten Fällen anordnen, daß Geld oder Wertpapiere, deren Abführung oder Überweisung nach Abs. 1 nicht erfolgen darf, zugunsten der Berechtigten bei der Reichsbank hinterlegt werden.

1. **überwiesen**: Vgl. oben Anm. 311; doch ist der hier gebrauchte Begriff „Vermögenswerte" weiter als der dort gebrauchte Begriff „Geld oder Wertpapiere". §§ 134, 812, 814, 816 Satz 2 BGB. sind anwendbar.

2. **Ausnahmen**: Soweit England, Frankreich und Rußland in Frage kommen, ist diese Vorschrift durch das später ergangene Zahlungsverbot, von dem nur der Reichskanzler Ausnahmen bewilligen kann, hinfällig geworden. (Denkschrift S. 84.)

§ 5.

Wer als Leiter oder Angestellter eines Unternehmens den Vorschriften der §§ 3 oder 4 vorsätzlich zuwiderhandelt, wird, sofern nicht nach anderen Strafgesetzen eine höhere Strafe verwirkt ist, mit Geldstrafe bis zu 50000 Mark und mit Gefängnis bis zu 3 Jahren oder mit einer dieser Strafen bestraft. Der Versuch ist strafbar.

Nur das **vorsätzliche** Zuwiderhandeln macht strafbar, nicht auch passive Resistenz, selbst wenn sie an grobe Fahrlässigkeit grenzt. Im übrigen ist hier für die Anwendung des dolus eventualis ein weites Gebiet. (Vgl. Waldecker a. a. O.)

§ 5a.

Ist für eine unter Aufsicht gestellte Unternehmung oder Zweigniederlassung kein Leiter oder Angestellter im Inland vorhanden, der zu Rechtshandlungen für die Unternehmung oder die Zweigniederlassung befugt ist, oder nimmt der Leiter oder Angestellte die Geschäfte nicht wahr, so ist auf Antrag der Aufsichtsperson ein Vertreter zu bestellen.

Die Bestellung erfolgt durch das Amtsgericht, in dessen Bezirke die Unternehmung oder Zweigniederlassung ansässig ist. Über die Auswahl des Vertreters ist die Aufsichtsperson zu hören.

Der Vertreter hat die laufenden Geschäfte der Unternehmung oder Zweigniederlassung ganz oder teilweise zu beendigen; zur Beendigung schwebender Geschäfte kann er auch neue Geschäfte eingehen. Er hat den Anordnungen und Weisungen der Aufsichtsperson Folge zu leisten.

Der Vertreter hat Anspruch auf Erstattung barer Auslagen und auf eine angemessene Vergütung für seine Tätigkeit. Der Betrag ist durch das Amtsgericht nach Anhörung der Aufsichtsperson festzusetzen und von dem Vertreter bei der Unternehmung oder Zweigniederlassung einzuziehen.

Während der Dauer der Vertretung ruht die Befugnis der Leiter und Angestellten zu Rechtshandlungen für die Unternehmung oder die Zweigniederlassung.

Das Amtsgericht hat die Vertretung auf Antrag der Aufsichtsperson aufzuheben.

Ist die Unternehmung oder Zweigniederlassung in das Handelsregister oder das Genossenschaftsregister eingetragen, so ist die Bestellung des Vertreters sowie die Aufhebung der Vertretung von Amts wegen in das Register einzutragen.

Gerichtsgebühren werden nicht erhoben.

Durch Bekanntmachung vom 22. Oktober 1914 eingestellt. (S. unten S. 340.) Diese Verordnung hat, wie die Denkschrift ausführt, Vorsorge dafür getroffen, daß auch in solchen Fällen das zur Erhaltung von Werten, zur Erfüllung eingegangener Verpflichtungen und zur Abwicklung von Geschäften Nötige veranlaßt werden kann. Das Amtsgericht hat unter den genannten Voraussetzungen auf Antrag der Aufsichtsperson einen Vertreter zu bestellen, der — unter Kontrolle der Aufsichtsperson — die laufenden Geschäfte ganz oder teilweise zu beendigen hat; während seiner Amtszeit ruht die Vertretung der sonst zur Vertretung berechtigten Personen. Ist die Unternehmung in das Handelsregister eingetragen, so wird auch die Bestellung des Vertreters in das Register eingetragen und dementsprechend veröffentlicht (§ 10 HGB.; § 156 GenG.).

Über die Einzelheiten der Eintragung: vgl. PrJMV. vom 22. Oktober 1914 (PrJMBl. S. 772, abgedruckt bei Sieskind S. 138).

Über die Rechtmäßigkeit (nicht Zweckmäßigkeit) der Anordnung oder Nichtanordnung gegen den Beschluß einer Vergütung Beschwerde gemäß §§ 19 ff. FGG. Ob man aus dem Wort „einzuziehen“ folgern darf, daß die gerichtliche „Festsetzung“ schon den vollstreckbaren Titel bildet (so Sieskind) erscheint zweifelhaft.

§ 6.

Diese Verordnung tritt mit dem Tage der Verkündung in Kraft.

b) Bekanntmachung, betreffend die Überwachung ausländischer Unternehmungen.

Vom 22. Oktober 1914.

(RGBl. 1914 S. 447 Nr. 4518).

Der Bundesrat hat auf Grund des § 3 des Gesetzes über die Ermächtigung des Bundesrats zu wirtschaftlichen Maßnahmen usw. vom 4. August 1914 (Reichs-Gesetzbl. S. 327) folgende Verordnung erlassen:

Artikel 1.

In die Verordnung, betreffend die Überwachung ausländischer Unternehmungen, vom 4. September 1914 (Reichs-Gesetzbl. S. 397) wird hinter den § 5 folgender § 5a eingestellt:

Der Wortlaut des § 5 a ist abgedruckt auf S. 338.

c) Bekanntmachung, betreffend die zwangsweise Verwaltung französischer Unternehmungen.

Vom 26. November 1914.

(RGBl. 1914 S. 487 Nr. 4558).

Der Bundesrat hat auf Grund des § 3 des Gesetzes über die Ermächtigung des Bundesrats zu wirtschaftlichen Maßnahmen usw. vom 4. August 1914 (Reichs-Gesetzbl. S. 327) folgende Verordnung erlassen:

§ 1.

Die Landeszentralbehörden können unter Zustimmung des Reichskanzlers im Wege der Vergeltung solche Unternehmungen, deren Kapital ganz oder überwiegend französischen Staatsangehörigen zusteht, zwangsweise unter Verwaltung stellen. Die Anwendung dieser Vorschrift wird nicht dadurch ausgeschlossen, daß zur Verdeckung der Beteiligung französischer Staatsangehöriger Angehörige anderer Staaten vorgeschoben werden.

Befugt: In welcher Weise er seine Befugnisse auszuüben hat, kann die Landesbehörde bestimmen (§ 3).

§ 2.

Der Verwalter hat sich in den Besitz des Unternehmens zu setzen. Er ist zu allen Rechtshandlungen für das Unternehmen befugt. Er kann das Unternehmen ganz oder teilweise fortführen oder sich auf die Beendigung der laufenden Geschäfte beschränken.

Nach Abwickelung der Geschäfte kann der Verwalter, wenn es sich um eine Gesellschaft handelt, die im Inland ihren Sitz hat, auf Antrag eines deutschen Gesellschafters die Gesellschaft unter Zustimmung der Landeszentralbehörde auflösen.

Während der Dauer der Verwaltung ruhen die Befugnisse des Inhabers des Unternehmens sowie die Befugnisse anderer Personen zu Rechtshandlungen für das Unternehmen. Das gleiche gilt von den Befugnissen aller Organe.

Ist das Unternehmen in das Handelsregister eingetragen, so ist die Bestellung des Verwalters sowie die Aufhebung der Verwaltung von Amts wegen gebührenfrei einzutragen.

Laufende Geschäfte: Eine Auflösung des Unternehmens im ganzen, lediglich zum Zwecke der Beseitigung des Unternehmens, kann im Rahmen der Verwaltung nicht herbeigeführt werden. (Argumentiert aus § 3; ebenso Denkschrift, Nachtrag S. 18.)

§ 3.

Der Reichskanzler kann im Wege der Vergeltung[1] die Auflösung der im § 1 bezeichneten Unternehmungen sowie bei Gesellschaften, die im Inland ihren Sitz haben, die Auflösung der Gesellschaft für zulässig erklären.[2]

1. **Im Wege der Vergeltung**: Das heißt in diesem Zusammenhang, falls die französische Regierung ihrerseits Liquidationen der deutschen Vermögen gutheißen oder anordnen sollte. (Denkschrift, Nachtrag S. 18.)

2. **Folge der Auflösung**: Auch in diesem äußersten Fall würde es sich wie bei den übrigen Vorschriften der Verordnung nicht um eine Vermögenskonfiskation handeln, da die Ergebnisse der Liquidation wie die der Verwaltung für Rechnung des Unternehmers bis auf weiteres zu hinterlegen sind. (Denkschrift a. a. O.)

§ 4.

Die Landeszentralbehörde kann bestimmen, in welcher Weise die in den §§ 1 bis 3 bezeichneten Maßnahmen durchzuführen sind.

§ 5.

Die Kosten der in den §§ 1 bis 4 bezeichneten Maßnahmen hat das Unternehmen zu tragen.

Überschüsse, die sich für die am Unternehmen Beteiligten ergeben, sind, soweit es sich um Angehörige des feindlichen Auslandes handelt, für deren Rechnung bei der Reichsbank zu hinterlegen. Die Landeszentralbehörde kann, wenn der Angehörige des feindlichen Auslandes im Inland wohnt, die Auszahlung der für seinen Unterhalt erforderlichen Beträge gestatten.

§ 6.

Wer vorsätzlich einer auf Grund der §§ 1 bis 3 angeordneten Verwaltung Gegenstände ganz oder teilweise entzieht, wird mit Gefängnis bis zu einem Jahre bestraft.

§ 7.

Einem Unternehmen im Sinne dieser Verordnung stehen die Niederlassung eines Unternehmens sowie ein Grundstück gleich.

Über die Bedeutung der Zwangsverwaltung ausländischer Unternehmungen als Verfügungsbeschränkung im Grundbuchverkehr: Vgl. LZ. 1915 S. 422. S. auch 39 (Nachtrag).

§ 8.

Auf Versicherungsunternehmungen, die dem Aufsichtsamte für Privatversicherung unterstehen, finden die Vorschriften dieser Verordnung mit der Maßgabe Anwendung, daß die in den §§ 1 bis 4 bezeichneten Maßnahmen auf Anordnung des Reichskanzlers durch das Aufsichtsamt für Privatversicherung getroffen werden.

Vgl. Bekanntmachung Nr. 4487 Vorbem. I, oben S. 333.

§ 9.

Der Reichskanzler kann im Wege der Vergeltung die Vorschriften dieser Verordnung auf die Angehörigen anderer feindlicher Staaten für anwendbar erklären.

Anwendbar erklären: Geschah gegen englische (Bek. Nr. 4598 unten S. 344 und russische Staatsangehörige (Bek. Nr. 4669 unten S. 346).

§ 10.

Diese Verordnung tritt mit dem Tage der Verkündung in Kraft.

d) Bekanntmachung, betreffend die zwangsweise Verwaltung britischer Unternehmungen.

Vom 22. Dezember 1914.

(RGBl. 1914 S. 556 Nr. 4598).

Auf Grund des § 9 der Verordnung vom 26. November 1914, betreffend die zwangsweise Verwaltung französischer Unternehmungen, (Reichs-Gesetzbl. S. 487) wird folgendes bestimmt:

Art. 1.

Die Vorschriften der Verordnung vom 26. November 1914 werden im Wege der Vergeltung auch auf Unternehmungen, deren Kapital ganz oder überwiegend britischen Staatsangehörigen zusteht, für anwendbar erklärt.

Art. 2.

Diese Bekanntmachung tritt mit dem Tage der Verkündung in Kraft.

Die Verordnung vom 26. November 1914 ist in der vorstehenden Ausgabe S. 340 abgedruckt. S. Nachtrag 39.

e) Bekanntmachung, betreffend Änderungen hinsichtlich der Kapitalbeteiligung an einem Unternehmen.

Vom 5. Januar 1915.

(RGBl. 1915 S. 13 Nr. 4605).

Der Bundesrat hat auf Grund des § 3 des Gesetzes über die Ermächtigung des Bundesrats zu wirtschaftlichen Maßnahmen usw. vom 4. August 1914 (Reichs-Gesetzbl. S. 327) folgende Verordnung erlassen:

§ 1.

Nach dem 26. November 1914 eingetretene Änderungen in der Kapitalbeteiligung eines Unternehmens schließen die Zulässigkeit der in der Verordnung vom 26. November 1914, betreffend die zwangsweise Verwaltung französischer Unternehmungen, (Reichs-Gesetzbl. S. 487) und in den auf Grund derselben ergangenen Bekanntmachungen des Reichskanzlers vorgesehenen Maßnahmen nicht aus.

Vgl. oben S. 335 Anm. 5 zu § 1 und Denkschrift 2. Nachtrag S. 80.

§ 2.

Wer in der Zeit nach dem 26. November 1914 bis zum Inkrafttreten dieser Verordnung Anteile an dem Unternehmen erworben hat, die am 26. November 1914 einem Angehörigen des feindlichen Auslandes zustanden, kann von dem Vertrage zurücktreten, sofern das Unternehmen unter zwangsweise Verwaltung gestellt wird. Der Rücktritt ist innerhalb eines Monats, nachdem der Berechtigte von der Einsetzung der Verwaltung Kenntnis erlangt hat, gegenüber dem Verwalter zu erklären.

Der § 2 hat den Zweck, möglichst zu verhindern, daß Dritte durch die Bestimmungen der Bekanntmachung vom 26. November 1914 geschädigt werden.

§ 3.

Diese Verordnung tritt mit dem Tage der Verkündung in Kraft.

f) Bekanntmachung über die zwangsweise Verwaltung russischer Unternehmungen.

Vom 4. März 1915.

(RGBl. 1915 S. 133 Nr. 4669).

Auf Grund des § 9 der Verordnung vom 26. November 1914, betreffend die zwangsweise Verwaltung französischer Unternehmungen (Reichs-Gesetzbl. S. 487)[1]) wird folgendes bestimmt:

Art. 1.

Die Vorschriften der Verordnung vom 26. November 1914 werden im Wege der Vergeltung auch auf Unternehmungen, deren Kapital ganz oder überwiegend russischen Staatsangehörigen zusteht, für anwendbar erklärt.

Art. 2.

Diese Bekanntmachung tritt mit dem Tage der Verkündung in Kraft.

---

[1]) Vgl. oben S. 340. S. Nachtrag 39.

Nachtrag.

---

39. Bekanntmachung, betreffend die Erfüllung von Ansprüchen im Falle zwangsweiser Verwaltung von Grundstücken.

Vom 26. März 1915.

(RGBl. 1915 S. 185 Nr. 4691).

Der Bundesrat hat auf Grund des § 3 des Gesetzes über die Ermächtigung des Bundesrats zu wirtschaftlichen Maßnahmen usw. vom 4. August 1914 (Reichs-Gesetzbl. S. 327) folgende Verordnung erlassen:

Art. 1.

Ist ein Grundstück auf Grund der Verordnung, betreffend die zwangsweise Verwaltung französischer Unternehmungen, vom 26. November 1914 (Reichs-Gesetzbl. S. 487)[1]) oder einer gemäß dieser Verordnung ergangenen Bekanntmachung des Reichskanzlers[2]) unter zwangsweise Verwaltung gestellt, so gilt das Grundstück in Ansehung der Erfüllung von Ansprüchen, insbesondere von Miet- oder Pachtzinsforderungen, ohne Rücksicht auf die Zeit ihrer Entstehung und auf die Art der Benutzung oder Bewirt-

---

[1]) S. oben S. 340.
[2]) S. oben S. 344 u. 346.

schaftung des Grundstücks, als eine im Inland unterhaltene Niederlassung im Sinne des § 5 Satz 1 der Verordnung, betreffend Zahlungsverbot, vom 30. September 1914 (Reichs-Gesetzbl. S. 421).[1])

Art. 2.

Diese Verordnung tritt mit dem Tage der Verkündung in Kraft.

40. Bekanntmachung, betreffend weitere Erleichterungen auf dem Gebiete des Patent- und Gebrauchsmusterrechts.

Vom 31. März 1915.

(RGBl. 1915 S. 212 Nr. 4704).

Der Bundesrat hat auf Grund des § 3 des Gesetzes, betreffend die Ermächtigung des Bundesrats zu wirtschaftlichen Maßnahmen usw., vom 4. August 1914 (Reichs-Gesetzbl. S. 327) folgende Verordnung erlassen:

§ 1.

Die durch § 1 der Verordnung, betreffend vorübergehende Erleichterungen auf dem Gebiete des Patent-, Gebrauchsmuster- und Warenzeichenrechts, vom 10. September 1914 (Reichs-Gesetzbl. S. 403)[2]) dem Patentamt erteilte Befugnis zur Stundung von Gebühren wird auf die im § 8 Abs. 1 des Gesetzes, betreffend den Schutz von Gebrauchsmustern, vom 1. Juni 1891 (Reichs-Gesetzbl. S. 290) vorgesehene Gebühr ausgedehnt. Die Stundungszeit beginnt mit dem Ablauf der gesetzlichen Schutzfrist.

---

[1]) S. oben S. 308.
[2]) S. oben S. 233.

§ 2.

Die gestundeten Gebühren für Patente und Gebrauchsmuster können mit Wirkung vom Ablauf der Stundungszeit auf Antrag weiter gestundet werden, wenn die Löschung noch nicht erfolgt ist. Der Reichskanzler setzt fest, wann die ohne genauere Zeitbestimmung bis nach der Beendigung des Krieges gestundeten Gebühren spätestens gezahlt werden müssen.

§ 3.

Über die Anträge auf Stundung oder Erlaß von Gebühren entscheidet der Präsident des Patentamts. Die Entscheidung des Präsidenten ist endgültig.

§ 4.

Die Zeit, für welche die Bekanntmachung der Patentanmeldung ausgesetzt werden kann (§ 23 Abs. 4 des Patentgesetzes vom 7. April 1891, Reichs-Gesetzbl. S. 79), wird um ein Jahr verlängert.

Der Anspruch des Patentsuchers auf die Aussetzung fällt weg, wenn der Präsident des Patentamts erklärt, daß sie nicht dem öffentlichen Interesse entspricht; hierüber befindet der Präsident endgültig.

§ 5.

Diese Verordnung tritt mit dem 7. April 1915 in Kraft.

Der Reichskanzler bestimmt, wann diese Verordnung und die Verordnung vom 10. September 1914 außer Kraft treten.

2. Nachtrag.

41. Bekanntmachung über die Geltendmachung von Ansprüchen von Personen, die in Österreich-Ungarn ihren Wohnsitz haben.

Vom 20. April 1915.

(RGBl. 1915 S. 231 Nr. 4715.)

Auf Grund des § 1 Abs. 2 Satz 1 der Bekanntmachung über die Geltendmachung von Ansprüchen von Personen, die im Ausland ihren Wohnsitz haben, vom 7. August 1914 (RGBl. S. 360) wird zugunsten der Personen, die in Österreich-Ungarn ihren Wohnsitz haben, sowie der juristischen Personen, die dort ihren Sitz haben, eine Ausnahme von den Vorschriften im § 1 Abs. 1 der Bekanntmachung zugelassen.

42. Bekanntmachung über die Geltendmachung von Ansprüchen von Personen, die im Ausland ihren Wohnsitz haben.

Vom 22. April 1915.

(RGBl. 1915 S. 236 Nr. 4718.)

Der Bundesrat hat auf Grund des § 3 des Gesetzes über die Ermächtigung des Bundesrats zu wirtschaftlichen Maßnahmen usw. vom 4. August 1914 (RGBl. S. 327) folgende Verordnung erlassen:

Die Wirksamkeit der Bekanntmachungen über die Geltendmachung von Ansprüchen von Personen, die im Ausland ihren Wohnsitz haben, vom 7. August 1914, 22. Oktober 1914 und 21. Januar 1915 (RGBl. 1914 S. 360, 449; 1915 S. 31) wird in der Weise ausgedehnt, daß an die Stelle des 30. April 1915 der 31. Juli 1915 tritt.

43. Bekanntmachung über die Zwangsverwaltung von Grundstücken.

Vom 22. April 1915.

(RGBl. 1915 S. 233 Nr. 4716.)

Der Bundesrat hat auf Grund des § 3 des Gesetzes über die Ermächtigung des Bundesrats zu wirtschaftlichen Maßnahmen usw. vom 4. August 1914 (RGBl. S. 327) folgende Verordnung erlassen:

§ 1.

Bei der Einleitung der Zwangsverwaltung eines Grundstücks ist der Schuldner zum Verwalter zu bestellen, wenn er bereit ist, die Verwaltung zu übernehmen, und wenn anzunehmen ist, daß er sie ordnungsmäßig führen wird. Zur Beaufsichtigung seiner Geschäftsführung hat das Gericht eine Aufsichtsperson zu bestellen, die für ihre Tätigkeit keine Vergütung erhält; Aufsichtsperson kann auch der Gläubiger, eine Behörde oder ein Einigungsamt sein. Findet sich keine geeignete Aufsichtsperson, die zur Übernahme der Aufsicht ohne Vergütung bereit ist, so ist von der Bestellung des Schuldners zum Verwalter abzusehen.

Die Vorschrift des Abs. 1 gilt entsprechend für den gesetzlichen Vertreter des Schuldners und, wenn der Schuldner ein Kriegsteilnehmer ist (§ 2 des Gesetzes vom 4. August 1914, RGBl. S. 328), für den von ihm zur Wahrnehmung seiner Rechte bestellten Vertreter.

§ 2.

Für die Aufsichtsperson gelten der § 81 Abs. 2, die §§ 82, 83, der § 84 Abs. 1 Satz 1 und Abs. 2 der Konkursordnung entsprechend. Gerichtliche Anordnungen, die dem Verwalter zugestellt werden, sind auch der Aufsichtsperson zuzustellen. Sie hat dem Gericht unverzüglich Anzeige zu erstatten, wenn der Schuldner die Verwaltung nicht ordnungsmäßig führt.

Der Schuldner ist verpflichtet, der Aufsichtsperson Einsicht in seine das Grundstück betreffenden Bücher und Aufzeichnungen zu gewähren und Auskunft über das Grundstück zu geben.

Der Schuldner kann — unbeschadet der Vorschriften der §§ 155 bis 158 des Gesetzes über die Zwangsversteigerung und die Zwangsverwaltung (RGBl. 1898 S. 713) — über die Nutzungen des Grundstücks nur mit Zustimmung der Aufsichtsperson verfügen. Zur Einziehung von Ansprüchen, auf die sich die Beschlagnahme erstreckt, ist der Schuldner ohne diese Zustimmung befugt; er ist jedoch verpflichtet, die Beträge, die zu den erforderlichen Zahlungen zur Zeit nicht notwendig sind, alsbald an die Aufsichtsperson abzuführen, die sie nach näherer Anordnung des Gerichts verzinslich anzulegen hat.

§ 3.

Gehört zu den Beteiligten eine unter staatlicher Aufsicht stehende Anstalt und wird der Schuldner oder sein Vertreter nicht zum Verwalter bestellt (§ 1), so kann die Anstalt innerhalb einer ihr vom Gerichte zu bestimmenden Frist eine in ihrem Dienste befindliche Person als Verwalter vorschlagen.

Das Gericht hat den Vorgeschlagenen zum Verwalter zu bestellen, sofern er nicht dazu ungeeignet ist; er erhält für seine Tätigkeit keine Vergütung.

§ 4.

Wird ein Verwalter weder nach § 1 noch nach § 3 bestellt, so ist der Gläubiger zu bestellen, falls er sich erbietet, die Verwaltung ohne Vergütung zu übernehmen, und anzunehmen ist, daß er sie ordnungsmäßig führen wird.

§ 5.

Ist die Zwangsverwaltung angeordnet, weil der Schuldner infolge des Krieges außerstande ist, die aus dem Grundstück zu befriedigenden Ansprüche zu erfüllen, so dürfen für die Anordnung und das Verfahren Gebühren nicht erhoben werden.

Einem Verwalter, der auf Grund der §§ 1, 3 oder 4 bestellt ist, darf das Gericht die Leistung einer Sicherheit nicht auferlegen.

§ 6.

Diese Verordnung tritt mit dem Tage der Verkündung in Kraft. Den Zeitpunkt des Außerkrafttretens bestimmt der Reichskanzler.

In den zur Zeit des Inkrafttretens der Verordnung bereits angeordneten Zwangsverwaltungen kann das Gericht an Stelle des bisherigen Verwalters nach Maßgabe der §§ 1, 3 oder 4 einen anderen Verwalter bestellen; geschieht dies, so sind von dieser Zeit an die Vorschriften dieser Verordnung anzuwenden.

Der § 5 Abs. 1 gilt auch für die zur Zeit des Inkrafttretens der Verordnung angeordneten Zwangsverwaltungen; bereits erhobene Gebühren werden nicht zurückgezahlt.

44. Bekanntmachung über den dinglichen Rang öffentlicher Lasten.

Vom 22. April 1915.

(RGBl. 1915 S. 235 Nr. 4717.)

Der Bundesrat hat auf Grund des § 3 des Gesetzes über die Ermächtigung des Bundesrats zu wirtschaftlichen Maßnahmen usw. vom 4. August 1914 (RGBl. S. 327) folgende Verordnung erlassen:

§ 1.

Die Ansprüche auf Entrichtung von öffentlichen Lasten eines Grundstücks, die nicht in wiederkehrenden Leistungen bestehen, gewähren bis auf weiteres ein Recht auf Befriedigung im Range der dritten Klasse des § 10 Nr. 3 des Gesetzes über die Zwangsversteigerung und die Zwangsverwaltung, soweit sie am 1. Januar 1915 noch nicht zwei Jahre rückständig waren.

§ 2.

Diese Verordnung tritt mit dem Tage der Verkündung in Kraft.

Sie tritt mit Beendigung des Kriegszustandes außer Kraft. Den Zeitpunkt, mit dem der Kriegszustand als beendet anzusehen ist, bestimmt der Bundesrat. Ist in einem Zwangsversteigerungsverfahren die Beschlagnahme des Grundstücks vor diesem Zeitpunkt erfolgt, so bleiben für dieses Verfahren die Vorschriften des § 1 in Geltung.

Sachregister.

(Die Zahlen bedeuten die Seiten.)

F.

L.

R.

T.

U.

Z.

Während des Druckes der letzten Bogen erschienen bis zum 20. Mai noch folgende Bekanntmachungen (im Sachregister nicht mehr berücksichtigt):

45. Bek., betr. die Fristen des Wechsel- und Scheckrechts für Elsaß-Lothringen, Ostpreußen usw. Vom 17. Mai 1915. (RGBl. 1915 S. 284, Nr. 4736).

Anm.: Vgl. Hauptband S. 264 ff.

46. Bek., betr. Aufhebung der für die Fristen des Wechsel- und Scheckrechts angeordneten dreißigtägigen Verlängerung. Vom 17. Mai 1915 (RGBl. 1915 S. 284 Nr. 4737).

Der Bundesrat hat auf Grund des § 4 des Gesetzes über die Ermächtigung des Bundesrats zu wirtschaftlichen Maßnahmen usw. vom 4. August 1914 (Reichs-Gesetzbl. S. 327) folgendes bestimmt:

Die in der Verordnung, betreffend Verlängerung der Fristen des Wechsel- und Scheckrechts, vom 6. August 1914 (Reichs-Gesetzbl. S. 357) angeordnete dreißigtägige Verlängerung der Fristen für die Vornahme einer Handlung, deren es zur Ausübung oder Erhaltung des Wechselrechts oder des Regreßrechts aus dem Scheck bedarf, tritt am 30 Juni 1915 in der Weise außer Kraft, daß eine an diesem Tage laufende Verlängerung mit dem Ablauf dieses Tages endet.

Anm.: Vgl. Hauptband S. 244 ff.

47. Bek. über die Einschränkung der Pfändbarkeit von Lohn-, Gehalts- und ähnlichen Ansprüchen. Vom 17. Mai 1915 (RGBl. 1915 S. 285 Nr. 4738).

Der Bundesrat hat auf Grund des § 3 des Gesetzes über die Ermächtigung des Bundesrats zu wirtschaftlichen Maßnahmen usw. vom 4. August 1914 (Reichs-Gesetzbl. S. 327) folgende Verordnung erlassen:

§ 1. An die Stelle der im § 850 Abs. 2, 3 der Zivilprozeßordnung und im § 4 Nr. 4 des Gesetzes vom 21. Juni 1869 (Bundes-Gesetzbl. 1869 S. 242 und 1871 S. 63, Reichs-Gesetzbl. 1897 S. 159, 1898 S. 332) vorgesehenen Summe von eintausendfünfhundert Mark tritt bis auf weiteres die Summe von zweitausend Mark.

§ 2. Diese Verordnung tritt mit dem Tage der Verkündung in Kraft. Den Zeitpunkt des Außerkrafttretens bestimmt der Reichskanzler.

Ist ein Anspruch der im § 850 Abs. 1 Nr. 1, 7, 8, Abs. 3 der Zivilprozeßordnung bezeichneten Art vor dem Inkrafttreten dieser Verordnung gepfändet, so verliert die Pfändung hinsichtlich später fällig werdender Bezüge ihre Wirksamkeit, soweit sie bei Anwendung des § 1 unzulässig sein würde. Dies gilt entsprechend für eine vor dem Inkrafttreten der Verordnung erfolgte Aufrechnung, Abtretung oder Verpfändung.

Anm.: Auf Pfändungen zugunsten der in § 850 ZPO. und in § 4 Ziff. 3 des LohnBG. bevorzugten Unterhaltsbeiträge der Verwandten und Ehegatten findet die Bekanntmachung keine Anwendung. Ebenso nicht auf die in § 850 Abs. 4 S. 2 ZPO., § 4a LohnBG. privilegierten Unterhaltsansprüche der unehelichen Kinder; doch wird der Anlaß zum Erlaß der Verordnung — die allgemeine Verteuerung der Lebenshaltung — die Gerichte veranlassen, die Grenze für die dem Schuldner für seinen und seiner Familie Unterhalt zu belassenden Bezüge etwas höher zu stecken, wie zu normalen Zeiten.

48. Bek., betr. die Verlängerung der im Art. 4 der rev. Pariser Übereinkunft zum Schutze des gewerblichen Eigentums vom 2. Juni 1911 vorgesehenen Prioritätsfristen.

Vom 7. Mai 1915 (RGBl. 1915 S. 272, Nr. 4728).[1])

Der Bundesrat hat auf Grund des § 3 des Gesetzes, betreffend die Ermächtigung des Bundesrats zu wirtschaftlichen Maßnahmen usw., vom 4. August 1914 (Reichs-Gesetzbl. S. 327) folgende Verordnung erlassen:

§ 1. Die im Artikel 4 der revidierten Pariser Übereinkunft zum Schutze des gewerblichen Eigentums vom 2. Juni 1911 (Reichs-Gesetzbl. 1913 S. 209) vorgesehenen Prioritätsfristen werden, soweit sie nicht vor dem 31. Juli 1914 abgelaufen sind, bis zum Ablauf von sechs Monaten von der Beendigung des Kriegszustandes an, längstens aber bis zum 30. Juni 1916 verlängert; der Reichskanzler bestimmt den Zeitpunkt, mit dem der Kriegszustand als beendet anzusehen ist.

Diese Vorschrift findet zugunsten von Angehörigen ausländischer Staaten Anwendung, wenn und insoweit in diesen Staaten nach einer im Reichs-Gesetzblatt enthaltenen Be-

---

[1]) Vgl. zu den urheberrechtlichen Bekanntmachungen Nr. 48, 49, 50 den Hauptband S. 233 ff., 348.

kanntmachung die Prioritätsfristen zugunsten der deutschen Reichsangehörigen verlängert sind.

§ 2. Diese Verordnung tritt mit dem Tage ihrer Verkündung in Kraft.

49. Bek., betr. die Verlängerung der Prioritätsfristen in ausländischen Staaten. Vom 13. Mai 1915 (RGBl. 1915 S. 278, Nr. 4732).

[Erging auf Grund der vorhergehenden Bekanntmachung und betrifft Brasilien, Dänemark, Schweiz.]

50. Bek., betr. Erleichterungen auf dem Gebiete des Patent-, Gebrauchsmuster- und Warenzeichenrechts in ausländischen Staaten. Vom 13. Mai 1915 (RGBl. 1915 S. 278, Nr. 4733).

---

51. Bek., betr. Änderung der Verordnungen des Bundesrats vom 7. August 1914 (RGBl. S. 377) und 22. Dezember 1914 (RGBl. S. 543). Vom 20. Mai 1915 (RGBl. 1915 S. 288 Nr. 4740).

Vorbemerkung: Die Erläuterungen zu Art. I befinden sich bei dem nachfolgenden Neuabdruck der Zahlungsfristenbekanntm., die Erläuterungen zu Art. II und III auf den Deckblättern im Hauptband S. 139 u. 148.

Artikel I

Die Verordnung über die gerichtliche Bewilligung von Zahlungsfristen vom 7. August 1914 (Reichs-Gesetzbl. S. 359) wird dahin geändert:

1. Hinter § 1 wird folgender § 1a eingestellt:

Im Mahnverfahren kann der Schuldner für eine Forderung, die er anerkennt, die Bestimmung einer Zahlungsfrist beantragen, solange der Vollstreckungsbefehl noch nicht verfügt ist; die Dauer der Frist ist in dem Antrag zu bezeichnen. Abschrift des Antrags ist dem Gläubiger zuzustellen. Erklärt er sich mit der Bestimmung der beantragten Frist einverstanden, so ist in dem Vollstreckungsbefehle die Vollstreckung von dem Ablauf der Frist abhängig zu machen. Verweigert er die Zustimmung, so gilt der Antrag des Schuldners als Widerspruch gegen den Zahlungsbefehl.

1*

Die Frist beginnt mit dem Tage, an dem der Zahlungsbefehl erlassen ist.

2. Als § 1b wird folgende Vorschrift eingestellt:

Wird ein Anerkenntnisurteil nur wegen der Zahlungsfrist angefochten, so erfolgt die Anfechtung durch sofortige Beschwerde.

3. An die Stelle des § 2 tritt folgende Vorschrift:

Auf Antrag des Schuldners kann das Amtsgericht, bei dem der Gläubiger seinen allgemeinen Gerichtsstand hat, für eine Forderung, die der Schuldner anerkennt, eine Zahlungsfrist bewilligen. Die Entscheidung, die ohne vorgängige mündliche Verhandlung ergehen kann, erfolgt durch Beschluß. Vor der Entscheidung ist der Gläubiger zu hören. Der Antrag ist abzulehnen, wenn die Forderung rechtshängig oder vollstreckbar ist. In dem Beschlusse, durch den die Zahlungsfrist bewilligt wird, ist die Verpflichtung des Schuldners zur Zahlung der anerkannten Forderung auszusprechen. Die Vorschriften des § 1 gelten entsprechend.

Gegen den Beschluß findet sofortige Beschwerde statt.

4. Im § 3 wird

a) im Abs. 1 als Satz 2 eingeschaltet:

Die Einstellung ist auch vor dem Beginne der Vollstreckung zulässig.

b) im Abs. 2 zwischen „§§ 1" und „2" eingeschaltet: , 1a .

5. Im § 4

a) wird der Abs. 2 gestrichen;

b) werden als Abs. 2 und 3 folgende Vorschriften eingefügt:

Wird durch ein Endurteil über die Bewilligung einer Zahlungsfrist entschieden oder in einem Vergleich eine Zahlungsfrist bewilligt, so bleiben für die Berechnung der Gerichts- und Anwaltsgebühren die nur auf die Zahlungsfrist sich beziehenden Verhandlungen und Entscheidungen außer Betracht.

In den Fällen der §§ 2 und 3 betragen die Gerichts- und Anwaltsgebühren zwei Zehnteile des Satzes des § 8 des Gerichtskostengesetzes und des § 9 der Gebührenordnung für Rechtsanwälte. Der Wert des Streitgegenstandes ist von dem Gerichte nach freiem Ermessen, höchstens jedoch auf den zwanzigsten Teil der Forderung festzusetzen.

Artikel II

Im § 1 Abs. 3 der Verordnung über die Folgen der nicht rechtzeitigen Zahlung einer Geldforderung vom 18. August 1914 (Reichs-Gesetzbl. S. 377) werden hinter den Worten „die Vorschriften des § 2" die Worte eingeschaltet:

und des § 4 Abs. 2, 3.

Artikel III

Die Verordnung, betreffend die Bewilligung von Zahlungsfristen bei Hypotheken und Grundschulden, vom 22. Dezember 1914 (Reichs-Gesetzbl. S. 543) wird dahin geändert:

Im § 2 wird

a) dem Abs. 1 folgender Satz 2 angefügt:

Die Einstellung kann mehrfach erfolgen; sie ist auch zulässig, wenn eine Zahlungsfrist bereits bestimmt ist.

b) der Abs. 2 gestrichen.

Artikel IV

Soweit in Verordnungen auf Vorschriften verwiesen ist, die durch diese Verordnung außer Kraft gesetzt sind, treten an deren Stelle die entsprechenden Vorschriften dieser Verordnung.

Artikel V

Der Reichskanzler wird ermächtigt, die Texte

1. der Verordnung über die gerichtliche Bewilligung von Zahlungsfristen vom 7. August 1914 (Reichs-Gesetzbl. S. 359),

2. der Verordnung über die Folgen der nicht rechtzeitigen Zahlung einer Geldforderung vom 18. August 1914 (Reichs-Gesetzbl. S. 377),
3. der Verordnung, betreffend die Bewilligung von Zahlungsfristen bei Hypotheken und Grundschulden, vom 22. Dezember 1914 (Reichs-Gesetzbl. S. 543),

wie sie sich aus den in dieser Verordnung vorgesehenen Änderungen ergeben, und zwar die Verordnung vom 7. August 1914 unter fortlaufender Nummernfolge der Paragraphen, durch das Reichs-Gesetzblatt in der Weise bekanntzumachen, daß die Verweisungen auf Vorschriften der bezeichneten Verordnungen durch Verweisungen auf die entsprechenden Vorschriften der durch den Reichskanzler bekanntgemachten Texte zu ersetzen sind.

Artikel VI

Diese Verordnung tritt mit dem Tage der Verkündung in Kraft.[1])

52. Bekanntmachung der Texte der durch die Verordnung vom 20. Mai 1915 (RGBl. S. 288) geänderten Verordnungen des Bundesrats. Vom 20. Mai 1915. (RGBl. 1915 S. 290 Nr. 4741).

Auf Grund des Artikel V der Verordnung vom 20. Mai 1915 (Reichs-Gesetzbl. S. 288) werden die Texte

1. der Verordnung über die gerichtliche Bewilligung von Zahlungsfristen vom 7. August 1914 (Reichs-Gesetzbl. S. 359),
2. der Verordnung über die Folgen der nicht rechtzeitigen Zahlung einer Geldforderung vom 18. August 1914 (Reichs-Gesetzbl. S. 377),
3. der Verordnung, betreffend die Bewilligung von Zahlungsfristen bei Hypotheken und Grundschulden, vom 22. Dezember 1914 (Reichs-Gesetzbl. S. 543)

in der geänderten Fassung nachstehend bekanntgemacht.

---

[1]) Ausgegeben zu Berlin am 21. Mai 1915.

Verordnung über die gerichtliche Bewilligung von Zahlungsfristen.

(Vgl. hiezu Hauptband S. 93 ff.)

§ 1. In bürgerlichen Rechtsstreitigkeiten, die bei den ordentlichen Gerichten anhängig sind oder anhängig werden, kann das Prozeßgericht auf Antrag des Beklagten eine mit der Verkündung des Urteils beginnende Zahlungsfrist von längstens drei Monaten in dem Urteil bestimmen. Diese Bestimmung ist zulässig, wenn die Lage des Beklagten sie rechtfertigt und die Zahlungsfrist dem Kläger nicht einen unverhältnismäßigen Nachteil bringt. Sie kann für den Gesamtbetrag oder einen Teilbetrag der Forderung erfolgen und von der Leistung einer nach freiem Ermessen des Gerichts zu bestimmenden Sicherheit abhängig gemacht werden.

Der Antrag ist nur zulässig, wenn Gegenstand des Rechtsstreits eine vor dem 31. Juli 1914 entstandene Geldforderung ist. Die tatsächlichen Behauptungen, die den Antrag begründen, sind glaubhaft zu machen.

Der Zinsenlauf wird durch die Bestimmung der Zahlungsfrist nicht berührt.

Anm.: Unverändert, vgl. Hauptband S. 94 und die Erläuterungen dortselbst.

§ 2. Im Mahnverfahren kann der Schuldner für eine Forderung, die er anerkennt, die Bestimmung einer Zahlungsfrist beantragen, solange der Vollstreckungsbefehl noch nicht verfügt ist; die Dauer der Frist ist in dem Antrag zu bezeichnen. Abschrift des Antrags ist dem Gläubiger zuzustellen.

Erklärt er sich mit der Bestimmung der beantragten Frist einverstanden, so ist in dem Vollstreckungsbefehle die Vollstreckung von dem Ablauf der Frist abhängig zu machen. Verweigert er die Zustimmung, so gilt der Antrag des Schuldners als Widerspruch gegen den Zahlungsbefehl.

Die Frist beginnt mit dem Tage, an dem der Zahlungsbefehl erlassen ist.

Anm.: In der bisherigen Fassung der ZahlFristVO. war das Mahnverfahren nicht besonders berücksichtigt. Es war deshalb bestritten, ob und unter welchen Voraussetzungen hier eine Fristgewährung erfolgen könne. Vgl. Hauptband S. 97.

Da die Bewilligung der Zahlungsfristen im Mahnverfahren nunmehr nicht vom richterlichen Ermessen abhängt, sondern das Gericht vielmehr nur eine vermittelnde Tätigkeit ausübt, so liegt kein Grund vor, die Vorschrift auf Forderungen zu beschränken, die vor dem 31. Juli 1914 entstanden sind, oder für die Dauer der Zahlungsfrist eine zeitliche Höchstgrenze zu bestimmen.

Geht das Mahnverfahren infolge Verweigerung der Zustimmung durch den Gläubiger in das ordentliche Verfahren über, so sind für die Entscheidung die Vorschriften des § 1 der Verordnung allein maßgebend (Begr. im Reichsanz. vom 21. Mai 1915 Nr. 117).

§ 3. Wird ein Anerkenntnisurteil nur wegen der Zahlungsfrist angefochten, so erfolgt die Anfechtung durch sofortige Beschwerde.

Anm.: Bisher war, auch wenn ein Anerkenntnisurteil nur wegen der Zahlungsfrist angefochten werden sollte, nur die Berufung zulässig. (Vgl. Hauptband S. 115.) Um das Verfahren zu vereinfachen, ist für diesen Fall nunmehr das Rechtsmittel der sofortigen Beschwerde gegeben.

Für die Frage, ob die Zulässigkeit der sofortigen Beschwerde davon abhängt, daß in der Sache selbst ein

Rechtsmittel zulässig gewesen wäre, werden die in der Rechtsprechung für die Fälle des § 99 Abs. 3 ZPO. entwickelten Grundsätze maßgebend sein können. Aus ihnen ergibt sich, daß sich das Anwendungsgebiet des § 2 auf die Urteile der Amtsgerichte und die erstinstanziellen Urteile der Landgerichte beschränkt, und daß gegen die in der Beschwerdeinstanz ergangenen Entscheidungen eine weitere Beschwerde nicht stattfindet. (Begr. im Reichsanz. vom 21. Mai 1915 Nr. 117.)

§ 4. Auf Antrag des Schuldners kann das Amtsgericht, bei dem der Gläubiger seinen allgemeinen Gerichtsstand hat, für eine Forderung, die der Schuldner anerkennt, eine Zahlungsfrist bewilligen. Die Entscheidung, die ohne vorgängige mündliche Verhandlung ergehen kann, erfolgt durch Beschluß. Vor der Entscheidung ist der Gläubiger zu hören. Der Antrag ist abzulehnen, wenn die Forderung rechtshängig oder vollstreckbar ist. In dem Beschlusse, durch den die Zahlungsfrist bewilligt wird, ist die Verpflichtung des Schuldners zur Zahlung der anerkannten Forderung auszusprechen. Die Vorschriften des § 1 gelten entsprechend.

Gegen den Beschluß findet sofortige Beschwerde statt.

Anm.: Die Vorschrift regelt das im bisherigen § 2 enthaltene sogenannte Initiativverfahren. (S. Hauptband S. 124.)

Dieses Verfahren hatte kaum praktische Bedeutung zu erlangen vermocht: im wesentlichen deshalb, weil die Entscheidungen nach dem bisherigen § 2 nur in einem auf Antrag des Gläubigers zu erlassenden Anerkenntnisurteil ergehen konnte, der Gläubiger infolgedessen in der Lage war, den vom Schuldner erstrebten Zweck, durch das Ausbleiben im Termine oder durch die Unterlassung des Antrags zu vereiteln. (Vgl. Anm. III C zu § 2 Hauptband S. 127.) Weitere Schwierigkeiten ergaben sich daraus, daß in allen Fällen eine mündliche Verhandlung vor Gericht erforderlich war, und daß die Kosten des Verfahrens insbesondere im Falle der Zuziehung von Anwälten eine erhebliche Höhe erreichen können. Das Bedürfnis, das Initiativverfahren in einer für die praktische Handhabung geeigneten Weise umzugestalten, ist — nach der Begründung — namentlich für Hypothekenforderungen hervorgetreten.

Die Bewilligung der Zahlungsfristen erfolgt nunmehr im Beschlußverfahren.

Bewilligt das Gericht eine Zahlungsfrist, so hat es, was der Gläubiger ohnehin meistens beantragen wird, in dem Beschlusse zugleich die Verpflichtung des Schuldners zur Zahlung der anerkannten Forderung auszusprechen. Nach Ablauf der Frist ist aus dem Beschlusse gemäß § 794 Abs. 1 Nr. 3 ZPO. die Zwangsvollstreckung zulässig.

Als Rechtsmittel gegen die Entscheidungen des Amtsgerichts ist die sofortige Beschwerde vorgesehen; sie findet sowohl gegen die Bewilligung wie gegen die Ablehnung des Gesuches statt. (Vgl. Begr. im Reichsanz. vom 21. Mai 1915 Nr. 117.)

Die Bestimmung, daß der Antrag abzulehnen ist, wenn die Forderung rechtshängig oder vollstreckbar ist, eine Ansicht, die von mir schon bisher in Anm. 2 Abs. 2 zu § 2 Hauptband S. 125 vertreten wurde, soll vermeiden, daß das besondere Verfahren des § 2 auch da in Anspruch genommen wird, wo für die Erlangung der Zahlungsfrist der Weg der §§ 1 oder 3 offensteht. (Vgl. Begr. im Reichsanz. vom 21. Mai 1915 Nr. 117.)

Über die persönlichen und sachlichen Voraussetzungen vgl. im übrigen Anm. 2 zu § 2, Hauptband S. 124; auch Begr. a. a. O.

§ 5. Das Vollstreckungsgericht kann die Vollstreckung in das Vermögen des Schuldners auf dessen Antrag für die Dauer von längstens drei Monaten einstellen. Die Einstellung ist auch vor dem Be-

ginne der Vollstreckung zulässig. Die Frist beginnt mit der Bekanntmachung des Beschlusses an den Schuldner. Die Vorschriften des § 1 Abs. 1 Satz 2, 3, Abs. 2 sind entsprechend anzuwenden.

Ist eine Zahlungsfrist bereits nach den §§ 1, 2, 4 bestimmt worden, so findet § 5 Abs. 1 keine Anwendung.

Anm.: Dieser Paragraph entspricht dem bisherigen § 3; eine Abänderung ist insoferne erfolgt, als mit Rücksicht auf die in Literatur und Rechtsprechung vertretenen abweichenden Ansichten nunmehr ausdrücklich bestimmt ist, daß die Einstellung auch vor dem Beginn der Zwangsvollstreckung zulässig ist, sobald ein vollstreckbarer Titel vorhanden und damit die Möglichkeit der Zwangsvollstreckung gegeben ist, eine Ansicht, die von mir auch schon bisher in Anm. I zu § 3 Hauptband S. 128 vertreten war.

§ 6. Wird ein Rechtsstreit durch einen vor Gericht abgeschlossenen oder dem Gerichte mitgeteilten Vergleich erledigt, so werden die Gerichtsgebühren nur zur Hälfte erhoben; übersteigt der Streitgegenstand nicht einhundert Mark, so werden Gerichtsgebühren nicht erhoben.

Wird durch Endurteil über die Bewilligung einer Zahlungsfrist entschieden oder in einem Vergleich eine Zahlungsfrist bewilligt, so bleiben für die Berechnung der Gerichts- und Anwaltsgebühren die nur auf die Zahlungsfrist sich beziehenden Verhandlungen und Entscheidungen außer Betracht.

In den Fällen der §§ 4 und 5 betragen die Gerichts- und Anwaltsgebühren zwei Zehnteile des Satzes des § 8 des Gerichtskostengesetzes und des § 9 der Gebührenordnung für Rechtsanwälte. Der

Wert des Streitgegenstandes ist von dem Gerichte nach freiem Ermessen, höchstens jedoch auf den zwanzigsten Teil der Forderung festzusetzen.

Anm.: Diese Bestimmung entspricht dem bisherigen § 4.

Der Absatz 1 ist unverändert geblieben.

Der Absatz 2 entscheidet die bisher in Literatur und Rechtsprechung äußerst bestrittene Frage, ob für die streitige Verhandlung, für die Beweisaufnahme, und für die Entscheidung über die Zahlungsfrist besondere Gebühren erhoben werden, wenn die Hauptsache selbst anerkannt worden ist, im verneinenden Sinn. (Ebenso bereits oben Anm. 5 Abs. 4 und 5 zu § 1 Hauptband S. 117/118.) Die Vergleichsgebühr ist jedoch begründet, auch wenn in dem Vergleiche nur Zahlungsfristen bewilligt werden.

Der Absatz 3 ersetzt den bisherigen Absatz 2 des § 4. Im Interesse der Verbilligung sind die Gerichts- und Anwaltsgebühren für dieses Verfahren auf $^2/_{10}$ der im § 8 des Gerichtskostengesetzes und § 9 der Gebührenordnung für Rechtsanwälte vorgesehenen Sätze bestimmt. Als weitere Erleichterung ist vorgesehen, daß der Wert des Streitgegenstandes nicht nach dem Betrage der Forderung zu bestimmen, sondern vom Gerichte nach freiem Ermessen höchstens auf den zwanzigsten Teil der Forderung festzusetzen ist (§ 4 Abs. 3). Die gleichen Kostenvorschriften sollen für das Verfahren vor dem Vollstreckungsgericht (§ 5) gelten.

§ 7. **Diese Verordnung tritt mit dem Tage der Verkündung in Kraft.**

Verordnung, betr. die Folgen der nicht rechtzeitigen Zahlung einer Geldforderung.

Der Text ist nach der neuen Fassung im Hauptband S. 139 f. richtig gestellt.

Verordnung, betr. die Bewilligung von Zahlungsfristen bei Hypotheken und Grundschulden.

Der Text ist nach der neuen Fassung im Hauptband S. 148 ff. richtig gestellt.

Kolibri 360 GmbH
Ferdinand-Jühlke-Straße 7
99095 Erfurt, Deutschland
produktsicherheit@kolibri360.de